U0875174

东莞市
工商行政管理年鉴

DONG GUAN SHI GONG SHANG XING ZHENG GUAN LI NIAN JIAN

（创刊号·2011—2015）

东莞市工商行政管理局　编

SPM
南方出版传媒
广东人民出版社
·广州·

图书在版编目（ＣＩＰ）数据

东莞市工商行政管理年鉴. 创刊号 : 2011—2015 / 东莞市工商行政管理局编. -- 广州 : 广东人民出版社, 2016.5

ISBN 978-7-218-10879-7

Ⅰ. ①东… Ⅱ. ①东… Ⅲ. ①工商行政管理－东莞市－2011-2015－年鉴 Ⅳ. ①F203.9-54

中国版本图书馆 CIP 数据核字(2016)第 111742 号

东莞市工商行政管理年鉴（创刊号 · 2011—2015）

东莞市工商行政管理局　编

版权所有　翻印必究

出 版 人：曾　莹

责任编辑：余小华　黄炜芝

责任技编：周　杰　黎碧霞

出版发行：广东人民出版社

地　　址：广州市大沙头四马路 10 号（邮政编码：510102）

电　　话：(020) 83798714（总编室）

传　　真：(020) 83780199

网　　址：http://www.gdpph.com

印　　刷：东莞市信誉印刷有限公司

开　　本：787 毫米×1092 毫米　1/16

印　　张：29.5　　插　页：26　　字　数：610 千

印　　数：1—1000 册

版　　次：2016 年 5 月第 1 版　　2016 年 5 月第 1 次印刷

定　　价：180.00 元

如发现印装质量问题，影响阅读，请与出版社(020-83795749)联系调换。

售书热线：(020) 83795240　83791487　　邮购热线：(020) 83781421

殷切期望

2012年6月20日，中共中央政治局委员、广东省委书记汪洋一行在东莞市委书记徐建华，广东省工商局党组书记、局长卢炳辉陪同下到大朗工商分局视察商事制度改革工作

2013年4月10—11日，国家工商总局党组书记、局长张茅在广东省人民政府副省长许瑞生，广东省工商局党组书记、局长卢炳辉陪同下到莞调研商事制度改革工作

2013年6月4—5日，国家工商总局党组副书记、副局长刘玉亭在广东省人民政府副省长许瑞生，广东省工商局党组书记、局长卢炳辉陪同下视察东莞市商事制度改革工作

2013年10月31日，国家工商总局党组成员、副局长马正其在广东省工商局党组书记、局长卢炳辉，东莞市人民政府副市长吴道闻陪同下到东莞市工商局视察

2011年5月20—21日，国家工商总局党组成员、副局长付双建在广东省工商局党组成员、副局长姜海平陪同下到莞督查“双打”专项行动

2011年11月23日，国家工商总局党组成员、副局长王东峰在广东省工商局党组书记、局长卢炳辉，东莞市人民政府副市长邓志广陪同下督查东莞市食品安全监管工作

2012年11月4日，国家工商总局党组成员、副局长滕佳材在广东省工商局党组书记、局长卢炳辉陪同下到莞视察指导工作

2013年12月3日，广东省委常委、省纪委书记黄先耀在东莞市委书记、市人大常委会主任徐建华陪同下到东莞市工商局登记窗口视察

2013年3月8日，广东省人民政府副省长招玉芳在东莞市人民政府副市长贺宇陪同下到大朗工商分局视察商事制度改革工作

2014年9月25日，广东省人民政府副省长许瑞生在东莞市人民政府副市长鲁修禄陪同下到东莞市工商局调研《企业信息公示暂行条例》实施工作

2013年12月19日，广东省人民政府副省长林少春在东莞市人民政府副市长喻丽君陪同下到东城区检查指导禽流感防控工作

2014年6月12日，广东省工商局党组书记、局长卢炳辉到东莞市工商局视察基层工作

2012年4月18日，东莞市委书记、市人大常委会主任徐建华到大朗工商分局视察

2012年12月4日，东莞市委书记、市人大常委会主任徐建华率队检查工商部门商事制度改革启动情况

2012年6月1日，东莞市委副书记、市长袁宝成率队检查大朗工商分局商事制度试点改革工作

2013年11月18日，东莞市委副书记、市长袁宝成率队到东莞市工商局视察工作

2014年4月18日，东莞市委副书记、市长袁宝成率队到市工商局视察集群注册“四证联办”工作

2012年12月4日，东莞市政协主席李毓全率队到虎门工商分局检查商事制度改革启动情况

2013年9月22日，东莞市人大常委会常务副主任、党组副书记黄双福到东莞市工商局视察指导工作

2012年2月8日，广东省工商局党组成员、副局长凌锋到东莞市工商局视察指导工作

2013 年 8 月 7 日，广东省工商局党组成员、副局长姜海平到道滘工商分局检查指导工作

2011 年 4 月 11 日，广东省工商局党组成员、副局长郑勇明到东莞市调研登记监管工作

2013 年 1 月 8 日，广东省工商局党组成员、副局长丁文到东莞市工商局检查指导工作

2014年7月8日，广东省工商局党组成员、副局长钱永成到东莞市工商局视察指导工作

2013年6月18日，广东省工商局党组成员、副局长汤武到东莞市工商局调研市场监管工作

2014年12月5日，广东省工商局党组成员、副局长黄伟平到东莞市工商局视察指导工作

2012 年 12 月 4 日，东莞市委副书记姚康率队到大岭山工商分局检查商事制度改革启动情况

2013 年 10 月 22 日，东莞市委常委、组织部部长甄瑞潮到东莞市工商局调研

2014 年 3 月 11 日，东莞市委常委、统战部部长李小梅到大朗工商分局视察登记窗口服务工作

2012年1月17日，东莞市人民政府副市长成洪波到东莞市工商局调研

2012年7月16日，东莞市人民政府副市长张科到大朗工商分局调研商事制度改革试点工作

2013年9月11日，东莞市人民政府副市长吴道闻到东莞市工商局调研

2014 年 11 月 26 日，东莞市人民政府副市长杨江华到东莞市工商局调研打击传销工作

2014 年 5 月 5 日，东莞市人民政府副市长鲁修禄到东莞市工商局调研

2014 年 11 月 12 日，东莞市人民政府副市长杨晓棠到东莞市工商局调研

2014 年 9 月 26 日，东莞市人大常委会副主任、党组副书记王道平到大朗工商分局调研

2011 年 8 月 8 日，东莞市政协副主席周楚良到东莞市工商局指导工作

2011 年 11 月 22 日，东莞市政协副主席梁近东率督查组检查肉制品专项整治工作

调研检查

2011年7月6日，国家民族事务委员会少数民族事业发展规划政策法规调研组一行到莞城工商分局调研

2012年2月6日，国家工商总局到东莞市工商局调研信息化工作

2012年6月6日，国家卫生镇复查组肯定大朗工商分局农贸市场监管工作

2014 年 5 月 21 日，国家工商总局直销监管局到东莞市督导检查打击传销工作

2014 年 8 月 12 日，国家工商总局课题组到东莞市开展商事制度改革及市场监管专项调研

2014 年 11 月 14 日，北京大学课题组到东莞市工商局调研商事制度改革工作

2012 年 6 月 26 日，广东省委巡视组赴企石镇督导“三打”工作

2012 年 7 月 5 日，广东省人大常委会立法调研组肯定东莞市商事制度改革工作

2013 年 6 月 25 日，广东省工商局商事制度改革试点绩效评估工作领导小组到东莞市工商局调研

2013 年 11 月 27 日，东莞市人民代表大会组织东莞市全国和广东省人大代表到东莞市工商局视察商事制度改革工作

2014 年 7 月 25 日，广东省工商局联合媒体到东莞市工商局调研登记窗口建设

2014 年 8 月 12 日，中共广东省委全面深化改革领导小组办公室到东莞市工商局调研商事制度改革及市场监管工作

业务活动

2012 年 4 月 27 日，东莞市召开企业登记注册行政审批试点改革工作协调会

2012 年 5 月 8 日，东莞市工商局开展登记注册“媒体体验日”活动

2012 年 8 月 15 日，东莞市人民政府在东莞市工商局召开商事制度改革试点座谈会

2012 年 9 月 11 日，东莞市召开商事制度改革工作协调会

2013 年 3 月 18 日，东莞市网上商事登记正式启动

2013 年 6 月 18 日，东莞市率先发出全国首批电子营业执照

2014年3月3日，全国工商登记制度改革首个工作日，东莞市工商局发出首批新版营业执照30个

2014年4月16日，东莞市召开商事制度改革后续监管新闻发布会

2014年6月9日，东莞市工商局牵头召开电子商务企业集群注册协调会

2014年6月18日，东莞市全国首创电子商务企业集群注册获中央电视台关注

2014年8月12日，东莞市召开深化商事制度改革加强市场监管工作现场会

2010年2月10日，东莞市工商局部署开展沐足、美容美发行业及问题奶粉整治工作

2010年5月13日，东莞市工商系统传达全市防范和打击“黄赌毒”工作会议精神

2011年3月9日，东莞市召开清理无证照经营工作总结表彰会议

2011年8月2—3日，东莞市工商局召开全市企业中介机构登记业务培训班

2012 年 3 月 29 日，东莞市工商局牵头组织召开 2012 年市场中介组织防治腐败工作会议

2014 年 9 月 23 日，东莞市工商局召开新闻发布会解读《企业信息公示暂行条例》

2010 年 3 月 12 日，东莞市召开创建食品安全样板市场总结表彰暨动员大会

2010 年 11 月 18 日，东莞市工商局黄江分局查获一批假冒红星二锅头白酒

2010 年 12 月 1 日，东莞市工商局参加全市食品药品安全宣传月大型现场日活动

2011 年 4 月 14 日，东莞市召开打击传销工作经验交流会

2011 年 6 月 29 日，东莞市召开食品批发市场食品安全工作会议

2012 年 6 月 1 日，东莞市工商局经检支队取缔一个制售假冒名牌油漆窝点

2012 年 7 月 9 日，东莞市工商局参加全省工商系统“三打两建”工作视频会议

2013年2月27日，东莞市工商局基层分局召开整治“注水肉”及散装酒工作会议

2014年10月14日，东莞市工商局经检支队查获一宗重大箱包皮具售假案件

2014年11月19日，东莞市工商局经检支队查处洋酒制假窝点

2010 年 2 月 26 日，东莞市工商系统组织开展海南豇豆专项检查行动

2010 年 4 月 29 日，东莞市二手车市场专项整治工作会议在东莞市工商局召开

2010 年 5 月 18 日，东莞市工商局实施第三届东莞国际茶业博览会日常监管

2010 年 11 月 15 日，东莞市工商局召开展销会监管工作会议

2011 年 2 月 23—24 日，东莞市工商局在广东省工商系统红盾护农暨市场监管工作会议上作经验介绍

2012 年 6 月 13—15 日，广东省网络市场和合同监管工作业务会议在东莞市召开

2014 年 9 月 2 日，东莞市工商局召开整治银行、电信行业合同格式条款工作约谈会议

2014 年 10 月 31 日，东莞市召开集贸市场综合整治工作会议

2010 年 8 月 6 日，东莞市工商局与东莞日报社共同举办驰名著名商标系列宣传活动

2011 年 6 月 16 日，东莞市工商局与东莞市第一人民法院签署商标知识产权保护合作备忘录

2012 年 2 月 29 日，东莞市工商局主持召开“东莞市工商行政管理局、东莞市第一人民法院加强合作共同打击侵犯商标知识产权行为”座谈会

2012 年 4 月 19 日，东莞市工商局与东莞市中级人民法院、东莞市外经贸局联合举办商标论坛

2012 年 5 月 8 日，东莞市工商局召开 2012 年广东省著名商标培育会

2012 年 5 月 11 日，东莞市召开 2012 年全市名牌带动战略工作暨表彰会议

2013 年 4 月 2 日，东莞市举行 2012 年度驰名著名商标企业座谈会暨商标预警保护系统启动仪式

2014 年 4 月 17 日，东莞市工商局与东莞市中级人民法院联合举办商标品牌行政及司法保护论坛

2014 年 11 月 6 日，东莞市工商局牵头召开商标专用权质押融资银企对接会

2012 年 3 月 1 日，东莞市工商局对东莞报业传媒集团广告从业人员开展广告法律法规培训

2012年9月13日，东莞市工商局召开促进东莞广告业发展研讨会

2013年7月17日，东莞市工商局与东莞市检察院、公安局召开行政执法与刑事司法衔接配合工作协调会

2014年10月21日，东莞市中级人民法院在东莞中学松山湖学校公开审理某公司不服行政处罚的上诉案。东莞市工商局副局长王争光代表市工商局出庭应诉，落实行政首长出庭应诉工作制度

2010年7月23日，东莞市工商局参加广东省工商系统纪律教育学习月暨民主评议政风行风“回头查”再动员视频大会

2011年7月5日，东莞市工商局组织参观全市反腐倡廉大型图片展

2014年2月28日，东莞市工商局组织参加广东省工商系统党风廉政建设工作视频会议

2010年10月8日，东莞市工商局绩效管理经验入选国家工商总局行政学院网络培训教程

2011年6月9日，东莞市工商局向媒体开放局长办公会议

2011年9月6日，东莞市工商局参加全省工商系统深入应用案件业务信息系统现场会

2012年6月15日，东莞市工商局举行全系统新闻宣传业务培训班

2012年11月15日，东莞市工商局顺利通过“省特级档案综合管理单位”评审

2013年1月7日，东莞市工商局接受市直单位采访组“学习贯彻十八大”联合采访

2014 年 2 月 15 日，东莞市工商局党组书记、局长范燕彬率相关科室负责人参加东莞广播电视台“阳光热线”上线直播节目

2014 年 6 月 19 日，东莞市工商局参加《广东省信访条例》视频宣讲会议

2014 年 11 月 7 日，东莞市工商局党组中心组专题学习贯彻党的十八届四中全会精神

2010年4月1日，深圳、惠州、东莞三市召开消费维权合作会议

2010年9月2日，东莞市消费者委员会与企业构建“消费投诉处理对接机制”

2010年12月2日，东莞市消费者委员会成功调解的人身伤害纠纷案经司法确认

2012 年 3 月 15 日，东莞市工商系统开展“3•15”维权宣传咨询活动

2012 年 4 月 12 日，东莞市消费维权工作站在市美容美发协会挂牌

2012 年 5 月 16 日，东莞市消费者委员会联合东莞市工商局约谈大型企业

2013年3月7日，东莞市消费者委员会召开“3•15”活动新闻发布会

2014年6月24—26日，东莞市消费者委员会在全省消委会系统秘书长业务培训班上作经验介绍

2010年6月24日，东莞市个体劳动者和私营企业协会百余会员代表出席“甘肃省嘉峪关市投资环境说明暨项目推介会”

2011 年 4 月 27 日，东莞市个体劳动者和私营企业协会与东莞银行、粤融担保联合举办“银、协、担、企”融资座谈会

2013 年 11 月 8 日，东莞市商标品牌发展保护促进会正式成立

2014 年 10 月 10 日，东莞市商标品牌发展保护促进会召开理事会议

学习交流

2013年3月11日，东莞市委书记、市人大常委会主任徐建华率队拜访国家工商总局

2013年1月25日，东莞市人民政府副市长张科率队拜会广东省工商局领导班子

2013年6月24日，东莞市工商局党组书记、局长范燕彬率队到道滘镇调研食品行业区域品牌创建工作

2014 年 3 月 3 日，东莞市工商局党组书记、局长范燕彬率队到市国税局开展电子商务企业集群注册专题调研

2014 年 4 月 3 日，东莞市工商局党组书记、局长范燕彬率队到世界莞商联合会调研交流

2014 年 10 月 28 日，东莞市工商局党组书记、局长范燕彬率队到北京市工商局学习历史展馆建设、企业信用体系建设和商事制度改革后续监管等工作经验

2013 年 12 月 18 日，东莞市工商局党组成员、纪检组长陈涛率队与东莞市卫生局交流机关作风和行业作风建设工作

2013年12月，东莞市工商局党组成员、经检支队支队长曹景良率队到珠海市工商局交流执法办案工作

2014 年 4 月 23 日，东莞市工商局党组成员、副局长周锦辉率队到东莞市中级人民法院交流商标保护工作

2014 年 12 月 11 日，东莞市工商局党组成员、经检支队支队长张弢率队到江门、肇庆市局交流执法办案工作

2011 年 3 月 3 日，全国工商系统第九期省局领导干部研修班学员在国家工商总局行政学院领导陪同下到东莞市工商局考察交流

2012 年 12 月 14 日，香港食环署考察团总行政主任郑区凤珍一行，在市港澳事务局相关领导陪同下到东莞市工商局考察交流

2013年4月14日，国家工商总局个体司巡视员刘小平，率领甘肃省工商局党组书记、局长郭承录一行，在广东省工商局党组成员、副局长丁文陪同下到东莞市工商局考察交流

2013年4月18—19日，北京市工商局党组书记、局长杨艺文一行在广东省工商局党组书记、局长卢炳辉陪同下到东莞市工商局调研商事制度改革工作

2013年5月26—27日，内蒙古工商局党组书记、局长陈洁一行在广东省工商局党组书记、局长卢炳辉陪同下到东莞市工商局考察商事制度改革工作

2013 年 8 月 7 日，陕西省工商局局长王吉德一行在广东省工商局党组书记、局长卢炳辉陪同下到东莞市工商局考察商事制度改革工作

2013 年 8 月 19—20 日，中国民主同盟中央委员会、重庆市人民政府副市长吴刚在广东省工商局党组成员、经检局局长辛光辉，东莞市人民政府副市长吴道闻等陪同下到东莞市工商局考察商事制度改革工作

2013 年 9 月 12 日，广西壮族自治区工商局党组书记、局长张虹到东莞市工商局考察商事制度改革工作

2013年10月11日，福建省工商局党组书记、局长叶木凯到东莞市工商局考察商事制度改革工作

2013年12月5日，山西省工商局党组书记、局长周明定在广东省工商局党组书记、局长卢炳辉陪同下，到东莞市工商局考察商事制度改革工作

2014年3月10日，新疆维吾尔自治区党委常委哈尼巴提•沙布开在广东省工商局党组书记、局长卢炳辉，东莞市副市长张科等的陪同下到东莞市工商局考察商事制度改革工作

2014 年 4 月 28 日，东莞市社会科学界联合会到东莞市工商局开展商事制度改革后续监管专题调研

2014 年 5 月 16 日，四川省成都市工商局到东莞市工商局考察交流

2014 年 8 月 12 日，黑龙江省工商局党组书记、局长贾玉梅一行在广东省工商局党组成员、副局长钱永成陪同下到东莞市工商局考察工商登记制度改革及后续监管等工作

《东莞市工商行政管理年鉴》编纂委员会

主　任：范燕彬

副主任：陈　玺　王争光　陈　涛　曹景良　周锦辉　张　弢　邓建忠
黎自力　张志云　何丹莉

委　员：叶伟雄　冯敏之　吴少军　刘卫东　张凯斌　李清华　何志华
庾向群　卢静娜　陈浩平　吴水木　颜汉文　翁梓清　邓国平
黄陈炳　曾建亮　何志红　佘惠权　卢宇光　张贵阳　张纪文
欧阳计威　张冠辉　陈权光　叶炬新　钱贺怀　刘炳光　陈钜斌
钟少平　尹柱坚　刘建新　艾国利　王　毅　史帅峰　王建中
汤伟明　李泽兴　曾行三　杨东荣　邹　伟　香镇祥　邓淦平
梁志强　黄建中　蔡伟雄　郭富良　林青平　黄　毅

《东莞市工商行政管理年鉴》编纂办公室

办公室主任兼主编：何丹莉　叶伟雄

办公室副主任兼副主编：陈浩平　邵雄锋　李灿光　舒克文

办公室成员：陈圳煜　游思壁　欧阳青　齐文力　曹佳黎　陈鹏至

《东莞市工商行政管理年鉴》各单位主要撰稿人

（以姓氏首字笔画排名）

卜　磊　王玉英　邓国斌　邓鸣武　卢晓东　卢润球　叶伟坚　叶惠标
邝　伟　冯庆才　冯素钗　冯湘华　刘　达　刘思波　刘俊珊　刘浩平
麦淑娟　李小琼　李丽婉　李满堂　杨思牧　邴　兴　肖剑波　何汉标
佘庆峰　张丽珍　张慧莹　陈　颖　陈雪瑜　陈敏清　陈静雯　周　媛
郑泽锦　房柏聪　袁玉玲　袁伟洁　袁雪娥　袁瑞京　钱　坤　凌　晓
唐国梅　黄志杰　黄淑霞　黄鲁东　梅　姝　揭湘莉　彭伟蔚　童尔男
曾　绮　曾凤映　温国辉　游兆锋　谢见芬　谢国斌　赖宇诗　黎庆标

《东莞市工商行政管理年鉴》审查单位及审查人员

审查单位：东莞市人民政府地方志办公室

审查人员：潘朝明　刘念宇

传承·创新·突破

——《东莞市工商行政管理年鉴》（创刊号·2011—2015）序

文以载道，史以鉴戒；鉴往知来，启迪后人。在当前全国改革创新大潮迭起的形势下，东莞工商编写的部门年鉴付梓问世。这是东莞工商在“存史、育人、资政”进程上的一大突破，也是东莞行政部门年鉴编纂工作上的创新性举措。

近年来，面对艰巨繁重的市场监管任务和各种履职挑战，东莞工商不负众望，出色地履行了部门职能，并在履职过程中，创新了一批可复制、可推广的宝贵经验。尤其是2012年以来，工商部门牵头开展商事制度改革，为全省、全国改革探索了有益经验，更为东莞的改革发展史书写了浓墨重彩的一笔。截至2014年，东莞工商以锐意创新的精神，率先在全国探索推行注册资本认缴制、“先照后证”改革等一系列措施，在全国首创新业态企业集群注册、全国地级市首创住所登记管理和全程电子化工商登记等亮点，为促进我市经济社会发展，更为推动“大众创业、万众创新”作出了不可磨灭的贡献。可以说，东莞工商为改革发展立鉴，年鉴的编纂则是为东莞工商立言。

《东莞市工商行政管理年鉴》（创刊号· 2011—2015）系统回顾了《东莞市工商行政管理志》出版后，五年来工商部门的奋斗历程，全面梳理了新时期工商部门业务创新和实践探索的成果，是一部信息密集、图文并茂、涉及面广、时效性强的部门年鉴，是传承和彰显工商部门文化瑰宝的重要载体，是东莞工商强烈责任意识和历史意识的综合体现。

我们相信，东莞工商良好的精神风貌和扎实的履职实践，必将时刻激励着一代又一代的东莞工商人牢记宗旨、诚实做人，心怀历史、踏实谋事，不忘使命、务实创业；必将时刻鞭策着东莞工商人，为助推东莞的高水平崛起不断创造新的辉煌！

袁宝成

二〇一五年十二月三十一日

编辑说明

一、《东莞市工商行政管理年鉴》（创刊号· 2011—2015）是东莞市人民政府地方志办公室（市方志办）批准编辑出版的第一本部门年鉴（跨 5 个年度）。它全面、系统、详实地载录了东莞工商部门 2010—2014 年期间的发展历程，为社会各界了解和研究东莞工商历史提供了基本资料。

二、商事制度改革以来，东莞工商事业发展稳步推进，亮点频现。为反映改革进程中东莞工商部门发展的全貌，本书用较多的篇幅进行详述。本书设置东莞工商之最、特辑、商事制度改革特载、专文、东莞市工商行政管理概述、机构职能情况、市场主体登记管理、企业监督管理、经济检查、市场管理、合同管理、商标管理、广告管理、法制工作、纪检监察、文化建设、信息化工作、人事管理、党群组织、基层分局、理论研讨、典型案例、统计资料、媒体视角、大事记和附录共 26 个编目，377 个条目，彩页 49 页码，正文 457 页码，共计 61 万多字。

三、《东莞市工商行政管理年鉴》（创刊号· 2011—2015）采用分类编辑法，以“编目”和“条目”为主，分彩页和正文两大部分。彩页精选国家及省、市等上级部门和领导的视察活动，市工商局的重大活动，部分地市来访交流活动等相关主题图片；正文主要设“编目”和“条目”，个别编目下设“分目”；“条目”统一用黑体字加【】号表示。

四、《东莞市工商行政管理年鉴》（创刊号· 2011—2015）所用资料由市工商局机关各科室和基层分局提供，并经组稿单位领导审阅，年鉴编纂办公室初审，年鉴编纂委员会审核和市方志办终审定稿。统计数据采用法定计量单位，由市工商局机关各科室和基层分局提供。

五、《东莞市工商行政管理年鉴》（创刊号· 2011—2015）所用稿件，作者除标题下方标明外，其余均为市工商局工作人员。内部稿件不一一标明作者。

六、《东莞市工商行政管理年鉴》（创刊号· 2011—2015）随书配置多媒体光盘，内容包括编辑说明、图片专辑、正文等，采用多媒体检索技术，便于读者使用。

目　录

东莞工商之最

【全国首创电子营业执照综合应用平台】

2013年6月18日，东莞市人民政府在松山湖高新技术产业开发区举行电子营业执照应用平台启动仪式，并向合泰半导体（中国）有限公司等10家企业颁发全国首批电子营业执照。该事件标志着东莞市工商局集电子营业执照应用、网上登记、信用信息公示等功能于一体的综合性管理平台率先在全国启动应用。

2013年6月18日，市长袁宝成向企业代表颁发电子营业执照

【全国首创新业态企业集群注册改革】

2014年4月1日，东莞市工商局以松山湖为试点，允许电子商务企业以集群注册托管公司的住所办理设立登记，无需实际办公或经营场所即可开展经营活动，为初创企业、小微企业创建“零边际成本”的发展平台和“众创空间”，得到国务院肯定并在全国推广。

2014年4月1日，松山湖启动电子商务企业集群注册启动仪式现场

【全国地级市首创住所登记管理改革】

2014年5月，东莞市工商局以大朗镇为试点，率先推行“住所信息申报+负面清单”的市场主体住所登记管理模式。经营者办理营业执照，自行申报住所或经营场所信息，并对真实性负责，无需提交房产证、租赁合同等住所证明文件，无需村(居)委会加具意见，打通便捷登记的“最后一公里”。5月21日，大朗工商分局向“东莞市大朗元元面包店”核发首张实施住所信息申报制后的营业执照。

2014年5月21日，大朗工商分局颁发首张住所申报制营业执照

【全国地级市首创全程电子化登记管理】

2014年8月，东莞市工商局在电子商务集群企业中完成测试并上线运行全程电子化登记管理系统。该系统允许经营者凭银行数字证书进行身份认证，实现网上申请、网上受理、网上审批、网上发照的全流程电子化登记，使经营者足不出户，无需提交任何纸质材料，即可办理营业执照。该系统的运行，标志着东莞市在全国地级市中率先实现真正意义上的无纸化审批。

【全国率先开发应用协同监管信息化系统】 2014年1月，东莞市工商局率先在全国开发应用协同监管信息化系统。该系统的启用，实现部门之间的信息互联互通、协同精细化监管，提升市场监管效能。

【全省首张外商合伙企业执照颁发】 2010年5月7日，东莞市工商局向东莞骏林包装制品厂（普通合伙）执行事务合伙人林子强颁发外商投资合伙企业营业执照，标志着广东省第一家外商投资合伙企业诞生。

2010年5月7日，东莞市工商局向东莞骏林包装制品厂颁发营业执照

【全省地级市全自动化广告监测系统率先建立】 2010年，东莞市工商局在全省地级市中率先建立全自动化广告监测系统，将该监测系统配置到所有基层分局，实现对全市73个电视广播频道的全面监控。该系统可自动辨认违法广告，大大提升监测效能。

【全省商标专用权质押融资资助做法率先实施】 2014年9月，东莞市人民政府颁布实施《东莞市商标专用权质押融资资助暂行办法》（下称"《融资资助办法》"），率先在全省开展商标专用权质押融资全方位资助的做法。

【全市首届廉政公益平面广告大赛举办】 2010年7月，以"廉荣贪耻、莞邑文明"为主题，东莞市工商局与市纪委、市预防职务犯罪领导小组、市人民检察院、市文明办、市监察局、市广告协会等部门联合主办全市首届廉政公益平面广告大赛，收到参赛作品682件。

2010年8月，东莞市工商局组织党员干部到市图书馆参观廉政公益广告作品

【全市首宗格式合同违法案件查办】 2012年3月，东莞市工商局指导南城分局查办全市第一宗格式合同违法案件。针对当事人在格式合同条款中以保留最终解释权为由，排除消费者解释格式条款权利的情况立案调查处理，维护消费者合法权益。

【全市首张企业登记注册行政审批改革营业执照颁发】 2012年5月4日，东莞市工商局大朗分局为明资科自动控制（东莞）有限公司发放企业法人营业执照，这是全市企业登记注册行政审批改革实施后，大朗工商分局发出的第一张企业法人营业执照。

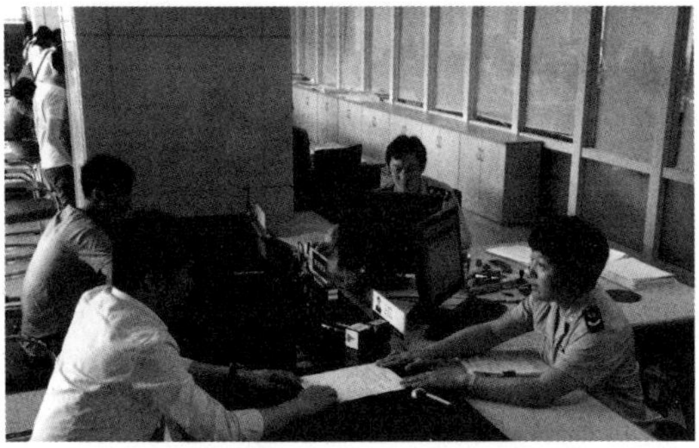

2012年5月4日，大朗工商分局发出企业登记注册行政审批改革首张企业法人营业执照

【全市首个消费领域人民调解委员会成立】 2013年8月，东莞市消委会联合东莞市司法局，在市消委会长安分会（设在长安分局）挂牌成立全市首个消费领域人民调解委员会。

【全市首宗消费“三倍赔偿”案调解成功】 2014年3月15日，新颁布的《消费者权益保护法》实施(下称《消法》)。其中规定：经营者有欺诈行为，消费者可享三倍赔偿。赔偿金不足500元的，赔偿500元。新《消法》实施后的首宗三倍赔偿案在厚街镇发生，为餐饮消费纠纷。经市消委会厚街分会调解，当事人获得相应赔偿，双方达成和解。

【全市首家“1元公司”注册】 2014年4月14日，东莞市工商局寮步分局向湖北籍创业者李松松颁发东莞市松禹实业有限公司的营业执照。该公司注册资本为1元，经营范围是生产、加工五金、自动化及半自动化设备；销售劳保用品、办公用品、电脑及周边耗材、防静电产品、包装材料、五金工具、自动化及半自动化设备配件。这是国务院实行注册资本登记制度改革之后，东莞市诞生的首家“1元公司”。

【全市首宗网上年报自助申报业务办理】 2014年10月8日，东莞市工商行政管理局长安分局登记注册大厅办理首宗个体工商户网上年报业务。

2014年10月8日，长安工商分局指导办理首宗网上年报自助申报业务

【全市首次外商投资企业网上“多证联办”实施】 2014年11月12日，东莞市外商投资企业“多证联办”全面实施启动仪式在东莞市工商局举行。按照“一站受理、一表填报、同步审核、限时办结、同步发证、分头领取”模式，申办人到市工商局窗口办理企业名称预先核准后，可自主决定是否启动网上“多证联办”程序。

【东莞市工商局首次向媒体开放局长办公会议】 2011年6月9日，东莞市工商局首次向媒体开放局长办公会议。包括东莞电视台、《东莞日报》、《东莞时报》、《南方都市报》在内的多家媒体记者旁听会议。

【东莞市工商局首届业务辩论赛举行】 2012年2月，东莞市工商局首开全市政府机关业务辩论的先河，按照解决问题、促进工作的宗旨，以“创先争优 激扬红盾”为主题，举办东莞工商系统首届辩论赛。

2012年2月，东莞工商系统首届辩论赛

【东莞市工商局首部微电影拍摄】 2014年，东莞市工商局组织工作人员，自编自导自演，拍摄以“误会”为主题的首部微电影，记录展现工商部门廉洁高效的工作作风。该作品获得全省工商系统“红盾清廉”廉政文化影视剧本歌曲类原创作品一等奖，得到各级领导的肯定和全系统干部职工的关注。

东莞市工商局廉政文化建设再创佳绩

【东莞市工商局干部选拔首次设置“政策加分”“违纪扣分”项目】 2014年，东莞市工商局制定出台《面向市局机关竞争性选拔副科级领导干部实施方案》和《面向基层竞争性选拔副科级领导干部实施方案》，在考核内容方面进行大胆改革创新。首次将“政策加分”“违纪扣分”项目作为考核分值计入竞争性选拔总成绩。

特　辑

在全省商事登记改革试点现场会上的发言

东莞市人民政府

2013年6月8日

去年以来，东莞市认真贯彻落实国家、省关于改革“在重点领域和关键环节率先取得突破”的要求部署，大力推进商事登记改革工作，逐渐摸索出一条具有东莞特色的改革路径，形成了便捷登记、审批提速和协同监管“三位一体”的商改体系，取得了比较明显的阶段性成效。一是市场主体明显增长。从去年12月全面铺开至今年5月的半年时间内，全市新增市场主体50395户，同比增长31.8%，总数达55.2万户。二是行政效率明显提升。商改后办理营业执照实现了“5115承诺”，即排队取号不超过5分钟，等候不超过1小时，执照一般在1个工作日内发出，最长不超过5个工作日。三是监管方式明显优化。从原来依靠工商部门在注册登记时进行前置审批把关，转变为部门主动分行业进行后置监管，初步建立了“宽进严管”的现代市场监管体系。四是群众满意度明显提高。工商等部门的机关作风不断优化，投诉率比改革前显著下降，社会满意率、“市民评机关”好评率大幅提升。东莞的商事登记改革工作得到了上级的大力支持，国家工商总局和省委、省政府主要领导多次莅临东莞进行指导。国家工商总局张茅局长莅莞调研时，认为东莞工作决心大、方案比较完善，取得了良好开局和显著成效，为全国的改革创造了有益经验。我们主要抓了三个方面工作：

一、把商事登记改革作为争创制度红利的突破口，建立政府主导、专属负责、部门协同的工作格局

在全市上下形成了以商事登记改革带动行政审批制度改革、助推法治化国际化营商环境建设、增创政府服务“加一”和综合成本“减一”优势的强烈共识，建立健全了一系列工作机制。一是实行全市统筹、专责推进。成立由市主要领导任组长的领导小组，将商改办设在市府办，抽调业务骨干集中办公。下设登记注册、行政许可、市场监管、信息平台建设四个专责工作小组。针对商改后企业登记增多服务人手不足的问题，以政府购买社会服务的形式，新增230名协管员充实到窗口一线岗位。二是坚持试点先行、稳步推进。去年5月在大朗镇启动试点工作，先行先试，锐意改革，实现了企业注册时间平均缩短60%以上，市场主体同比增长79.3%，成为全省发证最快、同期发证最多的试点地区。积累了半年多的试点经验后，积极总结推广，并进行了针对性研究和改进，去年底在全市铺开。三是突出制度设计、有序推进。出台了《东莞市商事登记制度改革实施方案》和《关于进一步深化商事登记制度改革完善市场监管体系的若干规定》，制定了相应的监管办法和实施细则，建立起商改工作的“1+X+Y”政策体系，实现了从前端到后端的制度全覆盖。

二、落实“宽进”原则，在现有法律框架下最大限度地降低市场准入门槛

由于没有立法权，东莞在改革中更加注重找准依法行政与改革创新的最佳结合点，努力在现有法律体系内寻求最大限度的创新突破，既确保改革的实效，又尽量减轻对现行制度体系和工作格局的冲击。一是实施商事登记和经营资格许可审批相分离。把涉及经营项目的81项许可审批全部从前置改为后置，登记注册市场主体从过去的“先办证后发照”变成了现在的“先发照后办证”。二是实施注册资本认缴制。设立注册资本50万元以下的公司，首期可以“零出资”，无需提交验资报告。三是放宽经营场所的限制。凡经当地村委会出具同意该场所从事经营活动，并由房东和商事主体对安全责任作出承诺的，免于提交经营场所的产权证明。四是倒逼推进行政审批制度改革。出台第一批审改目录，全市压减审批事项296项，减幅达41.3%，其中涉及市场主体资格和经营项目的审批事项从改革前的188项压减到改革后的109项。第二批目录拟申请改革152项属上级管理的权限，前段时间已报省审批，如获同意，我市行政审批事项将压减62.6%。同时，涉及后置许可的各部门加快优化审批流程，全市审批时限缩减幅度超过20%的部门占部门总数的59%。此外，我市还积极推行年检验照备案、全程电子化网上登记年检等制度，大大方便了企业办事，得到了社会各界的广泛好评。

三、完善“严管”体系，利用信息化手段促进后续监管效能倍增

商改是“宽进”和“严管”的统一，前端放开与后端管好缺一不可。改革后，经营许可从前置改为后置，可能出现企业只拿工商执照、不办项目许可的情况，监管部门必须从过去“等人敲门”转变为“出门找人”办许可，而且必须找得全、找得及时、管得到位。为此，我市积极探索建立一套无缝对接监管机制，努力做到“放而不乱”。一是明晰各部门的监管职责。按照行业管理的原则，重新梳理和明晰了30个部门的职责分工，实现了市场监管事项与部门监管职责的全覆盖，建立起严密的市场监管责任网络，消除监管“盲点”。二是建立三链合一、协同监管的全市信息共享平台。结合网上办事大厅和电子政务平台建设，投入4000多万元打造全市统一的集成各部门企业登记、市场监管、企业信用等功能的信息共享平台，利用此平台实现数据链、监管链、责任链三链合一，有效强化协同监管。数据链以工商登记数据为源头，由工商部门每天把数据发至平台，经后台处理后即时发给各监管部门。监管链即监管部门对平台发来的信息在5个工作日内落实监管，并及时反馈。责任链以督查考核为保障，重点检查各监管部门对信息反应是否及时、现场核查跟进是否到位等。通过三链合一，实现了监管工作的环环相扣、无缝对接。三是建立企业一处受罚、处处受限的诚信监管体系。对违规经营的企业，各监管部门作出处罚后，将结果限期上传至平台，形成“黑名单”。其他监管部门可根据其违规行为的关联性，对相应业务进

行重点监管，提高企业的违规成本。截至5月底，该平台已完成56个部门442类目录1200多万条数据的录入，通过各部门监管数据的集成与关联，促进了部门监管行为交叉互补、彼此为用，实现了后续市场监管的能力倍增。

总的来看，我市商改虽然取得了初步成效，但还存在一些需要改进的地方。比如，经营项目后置许可审批仍需再提速，个别部门监管责任不清、主动性不强，基层人员业务培训有待加强等。接下来，我市将按照本次会议的部署，推动商事登记改革向纵深发展。一是完善市政务信息资源共享平台，强化网上登记技术支撑，力争尽快成为全国首个实现商事主体全程网上登记的地级市。二是完善市场后续监管体系，通过实施部门责任白皮书、监管效能督查考核、责任追究等制度，进一步提升监管效能。三是针对商改后的工作要求，组织相关人员开展集中培训，提高服务水平。四是以商事登记改革倒逼行政审批制度改革，通过压减审批事项、向基层下放事权、向社会组织转移职能、优化审批流程等，推动各部门审批进一步提速，力争使东莞的商改工作取得更大的实效。

在全省商事制度改革推进会上的发言

东莞市人民政府

2014年12月18日

东莞是全国商事登记制度改革试点城市之一，自2012年以来，在没有立法权的情况下，集中力量对证照分离、实施注册资本认缴制等进行了突破，为全国全省创造了有益经验。今年全省商事制度改革推开后，我市切实增强“一步领先未必步步领先、一步赶不上就可能步步赶不上”的危机意识，主动对接省的改革要求和工作标准，在前端准入和后续监管上深入探索、持续发力，取得了新的突破和成效。一是促进了市场主体的大幅增长。今年1—11月，全市新增市场主体10.4万户，总数达62.2万户。其中，新增各类企业4.1万户，注册资本632.1亿元，同比分别增长40.6%和104.3%，企业总量达到20.5万户，同比增长20.11%，持续超过个体工商户增速。二是激发了市民群众的创业热情。全市人均创业率从9.4%上升到11.8%，每千人拥有市场主体从改革前的65户增加到目前的74户。三是推动了市场秩序的规范管理。全市新登记市场主体开业率96.8%，持照经营率84.5%，其中不涉及许可的一般经营项目持照率达94.2%，无证照经营行为大幅减少，较好地实现了“放而不乱”。四是带动了行政效率的整体提升。商事制度改革对其他行政审批领域的改革形成了强烈的示范和倒逼效应，促进了全市行政效率和机关作风的明显提升。具体抓了以下工作：

一、进一步降低准入门槛，最大限度推行注册登记便利化

一是推行住所登记管理改革。针对住所证明要求严、企业注册不便利的情况，在大朗镇试点推行住所信息申报制，除娱乐、重污染等特殊行业外，其他行业企业可自行申报住所信息，无需任何住所证明文件就可办理营业执照。5月试点以来，试点镇新增市场主体3993户，同比增长48.9%；新增企业1221户，增长83.2%，均比全市同期增速高出近40个百分点，实际经营场所和申报地址相符比例高达98.2%。二是推行新业态企业集群注册改革。针对一些新业态企业无固定办公场所办照难的实际，率先在电商企业中试点企业集群注册，允许电商企业将地址登记为托管公司的住所。目前已有374家集群企业登记成立。接下来，还将逐步放开托管公司的登记，把集群企业类型拓展到其他新兴业态。三是推行电子化并联审批改革。开发电子营业执照平台，推广全程电子化网上登记，工商登记实现全程无纸化操作。在此基础上，推动部门登记信息并联互认，对外商投资企业登记设立实施“十证联办”。新设外资企业办齐10个证照从原来需要2个月至半年的时间，缩短到3—4个工作日；企业现场所需提供材料从原来的51份减少到23份。明年将在所有企业推行“十证联办”。

二、进一步加强后续监管，着力构建全覆盖、立体化的监管网络

在最大限度“宽进”的同时，将改革重点向后续监管倾斜，搭建“政府主导、企业自律、部门监管、社会监督”的网格化综合监管体系。一是推动部门信息互通、协同监管。针对前端登记与后续监管对接难的问题，搭建全市统一的政务信息资源共享平台，开发协同监管信息化系统，将工商登记信息同步推送至部门和镇村，部门和镇村实时监管并反馈。目前，已累计推送信息3.6万条，收到反馈信息3万条，反馈率达到84%。二是构筑基层综合监管网络。针对部门监管力量不足的问题，整合村（社区）原有的税务协管员、食品安全协管员等力量，在不增加人员编制和经费的情况下，建立社区市场综合协管队伍，对辖区内市场主体实行网格化监管。目前，全市已组建协管队伍559支，人数超过3100人，基本实现了村村有队伍、户户受监管。三是建立跨部门信用约束机制。积极推动监管方式向信用监管转变，开发应用企业信息公示系统，集中公示全市45个部门267条目录的1200多万条企业信用信息。推行违法企业登记受限机制，对十类异常和违法企业，限制办理相关行政许可业务。14个职能部门实行了红黑榜发布制度，先后发布28期次“红黑榜”，将190多家失信企业列入黑名单，初步形成了企业信用约束合力。

接下来，东莞将深入贯彻落实本次会议精神，学习借鉴兄弟城市的先进经验和做法，继续在放宽住所登记限制、推行企业集群注册、规范协管队伍运作、健全信用约束制度等方面积极探索、先行先试，努力争创更多的改革红利，为全省摸索更多有益的改革经验。

商事制度改革特载

编者按：2012年，为贯彻落实国家、省关于“在重点领域和关键环节率先取得突破”的改革要求，发挥国家赋予东莞先行先试的优势，打造国内营商成本最低、服务最优、最具吸引力的环境高地，在市委、市政府的领导下，东莞市工商局牵头开展商事制度改革，推动东莞的改革工作走在全省、全国前列。本刊设置《商事制度改革特载》编目，专编介绍商事制度改革情况。

【商事制度改革概况】 东莞市是全省四个商事制度改革试点城市之一，2012年5月在大朗镇试点，同年12月在全市推开。以2014年3月为节点，整个改革可分为两个阶段。一是2014年3月之前，主要承担为全国、全省改革探路的任务，重点在压减行政审批事项、先照后证、注册资本认缴制、放宽市场主体住所登记、企业年检备案制、搭建协同监管体系等方面进行探索。多项实践成果在全省、全国的改革方案中得到吸纳。2013年3月11日，东莞市委书记徐建华率队专程拜访国家工商总局，汇报商事制度改革工作，得到总局副局长刘玉亭的认可。2013年4月11日，国家工商总局局长张茅到东莞调研商事制度改革，认为东莞改革工作决心大，推进力度强，取得良好的开局和显著的成效，为全国的改革创造有益的经验。二是2014年3月之后，全省商事制度改革推开后，东莞市全面执行全省改革的标准和要求，进一步加快改革创新的步伐，推出住所信息申报制、电子商务企业集群注册、全程电子化网上登记等创新举措，并打造后续监管的“东莞模式”，为“宽进”和“严管”探索一条行之有效、符合东莞实际的改革路径。

【商事制度改革启动】 2012年，东莞市工商局作为先导部门，大力推动实施商事制度改革，以之作为开展行政审批制度改革的突破口，及营造东莞市国际化、法治化营商环境的重要抓手。

4月，东莞市工商局在确定大朗镇为试点的基础上，着手对试点改革进行制度设计，从简化营业执照功能、改革登记注册方式、建立行业许可监管模式、建立企业公共信息服务平台等4个方面，提出11条改革措施。随后，研究再造服务流程，从咨询领表、排队等候、受理审批、发放证照等环节入手，把服务流程设计从“以我为主”改为“以群众为主”，初步提出“排队取号不超过5分钟，等候不超过1小时，执照一般在1个工作日内发出，最长不超过5个工作日”的“5115”承诺，缩减排队等候时间，营造人性化服务环境。5月4日，大朗工商分局发出全市企业登记注册行政审批改革第一张企业法人营业执照，商事制度改革试点工作启动。截至2012年年底，大朗工商分局发出商事登记营业执照2353张，市场主体增幅居全市第一位，市场主体数量从全市第九位跃居至第五位，得到市委书记徐建华、市长袁宝成等领导肯定。6月20日，省委书记汪洋到大朗视察后表示认可，认为“开了个好头”。

8月15日，东莞市工商局在全市商事制度改革部门协调会上讨论草拟的《东莞市商事登记制度改革大朗试点总结评估报告》并提交给市政府。随后，在反复进行讨论研究的基础上起草《东莞市商事登记制度改革实施方案》（下称《方案》）。《方案》提出“实施商事主体登记和经营资格许可审批相分离”“放宽住所（经营场所）的限制”“实施注册资本认缴制”“实施商事主体年检验照备案制度”“逐步推行全程电子化网上登记年检”“加快行政审批制度改革”“打造市场监管信息共享服务平台”和“强化商事登记后续监管”等8条举措，得到市长袁宝成的支持。市长袁宝成对市工商局的“自我革命”精神给予肯定。10月24日，东莞市召开全市行政审批制度改革暨商事制度改革动员大会，颁布《方案》并提出启动全市改革的目标。

12月3日，东莞市工商局在全市33个镇街同步发出商事登记执照，全面启动商事登记制度改革。12月4日，东莞市委、市政府等班子领导分别率队检查市工商局及11个工商分局商事登记窗口，对改革带来的服务环境变化给予肯定。

相关链接 东莞商事制度改革“八项措施”指：

商事主体登记和经营资格许可审批相分离。指经营资格许可不再作为商事主体登记的前置条件，商事主体资格的取得应符合法定条件并按商事登记程序登记。商事主体可依据自身需要申请相应的经营项目，其营业执照经营范围按一般性经营项目与许可经营项目划分表述。从事一般性经营项目的，由经营者自主选择按照《国民经济行业分类》规范中的“门类”“大类”“中类”或“小类”表述，登记机关在营业执照上载明；未在营业执照上予以载明的一般性经营项目，凡法律法规允许经营的，经营者可自主经营。从事许可经营项目的，参照《国民经济行业分类》规范用语或有关许可规定表述，并在经营范围后面加注“取得许可后方可经营”字样，无需申请人提交许可证或许可批准文件。

放宽住所（经营场所）的限制。凡经当地镇人民政府（街道办事处）、村（居）委会出具同意该场所从事经营活动的，由房东和商事主体提交承诺书，分别承诺对该场所承担房屋安全和消防安全责任，免予提交经营场所的场地产权证明。

实施注册资本认缴制。注册资本为50万元（含50万元）以下的公司设立时，首期出资可以为“零”，无需提交验资报告，登记机关在营业执照注册资本栏上载明认缴出资额，实收资本一栏载明为“零”。法律、行政法规、国务院决定对从事特定经营活动的企业注册资本有最低限额规定的，从其规定。申请人应按公司法规定承诺在两年内缴足注册资本（投资公司应当在五年内缴足），在两年内，申请人可选择分一次或多次缴足，并向登记机关申请变更登记，变更登记应提交由会计师事务所出具的《验资报告》，登记机关凭《验资报告》登记实收资本。对申请人设立登记时提交《验资报告》的，登记机关按《验资报告》验证金额，在实收资本一栏载明。

实施商事主体年检验照备案制度。商事主体只需每年向商事登记机关提交年度报告和备案主体资格相关事项变动情况，并对所备案年度报告的真实性、合法性负责。商事主体年检验照备案推行标准化、格式化，并在全年滚动进行。

逐步推行全程电子化网上登记年检。逐步建立全程电子化网上登记年检平台，以数字证书和电子印章为基础，商事主体以电子文档形式在网上提交申请登记及年检资料，工商部门核准发放营业执照及进行年检备案。

加快行政审批制度改革。各许可审批部门按精简、合并、转移的原则对行政审批事项进行清理。凡通过后续监管可以解决的，不再设置行政许可；涉及多个部门审批的，要明确牵头部门，建立信息共享和协调配合机制；对行内企业资质认定、等级评定、专业技术职称和执业资格评定、考核评估等职能，逐步、有序向社会组织转移。

打造市场监管信息共享服务平台。建设开发全市统一的市场监管信息共享服务平台，以商事登记数据为基础，将各职能部门的许可信息、监管信息、审批时限等及时录入系统，实现许可及监管信息的实时录入、实时共享、实时监管、实时反馈，搭建商事制度改革后“宽进”和“严管”的桥梁。以此为基础，开放数据接口供公众部门查询、使用。

强化商事登记后续监管。登记机关不再通过注册登记、年检验照、企业监督检查等方式对商事登记主体的相关许可审批事项进行把关。各职能部门按照行业管理原则，依照行业管理分工和相关法律法规确定的监管职能，对主管行业承担起一管到底的监管责任，依法查处违法经营行为。其中，经营项目、经营场所涉及许可审批事项的，由负责许可审批的相关行政管理部门负责监管；经营项目、经营场所涉及多个许可审批部门的，各许可审批部门依据法律法规的规定，履行各自职责范围内的监管职责；应当取得而未取得许可审批擅自从事相关经营活动的，由相关许可审批部门负责依法予以查处。

【窗口“5115”服务标准出台】 2012年12月，东莞市工商局在全面推行商事制度改革的同时，将群众满意度作为衡量窗口服务质量的标准，提出“排队取号不超过5分钟，等候不超过1小时，执照一般在1个工作日内发出，最长不超过5个工作日”的“5115”承诺，打造窗口服务标准化样本。2013年11月，全市登记窗口基本上达到“5115”服务标准。

【电子营业执照工作推进】 2013年，东莞市工商局贯彻国家工商总局深化工商登记信息化服务的指示精神，开发电子营业执照应用平台，为商事制度改革后续监管、社会信用体系建设及电子商务产业发展提供支撑。2013年上半年完成电子营业执照应用平台首期开发，初步具备身份认证、网上亮照、信息查询及网络监管等多项功能。6月18日，在东莞松山湖高新技术产业开发区（以下简称松山湖）举行电子营业执照应用平台启动仪式，率先发出全国首批10张电子营业执照。东莞市市长袁宝成出席仪式并肯定发出该批营业执照是具有里程碑意义的创举。随后，市工商局与松山湖管委会成立试点工作小组，扩大电子营业执照应用平台推广范围。截至2013年年底，松山湖有211家企业开通应用电子营业执照。8月，国家工商总局外资局到莞调研，邀请市工商局在部分省市外资企业全程电子化网上登记座谈会上做经验发言并演示系统。

2014年，东莞市工商局进一步完善电子营业执照应用平台，开发出异常名录管理、企业诚信管理、信息公示、电子商务、投诉举报等多种功能，累计在松山湖试点发放电子营业执照329张。此外，争取全市其他部门对电子营业执照的互认，达成以电子营业执照作为企业办理电子政务的身份证，推动电子政务和电子商务发展的共识。

相关链接 东莞市电子营业执照应用平台是指由企业申领电子营业执照，并将电子营业执照应用于电子政务及电子商务的综合性应用服务平台。它以工商登记注册数据库为基础，企业登记注册后，凭第三方认证的数字证书即可申请开通电子营业执照，平台将根据申请生成企业的电子营业执照信息。电子营业执照应用平台主要包含九大功能：(1)身份证明：与纸质营业执照一样，可以作为企业从事经营活动的合法凭证；(2)网上亮照：企业可在自己的网络经营场所标示电子营业执照，开展合法的经营活动；(3)年检验照：企业可以通过应用平台对接年检业务系统，进行网上无纸化的年检验照；(参见《企业监督管理》编【无纸化网上年检工作全面铺开】条目)(4)档案查询：企业可通过电子营业执照应用平台查询自身登记、变更、年检等档案信息；(5)信用信息：企业可通过电子营业执照使用工商部门的“守重企业”“著名商标”等信用信息，应用于企业网站、第三方电子平台，方便交易相对人了解其信用情况；(6)电子商务：企业可通过向第三方网站提供电子营业执照，进行实名认证；(7)电子合同：电子营业执照应用平台为企业提供电子签名和电子签章等功能，使企业能够实现网上合同的签订；(8)综合应用：为企业办理税务、社保等行政事务提供电子营业执照的信息服务；(9)网络监管：职能部门对企业的网络经营活动进行监管。

【住所信息申报制试点】 2014年5月21日，东莞市工商局在大朗镇实施住所信息申报制试点。截至2014年年底，大朗新增市场主体4483户，比上年增长38.5%，增速比全市同期水平高出30个百分点。其中，新增企业1345户，比上年增长65%，比全市同期水平高出20个百分点。(参见《东莞工商之最》编【全国地级市首创住所登记管理改革】条目)

相关链接 住所信息申报制是东莞市工商局放宽市场准入限制的创新性举措。具体做法是，除商品房等住宅外，有限公司及分公司、个人独资企业及分支机构、合伙企业及分支机构、个体工商户的申请人，办理企业登记注册无需提交产权证明、租赁合同等住所证明文件，无需村（居）委会加具意见，向登记机关申报住所或经营场所信息，自行填报地址、房屋产权人、使用权取得方式、住所房屋规划用途等内容，即可办理登记。申请人对申报的住所信息真实性负责。登记机关认为申请人申报的住所信息需要核实的，可以要求进一步提供证据并安排执法人员到场确认，或以其他方式核实。发现与申报住所不一致或无法联系的，将企业载入经营异常名录，经核实申请人虚报住所信息的，依法采取撤销、吊销等处罚措施，并纳入诚信管理“黑名单”。

【电子商务企业集群注册试点】 2014年4月1日，东莞市工商局根据市政府1号文有关要求，以东莞松山湖高新技术产业开发区为试点，启动电子商务企业集群注册。东莞市市长袁宝成出席启动仪式并肯定电子商务企业集群注册“是东莞工商注册历史、企业登记历史非常值得纪念的日子”“东莞电子商务发展一个新的里程碑”。截至2014年年底，申请在托管公司集群注册的企业有432家，初步打造电子商务的虚拟产业园和大学生的创业园，形成初具规模的众创平台。中央电视台新闻频道进行长篇报道。（参见《东莞工商之最》编【全国首创新业态企业集群注册改革】条目）

相关链接 电子商务企业集群注册，是以企业作为集群注册托管公司，允许多家电子商务企业将地址登记为该托管公司的住所，组成企业集群，并通过电子营业执照应用平台的相关功能实现网上登记注册和登记注册信息公示的新型注册登记模式，也是东莞市工商局助推地方经济发展的一项创新性举措。该登记注册模式为东莞市首创，并被收入百度词条。通过集群注册，企业无需办公或经营场所即可开展经营活动，实现电子商务企业在东莞的“零门槛”注册，激发电子商务产业市场活力，促进电子商务企业规范、健康发展，在助推“大众创业、万众创新”方面发挥作用。

【全程电子化登记管理施行】 2014年，东莞市工商局根据国家注册资本登记制度改革及广东省商事制度改革的要求，紧抓省政府批复同意东莞为全省全程电子化登记管理试点以及全省三个电子营业执照试点地区之一的历史机遇，进一步深化商事制度改革，推进工商登记注册便利化，逐步推行全程电子化登记管理。结合网上办事大厅建设，搭建功能完善、性能稳定、操作简便的全程电子化工商登记系统，依托数字证书进行身份认证，实现全流程网上申请、网上审核、网上发照、网上归档办理工商登记注册。2014年8月，在电子商务集群企业中进行测试，截至年底办理名称预先核准业务133宗，设立登记业务100宗。（参见《东莞工商之最》编【全国地级市首创全程电子化登记管理】条目）

【工商登记制度改革实施】 2014年，东莞市工商局根据国务院《注册资本登记制度改革方案》，继续推行工商登记制度等各项改革。

稳步推行注册资本认缴制 在2012年东莞商事制度改革措施，注册资本50万元以下的企业实施首期零出资的基础上，进一步放宽限制，不再登记实收资本，不再限制注册资本的最低限额、首次出资比例、货币出资金额占注册资本的比例、公司股东缴足出资的期限等，继续降低市场准入门槛。全年办理增资业务6242宗。

进一步深化“先照后证”改革 5月26日起，根据全省统一安排，执行《广东省工商登记前置审批事项目录》和《广东省工商登记前置改后置审批事项目录》，前置审批进一步压缩至13项；重新梳理经营范围规范关键词，并在征求各部门意见后下发，确保前后端工作衔接。

【“多证联办”服务协调推进】 2014年3月，东莞市工商局在推行电子商务企业集群注册的过程中率先提出营业执照、国地税税务登记证、组织机构代码证网上“四证联办”改革设想并在松山湖予以推行。8月18日，市政府按照“一站受理、一表填报、同步审核、限时办结、同步发证、分头领取”要求，进一步深化“多证联办”改革，实现外商投资一条龙服务。作为“多证联办”的第一个环节，市工商局加大配合力度，将名称预先核准时间缩短至1小时内，通过对企业申请资料进行预审，确保外资制造业企业取得外资审批后，设立登记核准时间不超过1个工作日。此外，市工商局依托网上办事大厅和政务信息资源共享平台，率先共享电子证照数据，为外商投资企业“多证联办”的推行进一步提供支持。

相关链接 “多证联办”以东莞网上办事大厅和政务信息资源共享平台为依托，企业登录网上办事大厅，按要求填写表格并提交一次资料即完成申报，各部门从政务信息资源共享平台共享资料信息，同步审核，同步反馈，限时办结，并及时通知企业到办事窗口领证或按预先约定通过快递送达，做到“一站受理、一表填报、同步审核、限时办结、同步发证”。实施“多证联办”后，新设外资企业办齐10个证照，从原来需要2个月至半年的时间，缩短到3—4个工作日，其中，工商营业执照即时受理，即时发照。

【法律专家组参与制定规范性文件】 2014年12月30日，东莞市工商局邀请广东外语外贸大学教授及具有丰富从业经验的律师等法律专家，研讨《东莞市市场主体住所（经营场所）登记管理试行办法》[下称《办法（讨论稿）》]等规范性文件的制定。市局相关领导介绍《办法（讨论稿）》的起草背景，并对《办法（讨论稿）》作简要说明。各位法律专家分别针对《办法（讨论稿）》提出专业性意见。

【商事制度改革市场监管规定出台】 2012年，东莞市工商局以该年7月《广东省查处无照经营行为条例》重新修订实施为契机，结合商事制度改革后续监管工作需要，争取市政府通过《关于进一步深化商事登记制度改革完善市场监管体系的若干规定》等文件，理顺商事制度改革后续企业监管工作格局。其中，工商部门负责查处的管辖范围：一是依法无须取得许可、但应当取得营业执照，或已经取得许可、但未依法领取营业执照，擅自从事经营活动的行为；二是被依法吊销营业执照或者营业执照有效期届满后，未按规定重新办理登记手续，擅自继续从事经营活动的行为。

【沐足行业和协同监管机制构建】 2013年，东莞市工商局围绕履行工商部门职能，强化商事制度改革后续监管工作力度。以沐足行业后续监管和协同监管为重点，制订《东莞市工商局商事登记改革沐足行业后续监管实施办法》，明确沐足行业监管职责分工、监管主要方式、监管主要内容、违法违规行为处理，明确相关职能部门之间的协调机制，停止撒网式传统市场巡查的做法，更加注重效能监管。对于在日常监管中发现的沐足行业许可证过期失效等问题，主动将相关情况移送许可证主管部门，并利用市政府政务信息资源共享平台上传相关数据，与其他部门做好协同监管。向市政府政务信息资源共享平台上传监管信息 513 条。

【商事制度改革后续监管制度框架完善】 2014 年 4 月 15 日，东莞市人民政府印发《关于深化商事制度改革加强市场监管实施意见》，确立后续市场监管体系的思路，明确开展企业信息公示、建设协同监管信息化系统、厘清部门职责等 15 项工作措施。该文件颁布后，市工商局协同相关部门、镇街，制定信用约束管理、部门督查考核、基层综合监管网络、信息共享平台建设等配套方案，搭建全市后续监管的制度框架。并以“一个平台、一支队伍、一套机制”为核心，构建“政府主导、部门监管、企业自律、社会监督”的多元共治体系。

【协同监管信息化平台搭建】 2014 年 1 月，东莞市工商局上线应用全市商事制度改革后续监管系统，将工商登记信息按照经营范围关键词和地址同步推送到部门，各部门在规定时限内开展许可监管，并反馈监管信息和违法线索，实现部门之间信息互联互通、协同精细化监管，提升市场监管效能。2014 年，平台累计推送涉及许可项目的工商登记信息 3.9 万条，收到反馈信息 3.4 万条，信息反馈率达到 87%。（参见《东莞工商之最》编 【全国率先开发应用协同监管信息化系统】条目）

【基层市场协管队伍组建】 2014 年，东莞市工商局以大朗镇为试点，整合村（社区）原有税务协管、食品安全协管等力量，组建村（社区）基层协管队伍，引入网格化管理理念，开展网格化市场主体核查，发现和反馈无证照经营等违法线索，并配合监管部门开展后续监管执法，实现日常巡查与监管执法相分离，弥补基层监管力量不足，使市镇两级市场监管体系拓展为市镇村三级，部门监管和属地管理有机融合。8 月 12 日，市政府举行现场会，全面推广大朗经验。全市各镇街按照市政府的部署，组建基层市场协管队伍 559 支，人数超过 3100 人，基本实现村村有队伍、户户受监管。

【信用约束部门联动机制建立】 2014 年，东莞市工商局率先在电子营业执照平台上开发东莞市企业信息公示系统，以工商部门的登记注册信息为基础，整合税务、质监、食药监、公安等 45 个部门 267 项目录的 1200 多万条企业信用信息，按照企业基本信息、审批许可资质信息、违法违规不良信息、表彰奖励信息四大类，全方位展现企业在各个环节和领域的信用情况。同时，将工商部门的经营异常名录、“黑名单”、信用分类监管、退出机制等 4 项信用约束制度推广到 39 个市场监管部门。各部门结合自身职能，分别出台标准，对未按规定履行信息公示义务或有其他轻微违法行为的市场主体纳入经营异常名录，对有严重违法行为的列入“黑名单”，明确相应的惩戒政策，初步形成“一处违法、处处受限”的信用约束合力。

【商事制度改革特色明显】 东莞市商

事制度改革制度设计稳妥，工作流程便捷清晰，特色明显。

政府主导，统筹推进 东莞市委、市政府将商事制度改革定位于对市场准入制度和市场监管体系的重构，以工商登记制度改革为突破口，带动行政审批制度的改革，进而推动政府职能的转变。市政府成立商事制度改革工作领导小组，由市长袁宝成担任组长，专门设立商事制度改革办公室，并由市府办牵头运作，统筹协调全市商事制度改革工作，成立登记注册、行政许可、市场监管、信息平台建设等4个专责小组，由市工商局、市编办、市场监管办、电子政务办分别牵头并具体负责，形成有统筹、有协同、有部署、有落实的运作机制。市委书记徐建华、市长袁宝成多次深入商事制度改革服务窗口进行调研指导，协调解决改革中碰到的问题，为改革的推进提供有力保障。

积极稳妥，系统设计 东莞对改革前端准入和后续监管进行科学谋划、统筹考虑，实现“宽进”和“严管”的衔接。在前端准入方面，对全市涉及主体资格和经营许可项目的相关审批事项进行大幅压减，仅保留国家法律法规规定的前置审批事项；允许符合条件的公司“零首期”出资，助力小微企业快速、低成本进入市场；放宽经营场所限制，探索推行电子商务企业集群注册，降低企业经营的场地成本。在后续监管方面，市政府出台《关于进一步深化商事制度改革完善市场监管体系的若干规定》《东莞市商事登记制度改革后续市场监管工作方案》等规范性文件，按照行业管理的原则，重新梳理和明晰30个部门的职责分工和监管责任，要求各部门对主管行业承担一管到底的责任。各部门均以本部门名义印发监管实施办法，明确本单位监管措施和监管工作时限，在制度层面上确立“谁许可、谁监管”的工作格局。

协调联动，强化监管 以工商登记数据为源头，搭建全市统一的政务信息资源共享平台，为各部门数据交换和信息共享开辟统一渠道。以该平台为依托，开发后续监管功能模块，实现工商信息智能化推送、监管部门信息实时反馈和监管信息报表统计等功能。通过该模块，以经营范围关键词为依据，每天将新登记的市场主体信息定点推送至相应的后续监管部门，各部门接收登记信息后5个工作日内开展审批、监管，并要求在规定时限内将结果反馈至平台。平台对各部门的审批监管情况进行统计分析，从而实现对部门后续监管效率和效果的监测，提高各部门的协同监管效能。

深化创新，便民服务 东莞将商事制度改革与改进群众服务体验有机结合起来，全面创新服务方式，延伸服务内涵，着力增创行政服务的效率优势。在外资企业中全面推广无纸化网上年检，企业凭数字证书登录系统，填写数据，上传资料，加盖电子印章，完成网上申报。探索推行网上商事登记，在外资企业中测试运行，初步实现从8小时向24小时服务的转变。探索开发集网上亮照、信用公示、电子政务、电子商务等功能于一体的电子营业执照应用平台。企业在获得登记注册后，即可在平台上自动生成电子营业执照，企业凭数字证书即可申请开通应用。该平台在松山湖高新技术产业开发区试点运行，率先发出全国首批电子营业执照。

专　文

固本强基　厚积薄发　再造优势
坚定不移地走有东莞特色的现代工商发展之路

——2010 年工作总结暨 2011 年工作意见

2010 年，是我市工商系统第三个三年规划全面推进的一年。一年来，全市工商系统在省工商局和市委、市政府的正确领导下，积极履行监管职责，认真办好民生实事，全力优化机关作风，狠抓重点工作落实，各项工作迈上了新台阶。全系统新登记各类市场主体 96711 户，办案 17296 宗，抽查市场主体 114448 户，新增驰名商标 1 件、著名商标 25 件。被评为“全国工商行政管理系统法制工作先进集体”“东莞市依法治市工作先进单位”“东莞市 2010 年度食品安全工作先进单位”，并且连续第八年高票当选为“中央、省属驻莞机关先进单位”。在全市一年一度的“市民评机关”活动中，我们在 32 个窗口部门中名列第二，成为唯一一个跻身前十名的垂直部门。回顾一年来的工作，我们的成绩主要体现在以下几方面：

一、坚持以人为本，科学管理，队伍建设呈现了新气象

一是优化内部管理手段，效能建设又添亮点。我们出台《基层分局绩效考核办法》，科学调整绩效指标，及时下发绩效方案，加强方案实施过程中的上下沟通和信息反馈，更好发挥绩效指标的导向和调节作用，有力地推动了分局工作的开展。绩效管理经验入选国家工商总局行政学院首轮网络培训教材，成为总局实施新一轮基层领导干部大轮训的选修课程。我们自主开发任务管理系统，将重点工作督办各环节转为电子化流程，去年 10 月份起在市局机关试运行，实现了从人工交办向网上交办、从电话催办向自动催办、从开会汇报到实时查询的“三个转变”，达到了任务清晰、要求清晰、责任清晰和结果清晰的预期效果，受到了总局何昕纪检组长的高度评价。任务系统上线应用以后，和绩效管理系统构成一个有机整体，在推动工作、规范管理、提升效能等方面发挥了重要作用，成为了我局机关效能建设的又一亮点。

二是实施大规模干部培训，队伍风采充分展现。我们按照省、市统一部署，紧密结合我市工商系统实际，全面铺开大规模培训干部活动。全系统先后举办了“产业经济学的理论和实践”等 4 场专题讲座，开展“转型东莞与工商使命”专题培训研讨和有奖征文活动，举办“读书、思考、进步”主题读书演讲比赛，编印《东莞市工商系统大规模培训干部活动理论成果集》，组织“转方式、促发展”基础知识竞赛和全员在线考试，参训人员超过了 1600 人次，实现了学习培训全覆盖。在全省工商系统“服务加快转变经济发展方式”系列竞赛活动中，我局选手获得读书演讲比赛一等奖，基础知识竞赛预决赛团体个人双冠军、决赛二等

奖。我们深入推进基层规范化建设，编订切合东莞实际的《基层工商分局业务工作指引》，制定全市统一的业务标准和工作流程，举办20多场业务专题座谈会，分期组织40多名基层业务骨干到市局跟班学习，充实10名新招录公务员到基层一线，进一步激发了干部队伍的生机和活力。我们还切实抓好机关文化建设工作，顺利完成了市工商学会换届选举，理顺基层工会经费渠道，正式组建机关篮球队、羽毛球队和足球队，广泛开展太极、舞蹈等文体活动，组织“迎亚运、展红盾新风”羽毛球运动会，参加全省工商系统“迎亚运、促和谐”男子篮球赛，获得市公务员羽毛球比赛市直机关组团体季军，团结协作、奋发向上的队伍风采得到了充分展现。

三是创新监督教育手段，廉政建设扎实推进。我们认真落实党风廉政建设责任制，开展政风行风评议“回头查”，组织执法办案和涉案物资管理情况专项执法监察，开展基层行政执法人员向市场主体和服务对象代表述职述廉活动，征集各类意见建议140多条，群众满意及基本满意率达100%。我们深入学习宣传《廉政准则》，从塘厦分局选拔6名在职干部自编自导自演廉政小品，获得全省工商系统廉政小品评审活动三等奖；配合市纪委等八部门成功举办全市首届廉政公益平面广告大赛，获得了市领导的高度评价。我们深入查找廉政和监管风险点，选编工商系统失职渎职案例，参与市预防职务犯罪知识短信互动活动，制作廉政风险预警动漫短片及开机自动弹出程序，增强风险教育的针对性和实效性，在全市两年一度的预防职务犯罪工作考核中，以考评总分全市第二名的成绩，获评“东莞市2010年度预防职务犯罪工作先进单位”。作为全省工商系统唯一一个基层单位代表，我们还接受了省纪委检查组关于落实党风廉政建设责任制的专项检查，得到了检查组的充分肯定。

四是加强规范管理，后勤保障更加有力。我们严格落实财务预算管理，优化NC财务软件功能，对各单位预算经费支出进度进行实时监控、每月反馈，确保预算安排有效执行，并认真做好全省财务集中监管系统上线准备工作，启动公务卡改革实质性操作，全面实施票据电子化管理，财务管理体系更趋优化和完善。我们深入推进资产管理规范建设，顺利完成全系统首次大规模的资产处置，稳步铺开资产管理信息化试点工作，建立资产工作内部协调体系，资产管理工作不断向规范化、信息化、精细化的目标迈进。我们加快档案规范化建设步伐，理顺档案工作流程，完善档案管理制度，大力开展数字化档案室建设，自主开发档案信息管理系统，目前已进入测试阶段，2011年将正式上线使用。我们深化政务公开工作，全面搜集、整理当前工商部门应公开的所有事项，形成《政务公开工作指南》，制订完善《依申请公开工作规程》，升级改造红盾信息网，在全市首次政务信息公开电子监察绩效测评中位居榜首，在全市政务信息公开工作座谈会上作经验发言。我们还加快基层建设步伐，东城、沙田、万江、大岭山等分局及经检支队启用新址办公，至今已顺利完成了市局及30个基层分局的新建改建，整体硬件形象有了明显提升。

二、坚持创新机制，关口前移，食品安全监管迈上新台阶

一是亚运食品安全保障任务圆满完成。我们将亚运食品安全保障工作作为一项重要的政治任务，突出重点区域和涉亚经营主体，狠抓工作细节和薄弱环节，坚决打好亚运安保工作的攻坚战。全系统组织了为期近四个月的食品安全专项整治，捣毁制假售假窝点16个，抽检食品2080批次，查处食品违法案件77宗，妥善处理了“劣质食盐”“问题大米”“不合格河粉”等多起媒体曝光事件，有力地打击了食品违法经营行为。我们积极做好供亚食品监管工作，抽调骨干，驻点执法，连续作战，驻广东加多宝集团执法人员查验供亚食品813车次，经手发出王老吉凉茶、昆仑山饮用水89.6万箱，驻东莞体育馆、东莞会展国际酒店执法人员监控接收供亚食品40车次，没有出现一宗差错。我们着力加强亚运会、亚残会期间应急维稳工作，成立应急备勤队伍，严格落实24小时值班制度，全天候轮班受理投诉举报，健全完善突发事件监测机制，切实把矛盾纠纷排查、防控、化解工作落实到位，确保了平安亚运目标的实现，被授予“第16届亚运会东莞分赛区食品安全保障工作荣誉单位”称号。

二是样板市场创建目标顺利实现。2010年，市政府再次把样板市场建设纳入“十件实事”，提出了再建设62个样板市场的目标。作为责任单位，我们充分发挥主力军作用，重新修订建设标准，大力推行网上通报制度和现场督查制度，加强对各样板市场的服务指导和责任监督，努力开创市镇村三级联动的创建局面。一年来，全市累计投入资金1.27亿元，升级改造样板市场67个，改造面积达17.1万平方米，超额完成了市政府下达的任务。由我局代拟的《东莞市农贸市场升级改造实施办法》，市政府已于2010年11月向全市颁布，使农贸市场升级改造今后有规可依、有章可循。

三是信息化监管体系不断巩固。我们提出“巩固、完善、提高”的思路，全力抓好“信誉通”的推广应用，重点提高已上线经营户的运行质量。目前，全市已有10306户食品经营户成为系统备案单位，基础数据库录入信息334万条，建立电子台账1347万条，食杂店上线备案比例整体上超过70%，台账质量有了明显提高。我们自主开发“市场通”系统，建立包括通知公告、索证索票台账管理、预警提示、信用分类监管、商品召回（退市）、食品检测和数据统计等7大功能模块，搭建集贸市场的信息化监管平台，推动市场开办单位和经营者履行法定义务。目前，全市已经有130个市场上线应用，在转变食品市场监管模式方面走出了一条全新路子。

三、坚持依法行政，统筹兼顾，执法监管工作取得了新突破

一是市场监管难点有效突破。我们加大日常监管力度，将抽查重心向重点行业、主管行业及未抽查过的市场主体倾斜，全系统共抽查各类市场主体100795户，其中重点（风险）行业市场主体4910户，占重点行业市场主体总数的99.6%，顺利完成了全市795个市场的信

用级别认定工作。配合全市扫除“黄赌毒”专项行动，我们以美容美发和沐足两个主管行业为对象，上下联动，交叉执法，暗访督察，严查无照、超范围经营、张贴涉黄广告图片等违法违规行为，净化行业经营秩序。全系统共清理无照沐足51户、超范围经营沐足66户，清理无照美容美发697户，移送公安机关涉黄经营户5户，全面解决了原有的无照沐足问题，基本达到百分百清理的目标。我们在全省率先建立整治虚假违法广告联动机制，组织9家省、市媒体签署《拒绝发布虚假违法广告承诺书》，在全省地级市率先建立全自动化的广告监测系统，共监测各类广告6330条次，媒体广告违法率明显下降。我们还针对我市无证家教补习机构迅速增多的状况，积极争取市政府支持，出台会议纪要，明确教育部门作为教育活动机构的登记、监管部门，有效解决了因部门职责不清、政策依据不足而造成的监管空白，极大化解了监管风险。

二是执法办案重点逐步转移。我们按照“一支队伍办案”的要求，强化案件指导和调研，探索推行说理式处罚决定书，制定申请人民法院强制执行工作规则，先后开展了工商登记中介、酒类行业、商标印制单位等专项整治行动，深入治理行业“潜规则”。一年来，全系统查处各类违法违章案件17296宗，虽然案件数量较2009年下降近两成，但大案数量同比增长近两倍，实现了行政执法案件“零诉讼”，案件质量明显提升。其中，经检支队利用“案中案”发掘案源，从批发源头查起，逐步渗透到经销商、酒店，一举查处10多宗仿冒知名商品特有包装装潢及商业贿赂案件，查获仿冒“诸葛酿”白酒及“长城”“华夏”葡萄酒5万多支，在相关几个行业内引起了较大反响。黄江分局查处一特大假冒卷烟存储窝点，查获假烟28762条，涉案金额高达280万元。面对犯罪分子持枪劫抢涉案物资的突发情况，执法人员处置果断，领导靠前指挥得当，在公安部门的支持下，仅八小时就追回了所有涉案物资，受到了省局卢炳辉局长的批示肯定。

三是刑事打击传销违法活动效果显著。我们以市打传办的名义，组织多个成员单位及镇街负责人前往深圳宝安学习打传经验，召开全市打击传销工作联席会议，与公安部门出台《联合打击传销违法犯罪活动工作规定》，加大对传销活动的刑事打击力度。一年来，全市共刑事拘留传销人员119名、逮捕62名、判刑22名，工商机关立案查处传销案件15宗，各项指标均为历年最多；在刑事拘留传销人员数量快速上升的同时，查获传销窝点、传销人员数量均较2009年大幅下降超过三成，莞城街道、东城街道、樟木头镇等地的传销活动多发势头得到有效遏制，向省打传办投诉的传销案件自去年下半年起大幅减少。在加大打击力度的同时，我们切实做好防控工作，采集传销人员身份信息2290条，派发各类宣传资料8万余册，建成城中村“无传销社区”7个，并注意加大正面舆论宣传力度，在东莞日报、东莞时报、东莞电视台等本地主流媒体发布打传新闻50多条次，初步构建起融“打、防、控、管、教”于一体的打传长效机制。省打传工作督查考核组认为，我市打传领导机构规格非常高，落实“两个转变”效果明显，打击力度为历年来最大，继续维持认定我市为打击传销工作三类非重点地区。

四是“清无”合力不断增强。我们以落实市“清无”工作“三项制度”为切入，以市“清无办”名义，首次对成员单位和镇街“清无办”的信息报送、报表统计、案件移交情况进行季度通报，推动各成员单位和镇街“清无办”履行职责，归口管理。10月底，我们组织开展全市“清无”工作年终考核，并以“三项制度”为依据，重新调整考核内容和评分标准，加强对镇街贯彻落实“三项制度”、镇街“清无办”履行协调移交和督促职能的考评，使镇街“清无”工作评价与镇街“清无办”运作紧密联系起来，成功推动镇街“清无办”运转。一年来，全市查处取缔无证照经营近3万户，其中工商部门查处取缔9456户，综治机制优势进一步显现。在全省无证无照经营综合治理工作考评中，我市以99分的成绩名列第一，在考评情况通报中先后五次被省局表扬。

四、坚持围绕中心，服务大局，支持地方经济发展取得新成绩

一是窗口效能建设进一步加强。我们按照“简政强镇”和“一个窗口许可”的要求，全面推行分级登记制度，将委托分局登记的事项放宽到500万元及以下的内资企业法人，实现了市、镇两级登记资源的充分利用。在继续委托中介机构对全系统34个窗口进行暗访调查的同时，我们以省局行政监察业务系统和窗口视频监控系统为依托，对33个分局实施电子监察测评，促进了行政审批业务的规范高效运转。一年来，全市新登记各类市场主体96711户，同比增长14.7%；全市实有各类市场主体518544户，同比增加2.6%。登记台湾居民个体户199户，核准外商投资合伙企业7家，换领和新核发“食品流通许可证”13976份，核准登记发布户外广告2150宗，数量均居全省前列。在已公布的1—11月全市行政审批电子监察绩效月度测评中，我局连续11个月排名前三位，其中10月、11月名列第一。

二是服务转型力度进一步加大。我们与外经贸局就“三来一补”企业转型问题达成共识，形成会议纪要，有效解决了“三资”企业筹建期无法经营的矛盾，大大增强了外商的转型信心，共核准“三来一补”转型设立登记449户，同比翻了一番，东莞成为全国加工贸易转型升级试点城市，“不停产转型”模式备受各方面的好评和推崇。我们全力支持企业做大做强，帮助企业解决融资难题，全市新增冠省名企业284户、免冠行政区域企业8户，916户个体户顺利升级为私营企业；办理股权出质登记181宗、股权出资业务5户、动产抵押登记463宗，帮助企业解决融资达130多亿元，政策效应得到了充分发挥。

三是商标带动战略进一步推进。我们积极争取市政府支持，以市政府名义颁布实施《关于大力推进商标（品牌）战略的工作意见》，设立市一级的商标战略工作经费，明确将企业拥有商标权作为开展政府质量奖等所有与财政资金扶持有关的推荐或评定工作的前提条件，并首次在全市名牌带动战略工作暨表彰会议上对2009年各镇街的商标注册、驰

名著名商标认定情况进行了通报，引起了社会的高度重视。我们以“自有品牌，引领升级”为主题，开展全方位的商标宣传，与东莞日报社合作举办“集商标，赏品牌”读者互动活动，发布户外公益广告7500多平方米，编印《驰名著名商标企业风采录》10000册，营造了良好的商标工作氛围。我们还扎实做好商标培育工作，对43家省著名商标申报企业进行重点培训，其中25件被认定为著名商标，“道滘”成为我市首个被认定为著名商标的区域品牌。全市新增注册商标10843件，注册总数达45313件，增长31.4%；驰名商标、著名商标分别达到21件、191件，位居全省前列。

此外，挂靠在市局的消委会、个私协的各项工作也取得了较好的成绩：市消委会与市第一人民法院建立支持消费者起诉、《调解协议书》司法确认的联动机制，与市邮政局、6个行业协会和10家企业构建消费投诉和解对接机制，加强深莞惠三地消费维权合作，促进了三地维权工作一体化。一年来，共受理消费者投诉2393宗，成功调解2127宗，为消费者挽回经济损失342万元。个私协会深化“会员服务中心”作用，试点推行网上注册大厅的无纸化年检业务功能，组团赴甘肃等地考察交流，积极开展扶贫济困活动，得到了中个协和省协会的表彰肯定。

总结过去一年，我们按照既定目标，突出重点，狠抓落实，较好完成了各项工作任务，以优异的成绩延续了东莞工商的辉煌。这些成绩的取得，是省局、市委、市政府关心关怀的结果，是全系统干部职工共同努力的结果。

2010年，汪洋书记在全省依法治省工作表彰大会上提出，要加快法治工商、信用工商、信息工商建设的步伐，其核心内涵就是要根据新时代的要求，打造有广东特色的现代工商管理体系。法治工商体现的是依法行政的要求，是对工商行政管理规范化、程序化、标准化的要求。信用工商是指积极发挥工商行政管理职能作用，推进我省社会信用体系建设，营造良好的社会经济环境。信息工商是指工商行政管理部门适应信息化时代的要求，以信息化的知识武装执法队伍，以信息化的平台处理政务，以信息化的手段监管市场，将工商部门塑造成数字化、信息化的先锋。汪洋书记的指示既是对全省工商提出的新要求，也是我们东莞工商发展的方向。卢炳辉局长在东莞视察时，勉励我们要贯彻好汪洋书记的指示精神，总结好东莞的经验，同时要敢于探索，不断创新，当好全省工商系统的排头兵，这既是对我们东莞工商系统探索建立现代工商管理体系的充分肯定，也是对我们今后工作的总体要求。我们充满信心的是，对照汪书记、卢局长的要求，经过近十年的发展，我们已经打下了良好的基础，具备了再上新台阶的条件。但也要清醒认识的是，我们基础工作还不够扎实，机制创新还有空间，人才培养还大有可为，我们决不能满足当下，固步自封。2011年，全市工商系统面临机构改革的历史任务，这既是我们进一步整合资源、完善现代管理体系的重大机遇，又是适应新形势、新要求的重大挑战，全体同志必须统一思想，明确目标，克服困难，共同努力，再造新优势，再创新辉煌。

2011年，全市工商系统确立的指导思想是：认真贯彻落实全省工商行政管理工作会议精神，以全面建设法治工商、信用工商、信息工商为目标，立足东莞工商实际，以机构改革为契机，再造基础优势，着力推进职能履行的规范高效；再造创新优势，着力推动重点工作的落实到位；再造人才优势，着力推进队伍素质的全面提升，坚定不移地走有东莞特色的现代工商发展之路。围绕这一指导思想，2011年，我局重点推进以下几方面工作：

一、再造基础优势，着力推进职能履行的规范高效

基础工作是建设法治工商、信用工商、信息工商的基本前提，是抢抓发展机遇，实现转型跨越的有效支撑。只有不断完善和夯实基础工作，做到硬件设施先进完备、规章制度健全有力、业务档案完整规范、信息数据准确全面、软件系统广泛覆盖，才能规范行政行为、防范职务风险，确保队伍安全；才能真正实现标准化、程序化、流程化、数字化，全面实现建设现代工商的基本目标。因此，基础工作仍然是全系统未来相当一段时期的重中之重。

（一）深化对履职风险点的梳理防范 根据新“三定”方案赋予工商部门的职能，对履行过程中由于主客观因素造成的风险进行全面梳理评估，摸清风险的现象、成因，找准薄弱环节，对症下药，拿出具体的解决方案。各科室要将风险防范作为未来若干年的重点工作，2011年，第一阶段完成对风险点的梳理，第二阶段完成防范方案的拟定。在这个基础上，根据先急后缓、先重后轻的原则，统筹规划、突出重点、分步推进，并注意将相关风险点转化为绩效考核指标，有效降低职能履行的风险系数。要规范登记审查行为。加强对设立登记及法定代表人、股东或股权变更登记等容易引起争议的登记业务的审查把关，严格落实投资人签名及备案制度，切实防范提交虚假资料行为。要规范日常抽查工作。对分局监管工作制度建设情况进行深入摸底，指导分局建立健全相关工作制度，明晰工作职责，切实纠正日常监管走形式、抽查记录不完整、违法线索不处理等问题，确保日常抽查到位、问题及时解决、资料准确规范。要规范执法办案工作。对执法中的证据收集与运用开展专题调研，对常见类型案件的取证和质证进行规范，培养办案人员的证据意识，避免因证据问题而造成的败诉风险。要规范申诉调解工作。加强与人民法院的沟通，制定规范性文件，从实体和程序两个方面完善消费者申诉行政调解工作，避免因处理失当而引发责任追究风险。要规范信访处理工作。厘清处理群众来信来访来电事项的具体程序及方式，指导信访工作人员有效应对处理相关事项，确保依法依规履职，树立工商部门良好社会形象。要强化队伍日常监督。继续实施行政审批电子绩效测评，完善登记注册大厅暗访调查机制，开展执法办案和执法文书使用情况等专项执法监察，开发行政效能督察工作平台，及时发现并将问题和隐患化解在萌芽状态。

（二）强化对业务数据的整合利用 按照建设信用工商、信息工商的要求，

全面加强数据质量建设，整合包括登记、年检、监管及执法办案在内的业务数据，形成真实、准确、及时、完整的工商信用记录，提高经济户口信用信息的准确性和含金量，适时启动与职能部门之间的数据共享和交换，拓展企业信用信息的社会应用面。2011年，要深入开展“数据质量建设年”活动。从登记数据入手，建立经营范围规范用语数据库，规范新登记市场主体的经营范围、行业代码的录入，立项进行历史数据的校对修正工作，彻底解决数据的历史遗留问题，同时要强化新增数据的录入管理，建立保证数据质量的考核机制，定期进行数据校验和抽查，及时纠正错误数据。要切实加强档案管理。全面启动档案管理升级达标工作，上线运行档案信息管理系统，积极推进数字化档案室建设，开展重要文书、声像档案的数字化转换，实现档案信息资源最大程度的共享和利用。要完善执法监管基础数据。做好企业批量吊销、企业信用信息标示等常规性工作，彻底清理历史沉积的死户数据，不断提高基础数据的准确性；全面推动办案系统的上线应用，分局查办案件要实时录入业务系统，切实提高企业违法违章信息的时效性。要逐步摸清商标基础情况。推动各镇街成立商标（品牌）战略工作协调机构，设立商标战略预算工作经费，争取年内建立商标预警保护系统，提供政府公共服务，今年首先实现对驰名著名商标、高新技术、工商贸龙头等重点企业提供商标诊断及针对性指导，帮助企业维权和应对商标竞争威胁，逐步形成我市知名企业注册商标基础数据库，为实施商标战略指导、培育、保护提供有力支撑。要完善广告经营单位基础数据。明确界定广告业及基础数据的范围，完善广告经营主体的登记注册数据，及时掌握广告经营主体动态情况，更好地履行工商部门指导广告业发展、监督广告活动的职能。

（三）优化对信息系统的开发应用

坚持开发、应用两手抓，积极构建统一、互通、共享的信息平台，形成技术领先、功能齐全、协调高效、监控严密、安全稳定、保障有力的信息化建设体系，最终全面实行登记业务网上办理、执法办案网上流转、部分行业网上巡查、一线队伍网上管理，实现各项主要工作的规范化、程序化、数字化。2011年，要实现工作执行的信息化。在市局机关正式上线应用任务管理系统，逐步完善系统界面、功能应用和需求配置，实现与内网平台的有效对接。办公室要根据工作意见，细化分解成重点突出、分工明确、责任明晰的任务一览表，录入到任务管理系统当中，抓好对全年和各阶段重点工作的跟踪督办。机关各科室要切实抓好任务的跟踪、落实、反馈工作，提高任务办理质量，让系统真正成为各级领导的决策平台、重点工作的执行平台和工作进度的展示平台，形成层层抓落实的约束机制。要加快公共服务的信息化。充分发挥红盾外网的服务窗口作用，加大信息发布量，开通登记、年检业务进度网上查询模块，开放企业、个体户登记机读资料网上查询服务，为企业和群众提供更便捷的办事通道。要在现有网上注册大厅的基础上，积极争取省局突破政策障碍，争取市政府资金支持，充分利用数字证书，实现真真正正的网上登记，建立东莞工商的网上实时审批平台，以外资企业为突破口，分阶段推广实施网上审批业务，真正将登记窗口延伸至千家万户。要推动内务管理的信息化。对全系统尤其是分局的资产配置情况进行全面整合，结合各单位在编人员、执法队伍、监管主体等主要指标数据，形成固定、合理、高效的资产配置方案，并争取省局支持，提前试用省财厅资产管理系统第二阶段功能，真正做到资产调拨有序、使用责任到人、管理运转协调。要做好我局用友NC财务系统与省局财务集中监管系统的对接，正式上线应用省财务集中监管系统，加强部门预算管理，落实完善相关制度，保障基本支出，做好审计监督工作，堵塞财务管理漏洞。

二、再造创新优势，着力推动重点工作的落实到位

面对日新月异的市场监管环境和东莞经济发展形势，仅靠传统的管理思维、管理手段，难以很好地处理和解决市场秩序的新情况、新问题。各科室要对近年来在无照经营清理、食品安全监管、巡查执法办案、打传等方面的做法进行认真梳理，对行之有效的经验要通过制度化、规范化固化下来，形成长效机制。以此为基础，继续坚持创新这一法宝，积极推进工作理念、监管模式、执法方式的更新和完善，全面形成视野开阔、方法科学、手段先进、运行高效的现代市场监管体系。

（一）创新登记中介市场监管机制 我们要以全省开展市场中介组织专项整顿为契机，积极履行对市场登记中介的主管职能，争取用两到三年的时间，建成行业自律、行为规范、竞争有序、监督有力的中介市场监管体系，推动中介市场秩序明显好转，从源头上遏制“三虚一抽”违法行为的发生。要着力突破“三虚一抽”案件。加大对“三虚一抽”及涉案中介机构的查处力度，各分局今年至少查办一宗“三虚一抽”案件。市局将以经检支队为依托，从各分局抽调业务骨干，成立专案组，组织有针对性的专门培训，在办案实战中加强对基层人员的锻炼，带动基层办案工作的开展。要严格中介机构的市场准入。探索推行中介机构及其从业人员的备案制度，从业人员参与培训并通过考试后方可取得上岗资格，并作为市场准入的必要条件。要实施中介机构的分级管理。探索开发登记中介机构管理和准入平台，建立登记中介机构的基础数据库，并与业务系统对接。对发现有不诚信行为的将其纳入黑名单并予以公布，根据存在问题的严重程度分级限制其代办权限。要规范中介机构的代理行为。积极争取检察院的支持，召开中介机构的分片座谈会，讲解相关法律法规，宣讲“三虚一抽”案例，形成警示效应。

（二）创新执法办案机制 我们要按照“一支队伍办案”的要求，进一步明确经检支队和基层分局的职责定位，分局的着力点放在对面上违法经营行为的查处，而支队把主要精力放在查办大案、要案、有影响力案件上。支队每半年根据投诉举报热点，从中梳理一到两个问题相对比较严重的行业，摸清违法活动的特点和规律后，调动各分局力量进行集中整治。通过拓展市场监管视野，科

学整合执法资源，深入治理行业“潜规则”，提高工商执法的社会影响力。要开展化危行业专项摸查。摸清行业底数及经营情况，重点核实其实际经营地址，核查其危险化学品经营许可证的经营范围。在摸清情况的基础上，开展专项执法，对没有危险化学品经营许可证或者超出许可证范围经营危险化学品的，及时进行查处。要加强合同规范管理。抓好对《合同违法行为监督处理办法》的学习研究，选取一到两个行业开展查处合同违法的专项行动，严厉打击消费领域的“霸王条款”，督促、引导当事人依法订立、履行合同，规范合同的使用，使合同查处成为我局行政执法的新亮点。要强化网络市场监管。贯彻落实总局《网络商品交易及有关服务行为管理暂行办法》，探索开发网络市场监管综合信息平台，建立网络商品交易电子数据库，加大对网络销售假冒伪劣商品、商业欺诈、不正当竞争、虚假广告等违法行为的查处力度，适时组织网络经营专项执法，维护网络市场经营秩序。

（三）创新职能履行的联动机制 我们要充分发挥专业优势，密切与政府部门及社会公众的沟通，充分运用和调动社会资源，变部门职责为政府行为，变单兵作战为多方联动，形成合力，化解难题，提高工作成效。要完善打传联动机制。坚持打传工作“两个转变”，突出刑事打击手段，重新拟定对镇街打击传销工作的考核办法，督促指导办案单位贯彻落实《联合打击传销违法犯罪活动工作规定》，采取一切合法手段惩治传销违法犯罪分子，严厉查处为传销活动提供经营场所的行为，彻底铲除传销活动滋生土壤。要完善“清无”联动机制。加大重点行业和主管行业的无照经营整治，适时开展专项行动，巩固去年的工作成果，力争做到长效监管；要积极争取市政府支持，召开全市“清无”工作总结表彰会议，年内组织各镇街开展一次全市“清无”集中行动，进一步强化市“清无办”统筹组织作用，推动成员单位和镇街“清无办”履行职责，综合整治无照经营。要落实广告整治联动机制。充分发挥工商部门的牵头作用，依托市广告监管联席会议这一重要平台，加强各成员单位间的协作配合，严格落实有关文件抄送、信息通报、案件移送等制度，全面启用新的广告监测系统，开展房地产广告专项整治，力争使我市的广告违法率降低到全省平均水平以下。要大力推进维权网络建设。将消费投诉和解对接机制从试点单位推广至我市所有消费领域的行业协会和各镇街大型商业企业、样板市场，通过健全组织、完善制度、严格程序、加强培训，规范行业协会和企业处理消费投诉的方式方法，将其打造为我市消费者投诉服务站、12315联络站“二合为一”的服务机构，引导各方力量共同推进消费维权工作。

（四）创新食品安全监管机制 我们要始终坚持以信息化建设为基础，以“巩固，完善，提升”为主线，创新食品安全监管手段，构建贯穿整个流通领域的食品安全监管大平台，真正实现源头可溯、终端可控，构筑稳固的食品安全防线。要继续推进样板市场创建工作。2011年，样板市场建设再次纳入市政府“十件实事”，全市将再创建30个样板市场，累计达到135个。各分局要注意加强与当地镇政府、经贸等部门的沟通协调，密切对拟创建市场的跟踪指导和培训交流，严格执行建设标准，确保高质量地完成创建任务。同时，要着力巩固现有的105个样板市场的软硬件基础，做到力度不减、工作不松、标准不降，保住已有样板市场的"金字招牌"，市局将一年分两个阶段对样板市场的巩固情况进行实地考核。要完善食品安全监管平台。全面推广"市场通"系统，将推广重点从样板市场向农贸市场和专业批发市场延伸。各分局要加快"市场通"系统的推广步伐，力争年底前覆盖全市所有专业食品批发市场和具备条件的农贸市场，同时要抓好基础数据、台账票证和食品检测信息的录入，增强系统的使用效能。要切实巩固"信誉通"的推广成果，完善软件系统功能，加强对经营户的日常指导和实地监督，提高已加入系统经营户的台账质量。经检科要密切与电信部门的联系，帮助分局化解"信誉通"推广、台账录入等方面存在的问题，为进一步提高系统的上线质量排除障碍。要突出商品质量监测重点。继续争取市财政拨款支持，将有限的监测资源投入到重点行业、重点品种，运用新标准开展专项监测抽查，扎实做好不合格食品的后续处理工作，充分发挥监测工作的社会效应。要提升食品流通许可效能。从2011年起，食品流通许可将纳入全市行政审批电子监察绩效测评，各分局要严格执行规定发证时限，并按照市局要求完成大型超市、商场、批发部和经营散装食品、乳制品等重点经营户的场地检查工作，切实把好食品经营主体准入关。

三、再造人才优势，着力推进队伍素质的全面提升

我们要延续2010年大规模培训干部的良好势头，充分发挥机构改革优势，努力建设一支素质过硬、充满活力、风清气正的工商干部队伍，提升发展软实力，为建设现代工商提供有力保障。

（一）以素质建设为支撑，增强履职能力 要积极稳妥地推进机构改革。按照市局新"三定"方案，科学核定市局机关和基层单位的人员编制和岗位设置，实施定员定岗，稳妥开展系统内中层干部选拔任用，合理进行人员交流调整，全面提升队伍管理水平，激发队伍活力。要加大干部培训力度。积极探索符合我局实际的分级培训新模式，加强市局机关作为组织指挥机关的有针对性的培训工作，重点组织机关中层干部和全系统业务骨干参加知名高校或地方党校的短期专题培训，提高综合素质和全局意识。要探索建立立体化的干部培养体系。既要注重基础教育，充分利用省局培训系统，加强日常培训和专项业务培训，提高干部职工的整体履职能力，又要开展精英教育，通过充分发挥工商学会的平台作用，组织辩论、演讲、征文等竞赛活动，编印优秀调研文集，积极"走出去"拓展视野，密切对外的理论研讨交流，为有潜力、有实力的同志搭建脱颖而出的舞台。要落实党风廉政建设责任制和"一把手"述责制度。根据省局加强基层党风廉政检查考核的要求，重新修订基层党风廉政建设责任制考核办法，并按照更高标准、更高要求启动新一轮的党风廉政建设责任制综合考核。同时，结

合年度述职述廉，积极推行党风廉政建设第一责任人述责制度，继续开展基层行政执法人员向市场主体和服务对象代表述职述廉活动。

（二）以文化建设为纽带，凝聚队伍合力 要强化机关党建工作。以开展纪念建党90周年系列活动为主线，组织“创建党建百佳品牌”工作，建立品牌特色支部，掀起创先争优热潮，激发干部职工开拓创新、干事创业的热情。要推进廉政文化建设。全面开展廉政文化“上墙”活动，由市局从风格、内容、规格等方面制定统一标准，并鼓励分局凸显个性和采用干部个人作品，将富有思想内涵和文化品位的廉政格言、字画和摄影作品装帧“上墙”，营造浑厚的廉政文化氛围。要推进全系统VI形象设计。根据省局工商标识规范工作安排，按照“统一、规范、合理、节约”的原则，对全系统办公楼内外部标识和车辆外观等进行统一设计，并适当选取一定数量的分局作为试点，条件成熟后全面铺开，提升内部的系统认同感和外部的形象识别度。要积极开展机关文体活动。结合工商工作主题，广泛开展篮球、羽毛球、乒乓球等群众性体育活动，适时开展全系统趣味运动会，丰富和活跃机关文化生活。

回首过去，我们倍感光荣、倍感自豪，作为东莞工商系统的一份子，我们共同参与了事业的建设，见证了发展的辉煌。展望未来，我们充满信心、充满期待，有东莞特色的现代工商管理体系已经基本建成，我们厚积薄发，人才鼎盛，机制健全，创新的活力源源不断。新的一年，让我们振奋精神，把握机遇，继续坚定不移地走有东莞特色的现代工商发展之路，再造东莞工商新优势，再造东莞工商新辉煌！

因应形势　突出重点　不断创新
为实现东莞工商行政管理工作高水平崛起而努力

——2011年工作总结暨2012年工作意见

刚刚过去的一年，是我市工商系统第三个三年规划的冲刺之年。一年来，我们在省局和市委、市政府的正确领导下，以推进法治工商、信用工商、信息工商建设为主线，以深化机关和基层规范化建设为抓手，团结拼搏，锐意进取，积极开拓，在有东莞特色的现代工商发展路上迈出了坚实步伐。全系统新登记各类市场主体88430户，抽查市场主体77570户，查处经济违法违章案件9658宗，核准发布户外广告1646宗，换领和新发食品流通许可证16035份，新增中国驰名商标4件、广东省著名商标26件，各项主要业务指标稳居全省工商系统前列。在政风行风评议中，我们以总分98.85分的成绩，在10个部门中独占鳌头；在“市民评机关”活动中，我们连续第三年在33个窗口部门名列第二、在垂直部门中排名第一，并且连续第九年高票当选为“中央和省驻莞机关先进单位”。回顾一年来的工作，我们的成绩主要体现在以下几方面：

一、立足职能，深化行风建设，部门整体形象有力提升

去年的政风行风评议，规格之高、范围之广、标准之严，为近年之最。我们以“三促进”为目标，上下一心，步调一致，全面完成了行评各项任务，在与其他9个具有行政执法职能部门的同台竞技中再次展现了良好形象。我们建立了“党组统一领导，一把手负总责，班子成员分工分片包干，纪检监察部门组织协调，有关部门归口负责，干部职工全员参与”的行评工作机制，将政风行风评议结果纳入2011年分局绩效考核，形成各负其责、齐抓共管的良好局面。以落实“行政三公开”试点工作为契机，我们先后参与了“阳光热线”“民声热线”上线直播，开展了领导干部大接访和部门“开放日”活动，首次向媒体开放局长办公会议，接受包括省市主流报纸、网站在内的14家媒体集中采访，走访党政机关、人大代表500多人次，企业、个体户2000多户，发放回收调查问卷4600多份，收集意见建议22条，完善规章制度10多项，并且切实抓好整改工作的落实，赢得了社会尊重，获得了企业好评。在市、镇两级行风评议中，我市工商系统分别以99.3分和98.4分排名第一，最终以总分98.85分继2009年行风评议后蝉联第一。在32个参评分局中，28个排名第一，3个排名第二，1个排名第三，实现了“满堂红”，被评为“广东省工商行政管理系统政风行风建设先进单位”。

二、紧扣大局，加快服务转型，支持经济发展成效显著

一是网上登记试点全面启动。我们提出了网上登记改革的思路，通过开发网上登记实时审批平台，推动存档方式、发证方式、身份认证方式、签名盖章方式的“四个转变”，实现完全无纸化的网上登记。我们的想法得到了省局的重视和支持，被纳入了全省工商系统企业登记制度改革的框架内容。经总局的书面批复同意，东莞成为了全国范围内的网上登记改革先行点，并且正式写入了市第十三次党代会工作报告。目前，网上登记平台无纸化年检模块已进入测试阶段，市财政、物价部门也已就政策和经费支持问题到我局进行了专门调研，可望在今年外资企业年检中正式投入使用。

二是商标培育工作再结硕果。我们以“自有品牌 绽放精彩”为年主题，发布户外公益广告7500多平方米，制作驰名著名商标公益宣传片，与东莞日报社合作举办“集商标，赏品牌”读者互动活动，联合市外经局实施培育百家外资企业商标战略计划，深入开展各类商标专题讲座、座谈交流活动，对企业商标注册、运用、管理和保护进行点对点、面对面的指导，推荐31户企业申报著名商标，57户企业延续申报著名商标。全市新增驰名商标4件、著名商标26件，著名商标突破200件，达207件；新增注册商

标 13476 件，总数达 58789 件，同比增长 29.7%。

三是服务企业发展成效明显。我们全力支持“三来一补”不停产转型为“三资”企业，核准“三来一补”转型名称 806 户、转型设立登记 1018 户，成功转型企业数量相当于 2010 年的两倍。截至 2011 年底，全市实有外资企业 11240 户，同比增长 11.1%；“三来一补”4047 户，同比下降 17.5%。我们主动介入后备企业的上市工作，从改制登记、信用证明等方面提供全方位服务，助推勤上光电、明家科技等两家企业成功上市，被评为“东莞市上市培育先进单位”。我们积极拓宽企业融资渠道，办理股权出资业务 1 宗、股权出质业务 254 宗，动产抵押登记 630 份，累计帮助企业融资达 276.7 亿元，盘活了企业的存量资产，促进了企业的稳定发展。我们还继续加大“守重”企业公示和“文明诚信市场”评选活动的组织力度，共评选出 198 个“文明诚信市场”，其中 14 个市场获评省级“文明诚信市场”，比 2010 年增加 10 个；符合“守重”公示条件的企业首次突破 1000 家，总数达 1083 家。一年来，全市新登记市场主体 88430 户，实有各类市场主体 506113 户，继续呈现平稳发展势头。

三、前移关口，狠抓重点部位，食品安全监管取得突破

一是信息化监管平台更加完善。我们优化“信誉通”系统功能，科学制定任务指标，定期组织考核验收，协调电信部门做好线路和设备维护工作，保障了系统的顺利上线运行，全市已有 10723 户食品经营户成为“信誉通”备案单位，基础数据库录入信息 354 万条，建立电子台账超过 2067 万条。我们加快“市场通”推广步伐，将范围从样板市场拓展到农贸市场和食品批发市场，实现了市局对分局，工商部门对市场开办者和市场经营者的实时监控，全市已有 198 个农贸市场、24 个食品批发市场上线使用，建立电子台账 150 多万条、票证 520 万条、市场蔬菜自检样本 51 万条。总局王东峰副局长在督查我市流通环节食品安全整治工作时认为，“东莞在食品安全监管信息化建设方面走在了全国前列，希望能认真总结经验，抓好巩固完善，发挥更好的示范作用。”

二是食品市场经营秩序日趋规范。我们积极争取市政府支持，成功将食品批发市场整治由部门行为上升到政府层面，对全市 24 个食品批发市场和 23 个较大的农贸市场进行综合整治，查处批发市场内食品安全案件 23 宗、移送公安部门 7 宗，签订食品安全承诺书 8047 份，抽检市场内食品 1354 批次，成功对 18 家不履行法定责任的市场开办者进行了立案查处。我们充分履行样板市场的创建职责，在去年拟建样板市场硬件差、投入大、改造工程量大的艰巨条件下，顺利完成了 38 个样板市场的创建工作，超额完成了市政府下达的任务。全市累计投入改造资金 3.07 亿元、建成样板市场 143 个，改造面积达 63 万平方米，实现了农贸市场档次的整体升级。由我们草拟的《东莞市食品市场、商场超市食品安全挂牌督办管理办法》已提交市政府审定，有望将全市流通环节食品安全监管工作提升到一个新的层次。

三是食品安全专项整治效果显著。我们先后组织开展了“地沟油”、食用盐、乳制品、“食安一号”等专项整治，抽检食品3506批次，查处食品违法案件228宗，查获不符合食品安全标准的食品91976公斤，成功向公安部门移送11宗食品案件，促使公安机关迅速立案并对不法分子实施抓捕。在公众强烈关注、舆论严厉监督的局面下，我们沉着应对、主动出击、严查严处，妥善处理了“墨汁粉条”“染色辣椒粉”“塑化剂食品”“问题腊肉”等一系列突发事件，及时平息了市场恐慌，有效稳定了经营秩序，有力批驳了舆论质疑，树立了执法如山的部门形象。

四、突出重点，实施重拳整治，市场竞争秩序不断规范

一是登记中介整治初见成效。我们以牵头开展市场中介组织防治腐败工作为契机，全面铺开登记中介和“三虚一抽”两项整治，对全市中介机构及其代理人员进行深入摸底，对近2300名从业人员进行集中培训，在全市34个登记窗口启用身份证阅读器，全面实施现场签名制度，与银行联合出具退款证明，有效遏制了中介机构或相关申请人的垫资、造假行为，捍卫了投资人及相关利害关系人的合法权益。同时，我们还积极争取司法机关的理解和支持，明确了“三虚一抽”案件的移送标准。全系统共立案查办“三虚一抽”案件240宗，比2010年增长近13倍。

二是“清无”长效机制不断完善。我们积极争取市政府支持，将清理无证照经营工作正式纳入各级政府综治考评，首次以“清无办”的名义召开全市“清无”工作表彰大会，促成市政府及时调整“清无”成员单位，落实各镇街和相关部门的管理责任，统一了市镇两级“清无办”步调，调动了各方“清无”积极性。同时，我们认真履行好自身“清无”职责，继续将“清无”着力点集中到存在安全隐患、容易出现群死群伤事故的重点行业之上，开展为期5个月的化危行业专项摸查，清理无照经营13885户，补办执照7982户，取缔5903户；清理无证市场19个，新登记商品交易市场19个，确保了主管行业的监管安全。时任市长李毓全作出了“服务东莞、规范管理、依法经营，市工商局工作做得好”的批示，充分肯定我局“清无”成效。

三是执法办案层次明显提升。我们深入开展“双打”专项行动，全年立案查处商标侵权案件552宗，向公安机关移送涉嫌犯罪的商标案件25宗，与市第一人民法院签署打击商标知识产权侵权行为合作备忘录，开发商标预警保护系统和商标印制单位电子监管系统，得到了总局付双建副局长的充分肯定，被评为全国工商系统和广东省“双打”工作先进单位。我们加大对传销的刑事打击力度，全市共捣毁传销窝点81个，清理遣散传销人员811人次，公安系统刑事拘留传销骨干分子51名，工商系统立案处理传销案件13宗，有效遏制了传销活动在我市落脚、发展、蔓延趋势。我们落实整治虚假违法广告联动机制，加大广告日常监测力度，监测各类广告118178条次，立案查处各类违法广告136宗，市属媒体广告违法率从2010年的14.97%

大幅下降到3.86%。我们强化网络市场监管，核查网络经营主体12100户，查处网络违法案件26宗，初步建立了我市经营性网站数据库，网络交易秩序得到有力规范。我们还深入开展流通领域手机行业专项整治，立案187宗，没收手机近6000台、配件近3万件，取得了阶段性的成效。一年来，全系统查办经济违法违章案件9658宗（不含执照批量吊销案件），其中新型案件2628宗，占27.21%，比2010年大幅提升近13个百分点，在拓展执法办案领域方面取得了明显突破。

五、固本强基，推进规范管理，队伍履职能力全面增强

一是队伍规范化建设深入推进。我们以市局机关和虎门、万江、茶山、常平分局为试点，以定员定岗和风险防范为主线，全力构建岗责管理体系，目前已形成近83万字的《岗位工作指引》，明晰了每个岗位的工作职责、办事流程、业务规范、风险点以及预防措施，并且完成了岗责管理系统的第一期开发，将指引内容统一转化为信息化程序，为真正实现规范到人、责任到岗提供了技术保障。我们正式运行任务管理系统，将市局机关全年的重点工作分解为46项共82个任务，通过网上交办、网上反馈、网上督查、网上展现，形成以目标倒逼进度、以督查倒逼落实的约束机制，除个别任务因客观原因延期或终止外，大部分任务都顺利完成，整体办结率达85.36%。我们正式上线应用省财务集中监管系统，加强预算反馈执行、票据规范管理和审计监督，有效控制了“三公”费用的支出，节约增效考核工作得到省局的肯定，连续两年获得良好等次。我们全面推动VI标识规范化建设，组织对全系统办公楼内外部标识和车辆外观等进行统一设计，形成具有鲜明东莞工商特色的整体标识方案，并逐步投入应用，有力提升了对外形象。根据总局行政学院的要求，我们还对多年来实施绩效管理的经验进行总结提升，形成《基层工商绩效管理》课程，入选全国县工商局领导班子副职和基层工商所长网络培训教材，总体满意率在14门课程中排名第二，受到了总局行政学院的通报表扬。

二是队伍素质建设全面加强。我们积极构建科学公正的选人用人机制，完成了对33个基层分局领导班子及成员跟踪考察工作，并通过群众推荐、业务考试和公文写作、口头答辩、民主测评等五个环节的考试考核，面向全系统竞争性公开选拔了16名副科级领导干部，有效激发了广大干部的竞争意识和学习热情。我们积极探索分级培训模式，分5期组织全系统股级领导干部及市局机关工作人员共278人前往广州花都进行拓展培训，市局领导每一期都深入拓展现场，与学员们进行面对面的座谈交流，得到了干部职工的积极响应和广泛好评。我们还首开全市政府机关先河，组织举办“创先争优 激扬红盾”东莞工商系统首届辩论大赛，29个分局、24支队伍、116名选手报名参赛，目前已完成了首轮4场角逐。在全省工商系统岗位资格认证中，全系统共有690人参加了考试，通过率达100%。

三是党风廉政建设扎实开展。我们开展建党90周年系列纪念活动，完成了

机关党委换届选举，筹建“红盾先锋岗”党建品牌，全面铺开廉政文化“上墙”活动，举办第二届廉政文化摄影大赛，在省局“知党恩、颂党情”书画作品比赛中取得了优异成绩。我们充分运用明查和暗访、网上监察和现场督察、事前监管与事后跟踪“三个结合”的方式，强化企业监管抽查质量督察，开展行政处罚及许可行为专项督察，组织行政执法行为回访调查，并且继续深化风险防范管理，开展“一岗一预防”活动，组织重点案件以及执法文书管理和使用情况专项执法监察，进一步规范了行政执法行为，降低了履职风险，确保了政令畅通。我们还重新修订基层分局责任制考核办法，细化考核标准，开展副科以上领导干部述职述廉，完善领导干部廉政档案，切实将党风廉政建设工作落到实处。在五年一度的全市纪检监察系统先进单位评选中，我局纪检组监察室被评为“全市纪检监察系统先进集体”。

此外，挂靠在市局的消委会、个私协的各项工作也取得了较好的成绩：市消委会全面推进深莞惠三地维权一体化工作，正式启动“一会两站”试点建设，完善消费投诉处理对接机制，一年来，共受理消费者投诉2166宗，成功调解2003宗，调解成功率为92.47%，为消费者挽回经济损失362万元。市个私协会全面开展“会员服务年”活动，积极推进个体私营企业党组织建设，组团赴浙江等地考察交流，深入开展扶贫济困活动，得到了中个协、省个私协会的表彰肯定。

总结过去一年，我们各项工作达到了预期的目标，取得了丰硕的成果，为全系统第三个三年规划的推进画上了一个圆满的句号。这些成绩的取得，是省工商局和市委、市政府正确领导、大力支持的结果，是市局党组思路定位准确的结果，是中层领导干部身先士卒、发挥骨干作用的结果，是全系统干部职工努力工作的结果。

刚刚结束的市第十三次党代会，确立了“加快转型升级、建设幸福东莞、实现高水平崛起”的核心任务，描绘了东莞未来五年发展的宏伟蓝图。作为市场监督管理和行政执法的职能部门，我们和“幸福东莞”建设、产业结构升级息息相关，在发展创新型经济、加强社会管理等方面也大有可为，我们要在深刻领会党代会主要精神的基础上，进一步丰富服务内涵、提升服务层次，增强服务发展的主动性和创造性，为东莞的高水平崛起保驾护航。而从我们自身的情况来看，经过近十年的改革发展，我们在机关管理、业务推进和效能建设方面已经具备了相当的基础，但同时也面临着监管压力趋大、人手资源不足、基础工作还不够扎实等突出问题，必须在原有基础上进行完善和提升，通过进一步转变工作的方式方法，形成更适合长远发展的管理机制和运转模式，切实保障监管领域安全，保障队伍的和谐稳定。因此，站在新的起点上，我们一定要正确认识当前系统内外的发展形势，紧紧抓住职能履行的重点领域和关键环节，力争在工作创新上有新手段，在市场监管上有新突破，在队伍管理上有新提升，在更高的平台上实现东莞工商行政管理工作的新一轮崛起和跨越。以此为主线，2012年，全市工商系统确立的指导思想是：认真贯彻落实全市第十三次党代会精神，立足东莞工商实际，进一步转变工作的方式方法，以工作创新拓展服务内涵，以执法办案助推市场监管，以科学管理激发队伍活力，因应形势，突出重点，不断创新，为实现东莞工商行政管理工作高水平崛起而努力。围绕这一指导思想，2012年，全市工商系统要鼓足干劲，再接再厉，重点推进以下几方面工作：

一、以工作创新拓展服务内涵，进一步提升部门形象

近年来，我们积极争取上级支持，大胆突破政策障碍，改革创新的步伐从来没有停止过，不少工作走在了全省乃至全国的前列。2012年是东莞推动高水平崛起的开局起步之年，我们要紧紧围绕市委、市政府的总体要求，继续秉承敢为人先的工作作风，更充分地发挥职能优势，更积极地拓展服务空间，更有效地帮扶企业发展，全方位支持和服务地方经济发展。

（一）要提升网上服务效能 充分利用国家工商总局赋予我们的先行先试权利，将无纸化网上登记试点作为推动服务效能再上台阶的着力点，加快网上登记平台、企业信用平台和红盾外网的开发完善，真正实现网上办事、阳光行政、便民利民。要做好网上登记试点工作。按照“分步走”的思路，以2012年年检工作为突破口，率先推行外资企业的全程电子化网上年检，根据网上年检的进展情况，力争在下半年实现外资企业的全程电子化网上登记。在外资企业取得试点成功的基础上，再按照国有企业、私营企业、个体工商户的顺序分步推进，争取用两到三年的时间，实现所有市场主体的设立、变更、注销、年检验照手续全部在网上完成，逐步将登记窗口延伸到千家万户。要积极争取市政府支持，妥善解决数字证书的发放和收费问题，减轻企业负担，同时要注意做好和外经等相关前置许可部门的沟通协调，妥善解决好登记平台对接、数字证书互认、前置文件提交等问题，促进试点工作的顺利开展。要推进信用平台建设工作。以市政府全面启动企业信用体系建设为契机，依托网上登记平台，深入推进信用数据体系建设，开发涵盖市场准入、市场监管、信用评价、企业年检、案件查处、消费指导等各个业务模块在内的市场主体信息综合管理系统，实现各类业务数据的共享贯通，努力为社会公众提供全方位、实时性的数据信息服务。要加快外网升级改造工作。优化主页界面，开通网上“咨询投诉”栏目，上线应用个体户登记资料和办理结果的实时查询系统，加大信息内容的更新频率，做好和全市政府信息公开电子监察系统的数据对接工作，力争将红盾信息网打造成东莞工商的品牌门户。

（二）要调整商标战略思路 从2012年开始，我们要转变商标工作思路，将更多的时间和精力放在巩固和提高商标培育质量，加大对驰名、著名商标保护力度，提高驰名著名商标含金量之上。要提高商标培育质量。以“宁缺毋滥”为原则，认真做好驰名著名商标的推荐工作，申报要以企业自愿、主动、积极申请为前提，依照认定条件对申报对象进行认真

审查、慎重推荐，并且切实加强对著名商标企业的管理和指导，力争培育出一批社会信誉好、市场竞争力强、政府和消费者认同度高、商标使用规范、商标管理机构和管理制度完善的驰名著名商标企业。要深化商标服务水平。指导有关镇街制定实施公共资源商标保护方案，将具有我市地方特色的自然、人文资源转化为现实生产力，帮助我市驰名著名商标、高新技术、工商贸龙头、民营50强等重点企业做好防御性商标注册、商标许可备案、质押融资等工作，引导广大企业树立“生产经营,商标先行”意识，运用商标法律制度保护其知识产权。要强化商标保护力度。完成商标预警系统的开发并正式运行，对我市的商标注册状况进行实时监测，对商标注册、运用、管理和保护中出现的问题进行预警提示，以驰名著名商标企业为保护重点，建立打假维权信息数据库，主动查处侵犯驰名著名商标知识产权的违法行为。对企业在市外、境外被侵权的情况，要进行一次深入摸查，协调商标权人与当地工商部门联系，必要时派出执法人员或组织专家团队指导企业进行跨市、跨境维权，切实捍卫企业的商标权益。

（三）要狠抓信息服务质量 坚持数据质量和应用两手抓，加强对工商信息数据的分析和应用，更充分发挥数据对宏观决策、投资创业、科学消费的参谋和指引作用，真正体现“晴雨表”的价值。要加强调查研究工作。将办公室与工商学会两个平台有机结合，围绕省局和市委、市政府下发的年度调研课题和全系统重点、难点、热点问题，协调和引导各单位立足工作实际，深入开展调查研究，抓好重点课题攻关，挖掘具有独创性和典型性的经验做法，反映有全局性和深层影响的问题动态，形成内容丰富、数据翔实、观点成熟的高质量研究报告，为推进工作开展建言献策。要加强统计分析工作。摸清辖区市场主体的数量、结构、规模变化的规律和特点，及时向政府和有关部门提供市场主体开、停、并、转等相关信息，定期向政府呈报辖区商标注册、使用、保护情况的调研报告，提出有影响力和针对性的意见建议，为政府决策提供参考依据。要加强信息报送工作。对全系统查办的大要案件、开展的重大行动、发现的突出问题，要采取要情专报等形式及时向地方党委、政府和上级部门报送，积极寻求各方面的重视、理解和支持，有力推动工作开展。

二、以执法办案助推市场监管，进一步提升社会权威

市场监管是工商部门的职责所在、使命所系、权威所附。我们要围绕监管重点抓办案，加强执法办案促监管，以执法办案提升监管层次、体现监管成效、树立监管权威，实现保稳定、保安全的基本目标。

（一）要把握食品安全监管的重点和关键 2012年，“强化食品安全监管”再次纳入市政府十件实事，位居“改善社会治安”之后的第二位，反映了我市对食品安全重视程度的提升。我们要充分履行流通环节食品安全监管职责，以预防为主，加强食品安全舆情信息情报搜集，主动消除监管隐患，逐步扭转被舆论“牵着走”，疲于应付的被动局面。要

加强食品批发环节监管。深入推进食品批发市场整治，强化对批发市场食品安全管理的行政指导，逐个市场召开经营户会议，开展面对面的普法宣传，切实提升经营者的自律管理意识，对未登记市场及未落实责任的市场开办者，要依法予以严处。对品牌食品在我市的一级和二级代理商进行深入调查，彻底摸清其代理品牌、送货区域、经营规模等基本情况，建立和完善监管数据库，督促其严格落实进销货台账制度，建立协同打假机制，通过集中力量抓好流通源头，达到事半功倍的效果。要加大食品质量监测力度。围绕市政府全年“抽检流通环节6000批次”的目标安排，科学合理制定监测计划，将抽检资源适当向食品批发市场和农贸市场倾斜，认真做好抽检后续处理及不合格食品抽检信息发布工作，及时追溯问题食品来源、查清流向，并以此为切入点，深挖问题食品背后的每一宗违法经营线索，有效查堵问题食品的流通渠道。尝试在全市食品批发市场设立强制性抽检专项基金，由工商部门根据实际情况制定每年的抽检方案，有的放矢地对市场内的重点食品进行抽检，经费不足部分由市场专项基金补充支持。要规范食品流通许可工作。积极贯彻省编办关于进一步明确我省食品安全监管职责分工的有关通知精神，对市场、超市内现制现售熟食、糕点、凉拌菜等行业，以及现制现卖、零售为主的糕饼店、面包店等，要制定相关的工作规范，认真做好许可和监管工作。要巩固完善信息化监管平台。调整“信誉通”的推广重心，重点抓好商场、超市及批发部的备案台账质量。突出“市场通”的推广重点，在确保在农贸市场正常运作的基础上，重点加强对食品批发市场的网上运行监管，督促批发市场开办者严格执行两项制度，实现食品安全的常态管理和可追溯。

（二）要提升日常监管的质量和层次 充分发挥量化考核的导向功能，取消对一般行业的日常抽查考核要求，增设和加大与监管相关案件的考核，务求以执法办案带动重点领域监管工作的开展，进一步提高监管质量，提升监管层次。要全面清理市场主体资格。在继续做好对重点行业和沐足行业市场主体日常抽查工作的基础上，对逾期经营且未年检验照的市场主体进行一次全面清查，限期补办延期登记、年检验照或注销手续。逾期未办理者，一律吊销营业执照。要严查食品违法经营行为。以2011年度分局辖区食品流通许可证实有数为基数，确定一定比例，明确各分局查办食品安全案件的数量，通过加大对食品安全案件的查办力度，督促食品经营户尤其是食杂店严格履行法定义务。对达到刑事追诉标准的案件，一律移送公安部门追究刑事责任。要强化商标印制行业监管。加大对商标印制违法行为的查处力度，推动商标印制单位自觉上线应用“商印通”系统，主动利用信息化平台建立电子台账，上传相关资料、图片，实现对商标印制行为的动态监管，从源头上制止制假售假、商标侵权行为的发生。要加强化危行业监管。以化学危险品监管为切入，对五金行业超范围经营天拿水等违法违规行为进行坚决查处，并按照新条例赋予工商部门对化危行业的监管职责，研究措施，强化对化学危险品经营户进货来源、流向的跟踪监管，确保监管安全。

（三）要继续推进重点领域的整治和规范 调集系统之力，抓住热点难点，突出大案要案，规范行业经营秩序，树立工商权威。要加强登记中介市场监管。启用登记中介机构信用管理信息系统，探索实施针对登记中介机构及其投资人、从业人员的信用管理和信用信息公示，严厉查办“三虚一抽”及涉案中介机构案件，净化行业经营秩序。要保持打传高压态势。以打传办名义制定全市打击传销工作考核办法，争取将镇街打传办统一设在镇街综治办，争取将各社区治安队纳入打传线人队伍，做好与公安机关的协调配合工作，细化线索受理、线索移交、联合执法的相关规定，确立大要案件沟通协作的相关机制，加大刑事打击合力。要加强合同违法行为查处。总结近两年合同投诉情况，选取部分分局和个别行业作为试点，探索查办合同格式条款违法案件的有效途径，在取得经验的基础上再在全系统铺开，争取在查办“霸王条款”方面取得突破。要加强网络市场监管。借助省局的网络商品交易监管平台，建立健全全市网络商品交易市场经营主体数据库，并争取由市政府牵头，建立由公安、工商、电信、经信等部门组成的网络市场监管联席会议，重点追查利用网络发布虚假信息进行欺骗等违法经营行为。要规范广告市场秩序。加强对T形牌、候车亭、LED电子显示屏等户外广告的日常监管，强化对报纸、电视等媒体广告的监测，对虚假违法医疗、药品、保健食品、房地产广告进行严厉查处。

（四）要抓好办案机制的完善和提升 集聚办案资源，规范办案行为，为办案工作开展提供坚实保障。要加强办案力量整合。在部分人手较多、案源较多、办案基础较好的分局试点成立专业办案组，剥离其他巡查监管职能，专职查办社会影响较大、执法效果和社会效果较为明显的案件，一般无照案件、较小案件由其他办案人员承担。经检支队要充分发挥示范带动作用，每年查处一到两宗在社会上有较大影响力的大案要案。要严格案件质量监督。积极贯彻落实《行政强制法》，对实施强制措施的时效性、实施依据、报批程序、告知义务等进行严格核审，抓好执法业务系统与市电子监察系统的对接工作，规范执法业务系统的上线录入，提高案件质量。

三、以科学管理激发队伍活力，进一步凝聚发展后劲

面对当前复杂的监管形势和繁重的工作任务，我们要认真总结近年来的队伍建设经验，注意处理好刚性管理和柔性管理的关系，从更加注重工作的推进、考核转变为更加注重对干部职工的人文关怀，努力营造和睦融洽的人际氛围和健康向上的工作环境，为各项工作推进提供更加坚实的保障。

（一）要积极倡导人文管理模式 牢固树立以人为本的管理理念，将对干部职工的关心爱护体现到工作生活的每一个细节。要更加重视系统内的沟通交流，在做好工作上传下达的同时，注意通过座谈、谈心等形式，及时倾听干部职工的意见建议，帮助大家减压解忧，树立正确的职业观，提升队伍士气。要更加注重“指向性”培训，根据干部职工的工作状况和现实需求，开展有针对性的

分级分类培训，让大家得到更多岗位锻炼和学习成长的机会，为人才搭建发展平台。要充分利用各种表彰、竞赛、激励手段，为大家提供更多展现自我的机会，让大家都能够充分展示自己的闪光点，增强每一个人的成就感。要加强人文关怀，落实后勤保障制度，及时了解干部职工的工作生活需求，尽力为大家排忧解难、提供贴心帮助，真正给大家一种大家庭式的温暖，增强对集体的归属感和认同感。

（二）要着力完善表彰激励机制 坚持精神奖励与物资奖励相结合、以精神奖励为主的原则，充分发挥现有资源，灵活运用评选全系统“窗口之星”、执法办案标兵等评比表彰手段，对工作表现突出，有显著成绩或者有其他突出事迹的单位和个人，给予充分的肯定和奖励。同时，对于被评为先进和获得表彰的同志，除给予大力宣传、表彰外，在学习交流、选拔任用、进修培训等方面给予优先考虑。条件允许的情况下，组织各类获表彰的优秀人员到国内高校进行短期培训，到省内外先进兄弟单位进行学习交流，用实实在在的措施，调动起全系统干部职工的创造性和积极性。与此同时，针对协管员这一队伍，参照公务员年度考核试行评优奖先机制，对表现突出的优秀协管员给予一定奖励。

（三）要着力完善人才培养机制 继续探索完善分级培训模式，不断扩展培训的内容、范围和层次，实现培训的常态化和多元化，逐步构建统筹管理、分类指导、内外互动、学用相长的教育培训体系。要充分利用好党工妇团以及工商学会等工作平台，进一步丰富机关文化活动的载体和方式，有计划地组织开展业务考试、征文、演讲、辩论赛等一系列竞赛，在全系统内形成比学赶超、人人争先的浓郁氛围，带动队伍整体素质的提升。要积极发挥市局机关、经检支队的人才培训基地作用，组织分局业务骨干、新进大学生分批到市局机关、经检支队跟班学习，有针对性地培养一批既熟悉机关运作，又精通基层业务的“一专多能”的通才。要充分发挥工会的桥梁纽带作用，为基层开展丰富多彩的业余活动提供各种保障，正式组建市局歌唱队、市工商系统书画社和摄影协会，积极开展形式多样的文化体育活动，增进身心健康，提升团队精神。

（四）要着力完善风险防范机制 围绕“以制度管人、以制度管事”的队伍管理思路，立足我局队伍管理实际，充分利用“科技＋制度”手段，确保行政权力得到规范运行，廉政与监管风险得到有效化解。要加强党风廉政建设。对部分分局领导班子及成员执行党风廉政建设责任制的情况进行考核，组织部分分局兼职纪检监察员谈心谈话，在麻涌等11个分局组织新一轮正副分局长向市场主体和服务对象代表述职述廉工作，并且结合全系统标识规范化、政务公开和工商文化建设，逐步铺开廉政文化“上墙”活动，努力营造风清气正、崇廉守廉的廉政文化氛围。要推进岗责管理体系建设。修改完善机关及基层的《岗位工作指引》，上线应用岗责管理系统，规范各单位的岗位配置、职责任务、执行标准、运转流程，明晰每个岗位的风险点及防范措施，并与任务管理系统对接，从任务管理系统中自动采集基础数据，全面展示评估各具体岗位履职履责情况。要强化行政执法行为监督。继续开展基层分局行政审批电子监察测评，完善登记注册窗口暗访调查机制，开展重复信访以及行政强制措施的时效情况等专项执法监察，进一步提高依法行政的意识。要开展预防职务犯罪教育。编印失职渎职案例集，开展食品安全失职渎职专题调研，深入查找食品安全监管中的风险点，最大限度防止失职渎职犯罪的发生。要重视并关注舆情报道。及时发现和处理媒体、网络上涉及全市工商系统监管执法和队伍作风的相关问题、建议，妥善处理媒体、网络对相关言论和突发事件的报道，有效引导媒介宣传，营造良好的新闻舆论氛围和社会舆论环境。

回顾2011年，成绩斐然；展望2012年，任重道远。新的一年，全市工商系统要以更加进取的精神、更加创新的思路、更加有力的举措、更加务实的作风，开拓奋进，扎实工作，深入推进工商行政管理转型升级，推动全系统各项工作再上新台阶，为“加快转型升级，建设幸福东莞，实现高水平崛起”做出积极贡献。

抢抓机遇　深化改革　乘势作为
奋力开创东莞工商行政管理科学发展新局面

——2012年工作总结暨2013年工作意见

刚刚过去的2012年，是我市工商系统充满挑战、极不平凡的一年，是攻坚克难、顽强拼搏的一年，也是事业进步、成绩辉煌的一年。一年来，我们在省局和市委、市政府的坚强领导下，迎难而上，锐意改革，敢为人先，服务地方开创新格局，监管执法迈上新台阶，干部队伍展示新风貌，各项工作取得了新的突破，在东莞工商科学发展的道路上迈出了更加坚实的步伐。

这一年，我们的队伍履职能力显著增强。面对“三打两建”这项重要的政治任务，面对商事登记改革这项牵一发而动全身的工作，市局党组果断决策、运筹帷幄，机关科室靠前指导、主动协调，基层分局行动迅速、执行有力，系统上下化挑战为机遇，变压力为动力，充分发扬敢打硬拼、不怕疲劳、连续作战的优良作风，始终坚持勇于吃苦、勇于担当、勇于开拓的拼搏精神，保质保量完成了各项工作任务，全面展示了东莞工商人的良好精神风貌。

这一年，我们的改革创新步伐显著加快。围绕全市实现高水平崛起的战略部署，以自我革命的决心和勇气，主动承担起牵头推进重大复杂创新工程的艰巨任务，成功创造了商改的“东莞经验”，率先推行全程无纸化的外商投资企业网上年检服务，正式上线运行商标预警保护系统，创造性地谋划了市场监管体系建设蓝图，改革创新的步伐阔步走在全省甚至全国工商系统前列。

这一年，我们的业务推进成效显著突出。全市市场主体总量首次突破54万户，注册商标总量接近7万大关，驰名著名商标累计达到260件，办结各类案件10060宗，大案、要案、新型案件数量创近年新高，案件移送超过历年总和，农副产品批发市场整治取得了突出成果，消费维权服务站实现了全市32个镇街的全覆盖，户外广告新登记量位居全省第二，各项重点工作取得了瞩目的成绩。

这一年，我们的部门社会形象显著提升。主动融入地方经济社会发展大局，赢得了省市甚至国家等各个层面的认可。时任省委书记汪洋同志视察大朗分局时肯定商事登记改革“开了个好头”；市几套班子领导现场检查全市商事登记窗口时给予了高度评价，认为“开局良好”。徐建华书记先后3次在我局呈报的报告上批示肯定，袁宝成市长多次在各种不同场合表示“怎么表扬工商部门都不为过”，各镇街党政一把手纷纷到分局调研慰问，市、镇两级政府在资源上给予了我们前所未有的支持。市局连续第十年高票当选为“中央和省驻莞机关先进单位”，连续第四年在“市民评机关”活动中名列前茅，东莞工商的社会形象和地位得到进一步彰显和提升。

一年来，我们主要抓了以下工作：

——积极推进商事登记改革，整体营商环境明显改善。牵头做好商事登记制度设计，以大朗试点起步，稳步向全市铺开。经过改革，81项许可从前置改为后置，实现商事主体资格和经营资格相分离，做到了“排队取号不超过5分钟，等候不超过1小时，执照一般在1个工作日内发出，最长不超过5个工作日”，基本确立了按照行业管理原则进行许可监管的模式，有效改善了营商环境，激发了市场活力。大朗试点近半年，市场主体同比增长67.9%，增幅居全市第一；商改全市推开的第一个月，新增各类市场主体10429户，同比增长57.9%，在全省范围内做到了同期发照最快、数量最多，被国家工商总局确定为全国商事登记改革试点城市。

——全力以赴参与“三打”行动，市场竞争秩序更加规范。全系统以高度的责任感和大局观，及时动员，精心部署，重拳出击，严查大要案，力斩“利益链”，深挖“保护伞”，不断推动专项行动向纵深开展，打出了社会效果，树立了工商权威。共立案查办各类“三打”案件9016宗，其中制假售假案件4697宗，商业贿赂案件243宗，欺行霸市案件4076宗；查处大要案254宗，移送公安机关241宗；“三打”案件总量居全市第一，“三打”绩效测评稳居全市前三，收到社会各界的感谢信、锦旗、牌匾等54次。我局查办的生产侵犯“卡骆驰”商标专用权案，涉案金额高达5000万元，得到了美国驻广州总领事馆和卡骆驰公司的致信感谢。

——统筹推进“两建”工作，市场监管体系建设稳步展开。充分履行“两建办”的统筹协调职能，先后三次召开全市“两建”工作推进会议，推动成立三个层次的领导机构，搭建起完善的“两建”组织框架、工作框架和制度框架。在时间紧、任务重的情况下，选择大朗作为市场监管体系建设综合试点，选择农副产品市场作为行业试点，精心制定试点工作方案，加强调研和指导，集中力量研究解决试点行业存在的问题，力争培育亮点、创出经验、以点带面，推动“两建”工作扎实开展。广东电视台《社会纵横》栏目对我市“两建”成效进行了专题报道。省委巡视督导组对我市“两建”工作给予了充分肯定。

——加大市场主体培育力度，服务发展层次不断提升。积极服务全市“三重”建设，促进重点项目的顺利落户，全年推动组建民营集团9户，支持加工贸易企业转型295户，协助引进重大项目4个，新增市场主体92699户，同比增长4.8%。加强商标品牌建设，全市新增注册商标12355件、驰名商标10件、著名商标30件，商标预警保护系统顺利上线运行，发出预警通知书328份。全面提升“守重”企业公示和文明诚信市场评选活动规格，新申报数量分别增加198户、172户，10户企业被推荐为国家工商总局“守重”企业公示单位，4个市场被授予“全国诚信示范市场”称号。

——深化重点领域监管，保障民生力度持续加强。积极落实民生实事，核发“食品流通许可证”4.89万份，建成省级食品安全示范店3家、市级示范店300家，抽查各类食品6093批次，整体合格率达93.5 %。加大日常监管力度，检查重点行业市场主体5557户，清理无照经营12570户，在全省清理无证照综治考评中名列第一。大力开展不公平格式合同条款专项整治，立案查处221宗，位居全省前列，被推荐为“全国整治不公平格式合同条款先进单位”。加强广告监管，监测各类广告10.9万条次，查处违法广告286宗。强化网络交易行为监管，查处网络违法案件94宗，同比增长3.6倍。完善打传工作机制，加大刑事打击力度，全市查获传销窝点59个、传销参与人员557名，行政处罚145名、刑事拘留44名。拓展消费维权网络，建成消费维权服务站104家，接待群众来信来访来电8.8万人（次），受理投诉5279宗，成功调解4720宗，为消费者挽回经济损失1140.8万元。

——加强内部科学管理，队伍生机活力有效激发。深化干部人事制度改革，提高选人用人公信度，协助省局党组完成市局主要领导及其他5名处级干部的选拔任用工作，竞争性选拔正科级干部2名，提拔调整正副主任科员9名、股级领导干部57名。完善岗位分类培训机制，举办全市工商系统首届辩论大赛，组织各类业务培训20期，累计培训2600余人次。加强机关和基层规范化建设，完成岗责系统开发并在市局机关和部分分局试运行。强化廉政风险防控，出台《党风廉政建设责任制考核办法》，建立基层党风廉政建设工作台账制度，加强兼职纪检监察员队伍建设，开展“三打”工作与行政效能督察、重复信访专项执法监察和队伍纪律作风大整顿，深化行政“三公开”，有效预防岗位履职风险。加强整体形象宣传，完成内外网站改版，上线运行官方微博，发帖量和粉丝数在全省工商系统领先，政务信息公开测评位居全市前列。强化财务预算监督管理，深化公务卡改革，落实节约增效措施，深入推进资产精细化管理，顺利完成第二次资产处置，市局被认定为“省特级档案工作目标管理单位”，荣获“2011年度部门决算工作先进单位”称号。

过去一年，我们取得了来之不易的成绩，这是我们多年来自强不息、不断超越前行的一个缩影。近年来，在市局党组的坚强领导下，全市工商系统勇立潮头，励精图治，创新求强，走出了一条独具东莞特色的现代工商发展之路。经过多年来的努力，我们打下了一个统一规范、配置完善的硬件基础，锻造了一支朝气蓬勃、素质过硬的人才队伍，形成了一套科学高效、运行顺畅的管理机制，开创了一种求实创新、奋发有为的履职格局，作风建设、业务建设、效能建设走在全市行政部门和全省工商系统前列，为我们的长远发展奠定了厚实根基。

今年是全面贯彻落实党的十八大和习近平总书记视察广东重要讲话精神的开局之年，也是东莞加快推动高水平崛起的奋起之年，更是东莞工商系统发展进程中承前启后、继往开来的一年。我们既面临加快发展的机遇，也面临复杂多变的挑战。从省、市工作要求来看，全省工商行政管理工作会议要求深入贯彻习近平总书记对广东“三个定位，两个率先”的重要指示，积极开拓创新，全面深化改革，进一步改进工作作风，提升监管效能，着力营造法治化国际化营商环境，争当服务“两个率先”的排头兵。市委、市政府将今年定位为“工作落实年”，明确要大刀阔斧地推进行政体制、社会管理等重点领域改革，不断增创新的制度红利。作为商改和“两建”工作的主力军，我们肩负着为全省、全国先行探索经验的历史重任，承担着有效打开行政审批制度改革突破口的重要职责，面临着搭建全新市场监管体系的有力挑战。省局对我们寄予厚望，市委、市政府对我们委以重任，媒体公众对我们密切关注，客观上要求我们必须继续发扬自我革命的精神，力争在改革道路上取得更大突破。从我们职能履行情况来看，虽然这几年我们取得了显著成绩，但有些方面离上级的要求，离社会的期望还有一定距离，比如说去年的“三打”，在不同角度、不同程度上暴露了我们执法工作存在的问题和隐患；纪委暗访和媒体曝光事件，则警醒我们窗口管理必须常抓不懈，容不得丝毫放松。另外，与业务工作相比，我们的制度建设、档案管理、数据质量等基础工作还比较薄弱，等等。这些问题的存在，一定程度上阻碍了全市工商事业的进一步发展，影响了工商形象的进一步树立，我们必须高度重视，并有针对性地加以解决。从我们自身发展实际来看，大部制改革推进在即，工商部门将迎来继市场管办脱钩、垂直管理之后的又一轮变革浪潮。如何乘商改之势，借“两建”之机，在融入“大监管”的职能调整格局中，更充分地凸显职能优势，更全面地展示监管能力，更有效地凝聚队伍力量，关系到我们在改革大局中的定位，关系到我们在未来发展中的走向。我们必须及早谋划，未雨绸缪。

面临新的发展形势，置身新的发展时期，要抓住机遇，迎接挑战，我们必须立足更高起点、站在更高定位来优化工作思路，提升履职效果。要强化服务发展理念。自觉将工商行政管理工作融入东莞经济社会发展大局，主动支持产业转型，主动服务“三重”建设，主动当好参谋助手，全面塑造工商服务品牌。要强化效能监管理念。抢抓我市纳入全国商事登记改革试点的历史机遇，厘清监管职责，突出监管重点，优化监管手段，坚定不移地走专业化、信息化、社会化的监管之路，展现工商权威执法形象。要强化保障民生理念。全面推进服务民生工程建设，将保障民生贯穿于市场监管、执法办案、消费维权工作全过程，着力解决群众最关心、最直接、最现实的民生问题。要强化规范行政理念。正确处理好依法行政和发展创新的关系、合法行政和合理行政的关系、实体正确与程序正当的关系，不断增强法律意识和法治观念，有效防范和降低履职风险。

以此为指导思想，结合省局和市委、市政府的部署，2013 年全市工商行政管理工作的总体要求是：认真贯彻落实党的十八大、全省工商行政管理工作会议和市委十三届三次全会精神，紧紧围绕东莞高水平崛起的战略部署，全力助推产业结构调整升级，切实保障和改善民生福祉，积极探索“宽进严管”的市场监管体系，不断提升队伍科学化管理水平，奋力开创东莞工商行政管理科学发展新局面。按照这一总体思路，今年，全系统将重点推进“十项创新工作”，以创新带动改革，再造服务发展新元素；全面夯实“十项基础工作”，以规范助推业务，再展内部管理新气象。主要内容包括：

一、以服务发展为己任，全力融入东莞高水平崛起大局

一是深化巩固东莞商改模式。继续抓好商事登记的制度设计，组织商改实施专题调研，草拟《东莞市商事登记办法》，争取以市政府规范性文件印发，固化商事登记改革成果。加强商事登记窗口管理，保证窗口资源配备，完善窗口设置和服务管理规范，建立标准化的窗口管理体系。加快推广网上登记注册平台，在进一步提高外资企业无纸化网上年检覆盖率的基础上，以外资企业为突破口启动网上登记，力争年内扩展到个体工商户、有限公司、个人独资企业和合伙企业。

二是积极服务“三重一大”建设。制定支持重点项目招商和重大平台建设的措施与配套办法，落实领导走访、专人跟进和跟踪服务机制，为重点企业提供高效优质的业务咨询、登记注册、规划诊断和绿色通道服务。组织有前瞻性的业务调查研究，加强数据统计分析应用，及时发布市场主体发展动态信息和调研报告，为政府决策提供参考。

三是建立商标发展保护机制。成立东莞市商标协会，组建由部门、行业协会和企业联合参与的商标维权机制，整体帮助我市企业开展跨区跨境维权、诉讼，降低企业的维权成本。完善商标预警保护系统，启动法律援助机制，组建专家团队，对我市重点企业，特别是对加工贸易企业的商标进行诊断和辅导，从行政上给予法律支持。探索开展商标质押工作，实现商标权的市场价值。探索商标许可备案制度，规范品牌专门店、专业市场的商标许可备案，实现其正品正货。

四是大力培育电子商务产业。加强与省网商协会合作，开展电子商务专项

调研，摸清行业发展现状，研究制定促进我市电子商务发展的工作意见，推动成立广东省网商协会东莞分会和东莞市电子商务发展联席会议，建立与电信、移动、公安、经信等部门的网络联动监管机制，利用好省局网络信息监管综合平台，规范网络经营行为，推动我市电子商务健康发展。

二、以保障民生为目标，积极参与推动社会管理创新

一是加强流通环节食品安全监管。总结“信誉通”和“市场通”的推广经验，优化系统软件功能，保障硬件设备的供应和维护，进一步提高“两通”上线率。科学开展食品质量抽检工作，明确抽检重点，合理配置抽检资源，完善后续处理工作规范。加大食品经营户日常监管频率，及时做好监管记录，完善信用分类监管档案，确保监管履职到位。加强与食品行业协会的协作，开展食品经营户培训教育，加强行政指导，推动经营者诚信自律。

二是拓展消费维权服务网络。探索消费预警保护机制，定期对消费投诉数据进行综合分析，准确把握消费投诉热点，对有关企业的侵权行为及时进行预警提示，最大限度地避免和减少消费纠纷的发生。加强12315建设，健全内部工作规范，加强工作人员培训，开展业务考核督导，提高消费纠纷解决率。推进消费维权服务站建设，规范现有服务站运作，做好与服务站的衔接，搭建消费投诉信息实时处理的网络平台，落实投诉快速处理对接机制，进一步扩大服务站在民生消费领域的覆盖面，力争年底前建成服务站500个，推动维权工作进入社会化轨道。

三是巩固完善打传工作机制。深入开展“打击传销示范社区”创建工作，加强对镇街打传工作考核，落实公安、工商部门联合打击传销违法犯罪活动工作规定，着力提升对传销活动的刑事打击能力，依法严惩传销头目和骨干，突出打击网络传销案件，严控传销恶性案件发生，确保维持传销活动非重点地区的稳定局面。

三、以效能监管为抓手，全力构建“严管”履职新机制

一是理顺日常监管机制。调整监管重点和监管模式，充分履行食品流通环节、沐足等主管行业的监管职责，理顺“清无”、抽查工作机制，加大对不涉及行政审批一般行业无照经营行为的查处，将抽查从发现问题的手段，转变为针对问题、解决问题的目标式监管，强化信访举报、曝光问题、被吊销企业等不良主体的针对性检查，提高监管效能。改革年检验照制度，简化传统登记主体年检验照手续，对商事登记主体实行备案制，对主体资格相关事项变动情况进行备案审查，全年滚动进行，提高年检验照效能。

二是突出执法办案重点。适应商改后的形势要求，将执法办案重点调整到食品安全、不正当竞争、商标侵权、制假售假等案件，积极查处大要案，深挖上下游利益链，发挥执法资源的最大效能。加强对执法情报信息的收集，全面分析行业违法特征和“潜规则”，适时

选取一至两个行业，由市局统一部署，分局联动执法，形成集中整治效应。继续拓展办案领域，加强对LED广告牌、楼宇或商场内的电视媒体等新型广告媒体的监管，严厉打击利用互联网从事制假售假、侵犯知识产权的违法行为，争取突破一至两个公用行业的不公平格式合同条款案件，扩大执法办案的社会影响力。

三是规范执法办案行为。总结“三打”经验，对“三打”行动以来执法办案工作中暴露出的问题进行更加深刻、系统的分析，全面查找原因，并切实采取措施，对重点工作、重点环节进行有针对性的强化和调整，提高执法水平，降低执法风险。优化执法流程，探索推行案件核审的“法制组”制度，严格执行案件集体讨论规定，完善案件回访机制，特别是对大要案件和食品安全案件，加强回查回访，确保队伍安全。强化执法监察，对分局执法文书的管理和使用、涉案物资管理和案件讨论等情况开展专项监察，及时反馈通报、敦促整改，并完善相关制度，提升依法行政水平。

四是积极推进“两建”工作。及时总结和推广“两建”试点经验，全面铺开市场监管体系“基础建设年”各项工作，制定五年建设规划，完善督导考核、调研指导及信息反馈机制，推动各镇街、各部门形成“两建”合力。积极落实由工商部门承担的4个子体系和1个试点行业的建设任务，争取将工商重点工作上升为“两建”内容，有效整合各方面资源，提升工作实效。

四、以工商文化为纽带，着力凝聚队伍长远发展后劲

一是建立多层次的人才培养机制。稳步推进中层领导干部交流轮岗和选拔任用，选准配强中层领导干部。积极完善分层次培训的人才培养模式，开展中层干部与股级干部专题培训、股级以下干部拓展培训、年轻公务员职业精神专题培训，组织基层业务骨干、新录用公务员到市局机关进行跟班学习，为人才搭建发展平台。完善表彰激励机制，组织开展形式多样的业务竞赛，建立完善年终表彰、年度考核以及业务岗位能手评比等评先评优机制，对工作表现突出、有显著成绩的单位和个人，给予表彰和奖励，并组织获表彰的优秀人员到国内高校或省内外先进兄弟单位进行短期培训和学习交流，用实实在在的措施，激发队伍干事创业的积极性。

二是建立多渠道的队伍关怀机制。完善基层座谈会制度，定期围绕队伍管理、业务建设等方面，广泛听取基层一线干部职工的意见和建议，充分保障基层分局对系统各项建设的发言权，提高干部职工“主人翁”的归属感，使市局机关与基层单位的关系更和谐、更融洽。进一步完善探视慰问、疾病互助、节日慰问等制度，积极开展集体生日会、迎新会等“关怀送暖”活动，营造浓厚的“一家人”氛围。积极发挥工、青、妇、团等作用，广泛开展内容丰富、参与面广的文化体育活动，组织与外单位之间的交流联谊活动，塑造团结和谐、健康向上的团队精神。

三是建立多角度的日常监督机制。深入贯彻落实中央“八项规定”，改进文

风会风，厉行勤俭节约，落实首问责任、限时办结等制度，健全责任倒逼、督查督办机制，开展行政效能、政风行风监督检查，及时纠正服务效能和作风问题。加强岗位履职及风险防控管理，将岗责系统应用从市局全面拓展到分局，规范全系统干部职工岗位履职行为，提高风险防控能力。深入开展预防职务犯罪教育，邀请国内知名专家学者、市预防办领导举办专题讲座，寻求专业预防指导和支持。选取一至两个分局为试点，开展基层廉政文化建设活动，抓好软硬件建设，让工商廉政文化上电脑、上桌面、上墙面。全面落实党风廉政建设责任制，组织基层分局领导班子及成员执行党风廉政责任制情况考核。强化纪检监察队伍建设，出台《兼职纪检监察员工作制度》，重新调整兼职纪检监察员队伍，定期组织开展各类纪检监察培训和外出参观活动，充分发挥其一线监督作用。积极拓展网络问政，加强官方微博管理，及时发布服务资讯、回应网民诉求，切实做好突发事件的舆情引导，架设和广大网友的“零距离”沟通平台。

四是建立全方位的后勤保障机制。全面推开基层分局档案管理升级达标工作，先行选取5个分局进行试点，年底前通过市档案局初审，档案综合管理基本达到“省一级”水平。组织全系统固定资产盘点，制定资产配置标准，进一步加强政府采购的总体规划和全局统筹，提高资产使用效率，促进资产良性循环。深化预算管理改革，完善预算监督、反馈制度，规范和加强预算支出管理，提高资金使用效能。

新形势赋予新使命，新起点描绘新蓝图。让我们以更加饱满的热情，更加昂扬的斗志，更加积极的态度，团结奋进，扎实苦干，再创新高，全力谱写东莞工商行政管理科学发展新篇章，为实现东莞高水平崛起作出更大贡献！

坚定信心　深化改革　释放红利
全面铸造东莞工商行政管理事业新辉煌

——2013年工作总结暨2014年工作意见

2013年，是我市工商系统承前启后、极不平凡的一年，是开拓进取、奋发图强的一年，也是成绩显著、赞誉满篇的一年。一年来，我们在省局和市委、市政府的坚强领导下，大胆改革，锐意创新，奋勇向前，服务发展亮点频出，监管执法规范有度，队伍作风持续优化，各项工作取得了明显突破，全面开启了东莞工商行政管理转型发展的新征程。

一年来，我们主动融入高水平崛起大局，各项工作得到了空前的关注和赞誉。年初，市局新一届领导班子紧紧围绕市委、市政府全面提高开放型经济水平的战略部署，准确定位工作重心，大力提升履职能力，创造性地提出了“双十”工作的思路，成功促成了张科副市长带队拜访省局，徐建华书记率队拜访国家工商总局，实现了在新起点上的良好开局。总局张茅局长上任后视察的第一站即选择东莞，刘玉亭副局长、马正其副局长先后莅莞考察指导，高度赞扬我们为全国改革创造了经验。省纪委黄先耀书记，省政府招玉芳副省长、许瑞生副省长、林少春副省长先后到我局窗口视察，对我局的效能建设给予了充分肯定。省局卢炳辉局长多次到我局指导工作，年初更是花了整整2天时间深入5个基层分局进行调研，勉励我们要当好全省工商系统改革创新的排头兵。市几套班子领导先后到我局实地调研，徐建华书记、袁宝成市长、吴道闻副市长多次在我局工作报告上批示肯定，袁宝成市长更是多次在不同场合赞扬我们“为东莞争了光，怎么肯定都不为过”。这一年，我们还先后迎来了包括北京、重庆、内蒙古、陕西、广西、福建、山西等7个省局一把手在内的90多批次考察团的观摩交流。短短一年间，我们受到了前所未有的关注和赞誉，极大地提振了整支队伍的信心和士气。

一年来，我们从容应对职能调整带来的挑战，队伍建设迈上可持续发展道路。面对流通环节食品安全监管职责移交和经费保障难以为继的客观形势，市局党组主动应对，提前谋划，提出了“分类解决”的思路，千方百计地争取省局和市委、市政府的支持，积极主动地做好与编办、财政等部门的沟通；市局领导全体出动，分赴各镇街走访当地主要领导，为分局鼓劲打气；各分局充分发挥主观能动性，密切与地方党委、政府的沟通联系，做了大量卓有成效的工作，得到了省局和地方党委、政府的大力支持。省局从省内其他地区调配88个空余编制指标给东莞，在流通环节食品安全监管职责移交的过程中，我们没有划出一个编制。市政府常务会议对我局的经费保障情况进行了专题讨论，同意对市局机关的基本支出经费缺口给予补助，并采取“一定三年”的方式，将市局所需经费列入市财政年度预算安排。各镇街党委、政府将分局协管员经费保障列入当地财政预算，部分分局甚至在全部解决现有协管员数量基础上实现了超额解决。在政府严控财政支出并逐级压减镇街财政供养人员的大环境下，我们依然得到各级党委、政府的强力支持，最大限度地保持了队伍稳定，为全系统的职能履行提供了坚实保障。

一年来，我们主动承担深化改革的重任，成功推动东莞商改走在全省全国前列。作为改革的先头部队，我们全面整合改革资源，持续强化服务创新，成功打造了商改的全国样板，充分激发了市场主体活力。全市新增市场主体106205户，同比增长21.46%；其中，新登记企业32225户，增长34.03%，企业增长速度近年来首次明显超过个体工商户；新增企业注册资本366.17亿元，增长13.13%，增速创历史新高；全市实有市场主体首次突破56万户，在全省地级市排名保持第一。我们的改革实践受到了全国各地的关注和借鉴，总局、省局分别邀请我们参加全国、全省的改革制度设计，国务院推进公司注册资本登记制度改革方案吸纳了我市商改多项实践成果，各级媒体以空前力度对我市改革经验进行密集报道，中央电视台、人民日报、新华社等9家中央媒体对我市商改进行集中采访，《人民日报》先后3次刊发我市商改经验，其中10月16日以头版头条作了《东莞商事登记改革活力四溢》的专题报道。由于在前端放开方面的积极作为，从8月份开始，我们再次承担起商改后续监管的统筹协调重任，短短一个月内，就形成了具体方案，提出了工作思路，搭建了“企业自律、部门监管、社会监督”三位一体的后续监管整体框架，为构建商改后续监管“东莞模式”打下了坚实基础。

一年来，我们深入推进服务领域综合改革，工作创新呈现了蓬勃活力。我们乘借商改东风，大力推进十项创新工作，以创新带动改革、激发活力。全系统34个窗口均兑现了“5115”服务承诺，窗口投诉显著下降，在全市行政审批电子监察绩效测评中连续11个月名列榜首。我们大胆提出电子营业执照应用平台的设想，短短三个月间就完成首期开发并在松山湖试点运行，311家企业开通应用电子营业执照，袁宝成市长亲自出席平台启动仪式并称赞“是一项具有里程碑意义的举措”，总局邀请我们在全国部分改革试验区企业登记工作座谈会上作专题经验介绍。我们全面推进无纸化网上登记年检，全市8549户外资企业提交无纸化网上年检申请，占全市外资企业的八成，网上商事登记系统顺利试点投入运行，初步实现了从8小时向24小时服务的转变。我们加大对本土品牌的保护力度，正式启动商标预警保护系统，牵头成立东莞市商标品牌发展保护促进会，吸纳203家知名企业成为首批会员，全市新增注册商标13129件，累计84506件，比上年底增长17.4%。新增驰名商标17件，创历年新高，全市累计拥有驰名商标51件，著名商标226件，位居全省前列。我们还积极探索电子商务企业集群注册，稳步推进商品交易市场企业登记，全面铺开商事主体滚动年检，有效带动全系统形成了创新的导向，充分激发了工商部门服务发展的活力。

一年来，我们全面践行保障民生的理念，监管执法开创了全新格局。我们充分发挥“两建”办的统筹协调作用，成功将“两建”工作纳入镇街领导班子考核内容，组织对全市33个镇街考核，推动“两建”工作深入开展。因应“两建”和商改后续监管的形势要求，我们迅速转变思路，调整主攻方向，突出打击涉及民生领域和损害公平竞争的违法行为。全系统查办虚假宣传等网络市场违法案件435宗，是上一年的5倍，占全省网络违法案件的九成。查办食品违法经营案件754宗，“注水牛肉”等民生热点问题得到了强力整治，H7N9禽流感疫情得到了有效防控，确保了职能调整期间的食品安全监管到位。全系统深入开展“打传销、反欺诈、促和谐”专项行动，捣毁取缔传销窝点73个，查获传销参与人员1266人，查获传销参与人员数同比增加220%、行政处罚人数增加158%，刑事拘留人数增加290%，并在全市成功创建32个“打击传销示范社区”，传销投诉举报明显减少。全系统还先后开展了打击侵犯知识产权和制售假冒伪劣商品、虚假违法医药广告等一系列专项整治，累计查处各类案件6053宗，有力打击了各类违法违章行为，营造了公平规范的市场秩序。全市公示“守重”企业1323家、文明诚信市场180家，其中，10家企业获国家工商总局“守重”企业公示称号，12个市场获评“广东省诚信示范市场”，位居全省首位。全市建成500家消费维权服务站，遍及各消费人群较为集中的场所，累计处理各类投诉2529宗，占全市受理投诉的50.6%，实现了消费投诉的就地分流、就地解决，受到了广大消费者的欢迎和好评。

一年来，我们强力夯实整个系统的基础保障，机关运行秩序更加规范。我们更加注重内部的互动交流，深入开展了基层分局走访活动，高规格召开了基层分片座谈会，成功争取成为总局信息直报点，形成了畅通完善的沟通指导机制。我们更加注重内部管理规范，建立了法制组制度，规范了投诉举报的办理回复，加强了业务数据的安全管理，完成了基层分局固定资产盘点，试点开展了基层分局档案管理升级达标，健全了个私协会内部组织建设，业务推进基础进一步夯实。我们更加注重干部素质教育，先后组织了法制、商标、广告、登记、信息调研、消费维权等20多场培训，并且在培训中引入案例教学、小组研讨、跟班学习等方式，有效提高了培训工作实效。我们更加注重纪律作风和行政效能建设，两次开展专项执法监察，八次组织窗口中介暗访，重拳整治“四风”和“庸懒散奢”现象，加强基层兼职纪检监察员队伍建设，在塘厦、茶山分局创建基层廉政文化示范点，选送作品在全省工商系统诗歌朗诵比赛中荣获一等奖，为全系统的发展营造了风清气正的浓厚氛围。

过去一年，我们取得了令人鼓舞的成绩。市局首次以最高票当选为“中央和省驻莞单位年度工作优秀单位”，再次高分获评“全市预防职务犯罪先进集体”称号。在全市民主评议政风行风活动中，市局以96.99的总分在26个参评部门中排名第二，其中行评团成员评议部分，更是以96.37的高分排名第一；15个分局在行评中跻身前三，其中虎门、道滘、长安、黄江、桥头、横沥等6个分局更是名列榜首。大朗分局荣获“全国工商系统先进集体”称号，东城分局荣获“全国工商系统先进工商所”称号，道滘分局登记注册大厅荣获全国“巾帼文明岗”称号，全系统一批单位和个人获得各级党委、政府及相关部门表彰。这些成绩的取得，是省局和市委、市政府正确领导、大力支持的结果，是市局新一届领导班子统揽全局、科学决策的结果，是全体中层领导干部身先士卒、狠抓落实的结果，是全系统干部职工齐心协力、辛勤付出的结果。

2014年，是全面贯彻落实党的十八届三中全会精神的开局之年，也是东莞全面推动高水平崛起的攻坚之年，更是工商体制调整和实现职能转变的革新之年。十八届三中全会掀起了新一轮改革大潮，转变职能、划转职责、调整体制等一系列重大部署，对工商行政管理部门赋予了新任务、提出了新要求，深化改革将成为统揽当前我们各项工作的主线。从宏观政策的层面来看，深化改革是大势所趋。根据总局部署，全国范围内的工商登记制度改革，将于今年3月份正式启动。省政府也已经下发全省商事登记制度改革方案，珠三角地区将于今年3月1日起启动，其他各地须在6月1日前全面实施。作为全国首个全面铺开商改的地级市，东莞起步早、推动快、效果显著，成功创造了商改的“东莞模式”，成为了全国推广学习的样本。但是，在各地纷纷创新举措，全面深化改革的背景下，要继续保持先发优势、继续领跑全国，东莞的改革就必须与时俱进，推陈出新，寻求新的兴奋点和突破口。卢炳辉局长在全省工商行政管理工作会议上明确要求，试点地区要继续总结、巩固和提升既有的改革成果，把进一步促进工商注册制度便利化作为重要目标，重点在强化事中、事后监管上继续探索、强化措施，为全省改革提供经验。徐建华书记在市委十三届四次全会上要求，各级各部门要努力在一些重要领域和关键环节的深化改革上继续走在全省全国前列，争当全省全国改革“排头兵”和“试验田”。如何充分履行前端先导放开、后端牵头严管的双重职责，全面打造东莞商事登记制度改革的“升级版”，力争继续走在全省、全国工商登记制度改革的前列，是摆在我们面前的首要课题。从职能履行的层面来看，深化改革是使命所系。商事登记制度改革降低了市场准入门槛，确立了“宽进严管”的监管格局，执法重点将由监管经营资格向监管经营行为转变，监管方式将由实体监管向信用监管转变。流通环节食品安全监管职责的划转，将基层人力、物力从繁重的食品安全监管中释放出来，为工商部门把更多精力转到全面强化市场监管上来创造了有利条件。《公司法》《商标法》《消费者权益保护法》等多部重要法律的修订，赋予了工商部门新的更重的任务。许瑞生副省长来莞调研时指出，食品安全监管体制调整之后，工商行政管理职能只能强化，不能削弱。袁宝成市长在莅临我局调研时表示，希望我们用改革创新抢占崭新领域的制高点，建立公平开放透明具有竞争力的市场规则，不断拓展工商行政管理工作新领域。各级领导对工商部门的改革发展寄予了厚望，我们必须不辱使命，主动作为。从体制调整的层面来看，深化改革是发展所需。目前，我省已通过了市县政府职能转变和机构改革的实施意见，工商部门回归地方管理已成定局。回归地方管理后，工商部门将迎来新一轮发展机遇，有利于我们全面融入地方经济社会发展的大局，促进工商责权的平等；有利于我们业务工作格局的提升，顺畅部门之间的沟通协调；有利于我们解决基础的经费保障，实现与全市整体水平的同步；有利于我们融入地方的干部培训交流体系，拓宽干部队伍的发展平台。市委、市政府对工商行政管理工作高度重视，去年底的市委经济工作会议、今年初的市政府工作报告，市主要领导用较大篇幅对工商工作进行了阐述。打造后续监管“东莞模式”、建设电子营业执照应用平台、探索电子商务企业集群注册，同时写进了今年的市委1号文和市政府1号文。有为才有位，如何抓住体制调整的机遇，科学把握地方党委、政府的要求，主动融入服务地方经济社会发展的大局，事关我们工商改革的最终成败，事关我们整支队伍的权威和形象。

面对新的发展形势和工作要求，我们必须抛弃得意自满的思想，以强烈的历史使命感和责任感，以胸怀大局的战略视野和敢于担当的进取精神，在更广的范围、更深的层次上推进工商行政管理改革发展。要有改革创新的时代精神。坚持以思想引领变革、以创新激发活力，打破条条框框限制，突破旧有思维束缚，在法律法规和职责范围内，敢于先行先试，主动图变求强，大力推进业务创新和管理创新，真正让改革创新成为全系统的共同价值取向，最大限度地凝聚谋划全系统转型发展的合力。要有服务发展的大局观念。主动将工商各项工作置于东莞经济社会发展的大局中去思考和谋划，充分发挥工商部门的整体优势，全面展示我们融入地方经济社会发展大局的能力，着力打造服务全市经济转型升级的响亮品牌，有效释放改革的制度红利，不断拓展工商事业的发展空间。要有监管执法的专业权威。适应商改和体制职能调整后的形势需要，不断创新市场监管的方式方法，科学整合监管资源，全面完善执法办案机制，突出执法办案重点，切实维护良好的市场经济秩序，努力解决群众最关心、最直接的民生问题，有效树立工商部门的执法权威。要有干事创业的中坚力量。坚持完善队伍管理机制，不断优化队伍作风，着力强化业务素质，全面提升整体执行力，努力打造一支叫得响、拉得出、能战斗的专业化工商队伍，充分发挥工商部门得天独厚的优势，夯实工商事业长远发展的根基。

以此为指导思想，结合省局和市委、市政府的部署，2014 年全市工商行政管理工作的总体要求是：认真贯彻落实党的十八届三中全会、全省工商行政管理工作会议和市委十三届四次全会精神，紧紧围绕东莞高水平崛起的发展大局，将改革贯穿于全系统职能履行和队伍管理的各个环节，以改革促职能转变、促业务创新、促履职到位、促作风优化，有效巩固“双十”成果,持续释放改革红利，全面铸造东莞工商行政管理事业新辉煌。围绕这一目标和要求，今年，全系统将重点推进十项改革措施，激发全系统创新发展的力量源泉；健全六项长效机制，夯实全系统高效运行的基础保障。主要内容包括：

一、推进工商注册制度便利化。深入贯彻落实中央、省有关部署，坚持“试点先行，逐步推进”的思路，积极稳妥地推进工商登记制度改革，增创东莞营商环境新优势。推行全程电子化登记管理。以松山湖为试点，总结外资企业无纸化网上登记经验，在市场主体中推行全程电子化登记管理。申请人依托数字证书进行身份认证，全流程网上申请、网上审核、网上公示、网上发照、网上归档，无须提交任何纸质资料。探索电子商务企业集群注册。以松山湖为试点，先行选取一家具有较强综合实力、熟悉电子商务的科技型企业作为集群注册托管公司，允许多家电子商务企业将地址登记为该托管公司的住所，组成企业集群，吸引各地电商在莞集聚发展，积极探索虚拟产业园的新经济模式。试点住所申报制。以大朗镇为试点，实施住所（经营场所）信息申报制，由申请人自行申报商事主体住所信息，登记注册时无需提交住所产权证明、租赁证明及村（居）

委会加盖意见证明等文件，登记机关不审查住所房屋使用用途。实行年度报告制度。改革年检验照方式，企业每年向工商部门提交其上一年度登记事项变动、经营情况等相关信息，工商部门定期向社会公示年度报告提交情况和相关信息，为公众提供查询。建立年度报告网上申报系统，企业凭身份认证信息登录系统，自助填报年度报告，无需提交纸质材料。

二、打造商改后续监管“东莞模式”。充分发挥商改后续监管的牵头部门作用，全面构建“企业自律、部门监管、社会监督”三位一体的市场监管体系，打造商改后续监管“东莞模式”。开发后续协同监管系统。依托电子政务外网、云平台和政务信息资源共享平台，实现镇级智能推送、图表统计、信息警示、效能监察四大功能，构建标准化、跨部门的协作互动机制，实现数据链、监管链、责任链在各有关部门及市、镇两级的无缝对接，加强前端放开和后端监管的信息化支撑。探索基层综合监管网络。建设大朗综合监管试点，协同大朗政府发挥信息平台优势，建立村（社区）“电子地图”，将村（社区）协管员、治安员引入协同监管，对辖区内市场主体进行分片综合检查，及时掌握、反馈片区市场主体违法经营信息，构建职能部门与社区（村）二级贯通的综合监督网络，打造“1+5”大朗综合监管模式，为各镇街深化后续监管提供样板。建立部门督查考核机制。建立定期通报、重点督导、量化考核制度，对后续监管部门是否在时限内开展监督管理、是否按要求上传许可审批及监管信息进行定期通报，争取将后续监管工作情况纳入市直单位年度工作考评，实现后续监管常态化。完善投诉举报受理机制。配合市政府做好12315和12345服务热线并网运行工作，进一步规范12315转办案件线索的调查处理和对外回复，切实提高12315投诉举报的办理质量。

三、完善企业信用监管机制。以电子营业执照应用平台为依托，主动归集各方资源，建设以工商数据为基础支撑的跨部门信息共享平台和市场主体信用信息公示体系，增加企业信息透明度，规范市场经营秩序。加快推广电子营业执照。及时总结松山湖试点经验，建设完善电子营业执照应用平台，丰富功能应用，为企业提供电子执照、电子政务、电子商务等综合应用。推行企业信用信息公示。依托电子营业执照应用平台，开发诚信管理模块，制定诚信管理评价指标，对全市各类市场主体的诚信经营状况进行智能评级和对外公示，为社会各界查询市场主体信用状况提供服务和应用，为相关部门的日常监督管理提供参考和依据。实行经营异常名录管理。建立经营异常名录管理制度，对存在不按规定提交年度报告、年度报告弄虚作假、发现与登记住所（经营场所）不一致或无法联系等情形之一的企业，纳入经营异常名录管理，并对外公示。对纳入经营异常名录的企业，实行商事登记受限，限制办理相关登记、备案，并依法承担相关责任，提高企业违法违规成本。

四、实施扶企强企行动。充分发挥工商服务职能作用，不断创新工作举措，改进服务方式，推动重点项目和重点企业尽快落户，扶持中小微企业发展壮大。启动商标质押融资工作。积极争取市政府尽快出台商标质押融资资助政策，以商标质押权为突破口促进商标与金融的结合，建立商标质押融资服务平台，鼓励和协助企业通过质押商标知识产权进行融资，有效拓宽融资渠道。加强商标培育保护。借助举办商标战略讲座、发布媒体公益广告及户外广告等方式，广泛开展新《商标法》专题宣传；全面展开东莞市商标品牌发展保护促进会各项工作，指导企业建立健全商标管理机构和商标管理制度；充分发挥商标预警保护系统的功效，不断完善商标预警通知书送达方式，启动法律援助和维权保护机制，加强与知识产权、公安等相关部门的沟通和合作，建立跨区域商标维权保护机制。积极帮扶企业发展。助推百家企业、百亿企业“双百”工程，实施重点企业登记注册规划，落实扶持企业各项优惠政策。深入开展“守合同重信用”企业公示和“诚信示范市场”创建活动，通过开展公益宣传、借助“两建”平台，促使各部门落实优惠政策，进一步提高两项活动的含金量。

五、构建专业化执法办案体系。适应行政体制改革和商改后续监管的需要，迅速调整执法办案思路，创新执法办案机制，切实履行好市场监管重任。创新执法办案机制。实行执法办案排行榜制度，通过发布执法办案能手排行榜、优秀案件排行榜、执法创新光荣榜等方式，充分调动办案人员积极性；改革业务培训方式，实行案例季度点评制度，强化典型案件和新型案件讨论和学习交流，提升基层执法办案水平。拓展执法办案领域。深入挖掘生产领域的商业贿赂行为和商标侵权行为，严厉惩治侵害消费者合法权益的违法行为，大力查处医疗、药品、保健食品、食品等领域的虚假违法广告以及网络违法广告，全面提升网络商品市场监管力度，有效树立工商执法权威。开展“三整治一规范”行动。全面搜集违法行为信息，深入研究和分析行业违法特点，上半年开展公共服务及房地产行业不公平合同格式条款专项整治，年中开展无照经营集中整治，下半年开展打击侵犯知识产权和制售假冒伪劣商品专项行动。以鞋业、服装、毛织行业为重点，开展对专业商城的专项治理，严肃查处场内无照经营、商标侵权行为，以点带面逐步规范全市专业市场的经营秩序。规范执法办案行为。整合市局业务科室执法办案的指导职能，继续发挥法制组的作用，建立健全自由裁量权处罚基准制度，加强对案件上线的监督指导，提高执法办案规范化水平。

六、拓展民生保障网络。把服务和保障民生放在更加突出的位置，不断提高社会管理水平，努力解决群众最关心、最迫切的问题。加强流通领域商品质量监管。强化对涉及消费者人身健康安全的重要商品的监督检查，针对重点商品开展质量抽查检验，强化抽查检验结果的利用和处理，及时依法责令停止销售不合格商品。拓展消费维权服务网络。认真组织新《消法》的宣传培训工作，充分运用新《消法》赋予的职责和手段，全面强化经营者法定义务，着力解决消费者维权难问题。巩固消费维权服务站建设成果，加强对服务站工作人员培训，制定工作考核方案，对服务站的硬件设施、日常运作、处理纠纷水平、运转效率等进行全方位考核，对连续排名靠前的服务站进行表彰，对连续排名靠后或无所作为的服务站进行摘牌，形成“择优劣汰、进出有序”的运转机制。严厉打击传销违法行为。继续夯实传销防控基础，深入推进“创无”工作，选择1—2个镇街作为创建“无传销镇（街）”示范点，逐步扩大覆盖面。建立传销活动研判机制，建立打传工作通报制度，优化打传工作考核指标，加强直销行业监管，保持刑事打击高压态势，严惩传销违法行为。

七、构建工商队伍激励机制。结合新形势下工商行政管理的特点，构建科学的队伍激励机制，进一步调动干部职工的积极性，不断提高干部队伍的战斗力和凝聚力。构建科学公正的干部选拔任用机制。根据发展需要，将政治思想过硬、综合素质突出、干部群众公认的干部选拔到各级领导岗位上来，进一步优化中层干部队伍结构，稳妥开展中层领导干部交流轮岗，促进干部队伍的良性互动交流。构建富有生机的人才培养机制。探索推行案例教学、专题研讨、对策研究等培训方式，促进知识培训向能力培训转变；推行跟班学习制度，从基层选调业务骨干、年轻公务员到市局跟班学习，带动基层整体工作水平提升；积极探索建立不同类别的人才库，建立相应数量的人才队伍。构建客观公正的表彰评比机制。积极开展“窗口服务之星”“执法办案能手”等岗位能手评比活动，并作为干部培训学习、选拔任用的重要参考依据。构建上下畅通的沟通交流机制。组织基层座谈会，了解基层工作人员的思想状态和意见诉求；落实基层挂钩联系点制度，帮助基层解决实际困难；组织干部职工到专项业务工作突出的兄弟市局交流学习，帮助干部职工拓宽眼界。构建和谐融洽的人文关怀机制。完善探视慰问、节日慰问等制度，完善医疗互助金制度，及时为困难干部职工排忧解困；丰富工商文化生活，开展工商文化建设历史沿革展示，广泛组织各类文体活动，增强干部职工的集体荣誉感和归属感。

八、优化纪律作风建设。作风建设关系事业成败，关系部门社会形象，关系改革发展大局，必须严格按照中央“八项规定”的要求，坚持常抓不懈，抓紧抓好。扎实开展党的群众路线教育实践活动。根据省、市有关部署，坚持把学习实践活动与工商日常工作紧密结合起来，以整治“四风”为重点，切实转变工作作风。深化党风廉政教育。出台廉政文化建设指导意见，加大塘厦、茶山分局廉政文化示范点创建力度，分季度举办“三纪教育”和预防职务犯罪专题讲座，组织廉政征文比赛，营造清正廉明、健康向上的氛围。开展专项执法监察。针对近年来群众反映的信访和投诉办理情况、落实相关制度和回复群众情况，开展专项执法监察活动，努力消除潜在的风险。完善日常效能监督。坚持和完善窗口政风行风暗访调查机制，强化行政执法效能日常督察，开展专项督察回访和如实通报，形成有效的日常监督机制。健全内部风险控制。完成规范性文件梳理修订。制定完善业务系统受限、登记警示信息处理的操作规范。加快基层分局档案管理升级达标步伐。完善资产财务工作规范，强化政府采购的总体规划和全局统筹，严格落实厉行节约增效措施，为全系统的正常运转提供有力保障。

党的十八届三中全会吹响了全面深化改革的号角，工商部门迎来了干事创业的发展大潮，雄关漫道真如铁，乘风破浪正当时。让我们进一步坚定乘势而上的信心，凝聚负重前行的力量，不断攻坚克难，改革创新，砥砺奋进，全面铸造东莞工商行政管理事业新辉煌，为实现东莞高水平崛起作出新的更大贡献！

乘势而上 聚力攻坚 再谱东莞工商改革发展新篇章

——2014年工作总结暨2015年工作意见

刚刚过去的2014年，是我市工商系统攻坚克难、锐意改革的一年，也是奋发有为、成绩斐然的一年。一年来，我们在省工商局和市委、市政府的坚强领导下，全力推进十项改革措施，稳步完善五项工作机制，不断提升综合履职水平，各项工作取得了显著成绩，全面开创了全市工商行政管理工作的新局面。

一年来，我们阔步推进商事制度的改革创新，推动东莞改革持续走在前列。主动融入全省、全国改革大局，全国首创电子商务企业集群注册，全省地级市率先推行住所信息申报制，试点推行集群企业全程电子化网上登记，成功促成外商投资企业“十证联办”，全省率先启动商标专用权质押融资资助，进一步激发了市场活力。全市新登记市场主体114791户，同比增长8.1%。新登记企业46406户，增长44%，企业注册资本976亿元，增长166.5%，新登记企业数量及注册资本双双创下历史新高。全市市场主体突破63万户，达到632290户，企业突破21万大关，达210777户，两项数据稳居全省地级市第一。全市每千人拥有市场主体从改革前的65户增加到76户，人均创业率从改革前的9.4%上升到11.9%，两项指标均居全省前列。全市新增注册商标19016件，创历年新高，新增驰名商标6件、著名商标39件，有效注册商标首次突破10万件，达102851件，跻身全省商标大市的“第一集团”。大朗镇作为住所申报制试点，市场主体同比增长近四成，远高于全市同期增幅。松山湖申请登记集群企业432家，初步打造了电子商务的虚拟产业园。国新办组织13家中外媒体到我市实地采访。中央电视台新闻联播对我市改革动态进行聚焦关注。广东电视台、南方日报等省级媒体连续报道我市改革经验。全国各地近60批次考察团来莞交流。全省商改专项督查组对我市做法经验给予了高度肯定。东莞多项创新举措上升为全省、全国的改革部署，受到了广泛借鉴推广。

一年来，我们全力打造网格化综合

监管体系，在全国率先形成系统化的商改后续监管模式。推动市政府出台《关于深化商事登记改革加强市场监管的实施意见》，以“一支队伍一个平台”为核心，以大朗、东城为试点，成功建立了“政府主导、部门监管、企业自律、社会监督”的网格化综合监管体系。大朗“1+5”基层综合监管模式全面推广，全市组建综合协管队伍559支，人数达3100人，初步实现了线索发现和执法办案相分离。商改后续监管系统上线运行，实现市级部门间信息互联互通，累计推送涉及许可项目的工商登记信息3.9万条，收到反馈信息3.4万条，信息反馈率达到87%。企业年报公示正式实施，全市5.5万市场主体报送了年度报告，申报数量居全省地级市第一。电子营业执照平台归集各部门企业信用信息1200多万条，在全省率先实现“一个窗口”公示。信用约束监管稳步推进，东城和大朗分局试点违法企业登记受限机制，39个市场监管部门推广建立信用约束制度，初步形成了信用约束合力。全市商事主体开业率达96.8%，证照齐全率达84.5%，不涉及许可的一般经营项目市场主体持照率高达94.2%。全市没有出现区域性、行业性、系统性风险问题，基本实现了“放而不乱”。全省复制推广我市后续监管做法。《中国工商报》头版头条刊发我市网格化综合监管经验。作为全国工商系统“宽进严管”经验典型，入选《工商行政管理》杂志评选的“工商系统百佳案例”。

一年来，我们深入开展行业专项整治，有力营造了规范有序的市场环境。主动适应食品监管职能移交和商改后续监管的要求，紧紧围绕群众反映强烈的民生热点问题，牵头参与全市“涉黄”整治，集中力量组织开展“三整治一规范”行动，重拳治理不正当竞争突出问题。全系统共查办各类违法违章案件6725宗，同比增长15.3%。其中，查办互联网领域虚假宣传案件313宗，居全省工商系统第一。查办不公平格式合同条款案件106宗，“双打”案件536宗，居全省工商系统前列。通过“聚焦重点、整体联动”的执法办案策略，全面整治了沐足、美容美发行业经营秩序，有效规范了银行、通信、保险、房地产“四大行业”的格式合同条款，积极探索了以厚街鸿运鞋城为样板的专业市场监管模式，顺利解决了中堂蕉利布碎皮革行业等区域性无照经营问题。全系统受理举报数量下降24.2%，查获传销参与人员减少80%，全市建成“打击传销示范社区”74个，获“守重”公示的企业连续三年超过1000家，近九成商品交易市场完成转企业登记，全市市场经营秩序更加规范，营商环境进一步优化。

一年来，我们科学实施干部队伍管理，充分激发了整个系统的生机活力。积极争取省局和市委、市政府支持，扎实稳慎做好体制改革工作，圆满完成食品安全监管人员划转及职能移交，全面理清全系统编制、队伍、资产底数，着手制定全系统新“三定”方案，有效保障了队伍稳定。在此基础上，科学规范干部人事管理，组织开展了3批次科级领导干部竞争性选拔，选拔任用了7名正科级和21名副科级领导干部，提拔调整了32名股级领导干部，对系统内一批领导干部进行了交流轮岗，进一步优化了中层干部队伍结构。完善队伍激励机制，正式启动工商历史展馆建设，探索组建工商人才库，广泛开展主题征文、业务研讨活动，精心组织消费维权知识竞赛，创新开展办案能手排行榜、优秀案件排行榜、执法创新光荣榜和典型案件点评制度，安排140多名基层干部到市局跟班，组织39名基层执法人员到外市参观学习，举办培训班19期，累计培训2700多人次。全面铺开廉政文化建设，坚持厉行节约、因地制宜，打造独具特色的廉政文化宣传阵地，27个分局基本完成硬件配套设施建设，全系统组织开展形式多样的微电影、书画、漫画创作活动，形成了一批内涵丰富的优秀廉政文化作品，其中26件作品在全省工商系统廉政文化原创作品征集活动中获奖。整个系统的理论研讨氛围更加活跃，业务综合素质明显提高，争先创优意识深入人心，廉政文化氛围日益浓厚，履职创业基础更加坚实，队伍的凝聚力、向心力、战斗力进一步增强。

一年来，我们积极践行群众路线，全力塑造了清正廉明的部门形象。从严从实抓好党的群众路线教育实践活动每一项工作内容，做到了“规定动作”不走样、“自选动作”有特色，特别是聚焦“四风”问题，局党组带头深入镇街、企业开展走访调研，广泛听取意见建议，高质量开好民主生活会，开展“一对一”谈心谈话活动，认真进行自我对照检查，细致建立问题整改台账，逐一抓好跟踪落实，构建了践行群众路线的长效机制。出台岗位过错责任追究办法，落实法制组工作制度，规范案件系统的上线运行，开展常态化的窗口暗访，组织群众信访事项和行政复议、诉讼案件执法监察，完善行政处罚自由裁量标准，完成110份规范性文件的修订发布，实现了风险防范关口前移。科学统筹政府采购工作，全面推广公务卡改革，组织公务用车专项治理，加快推进基层分局档案管理达标升级，强化财务预算约束管理，对省局审计和财务预算审查发现的问题进行认真核查和整改完善，有效规范了内部运转，堵塞了管理漏洞。全系统会议数量同比下降15.7%，发文数量同比下降15.4%，“三公”经费支出同比下降36.6%，中央教育实践办专题刊发了我局活动经验，5个分局在当地群众路线教育实践活动总结大会中做典型发言。在全市行政审批电子监测绩效测评中，我局连续24个月高分位居41个窗口部门之首。

过去一年，我们取得了令人振奋的成绩，各项工作得到了上级领导和社会各界的高度评价。省政府许瑞生副省长亲临我局调研指导，省局局长上任3个月内3次来莞视察，对我局工作给予充分肯定。徐建华书记、袁宝成市长、鲁修禄副市长多次对我局有关工作予以批示肯定，袁宝成市长亲自出席了松山湖电商企业集群注册启动仪式和大朗后续监管工作现场会，多次在公开场合对工商部门给予了点名表扬。袁宝成市长还先后两次代表东莞，在全省商事制度改革推进会上做经验介绍。市局连续第二年以最高票获评“中央和省驻莞单位年度工作优秀单位”，大朗分局荣获第四届全省“人民满意的公务员集体”称号，全系统一批先进单位和个人获得各级党委、政府及部门表彰。这些成绩的取得，是省局和市委、市政府正确领导、大力支持的结果，是市局党组统揽全局、科学决策的结果，是全系统干部职工狠抓落实、辛勤付出的结果。

2015年，是东莞改革深化、转型升级、治理提升的关键之年，也是工商部门实施体制调整、回归地方管理、加快职能转变的开局之年。我们必须主动适应经济发展新常态，进一步强化大局意识、攻坚意识和法治意识，充分发挥工商部门应有的职能作用，不断开创工商工作新局面。要强化大局意识。坚持换位思考促发展，学会跳出工商看工商，善于站在更高的层次和更广的维度上思考研究问题。特别是要主动利用好统筹推进全市便利化登记和后续监管的机会，善于整合各方资源，用好各种平台，找准找好工商职能服务的结合点、监管执法维权的着力点和打造创新工作的闪光点，以服务大局的优良成效赢取地方党委、政府的重视支持，不断增强工商部门的话语权和影响力。要强化攻坚意识。东莞作为商改试点的阶段性任务已经完成。但改革只有进行时，没有完成时。经省政府同意，省局批准东莞作为全省全程电子化网上登记管理的试点，赋予了东莞继续探路的重任。省局主要领导强调指出“商改的特区模式看深圳，非特区模式看东莞”“要好好总结东莞经验，在全省尽快复制推广”。作为改革的先头部队，我们要以更大的勇气、胆识和担当，按照既定的时间表和路线图，狠抓各项改革措施落地，前端放开要保持优势，后端严管要创造亮点，用足用好政策红利，为全省、全国摸索更多可复制推广的经验。要强化法治意识。党的十八届四中全会作出了全面推进依法治国的重大战略决策。作为行政执法部门，工商部门应该自觉地把法治的要求贯穿到各项市场监管和行政执法工作中，以法律法规为准绳，坚持法定职责必须为、法无授权不可为。要将法治理念融入到改革创新之中，既要大胆探索，也要依法依规。善于运用法治思维和法治方式推动改革，通过争取省局和市委、市政府的立法立规支持，固化改革成果、破解瓶颈难题、消除风险隐患，使法治成为制度创新的保险杠，成为攻坚突破的助推器。

按照这一发展思路，根据市委、市政府和省工商局的部署，2015年全市工商行政管理工作的总体要求是：认真贯彻落实市委十三届五次全会和全省工商行政管理工作暨工商体制调整动员部署会议精神，坚持市场化导向、法治化思维和国际化视野，主攻五项改革，突出四项治理，加强三项建设，更好地适应东莞经济发展新常态，开创依法行政新格局，再谱改革突破新篇章，为东莞建设便捷化、法治化、信息化、国际化营商环境贡献力量。重点做好三方面工作。

一、主攻五项改革，持续释放制度创新红利

推行市场主体住所登记管理改革。全面推开住所信息申报制。争取以市政府规范性文件形式出台《东莞市市场主体住所（经营场所）登记管理试行办法》，探索“住所信息申报+负面清单”管理模式，除纳入负面清单的法定用途为住宅的商品房、军队房产以及娱乐服务业、重污染等行业外，允许其余行业的经营者自行申报住所信息，无需其他住所证

明文件办理营业执照。推行新业态企业集群注册。总结评估松山湖试点经验，全市范围内放开集群注册托管公司登记，把集群企业类型从电子商务拓展到其他新业态企业，为小微企业发展创建“零边际成本”平台。探索“一址多照”登记。允许有直接或间接投资关系的关联性市场主体以同一地址为住所登记，允许商务楼宇的企业将面积较大的办公场所分隔为独立空间对外出租，大力盘活房产资源，扶持楼宇经济发展。

推进全程电子化网上登记改革。升级网上登记系统。增加银行U盾作为申请人身份认证的渠道和电子签名的手段，简化整合各类登记流程、表格，探索全电子表单的要素式填报方式，推进无介质的电子营业执照综合应用，完善电子档案的配套管理利用，依托市政府云平台支撑系统高效运行。分步推进网上登记。出台《东莞市全程电子化工商登记试行办法》，遵循先易后难、由点带面的原则，优先上线内资有限公司的设立业务，然后逐步完成包括个体工商户、个人独资企业、合伙企业及各类分支机构等主体类型的设立、变更、备案、注销等多种业务类型。2015年底前，在集群企业和实行住所申报制的企业中推行。

统筹推进基层综合监管网络。全面应用协同监管系统。组织监管部门和镇街开展联合测试，分批次对部门和镇街进行系统使用培训，搭建横向到部门、纵向到镇村的信息互通平台，提高协同监管合力。规范基层协管队伍管理。出台《东莞市基层协管队伍建设管理规定》，指导各镇街按照统一标准，完善队伍组建，加强队伍培训，明晰工作职责，推动基层综合协管队伍正常运作。完善督导考核机制。建立后续监管工作定期通报、重点督导、量化考核制度，争取将协同监管系统上线率、使用率及综合协管队伍建设纳入对各镇街后续监管的考核内容，对基层协管队伍运行情况进行定期检查通报，推动综合协管工作进入常态化。

积极构建企业信用约束体系。建立跨部门联动惩戒制度。制定《东莞市企业信息公示和约束管理暂行办法》，组织各部门完善公示目录和数据，逐步扩大信用信息公示的范围和内容，推动信用信息分步分批公示。协调指导各部门分别建立本部门的经营异常名录、黑名单、分类监管信息数据库，探索第三方信用评级，拓宽企业信用应用。完善工商信用监管机制。制定行政处罚信息公示细则，明确行政处罚信息公示的内容和程序要求，用好信息公示和电子营业执照平台，确保行政处罚信息公示到位。总结大朗、东城分局试点经验，完善违法失信企业受限范围及相关程序要求，稳步向全系统推开受限工作。以申请人承诺为基础，试行企业简易注销登记程序，简化企业和个体工商户注销登记流程，缩短退出周期，降低退出成本。全面做好企业年报工作。积极应对年报工作高峰，加大宣传发动和服务指导力度，推动企业做好年报和即时信息公示，着力提高企业年报率。按照公平、规范要求，认真抓好企业年报等公示信息的抽查工作，建立和完善经营异常名录库，强化企业信用约束。

大力拓展工商服务平台。做强商标品牌战略。积极落实商标质押融资政策，全力为金融机构和驰名商标企业牵线搭桥，畅通驰名商标质押融资渠道，力争一年试行期满后推广至著名商标乃至普通商标，促进商标价值转化。持续推进“双打”行动，加大对驰名著名商标、涉外商标的保护力度，协助本土知名企业开展跨区维权。塑造个私协特色品牌。加快推进个私协会转型，以各镇街个私协分会合并组建成独立法人为契机，实现精英团队管理，搭建专业服务平台，力争在服务企业参与21世纪海上丝绸之路战略、拓展国内外市场、发掘及创造新商机等方面发挥更大作用。

二、突出四项治理，着力培育规范有序市场环境

推动传统市场转型升级。加强市场企业登记管理。梳理市场未办理企业登记存在的问题及原因，针对不同情况采取分类处理的方式，争取全面解决原有市场转企业登记问题，实现市场100%企业登记。厘清市场监管职责，加快构建与职责划转相适应的商品交易市场监管机制，充分发挥行政处罚和行政指导等监管手段，提高市场商品质量和管理水平。助推专业市场规范发展。复制推广厚街成品鞋专业市场综合监管模式，坚决整治市场内无照经营、商标侵权、销售假冒伪劣商品违法行为，全面落实专业市场利益主体责任，鼓励专业市场借助电子商务模式进行改造提升，做强做大网上市场。

开展网络市场规范治理。深入摸查网络经营主体现状。依托省局新版网络市场监管综合信息平台，坚持线上检查和线下核查相结合，对全市经营主体进行摸查，逐步构建和不断充实全市网络经营主体数据库。着力规范网商经营活动。加强网络交易行为监管，重点规范第三方网络交易平台、大型购物网站和团购网站经营管理，推广应用网站红盾电子标识，查处网上违法经营行为，促使网络交易经营者落实法定义务，做到守法诚信经营。创新互联网广告监管方式方法。利用省局网络广告监管信息平台，对网络广告违法行为进行全面监测，对广告主、广告经营者、广告发布者的违法经营行为进行全方位监管，切实提高互联网广告案件的查处力度和深度。

加强重点领域监督管理。强化无照经营集中整治。重点规范无照经营户数量较多、经营时间较长且大部分不涉及行政许可审批的无照经营集中的村（社区）或行业，争取政府牵头、部门联动，坚持疏堵结合，实现标本兼治。突出沐足、美容美体行业的日常监管。严格落实娱乐服务场所平安创建“1+4”系列政策文件，积极履行对沐足、美容美体等娱乐服务场所的监管责任，按照规定的频率和要求开展日常监管，坚决遏制“涉黄”活动回潮反弹。全面铺开无传销镇街创建工作。理顺全市打传机制，尽快建立打传联席会议工作制度，争取将创建无传销镇街纳入“平安镇街”建设范畴，加大传销违法案件查办力度，坚决铲除“拉人头”聚集式传销活动。2015年力争20个以上镇街达到创建标准要求，为全面建成“无传销城市”创造条件。

强化消费领域维权服务。加强消费数据分析利用。对不同时期、不同季节的投诉举报热点进行深入挖掘分析，及

时掌握消费者诉求热点和消费市场秩序动态，建立消费投诉预警机制，适时组织开展有针对性的消费领域专项整治。优化12315平台建设。适应12315与12345并网运行的要求，完善与12345平台的数据、信息对接机制，统一投诉举报的转办渠道，规范投诉举报办理程序，探索完善“诉转案”工作机制，整体提升12315运转效能。规范消费维权服务站运作。坚持“巩固、完善、提高”的方针，建立对服务站的考评制度，改革对服务站的考核方式，加强对服务站的日常管理和扶持，实行优胜劣汰，使服务站有效运作起来，成为群众认可的民心工程。

三、加强三项建设，不断夯实改革发展基础保障

加强法治工商建设。梳理“两个清单”。探索开展权力清单和责任清单的梳理和公示工作，确定权力种类、行使主体、行使要件、行使方式，建立健全行政责任追究机制，实现职能明确、程序明晰、责任清晰。完善制度体系。定期对内部规范性文件进行梳理完善，当年新修订及废止的文件要形成对应目录，两个目录及现行有效的规范性文件在内网指定专栏公开发布，为基层履职提供准确指引。加强法制监督。建立法制组成员工作考核机制，提高法制组综合素质。坚持典型案件评选和执法监督相结合，优秀案件要作为模板在系统内推广学习，典型问题要及时点评并督促指导改正，再辅以日常性的案件督察工作，确保行政执法依法依规。畅通“两法衔接”。用好全省“两法衔接”平台，加强与司法部门的沟通协调，抓好较大案件和移送案件信息录入工作，强化信息互通。完善行政诉讼应诉机制，办案单位正副职领导要轮流参加行政诉讼的庭审应诉。

加强激励机制建设。稳步推进体制调整和机构改革。积极做好体制调整各项工作，确保监管职责衔接到位、机构编制划转到位、人财物移交到位。稳妥推进机构改革，优化机构设置，科学调配人员编制，切实抓好干部队伍的后续管理，保持干部队伍稳定和可持续发展。完善量化考核机制。突出考核重点，简化指标体系，在组织年终集中考核的同时，更加注重通报结果的运用，对因重点工作落实不到位，经市局党组审定，给予点名通报批评的单位，在量化考核中扣分。完善人才培养机制。组建工商人才库，设立各类型的专业人才，实行立体化培养，实现人才的全面成长；推行分级分类培训，完善跟班学习制度，争取将工商干部纳入地方培训体系，提高队伍综合素质；组织开展主题征文活动，定期举办专题研讨会，编印出版优秀调研成果集，提高全系统学术研究水平。建好工商史展馆。建设展示东莞工商事业历史沿革、职能特点、工作成果和人文精神的综合展馆，打造传承精神、展示形象、教育培训、对外交流的一流平台，增强队伍集体荣誉感和归属感。

加强作风效能建设。强化权力运行监督。组织窗口政风行风暗访调查，开展财务管理专项监督检查，开展行政执法涉案物品处理及信访热点消费纠纷问题专项执法监察活动，及时发现问题，找出症结，促进规范，有效预防违纪违规和岗位过错行为的发生。加大信访案

件查处力度，特别是对利用行政审批权、行政执法权谋取私利以及严重损害群众利益等违法违纪行为进行严肃查处，并以案为鉴，加强警示教育。完善内部控制体系。加快基层分局档案管理达标升级步伐，完善财务操作规范，细化预算监督管理，落实会议管理、公务接待、公车管理制度，保证全系统业务活动合法、资产安全和使用有效。推进廉政文化建设。大力巩固基层廉政文化建设成果，积极推动机关廉政文化建设，组织开展廉政诗歌朗诵活动，广泛征集原创廉政文化作品，制作全系统廉政文化图册，拍摄第二期廉政微电影，开展优秀作品集中展览，全面展示廉政文化建设风采。

改革释放红利，创新引领发展。让我们在市委、市政府和省工商局的领导下，以更加坚定的信心、更加昂扬的斗志、更加务实的作风，上下一心，攻坚克难，全力谱写东莞工商行政管理事业改革发展的新篇章。

创新方式　拓深层次
提升重点行业监管效能

2010 年 8 月 2 日

东莞地处广深经济带的黄金走廊，外来流动人口多，市场交易活跃，监管任务繁重。面对监管资源严重不足和监管压力不断增大的矛盾，我们主动转变传统思维，以重点行业监管为突破，通过实施一系列制度创新、管理创新，推动监管方式由简单、粗放、表层监管向科学、精细、深层监管转变，取得了积极成效。我们的做法是：

一、全面推行网格化、信息化抽查，强化重点行业日常监管

东莞有接近 50 万的经济户口，市场主体保持着两位数的增长速度，其中重点（风险）行业和美容美发、沐足行业市场主体近 8000 户，而全系统一线监管人员不到 400 人，人均监管经济户口超过 1200 户，如果“眉毛胡子一把抓”，势必因为“战线过长”而引致“兵力不足”，难以保障监管到位。为此，我们大胆创新工作方式，树立有限行政的观念，变撒网式全面巡查为突出重点的分类抽查，将省局明确的九大类重点行业、市政府明确工商部门主管的美容美发和沐足行业作为监管重点，全面推行“分组包片、综合执法”的网格化监管模式，将分局监管辖区划分为若干片区，监管人员划分为若干综合监管执法小组，每个小组包干一个片区，监管责任落实到个人，行业上实行“先重点，后一般”，地域上坚持“先中心、后边

远”，将有限的力量放到重点行业这个刀刃上，保证抽查频率和后续处理力度，及时发现重点地区重点行业的违法违章线索，快速安排力量处理，并通过抽查记录留下监管“痕迹”，使工作有据可查。同时，提出“向信息化要效益”的思路，对照省局监管系统，开发了离线监管系统和营业执照条形码管理系统，为每个监管小组配备手提电脑、扫描仪和便携式打印机，监管人员事先将监管对象登记资料下载到手提电脑，抽查时扫描执照条形码获取监管资料，并在离线系统上录入监管数据，抽查完毕再将数据从离线系统导入省局监管系统，全程以数据化形式完成，实现了移动监管、实时录入，不仅缩短了现场检查时间，提高监管工作效能，也有效杜绝了虚报监管情况的出现，保证发现的问题得到及时处理，达到了“抽查一片，规范一片”的效果。目前，对于省局规定的重点行业，我们每半年至少完成一次抽查，美容美发、沐足等主管行业每年至少完成一次抽查，仅今年上半年，就抽查了重点行业和主管行业市场主体7564户，发现并解决问题294户。

二、构建多部门、专业化的综治格局，拓深重点行业监管层次

重点行业市场主体大多情况复杂，涉及多个许可部门，过去，重点行业监管基本是工商部门单打独斗，监管人员疲于开展各项“头痛医头，脚痛医脚”式的专项整治，效果却不甚理想。为此，我们大胆摒弃“以我为主”的传统监管思维，找准重点行业监管与政府工作的共通点和切入点，以无照经营为突破口，结合市政府社会治安综合治理等中心工作，因势而动、顺势而为，成功争取政府支持，将部门工作上升到政府层面，借助政府力量整合资源，以地方政府令、红头文件、会议纪要等形式，将监管责任分解落实到相应职能部门，实现了重点行业的齐抓共管。目前，我市对网吧、歌舞娱乐场所的监管已划归文化部门，桑拿行业的监管划归卫生部门，食品、饮食行业的无照经营监管移交城市管理综合执法部门，电镀、漂染、造纸等20项重污染行业的无照经营监管移交环保部门，有效解决了重点行业监管中责任交叉缺失的不利状况，降低监管风险，也解放了更多精力和人力，使我们能够从单一违法行为、个案的查处，逐步转移到行业、领域的整体监控上，在摸清行业规律和特点的前提下，展开专业监管，通过一年解决一两块难啃的“骨头”，分阶段、分步骤地推进工作，逐个击破深层次问题，消除行业性的违法经营现象，拓深重点行业监管层次，扩大监管成果。近两年，我们先后组织了公众聚集场所整治、沐足行业整治、美容美发行业整治等多个行业的深层整治，均取得了十分显著成效。如去年底，我们针对沐足行业无照经营执法阻力大、遗留“硬骨头”多的情况，以前所未有力度，组织13个异地执法组开展交叉执法，对全市51户沐足行业无照经营“钉子户”进行彻底清理，基本铲除了原有的无照沐足场所，行业“老大难”问题取得了实质性突破。

三、锻造有执行力的监管队伍，筑牢重点行业监管工作根基

重点行业监管政策性强、责任大、要求高，在有限人手下，用“小队伍”管理“大行业”，要达到预期监管目标，就必须不折不扣地抓好工作落实，实现有限资源的最大产出，队伍执行力成为关键。为此，我们三管齐下锤炼队伍的执行能力：一是实施绩效管理，将重点行业监管情况纳入分局工作实绩量化考核，妥善处理好重点与一般、共性与个性、定性与定量的关系，在指标设置、权重设置、分值配比上向重点行业倾斜，把能够量化的监管效能全部量化用数字体现出来，并通过绩效管理信息化系统，对各分局监管业绩实时展现、实时监控、实时预警，通过充分发挥绩效考核的目标导向和杠杆调节作用，促使分局将工作要求层层分解落实到股室和个人，认真围绕市局监管思路抓落实。二是加强督察，业务科室和市局督察队定期或不定期对分局重点行业监管情况进行明查、暗访，必要时组成专项小组进行专项督察，加强监管工作的过程控制，按阶段通报情况，及时发现和纠正一线监管人员在履职过程中的薄弱点，有的放矢地加以整改，使问题解决在萌芽状态。如最近，对沐足和美容美发行业监管，我们就组织了一次专项督察，对各分局的行业监管工作状况进行实地抽查，促进和推动作用十分明显。三是加强指导培训，在内部网上开通监管工作论坛，指定专人负责，及时解答分局在监管工作中遇到的实际问题，统一操作规范，并定期召开监管工作分片座谈会、监管人员业务培训班，组织基层监管人员到市局科室跟班学习，围绕省局规范化建设要求，制定监管工作指引，为一线人员提供具体操作指南，等等，通过以人为本，立足实际的方式，有的放矢地培养一批精业务、懂法制、能协调的复合型监管工作干部，为重点行业监管提供坚实的人力资源保障。

经过几年的摸索和实践，我们在重点行业监管方面已初步建立起一套适合形势要求和自身实际的监管体系，也在实践中取得了十分可喜的成效。但是，市场交易行为的复杂化、多样化，决定了重点行业监管是一项长期工程，必须常抓不懈且不断完善，我们将坚定信心，继续努力，力争取得更大进步。

争创一流政风行风　推动工商转型升级

——东莞市工商行政管理系统政风行风建设工作侧记

2011 年 9 月 1 日

东莞市工商局作为政府主管市场监督管理和行政执法的职能部门，现有内设机构 12 个，经检支队 1 个，基层工商分局 33 个，事业单位 2 个。全系统在编人员 860 多人，监管全市近 50 万市场主体，人均监管经济户口达 600 户，人手少、任务重的矛盾非常突出。近年来，我们顺应东莞大力推进经济社会双转型的形势要求，从窗口建设、服务发展、监管执法、队伍管理等方面着手，全面推进工商行政管理转型升级，以机关转型带动行风建设，以行风建设促进职能履行，以职能履行提升部门形象，取得了明显效果。

一、窗口建设篇

作风的好坏、效能的高低，决定着转型发展的速度和水平。我们以登记窗口为切入点，从硬件、软件两方面着手，建设透明、规范、高效的服务平台，努力使窗口成为展示工商机关工作作风、服务水平的一面旗帜。

在硬件方面，我们按照“统一建筑外观、统一内部装饰”的要求，先后完成了市局及 27 个基层分局办公楼的新建改建，将 34 个窗口统一为开放式的低柜台，增设导办台和排队叫号系统，设置领导值班窗口、绿色通道窗口和群众等候休息区，通过上墙公开、书式公开、电子公开等形式，增强办事的透明度，营造舒适便民的服务环境。利用信息化建设起步较早的优势，我们自行开发了档案管理信息化系统，通过电子扫描，将全系统历年 98 万市场主体近 299 万卷书式档案统一转化为数字档案，实现了对档案管理的整体升级，方便群众进行检索利用。

软件方面，我们对登记大厅实施“立体式”管理，出台工作制度，全面规范窗口人员咨询受理行为，落实分管领导每天巡查、股级干部坐堂带班、股室每周例会等基本制度，在 34 个窗口安装了视频监控，上线应用行政审批电子监测系统，采用“花钱买监督”的办法，委托中介机构每年对分局登记大厅及服务窗口进行两次暗访调查，利用督察队不定期对窗口行为和登记档案进行抽查，实现了对每一个服务大厅、每一个工作人员、每一宗许可业务的实时监督，规范窗口人员的工作行为。

如今，群众可以通过互联网查询企业的基本登记资料，通过登记大厅的触摸设备查询登记办事指南、业务进度，通过档案查询终端查询企业的工商登记档案，工商登记、广告经营、食品流通许可等均可在一个窗口办结，实现了“一站式”办事，得到了社会各界的一致好评。

二、服务发展篇

创新是转型发展的前提和动力。我们发扬敢为人先的东莞精神，早在 2002 年就开始进行企业登记制度改革，全方位支持和服务地方经济发展。多年来，我们争取上级工商部门支持，大胆突破政策障碍，推进改革的不断深入，创新的步伐从来没有停止过。

——我们多次走在全省工商系统的前列，对登记制度进行大刀阔斧的改革，依法降低准入门槛，减少审批环节，实施简政放权，将能下放的权限全部下放分局，不能下放的通过窗口前移，由分局受理、市局网上审批，整个流程完全在网上流转，最大限度地降低群众的办事成本。近年来，全系统每年的受理登记业务超过30万宗、发照超过8万个，办事时限从法定的20个工作日压缩到最长不超过7个工作日，行政审批电子监察绩效一直稳居全市窗口部门前列。

——我们积极争取省局支持，成为全省唯一一个实施无纸化网上登记的试点单位，以电子签名、电子印章、电子档案为依托，建立网上实时审批平台，将登记窗口延伸到千家万户，让企业足不出户就可以办理登记业务。目前，有关方案已经上报到国家工商总局，等待批复同意后即可正式铺开。

——我们率先提出“三来一补”转“三资”企业的思路，推动市政府及相关部门出台工作指引，解决了“三来一补”企业转型的合同转签、设备转厂等难题，2008年以来，东莞已有1473家“三来一补”企业不停产转型为“三资”企业，成为全国加工贸易转型升级试点城市。

——我们率先提出了进行台湾居民个体户试点登记的设想，争取省局和市政府的支持，以长安镇“众源城”台湾馆为试点，允许台湾居民申请设立个体工商户，目前，全市已核准台湾居民个体户256户。我们的试点探索，客观上促成了台湾居民个体户在全省范围内的放开登记，有效促进了台资经济的发展。

——我们较早地向市政府提出了“商标带动、品牌立市”的战略思路，开展全方位的商标宣传，大力培育驰名著名商标，探索建立商标预警系统，搭建商标保护的公共服务平台，严厉打击侵权假冒行为，推动企业创建自主品牌。目前，全市有各类注册商标累计49847件，比2008年年底翻了一番，驰名商标22件，著名商标191件，稳居全省前列。

——我们还大胆改革个私协会的运作模式，由企业家担任个私协会长，组建具有相当规模和影响力的行业协会，密切与国内省市之间的经贸合作，搭建中小企业融资平台，建设“会员服务中心”，深入开展扶贫济困活动，促进个体私营经济健康发展。市个私协先后被授予了“全国抗震救灾优秀组织单位”“广东省先进雇主组织”等荣誉称号，品牌效应不断扩大。

三、执法监管篇

市场经济的发展，客观上要求监管模式也必须随之转变。我们以“服务型执法”为行动指南，提出“监管就是服务”的理念，实现对法律负责与对行政相对人负责、合法行政和合理行政、法律效果与社会效果的统一。

——我们突出监管执法的重点，对一般、轻微的违法行为，坚持能整改的先指导，能教育的不处罚，能轻罚的不重罚，对不正当竞争、制假售假、商标侵权、违法广告、传销等严重危害市场秩序的行为，集中力量，重拳打击，绝不手软。尤其是近两年来，针对群众举报投诉的传销、食品安全等热点问题，我们联手公安部门，加大刑事打击力度，在社会上取得了强烈反响。2010年，我们共查办各类违法违章案件17296宗，没有出现一宗行政错案。

——我们拓展消费维权的网络，加强12315投诉举报中心的建设，推广“消费投诉处理对接机制”，加快“一会两站”试点建设，继续推进12315网络进社区、进商场、进协会、进企业，开辟支持消费者诉讼的绿色通道，有效化解了消费纠纷，维护和谐消费环境。

——我们创新食品监管的方式，在全国范围内率先开发、应用了“信誉通”“市场通”两套监管系统，指导经营者以电子备案手段建立台账，实现了对流通领域食品安全的全天候远程监管，并且主动向市政府提出“农贸市场超市化改造”的设想，全面启动食品安全样板市场建设。目前，全市已经有10521户食品经营户成为了“信誉通”备案单位，155个农贸市场安装了“市场通”系统,全市已建成超市式的样板市场130个，受到了社会各界的广泛好评。

四、队伍管理篇

转型发展，人才是关键。我们以“比企业更企业”的理念管理队伍，坚持以人为本、刚柔相济，努力打造一支为民、服务、清廉的工商队伍，为职能履行提供坚实保障。

在刚性管理方面，我们从2002年开始，对各工商分局实施量化考核，将基层分局的工作划分为100多个具体的绩效指标，对各项指标进行实时采集、实时预警、实时评估，以绩效排名为依据对各单位进行表彰奖励，充分调动了基层积极性。2010年，我们开发任务管理系统，将市局机关纳入信息化的管理轨道，对每一项重点工作进行网上交办、网上跟踪、网上反馈，有效提升了机关执行力。今年，我们进一步提出“岗责管理”的设想，在机关当中全面开展定员定岗定责，并且形成体系，建立岗责管理系统，对具体岗位履职履责情况进行全面评估和展示。近年来，我们还先后应用了办公自动化系统、登记业务系统、执法办案系统、离线监管系统、12315消费者申诉举报系统以及固定资产管理、财务管理、请休假管理系统，无论是日常办公，还是业务运转，方方面面都基本实现了标准化、程序化。通过信息化，有效提高了行政效能，规范了行政行为，防范了廉政风险。

在柔性管理方面，我们将系统的每一位同志都视作自己的兄弟姐妹，将人性关怀体现到工作生活的每一个环节，增强队伍的凝聚力和向心力。在工作上，坚持全面培训和重点培训相结合、跟班学习和挂职锻炼相结合、全面考试和业务竞赛相结合、网上自我培训和“走出去”相结合，为大家提供不断学习进步的机会，并且坚持每年召开一次全系统大会，不定期召开新进公务员、军转干部、股级干部等不同类型的座谈会，开辟活跃的网上沟通交流阵地，广泛听取各方面的意见建议，充分发挥大家的“主人翁”精神。在用人上，坚持“不论资历，只论实力”的导向，推行“过五关”的竞争上岗，做到标准公开、程序公开、结果公开，营造“人人有空间、人人有机会、人人有压力”的氛围，为每一个优秀人才创造脱颖而出的机会。在生活上，定期举办羽毛球、篮球以及其他趣味竞赛活动，组织拓展训练、集体生日会、心理讲座、瑜伽、太极拳、廉政书画摄影等各类文化体育活动，培育和谐融洽、积极向上的机关文化，同时，我们还建立了探视慰问制度，做好对伤病员和离退休干部的服务、帮扶工作，加强饭堂等后勤保障建设，最大限度地免除大家的后顾之忧，凝造“一家亲”的感情。

在重视对队伍的日常管理的同时，我们坚持“开门办工商”，积极参与“阳光热线”“民声热线”上线直播，向媒体开放局长办公会议，建立领导信访接待日制度和行政监督卡制度，聘请各界代表作为特邀行政廉政监督员，广泛开展基层执法人员向监管服务对象代表述职述廉活动，营造开放、务实的阳光政务环境。

由于确立了一套刚柔相济的管理机制，整支队伍呈现出人心齐、纪律严、作风正的精神风貌。2010 年，在全市一年一度的“市民评机关”活动中，我们连续第三年名列前茅，并连续第八年高票当选为“中央、省属驻莞机关先进单位”，获得了“全国工商行政管理系统先进集体”“全省工商系统先进集体”“东莞市 2010 年度预防职务犯罪工作先进单位”等荣誉称号。

船欲行千里，风正助帆扬。成绩只代表过去，我们改革、创新的脚步永不停止。在新的起点上，我们将以此次政风行风评议为契机，凝正气、铸和谐、揽清风、树正气，用崭新的形象谱写出更美的时代华章。

关于利用信息化手段提升市场监管效能的情况汇报

2012 年 10 月 30 日

近年来，我们将信息化建设作为推进工作的重要手段，利用信息化推动业务创新，提高队伍素质，提升监管效能，取得了显著成绩。目前，我局已建立了覆盖全系统的内联网以及与市政府信息中心相连的光纤网络，向上与省局相连，横向与市政府各部门相通，信息化应用已经覆盖到登记注册、执法办案、食品安全监管、商标广告监管等主要职能，包括财务、固定资产、人事、档案、绩效考核、人员培训等内部管理工作也全部纳入了信息化轨道，实现了“四化”，即日常办公的无纸化、机关管理的流程化、业务工作的网络化和档案管理的电子化。信息化已由局部性辅助工作发展成为全局性基础工作，成为提升效能的“促进器”，履行职能的新亮点，带动全系统工作上了新台阶。主要是通过抓好“四个结合”，实现了“四个提升”：

一、与创新管理机制相结合，提升行政效能

东莞工商人手少任务重的矛盾特别突出，在此情况下，我们意识到，要完成各项工作任务，令群众满意、上级满意，就必须要引入信息化手段，建立科学的管理机制，让有限的行政资源发挥最大

的效能。

为此，我们将信息化建设与创新管理机制结合起来，对传统管理方式进行革新，通过信息化来规范工作流程，加强工作监督，提高运转效能。在分局的管理方面，早在2002年，我们就开展对32个基层分局实施绩效考核，2006年，总结多年来的考核经验，开发考核软件，将每年的重点工作转化为考核指标，将考核指标录入系统，并通过信息化平台实时采集数据，自动生成结果，实时展现排名。考核结果同时作为各分局年底评先评优和领导干部考核任用的重要依据，从而充分调动起各分局的积极性，确保了市局部署在基层的有效落实。去年，在总局行政学院的重视和关心下，我们对多年来实施绩效管理的经验进行总结提升，形成《基层工商绩效管理》课程，入选全国工商系统网络培训教材，与全国同行进行分享交流。

在对科室管理方面，由于科室业务不具同质性和可比性，我们没有直接纳入绩效考核体系，而是以督办为抓手，出台督办工作制度及实施办法，对市局重点工作进行分解，每年分三个阶段进行跟踪。2010年，我们将督办各环节转为电子化流程，上线应用任务管理系统，对重点工作实现了网上交办、网上反馈、网上督查、网上展现，有效提高了机关执行力。去年，录入这个系统的一共有82项重点工作，除了个别因为客观原因延期或中止之外，其余全部在当年办结，总体办结率超过了九成。

二、与创新服务机制相合，提升部门形象

随着社会的进步以及政府职能的转变，群众对工商部门服务职能的期望值越来越高，无论是服务内容还是服务效率都面临着新的要求，需要我们不断紧跟时代步伐，提高服务水平。为此，我们不断加大信息化应用程度，将信息化渗透到服务工作的方方面面。

一是推行无纸化网上登记年检。去年，我们得到国家工商总局和省工商局支持，成为全国范围内的无纸化网上登记年检改革先行点。在市政府的支持下，我们自主开发无纸化网上年检系统，今年在外商投资企业率先运行。无纸化年检以数字证书和电子印章为基础，企业以电子文档的形式在网上提交年检资料，足不出户即可办妥年检手续，初步实现了从“面对面”到“键对键”服务的转变。截至目前，全市已有1895户外资企业提交了数字证书办理申请并已领取数字证书，564家通过了网上年检。另外，企业网上登记注册平台已开发完成，近期将配合全市商事登记改革逐步推出，届时企业将在家即可办理工商登记业务。

二是建立保护商标预警保护系统，通过动态监测、及时预警、跟踪建议和诊断分析等功能，对全市驰名著名商标、特色产品、“老字号”商标以及重点企业名称字号的商标使用等实施预警保护，协助政府保护本土公共商标资源，帮助企业维权和提前应对商标竞争威胁，化解潜在的法律风险和危机。今年以来，共监测到抢注东莞地区重点企业商标254件、需续展商标202件，发出预警通知书183份，并对59户需延续的著名商标企业进行了及时提醒。

三是开发企业档案自助查询系统，

将全市所有企业和部分个体工商户注册登记档案扫描转化为电子档案。企业通过登记大厅的触摸屏就能够自助查询电子档案，减少了排队等候时间，提高了注册登记档案的利用率。目前可供查询的注册登记档案达 350 万卷。

由于有了信息化的支撑，我们的服务水平和服务效率大为提高，目前各项登记业务的办理时间均少于法定时限。尤其是在我市推行商事登记改革试点过程中，我局由于信息化方面的优势，相比起其他部门更快适应改革要求，落实各项改革措施更为有力。目前在试点大朗分局，基本做到了“群众排队取号不超过 5 分钟，业务等候不超过 1 小时，受理后发出执照一般不超过 1 个工作日，最长不超过 5 个工作日”。省委汪洋书记在今年 6 月份莅临大朗分局窗口视察时，对我们的改革成果给予了好评。

三、与创新监管机制相结合，提升工商权威

东莞经济发展快，市场主体迅速膨胀，城市定位不断提升，再加上各类突发事件，工商部门肩负的监管任务、监管压力越来越大，要在新形势下确保监管职能到位，且实现有效拓展，就必须要提高监管的科技含量。为此，我们结合东莞实际，进行深化应用，为监管工作插上信息化的“翅膀”。

一是构建流通环节食品安全监管网络，在商场、超市、食杂店推广应用“信誉通”食品备案系统，在集贸市场、专业批发市场推广“市场通”食品安全信息监管查询系统，一方面建立信息化的录入平台，方便经营户规范执行进货台账和索证索票制度；另一方面开辟远程监控平台，第一时间获取基层分局辖区内台账票证等监管数据，对辖区经营户上线率低、食品备案率低、台账质量低的分局进行重点督促指导，保证管理和监督同步开展。今年，全市已有 10723 户食品经营户成为“信誉通”系统备案单位，建立电子台账 3400 多万条；有 199 个农贸市场、24 个食品批发市场上线使用“市场通”系统，建立电子台账超过 340 万条，票证超过 980 万条。

二是建立和推广商标印制电子监管系统（简称“商印通”），要求所有商标印制企业利用这个系统，建立电子台账，上传相关资料、图片，由工商部门进行动态监管，从源头上制止制假售假、商标侵权行为的发生。目前，该系统已在 20 多家商标印制单位和 10 多个分局试运行。

三是建立全自动化的广告监测系统，自动识别违法广告，对电视、网站等媒体广告进行全面监测。目前系统已配置到所有基层分局，实现了对全市 73 个电视广播频道的全面监控。今年 1—9 月份检测各类广告 83633 条次，查处违法广告案件 241 宗。

由于信息化技术的运用，我们的监管工作逐步由“粗放简单”向“集约精确”转变，由“实地检查”向“网上监控”转变，监管效率明显提高。这几年来，全系统每年抽查各类市场主体近 10 万户，办结各类经济违法违章案件超过 12000 宗，各项指标稳居全省工商系统前列。

四、与履职风险防范相结合，规范

岗位行为

近年来，由于体制机制、法律法规、队伍管理等多方面诱因，工商部门在履职风险不断增大。调研结果表明，大部分风险归根结底都是由于工作人员未能依法履职、规范行政而起。为此，我局充分发挥信息化与各项业务工作高度融合的基础优势，利用各种信息化手段规范行政行为，促使工作人员在法定职责范围内依法履职尽责，最大限度地防范履职风险。

一是开发营业执照条形码管理系统和离线监管系统，为每个监管执法队都配备了条码扫描器和笔记本电脑，实行移动巡查，各组巡查人员到经营户巡查，必须利用扫描枪扫描执照上的条形码，按照计算机设定的填写格式录入巡查数据，完毕后将数据从离线系统导入到省局监管系统，不仅提高了工作效能，也有效杜绝了巡查不到位、虚报监管信息的风险。

二是应用执法办案业务系统。将行政执法案件纳入流程化管理，规定办案单位要在立案后 3 个工作日内将案件录入系统，从立案到结案全程实施网上监督，上线率直接录入绩效考核，销案须由市局一把手审批，有效防止了超期结案、擅自销案、滥用自由裁量权等行为的发生。

三是实施登记窗口电子监察。利用省、市的行政审批电子监察平台，对每一宗业务的受理、审核、批准、办结等进行全程监督。在全系统 34 个登记注册大厅安装摄像头，对所有办事窗口的按时到岗、服务质量和效能等情况进行全程监察，并结合行政监察系统的统计数据，不定期开展测评通报。

四是以定员定岗和风险防范为主线，全力构建岗责管理体系，去年我们形成了 83 万字的《岗位工作指引》，明晰了每个岗位的工作职责、工作流程、工作要点、工作依据、风险点及预防措施，今年初将指引内容统一转化为信息化程序，开发岗责管理系统，为每个岗位建立凡事有章可循、有据可查的工作执行平台。目前，岗责管理系统已在市局机关试运行，接下来将在基层分局逐步推广。

通过将制度、流程固化到信息化系统当中，增强了惩防体系的科技含量，实现了从软管理到硬约束的有效转变。自 2009 年全市启动行政审批电子监察月度电子测评以来，我们始终名列前茅。在去年的行风评议中，我们以总分 98.85 分的成绩，连续第三次排名第一；在“市民评机关”活动中，我们连续三年在 33 个窗口部门名列第二、在垂直部门中排名第一，并且连续九年高票当选为“中央和省驻莞机关先进单位”。

经过多年的努力，我们在利用信息化建设提升市场监管效能方面取得了一定的成绩，但也存在着不少有待加强和改善的地方。下一步，我们将在总局和省局信息化建设的总体蓝图下，坚定不移地走创新发展之路，以信息化进一步提升市场监管效能，助推东莞工商工作再上新台阶。

创新和解之道　打造消费维权综合体系

2013 年 10 月 29 日

2012 年以来，东莞市消委会秉承“和解为先”的维权理念，积极创新消费维权和解之道，着力强化消费指导和社会监督职能，主动加强与司法机关、行业协会和企业的维权联动，在延伸社会化消费维权服务方面进行了积极探索和大胆实践，较好地提升了经营者的消费维权社会责任意识和消费者的维权能力，逐步打造了“主动防范、社会联动”的消费维权体系。

据统计，2012 年以来东莞市消委会（含分会）共接受消费者来人（电、函）咨询投诉达 3 万多人（次），受理消费投诉 3718 宗，累计调解成功 3418 宗，调解成功率达 91.93%，为消费者挽回经济损失 433 万元，收到消费者表扬信 4 封，锦旗 2 面；新建并规范消费维权服务站 600 家，进一步拓宽了消费维权渠道，降低了消费维权成本，得到了消费者的充分肯定。

一、强化维权宣传，普及消费及维权常识

近两年来，东莞市消委会着力强化消费维权宣传职能，将消费常识和消费维权知识传播覆盖到社会各个领域，进一步提高消费者消费维权的意识和能力，营造放心消费环境。

一是大胆探索，“3•15”宣传活动亮点纷呈。自 2005 年开始，东莞市消委会大胆探索，将全市集中组织现场活动的模式转变为由各镇街消委会分会组织“3•15”活动，也使得该活动由原来的“一枝独秀”变为“遍地开花”，让消费维权知识宣传更加普及，深入人心，已成为各级政府的民生工程，取得了较好的成效。在东莞市消委会的统筹安排下，各镇街消委会以消费者权益保护为核心，充分联合社会各界力量，借助媒体宣传平台，开展消费维权“五进”、披露点评典型案例、维权论坛、沙龙讲座等亮点纷呈的消费维权系列宣传活动，并指导行业协会、企业根据自身实际推出规范自律、诚信创建、消费维权便民服务等消费维权活动。此外，近两年“3•15”期间，我会向中国消费者报、南方日报、东莞日报等 14 家媒体累计发送维权稿件共 392 篇（次）。

二是坚持不懈，持续开播消费维权电台节目。我会一直坚持与东莞市广播电台合作开播“消费之声”节目，每周二晚 19：00—20：00，风雨不改持续 8 年时间，至今已累计开播了 335 期，听众覆盖广州、深圳等珠三角地区，已成为东莞广播电台深受消费者欢迎的民生节目。为进一步增强消费者的参与感，今年开始嘉宾增加消费者代表，即嘉宾由消委会秘书长、律师及消费者代表组成，律师和消费者代表的观点由个人自由发表，增强节目观点的社会渗透力，也使得节目更具亲和力。去年以来，我会陆续制作了内容涉及餐饮、汽修等 17 个消费领域的点评“宰客行为”、点评“霸

王条款”系列节目，及时剖析消费陷阱、点评行业黑幕、提出维权主张，指导消费者理性消费，敦促经营者诚信自律。

二、主动防范纠纷，消费维权从源头抓起

随着近年东莞经济社会的快速发展，市场主体数量不断攀升，消费纠纷也明显增加，东莞市消委会主动抛出“工作方向由被动处理投诉向主动防范消费纠纷转变”的理念，积极采取措施从源头上防止消费纠纷的发生。

一是积极探索，构建消费投诉预警机制。2012年以来，东莞消委会积极加大与12315投诉举报中心的沟通与合作力度，通过“定期分析、发布提示、主动约谈、消费评议”四个步骤，动态跟踪消费热点和消费投诉热点并及时发出警示，探索建立消费预警机制，开创了消费维权工作的新模式。两年来，共发出各类消费预警9期和消费提示稿件58篇；针对通信运营商推销搭售“三无”产品、零售卖场价格欺诈和不当促销等消费投诉热点，约谈企业、商场超市27间次，达到了双向沟通、预防在先的目的，有效防范了消费侵权问题的发生或蔓延。

二是以案说法，发布典型案例防范类似纠纷。东莞市消委会每年根据情况，从消费热点、警示作用、社会影响等角度，一方面不定期发布典型案例，另一方面评选年度十大典型消费维权案例，并配以消协观点、律师点评等，通过“以案说法”向市场侵害消费者合法权益的经营行为敲响警钟，引导消费者科学、理性消费，营造放心和谐消费环境。

三、探索先行和解，增强经营者责任意识

经营者态度是消费纠纷能否和解的关键因素，因此东莞市消委会积极探索指导经营者建立健全售后服务体系，切实增强经营者的责任意识。

一是构建消费投诉处理对接机制。东莞市消委会通过与企业及协会签订消费投诉处理对接协议，积极探索通过加大对企业的监督指导、强化经营者责任意识来预防和处理消费纠纷事件，促使消费纠纷在经营者处得到和解，形成了“企业先行和解、行业自律、消委会督导”的投诉快速处理的新的工作模式，提升了消费纠纷调解效率。在消委会的监督和指导下，各对接企业和行业协会分担了有关消费领域内大部分的消费咨询投诉，促使许多消费纠纷在经营发生地就得以迅速解决，收到显著成效。目前，与东莞市消委会及各分会构建消费处理对接机制的企业已超过600家。

二是建立消费维权服务站网络机制。2009年开始，东莞市消委会便尝试在行业协会中建立消费维权工作站，促使经营者主动承担社会责任，化解消费纠纷。近两年，东莞市消委会进一步拓展这一模式，充分发挥社会力量，立足实际大胆创新维权工作模式，在全市大型商场超市、市场、企业、景区和行业协会设立了600个“消费维权服务站”，基本覆盖全市33个镇街的大型商场、超市、市场、企业、景区等消费领域，协助消委会解决好涉及本行业或企业自身的消费纠纷，消费者发生纠纷可就近到附近服务站进行投诉登记，有效降低消费维权成本，

使服务站真正成为市场监督网络的一部分，推动维权工作进入社会化轨道。以南城家乐福鸿福路店服务站为例，建站后该服务站自主处理消费投诉200余宗，调解成功率达100%，投诉做到了不出店门，有效维护了消费者的合法权益。

四、联合各方力量，构建全方位维权体系

近年来，东莞消委会积极探讨多元化消费纠纷和解机制，与具代表性、专业性和知识性的部门或机构联动维权，依托社会专业力量解决消费纠纷，切实保护消费者的合法权益。

一是建立诉调对接机制。东莞市消委会积极加强与法院、司法局等部门的沟通建立了相互间的联动机制，如与法院建立司法确认制度、与法院建立诉前联调机制、与司法局探索将各级消费维权组织纳入人民调解队伍中去、实行法律顾问律师值班制度等。近两年，东莞市各级法院移交消委会调解案件6宗；法官提供消费纠纷司法意见26宗、参与现场调解5宗、司法确认1宗，司法支持使疑难投诉，人身伤害和合同欺诈等大额纠纷成功率显著提高。

二是设立行业专家库。针对汽车、美容美发等新兴消费领域发生消费纠纷存在法律规范空白、鉴定成本高等困境，东莞市消委会尝试与汽车维修、美容美发等多家行业协会分别设立专家委员会，由业内资深专家组成，协助处理消费纠纷出现的质量责任认定，提供科学合理解决方案和参考意见，促使消费纠纷得到有效解决。据统计，两年来汽车维修、建筑装饰和美容美发协会专家组分别协助解决消费纠纷663宗、79宗和46宗。

三是推进深莞惠消费维权一体化。在深惠莞三市消委会达成消费维权合作的框架下，近两年来东莞消委会积极组织参与消费维权合作工作，实现了联合处理消费纠纷，联合开展了毛巾等产品比较试验，撰写并联合发布了7期《消费提示》，内容涉及网上电商促销、房产中介等7个主题，取得了实实在在的维权效益。

回顾近两年来的工作，东莞市消委会在新闻宣传、消费教育引导、消费纠纷处理、商品服务监督等方面都有一定的创新，较好地打造了消费者合法权益至上的消费维权综合体系，取得了较好的成绩。接下来，东莞市消委会将继续开拓创新，积极采取措施切实保障消费者的合法权益，为打造健康和谐消费环境而不懈努力。

上下联动增合力　多措并举见实效

——市工商局廉政文化建设全面开花

2014 年 10 月 10 日

近年来，市工商局始终把廉政文化建设作为队伍建设的重要组成部分来抓，不断创新思路，突出重点，彰显特色，切实增强全系统参与廉政文化建设的自觉性、创新性、广泛性和实效性，全面打造具有工商特色的廉政文化大格局，取得了良好的成效。全系统营造了以廉为荣、以廉为美、以廉为乐的廉政文化氛围，有效促进了工商队伍的健康发展。

一、高度重视，统筹规划，廉政文化工作格局更加清晰

市局每年坚持将廉政文化建设纳入党廉工作的总体布局，明确责任，上下联动，扎实推进。特别是从去年开始，进一步创新思路，将廉政文化建设向基层延伸，选取茶山、塘厦分局开展了试点活动，取得了初步的成效。今年，市局还在试点工作的基础上，将廉政文化建设作为一项系统性工程，在全系统全面铺开，出台了《廉政文化建设指导意见》，鼓励各分局因地制宜，广泛发动党员干部，积极开展形式多样的廉政文化活动。同时，通过将廉政文化建设工作纳入党廉考核、开展现场督导、召开座谈会、开设问答转贴等方式，进一步提高各分局对廉政文化建设工作的重视和认识，加强全系统的总结交流。各分局积极响应，充分挖掘和发挥自身的资源优势，因地制宜，纷纷投入创建自己的廉政文化亮点，全系统的廉政文化建设工作呈现出齐头并进的良好态势。例如，茶山分局坚持厉行节约，全员参与，自行创作，创建了具有分局文化特色的“一廊两室”（廉政文化走廊、廉政文化工作室和廉政风险教育室）；石碣分局借助微信平台加强同事之间的交流，及时掌握队伍的思想动态，并通过设立家庭照片展示墙、开展亲情助廉等活动，营造良好的亲情助廉氛围；桥头分局结合本地区的“莲”文化，致力打造办公区的“走廊文化”、办公室的“网络文化”和读书学规的“书香文化”，让干部职工在潜移默化中受到教益。其他分局也通过设置“廉政屏保”、印发励志工作牌、开展扶贫活动、推行谈话谈心制度等方式，营造丰富多彩、积极向上的廉政文化氛围，让廉政文化随时“入眼、入脑、入心”，既有效提升了队伍的凝聚力，又大大规范了工作人员的行政行为，“百花齐放”的工商廉政文化格局初具雏形。

二、创新载体，丰富形式，廉政文化交流平台更加广阔

市局积极探索廉政文化新载体，大力开辟廉政文化宣传阵地，着力营造浓厚的廉政文化宣传氛围，更好地发挥出廉政文化的最佳成效。每年，市局坚持组织丰富多彩的廉政征文、书画比赛、摄影比赛，开展廉政文化“上墙”，组织

志愿者到老人院做义工等活动，充分调动广大干部参与廉政文化建设的积极性，展现广大干部职工良好的精神风貌和突出的艺术才干。在近年来省市的各项廉政文化活动中，我局硕果累累。例如，去年，市局开展诗歌征文比赛，其中诗歌作品《路过却金亭碑的年轮》在全省工商系统诗歌朗诵比赛中获得一等奖，多组征文作品分别被《东莞日报》《东莞职务犯罪预防》专刊采用；今年，又组织全系统积极参与全省工商系统廉政文化原创作品征集活动，又有26个作品获奖，获奖个数占全省活动总奖数的22%，其中微电影《误会》、漫画《螳螂捕蝉》、《三国演绎群众路线》等3个作品获得一等奖，4个作品获得二等奖，19个作品获得三等奖。为了进一步加强内部廉政文化的传播和交流，市局还专门开设了廉政文化教育专栏，设置图片展廉、廉文荐读、廉政影像、格言警句、经验交流等丰富的功能板块，使其建成全系统兴廉倡廉的网络宣传教育阵地，为干部职工在各类廉政文化比赛中的创作成果提供一个展示大舞台，充分激发了队伍参与廉政文化活动的热情。

三、增强活力，氛围浓厚，队伍参与建设热情更加高涨

廉政文化建设活动在基层全面铺开后，既明确了分局加强廉政文化建设的思路和方向，也给广大党员干部提供了一个充分展示个人才能的平台，廉政文化的亲和力和吸引力不断增强。广大党员干部纷纷施展自己的音乐、绘画、书法、表演等才能，既在分局的廉政文化活动中出谋划策，积极参与建设，创作廉政漫画，设计廉政主题屏保，张贴“廉政海报”、撰写“廉洁标语”等等，又主动跨分局自由组合，踊跃参加省市各类廉政文化比赛，为全系统的廉政文化建设争光夺彩。例如，在省局的廉政文化原创作品征集活动中，各个分局都提交了参赛作品，参与活动的人数和收集的作品数量是有史以来最多的，80多名同志共同参与创作了50多个作品。这些作品有自行创作的，也有互相合作的，还有集体共同创作的，种类多，质量高，题材也十分新颖。有的将对廉政的理解寄托于书画，创作了漫画系列、廉政石头画、剪纸，有的创新表现形式，创作了歌曲和快板，朗朗上口，还有的紧跟科技时代的脚步，制作了廉政动画和微电影，等等。其中市局组织5个科室和5个分局共17名工作人员，一起自编自导自演，拍摄了以“误会”为主题的东莞工商首部微电影，宣扬工商部门廉洁高效主旋律，得到各级领导的充分肯定和全系统干部职工的高度关注。这些生动活泼的作品和寓教于乐的创作交流方式，在系统内迅速扩大了廉政文化的辐射面和影响力，吸引了越来越多干部职工主动参与廉政文化活动，也大大增强了廉政文化教育的潜移默化效果。

四、建章立制，增强实效，队伍行政行为更加规范

市局不断深化廉政文化建设的内涵，把廉政文化建设与队伍管理、制度建设和风险防控等工作充分结合起来，努力发挥廉政文化在教育、引导和防控风险

等方面的积极作用，为各项工作的顺利开展提供充实的内在动力和安全保障。一方面，主动加强风险防范教育，通过举办内部风险防控专题会议和“三纪”教育培训班，邀请市纪委领导作专题讲座，市局领导亲自授课，组织观看警示教育片、聆听报告会、选编案例、召开学习讨论会等多种形式，用身边人、身边事示范引导，堵、疏并举，增强教育效果，不断提高党员干部的廉洁从政意识，帮助队伍增强抵御风险的能力。另一方面，不断完善风险防范机制，针对存在的风险薄弱环节，从人、财、物、行政审批、行政执法等重点部位着手，重新梳理全系统的规范性文件，近两年先后完善涉案物资管理、自由裁量权处罚基准、业务系统受限及登记警示信息处理操作规范等80多项机制，及时堵塞漏洞，最大限度地预防廉政风险和监管风险。在此基础上，还定期组织监督检查，加大对窗口效能、服务质量和行政执法等行政权力运行的监督制约，坚持对窗口服务实行明查暗访，每年开展两次执法监察活动，促使相关工作制度进一步落实，全面规范行政执法行为，有效构建了权力正确行使的防控机制。

东莞市工商行政管理概述

【概况】 2010—2014年，东莞市工商局以推进法治工商、信用工商和工商信息化建设为主线，以深化机关和基层规范化建设为抓手，敢为人先，锐意改革，优化机关作风，履行监管职责，办好民生实事，服务大局发展，狠抓重点工作，推进转型升级，打造商事制度改革"东莞模式"，构建便捷登记、审批提速和协同监管"三位一体"的商事制度改革体系，全国首创电子商务企业集群注册，全省地级市率先推行住所信息申报制，试点推行全程电子化网上登记管理，率先在全省开展商标专用权质押融资全方位资助活动，为服务东莞高水平崛起作出贡献。

2010—2014年，东莞市工商局主动融入地方经济社会发展大局，赢得国家工商总局等上级机关及社会各界肯定。其中，2010年，被评为"全国工商行政管理系统法制工作先进集体"。2011年，在政风行风评议中排名第一；连续第三年在"市民评机关"活动中名列第二、在垂直部门中排名第一。2012年，中共中央政治局委员、省委书记汪洋视察大朗工商分局时肯定商事制度改革"开了个好头"。市几套班子领导现场检查全市商事登记窗口时给予肯定。2013年，国家工商总局局长张茅，副局长刘玉亭、马正其等领导先后到东莞调研，肯定东莞"为全国的改革创造了有益经验"。省纪委书记黄先耀，副省长许瑞生先后到市工商局窗口视察，对市工商局窗口的工作效能给予肯定。国务院推进公司注册资本登记制度改革方案吸纳东莞商事制度改革多项实践成果。新华社、《人民日报》、中央电视台等9家中央新闻媒体分别报道东莞商事制度改革工作。大朗工商分局获"全国工商系统先进集体"称号，东城工商分局获"全国工商系统先进工商所"称号，道滘工商分局登记注册大厅获全国"巾帼文明岗"称号。2014年，中央电视台新闻频道《新闻直播间》对东莞市首创电子商务企业集群注册、住所信息申报制等进行报道。国务院新闻办公室会同外交部等四部委组织凤凰卫视台等10多家中外媒体到广东进行一天的简政放权改革情况采访，其中半天安排在东莞。省委办公厅下发全省商事制度改革开展情况督查通报，7次介绍东莞经验。在全国率先形成系统化的后续监管模式，搭建"政府主导、部门监管、企业自律、社会监督"的多元共治体系，入选全国工商系统"宽进严管"十大创新事例。《中国工商报》头版头条刊发东莞商事制度改革后续监管改革经验。连续12年获评"中央和省驻莞单位年度工作优秀单位"。大朗分局获第四届全省"人民满意的公务员集体"称号。

【市场主体发展】 2010—2014年，东莞市工商局提升登记注册工作效能，提高登记服务的便捷性和高效性。运用登记信息化手段，服务企业转型升级和地方经济快速发展。其中，2010年，将委托分局登记的事项放宽到500万元及以下的内资企业法人。全市在册登记各类市场主体518544户，增加2.6%。2011年，提出网上登记改革思路，被纳入全省工商系统企业登记制度改革框架内容，助推东莞成为全国网上登记改革先行点。开展外商投资企业网上登记注册及年检改革试点。全市累计各类市场主体506113

户，减少2.4%。2012年，全市累计各类市场主体541321户，增加6.95%。2013年，全市实有各类市场主体首次突破56万户，达567209户，比商事制度改革前增长5%。截至2014年底，全市累计市场主体629333户，实有企业208900户，两项数据稳居全省地级市第一位。

【商事制度改革】 2012—2014年，东莞市工商局作为先导部门，启动商事制度改革。稳扎稳打，周密协调，牵头打造商事制度改革“东莞模式”。其中，2012年，推出“实施商事主体登记和经营资格许可审批相分离”“放宽住所（经营场所）限制”“实施注册资本认缴制”等8条举措。下放审批权限，推行一审一核，作出“5115”承诺。被国家工商总局确定为全国商事制度改革试点城市。2013年，着力推进商事制度改革，初步形成便捷登记、审批提速和协同监管“三位一体”的商事制度改革体系，摸索出具有东莞特色的商事制度改革可复制样板，得到国家工商总局等上级机关及社会各界肯定。开发电子营业执照应用平台，发出全国首批电子营业执照。10月16日，《人民日报》头版头条刊发《东莞商事登记制度改革活力四溢》报道。2014年，推行注册资本认缴制改革，进一步降低市场准入门槛。深化“先照后证”改革，把前置审批由28项压缩至13项，并重新梳理经营范围规范关键词，确保改革的衔接。通过试点住所信息申报制、试点企业集群注册、推进网上登记便利化、完善电子营业执照应用平台、完善后续监管制度框架、搭建协同监管信息化平台、组建基层市场协管队伍、建立信用约束部门联动机制等工作，加快前端准入创新，完善后续监管体系。商事制度改革经验入选全国工商系统宽进严管十佳案例。

【企业监管工作】 2010—2014年，东莞市工商局强化企业监督管理工作。立足维护公平竞争环境，开展无照经营等违法行为清理。着眼掌握企业守法经营状况，开展重点行业、主管行业等市场主体抽查。构建企业信用激励惩戒机制，推行企业信息公示制度，逐步实现企业监管工作从传统监管向信用监管的转变。其中，2010年，将抽查工作重心向重点行业、主管行业及未抽查过的市场主体转移。抽查市场主体100795户；清理沐足行业无照经营105户；清理美容美发行业无照经营606户。2011年，将清理无证照经营工作纳入镇街、社区（村）综治考评。抽查市场主体68571户；清理无照经营12140户。2012年，经国家工商总局批准为全国无纸化网上登记年检改革先行点。推动构建全市商事制度改革后续企业监管格局，明确各部门职能管辖范围。抽查市场主体13774户；清理无照经营12547户。2013年，构建包括企业信用分类监管、企业信用公示等在内的企业信用激励惩戒机制。以沐足行业为重点，强化商事制度改革后续企业监管。抽查市场主体36548户；清理无照经营12645户。2014年，针对中央电视台报道的东莞部分酒店“涉黄”事件，调动全系统力量配合全市开展拉网式排查，加强娱乐服务经营场所监管。全面推行“企业年度检验制度改为企业年度报告公示制度”工作。抽查市场主体26054户；清理无照经营12685户。

【经济违法违章案件查办】 2010—2014年，东莞市工商局按照“一支队伍办案”的要求，大力查处经济违法违章案件。其中，2010年，先后开展登记中介、酒类行业、商标印制等专项整治行动，查处经济违法违章案件17296宗。查处一特大假冒卷烟存储窝点，查获假烟28762条。2011年，开展登记中介、“三虚一抽”（虚报注册资本、虚假出资、提供虚假材料骗取公司登记以及抽逃出资）、商标侵权以及流通领域手机行业等专项整治，查办经济违法违章案件14250宗（不含执照批量吊销案件），其中新型案件2628宗，占18.4%。2012年，根据省市“三打”（打击欺行霸市、打击制假售假、打击商业贿赂）工作部署，牵头推进打击流通环节食品、箱包皮具、汽车配件领域制假售假专项行动，立案查办“三打”案件9016宗，移送公安机关241宗。其中，查办侵犯“卡骆驰”商标专用权案，涉案金额高达5000万元。2013年，以查办民生领域案件为重点，查处经济违法违章案件5835宗，其中查办食品违法经营案件843宗。2014年，全面整治沐足、美容美发行业经营秩序，规范银行、通信、保险、房地产“四大行业”格式合同条款，查办经济违法违章案件6725宗。

【打击传销违法活动】 2010—2014年，东莞市工商局发挥全市打击传销工作牵头单位作用，建立传销人员数据库，强化防控工作措施。创建打击传销示范社区（村），巩固基层防范传销网络。密切与市公安部门的协作，推动加大刑事打击力度。调整综治维稳工作关于打击传销的考核比重，强化镇街属地管理责任。将传销举报奖励金纳入财政部门预算管理，引导知情人提供传销犯罪证据。其中，2010年，与市公安局联合出台《联合打击传销违法犯罪活动工作规定》。2011年，东莞市首次对传销分子判处组织、领导传销组织罪。截至2014年底，累计采集传销人员身份信息3900多条；创建传销示范社区（村）106个；协助公安机关刑事（治安）拘留传销人员418人；发放举报奖励金54万元。

【市场合同监管工作】 2010—2014年，东莞市工商局履行市场监管职能，推进食品安全样板市场创建、市场食品安全管理信息查询系统应用推广、商品展销活动监管和文明诚信市场创建等工作。开展“守合同、重信用”企业公示活动，开展不公平格式合同条款专项整治，推动全市诚信建设水平的稳步提升。其中，2010年，以亚运会和残运会期间市场监管为重点，做好市场食品安全保障工作。2011年，强化食品批发市场专项整治，将整治行动由部门行为上升为政府行为、由工商部门单兵作战转变为多部门协同联动、由流通领域拓展为整个食品经营链条。国家工商总局副局长王东峰在督查东莞流通环节食品安全整治工作时认为，“东莞在食品安全监管信息化建设方面走在了全国前列，希望能认真总结经验，抓好巩固完善，发挥更好的示范作用”。2012年，以大岭山镇信立农批市场为切入点，加强农副产品市场整治。开展农副产品市场监管体系建设试点，探索农副产品批发市场管理经验。查处经营者利用合同格式条款损害消费者合法权益案件实现零的突破。2013年，开展电子商务产业发展情况调研，推动电子商务产业发展。推动合同格式条款案件查办工作常态化。在全市24个农批市场推广应用“食品进出场信息查询监管系统”。2014年，以“三个整治、三个强化”（整治经营设施、整治环境卫生、整治食品安全，强化环境卫生责任制、强化督查通报、强化媒体曝光）为手段，联合市文明办，推动健全集贸市场长效监管机制。将银行、通信、保险等公共服务及房地产行业不公平格式合同条款专项整治工作作为“十项改革措施”突破领域之一实行重点整治，推动行业性不公平格式合同条款监管工作的开展。

【商标管理工作】 2010—2014年，东莞市工商局履行商标管理职能，通过举办商标（品牌）战略论坛、强化行政司法协作保护机制、启用商标预警保护系统、筹备成立东莞市商标品牌发展保护促进会、开展商标专用权质押融资全方位资助等活动，推动自有品牌宣传、商标培育和商标专用权保护等工作取得成绩。其中，2010年，促成市政府颁布《关于大力推进商标(品牌)战略的工作意见》，设立市一级商标战略工作经费，推进商标（品牌）战略。2011年，与东莞市第一人民法院共同签署《关于加强合作共同打击商标知识产权侵权行为的备忘录》。2012年，启用商标预警保护系统，每年监测企业商标及公共商标资源被抢注情况。举办大规模商标战略论坛。2013年，筹备成立并指导东莞市商标品牌发展保护促进会开展工作。2014年，促成市政府颁发《东莞市商标专用权质押融资资助暂行办法》，率先在全省开展商标专用权质押融资全方位资助活动。组织开展商标专用权质押融资银企对接会。推进新《商标法》的贯彻实施，营造学习、运用商标法律法规的社会氛围。截至2014年底，全市有效注册商标首次突破10万件，达到102851件。累计中国驰名商标62件；广东省著名商标283件。

【广告监管工作】 2010—2014年，东莞市工商局加大广告日常监管力度，开展虚假违法广告整治工作，发挥虚假违法广告整治联动机制作用，联合相关部门强化广告发布行为监管。其中，2010年，创新广告监管联席会议召开方式。促进发挥广告行业社会作用。2011年，完善广告经营单位数据库，对全市广告经营单位统一进行标注。2012年，开展广告代理机构专项整治。2013年，开展广告业统计工作。2014年，落实国家工商总局对媒体单位发布的广告进行集中监测的部署，为维护、提升东莞形象做出不懈的努力。

【法制建设】 2010—2014年，东莞市工商局完善基础制度建设，开展执法业务培训，进一步理顺行政执法与刑事司法衔接工作机制，推动法治工商建设进程。其中，2010年，被国家工商总局评为“全国工商行政管理系统法制工作先进集体”。2011年，加大对“三虚一抽”（虚报注册资本、虚假出资、提供虚假材料骗取公司登记以及抽逃出资）及中介机构案件的考核力度，解决“三虚一抽”案件犯罪追诉标准过低问题。2012年，围绕“三打两建”（打击欺行霸市、打击制假售假、打击商业贿赂；建设社会信用体系、建设市场监管体系）中心工作，强化沟通协调，理顺法律适用等问题。2013年，推行法制组工作制度和执法业务培训制度，强化两法衔接工作。2014年，推进规范性文件修订梳理工作。试行异常和违法企业登记限制制度。着眼规范权力运作，开展执法指导与法制监督。

【党风廉政建设】 2010—2014年，东莞市工商局围绕部门中心工作，扎实开展党风廉政教育，贯彻党风廉政建设责任制，加大纪检监察信访查纠力度，推进行政执法监察和窗口效能暗访，开展政风行风民主评议和向监管服务对象述职述廉等活动，创新廉政文化建设方式方法，推动建设一支清正廉洁的干部队伍。其中，2013年，将廉政文化建设作为一项系统性工程，按照“分局试点、全面铺开、机关基层互动推进”三年三步走的设想，推动构建东莞工商廉政文化新格局。2014年，修订《岗位过错责任追究办法》，使责任追究更具针对性、操作性和实效性。

【工商文化建设】 2010—2014年，东莞市工商局以推进十项创新工作和十项改革措施等为重点，丰富以高效执行为核心的管理文化。以展现敢于担当的履职理念、营造内和外顺的履职环境、凝聚上下一致的履职力量等为核心，创新履职文化。以激发干部职工奋进意识、提高执法人员业务技能、提升干部队伍综合素质、营造积极向上的工作氛围等为重点，创新激励文化。通过开展探访慰问、扶贫济困、志愿服务等活动，丰富人文文化。通过形式多样的文娱活动，丰富干部职工业余生活，提高队伍凝聚力和向心力，实现“用文化带队伍”的新跨越。

【信息化建设】 2010—2014年，东莞市工商局以工商数据资源体系建设为主线，着眼办公自动化、绩效管理、外资无纸化网络登记及年检试点、电子营业执照等业务，加快推进工商信息化体系建设。其中，2010年，建立健全网络安全防护体系。2011年，推进外商投资企业全程电子化网上登记注册及年检试点工作，探索推进电子签名、数字证书在登记注册及年检中的使用。2012年，升级改造业务信息系统，满足商事登记功能需求。与东莞市政务信息资源共享平台实现数据对接，实现工商资料实时推送，为及时实施后续监管提供保障。2013年，推进电子营业执照创新探索工作，发放首批10户企业电子营业执照。2014年，以集群企业为试点，实现全程电子化登记管理、企业信用信息公示、企业电子档案查询等功能。

【基层建设和队伍建设】 2010—2014年，东莞市工商局科学规范干部人事管理，探索完善队伍激励机制，加强人才引进培养，扎实推进队伍素质建设和基层规范化建设。其中，2010年，出台《东莞市工商行政管理局基层分局规范化建设实施方案》，提升基层建设水平。2011年，搭建岗位履职及风险防范管理体系框架，开发岗责管理系统。启动机构编制实名制管理工作，提高机构编制管理水平。2012年，完成《岗位履职及风险防范工作指引》编制工作，完成岗位履职及风险防范管理系统开发。2013年，出台《东莞市工商行政管理系统岗位履职及风险防控管理办法（试行）》，全面应用岗责管理系统。2014年，探索完善队伍激励机制，启动人才库建设、工商历史展馆建设等配套工作。做好食药监管体制改革和工商管理体制改革工作，保障队伍稳定和各项工作有序开展。

【消费者权益保护工作】 2010—2014年，东莞市消委会切实履行《消费者权益保护法》赋予的各项职能，维护消费者合法权益，促进社会经济和谐发展。其中，2010年，与市第一人民法院建立支持消费者起诉、《调解协议书》司法确认的联动机制。与行业协会和企业构建消费者投诉和解对接机制。2011年，试点建立集消费者投诉、“12315”联络功能于一体的消费者维权服务站，与司法机关、行业协会和企业服务合作化解消费纠纷。2012年，探索建立消费预警机制，实现从“被动接投诉”向“主动防纠纷”转变。铺开消费维权服务站建设工作，完善基层消费维权网络建设。2013年，配合“两建”（建设社会信用体系、建设市场监管体系）建设，加强与司法机关、行业协会和企业服务的合作联动。提升消费服务站规格和影响力；主动约谈企业纠正消费侵权行为。披露点评10大典型案例。2014年，建立健全奖惩、培训和督导机制，规范提升消费维权服务站运作。创新纠纷调解方式，尝试远程视频消费调解。探索建立消费领域人民调解委员会。

机构职能情况

【领导干部基本情况】

2010 年领导干部基本情况

党组书记、局长：袁志强

党组副书记：黎自力

党组成员、副局长：范燕彬

党组成员、副局长：陈玺

党组成员、副局长：王争光

党组成员、副局长兼纪检组长：陈仕全

副调研员：杨玉马

经济检查支队支队长（副处级）：曹景良

2011 年领导干部基本情况

党组书记、局长：袁志强

党组副书记：黎自力

党组成员、副局长：范燕彬

党组成员、副局长：陈玺

党组成员、副局长：王争光

党组成员、副局长兼纪检组长：陈仕全

副调研员：杨玉马

经济检查支队支队长（副处级）：曹景良

2012年领导干部基本情况

省工商局副巡视员兼市工商局党组书记、局长：袁志强　2012年9月29日任省工商局副巡视员，2012年12月10日不再兼任市工商局党组书记、局长。

党组书记、局长：范燕彬　2012年12月24日任职。

党组副书记：黎自力

党组成员、副局长：陈玺

党组成员、副局长：王争光

党组成员、副局长：陈仕全

党组成员、纪检组长：陈涛　2012年1月2日任职。

党组成员、经济检查支队支队长（副处级）：曹景良　2012年1月20日任市工商局党组成员。

党组成员、副局长：周锦辉　2012年12月24日任职。

调研员：杨玉马　2012年1月20日任职。

调研员：邓建忠　2012年9月3日任职。

副调研员：郑润南　2012年1月20日任职。

2013年领导干部基本情况

党组书记、局长：范燕彬

党组成员、副局长：陈玺

党组成员、副局长：王争光

党组成员、副局长：陈仕全

党组成员、纪检组长：陈涛

党组成员、经济检查支队支队长（副处级）：曹景良

党组成员、副局长：周锦辉

调研员：杨玉马

调研员：邓建忠

调研员：黎自力　2013年11月26日任职。

副调研员：郑润南　2013年8月23日退休。

副调研员：张志云　2013年11月26日任职。

2014年领导干部基本情况

党组书记、局长：范燕彬

党组成员、副局长：陈玺

党组成员、副局长：王争光

党组成员、副局长：陈仕全　2014年5月21日退休。

党组成员、纪检组长：陈涛

党组成员、副局长：曹景良　2014年4月16日任市工商局副局长。

党组成员、副局长：周锦辉

党组成员、经济检查支队支队长：张弢　2014年4月28日任职。

调研员：杨玉马　2014年5月21日退休。

调研员：邓建忠

调研员：黎自力

副调研员：张志云

副调研员：何丹莉　2014年5月21日任职。

【流通环节食品安全监管职能移交】 2014年，东莞市工商局配合开展食品药品监管体制改革工作，完成人员编制划转及职能移交工作。3月1日起，原由市工商局承担的流通环节食品安全监管职责和“信誉通”“市场通”两个信息化系统移交市食品药品监督管理部门。

【工商部门管理体制改革工作启动】 2014年，根据国务院有关工商部门管理体制改革的文件精神，东莞市工商局启动由省垂直管理调整为属地管理的体制改革有关工作。拟订《东莞市工商行政管理局主要职责、内设机构和人员编制规定》（送审稿）及其情况说明，从职能调整、机构设置、人员编制等方面为体制改革提供参考；组织对全系统的机构、编制、人员、经费和国有资产进行逐项清理核查，全面理清人、财、物底数，切实为体制改革做好准备，确保各项工作有条不紊。

市场主体登记管理

【市场主体登记管理概况】 2010—2014年，东莞市工商局提升登记注册工作效能，提高登记服务的便捷性和高效性；运用登记信息化手段，服务地方经济快速发展。开通绿色通道，推动企业转型升级。提供专人服务，解决企业融资难题。其中，2010年，将委托分局登记的事项放宽到500万元及以下的内资企业法人。解决“三资”企业筹建期无法经营的矛盾，成为全国加工贸易转型升级试点城市。2010年，全市在册登记各类市场主体518544户，增加2.6%。其中新登记市场主体96711户，增长14.7%。各类市场主体呈现出“增长速度加快，规模实力增强，新型主体活跃，发展调整并存”的特征。与2008年、2009年同期相比，外资企业各项主要指标全线“飘红”，显示东莞市招商引资势头良好，逐步走出金融危机的低谷。

2011年，开展外商投资企业网上登记注册及年检改革试点。启用工商登记验资报告查询系统，预防虚假出资行为。启用身份证阅读器，实行现场签名制度，遏制中介机构及申请人提交虚假身份材料及虚假签名行为。2011年，全市累计各类市场主体506113户，减少2.4%。其中新登记市场主体88430户，减少8.6%。

2012年，东莞市工商局作为先导部门，启动商事制度改革。5月在大朗试点，12月在全市推行。改革推出“实施商事主体登记和经营资格许可审批相分离”“放宽住所（经营场所）限制”“实施注册资本认缴制”等8条举措。因应改革需要，提高审批效率，下放审批权限，推行一审一核，作出“5115”（登记窗口排队取号不超过5分钟，等候不超过1小时，营业执照一般在1个工作日内发出，最长不超过5个工作日）承诺。制定《登记注册大厅窗口设置》，增设导办台，按照“三分离”（咨询、受理、发照窗口相分离，复杂业务和简单业务窗口相分离，业务量大的和业务量少的窗口相分离）原则设置窗口，打造窗口标准化服务体系。此外，通过降低流动人口办理个体工商户营业执照门槛，提出“放宽香港居民身份核证要求”“建立重大项目落户快速反应机制”等举措，服务经济发展。2012年，全市累计各类市场主体541321户，增加6.95%。其中新登记市场主体87454户，减少1.1%。新登记个体工商户63334户，增长2.24%，主要原因是2011年11月1日起实施的《个体工商户条例》和《个体工商户登记管理办法》，取消申请设立个体工商户的身份限制，为个体工商户经营发展营造更加宽松的制度环境。

2013年，着力推进商事制度改革，初步形成便捷登记、审批提速和协同监管“三位一体”的商事制度改革体系，摸索出具有东莞特色的商事登记制度改革可复制样板，得到国家工商总局等上级机关及社会各界肯定。大力开发电子营业执照应用平台，发出全国首批电子营业执照。试点外资企业网上商事登记，登记业务信息化进程取得新发展。（参见《商事制度改革特载》编相关条目）2013年，在商事制度改革的推动下，实现从“先证后照”到“先照后证”的转变，所有经营项目审批一律由前置改为后置，为部分许可行业的发展带来契机，全市市场主体有序发展，资金规模总量扩大、增速提高、结构优化，市场活力进一步增强。

全市实有各类市场主体首次突破56万户，达567209户，比改革前增长5%，市场主体总量仅次于深圳、广州，位居全省地级市第一。新登记市场主体106205户，比上年增长21.44%，创下近年新高；其中，新登记企业32225户，增长34.03%，企业的增长速度首次明显超过个体工商户。2013年，东莞改革得到国家工商总局等上级机关及社会各界肯定。国家工商总局局长张茅，副局长刘玉亭、马正其等领导先后到东莞调研，肯定东莞“为全国的改革创造了有益经验”。北京、上海、天津、河北等省市的80多批次考察团接连来莞观摩。10月14日，新华社刊发题为《广东东莞推行商事登记制度改革倒逼行政审批提速》长篇报道。10月16日，《人民日报》头版头条刊发《东莞商事登记制度改革活力四溢》报道。11月19日，中央电视台、《人民日报》、新华社、中国新闻社、《经济日报》、《法制日报》等9家中央媒体组成采访团，到东莞专题采访商事制度改革工作。

2014年，深化工商登记制度改革，完成和全省商事制度改革方案的对接，并通过“试点住所信息申报制”“试点电子商务企业集群注册”“推进网上登记便利化”“完善电子营业执照应用平台”等工作，加快前端准入创新，继续保持改革先发优势。配合市政府实施“多证联办”改革，推动实现外商投资一条龙服务。（参见《商事制度改革特载》编相关条目）2014年，全市累计各类市场主体629333户，比改革前增长10.95%。其中，新登记企业45633户，占39.93%，企业增长速度再次超过个体户。新增市场主体行业分布相对集中，传统的批发和零售业、制造业占全市市场主体的70%以上。受东莞市政府产业扶持政策的推动，金融业，信息传输、软件和信息技术服务业等新兴产业发展势头良好，成为新的经济增长点。2014年，东莞市工商局改革经验继续得到上级机关和社会各界较大关注。6月，中央电视台新闻频道《新闻直播间》对东莞市首创电子商务企业集群注册、住所信息申报制等进行报道。9月22日，国务院新闻办公室会同外交部等四部委组织凤凰卫视台等10多家中外媒体到广东进行一天的简政放权改革情况采访，其中半天安排在东莞。2014年年底，广东省委办公厅、省政府办公厅会同省机构编制委员会办公室、省工商局组成联合督查组，对全省商事制度改革进展情况开展专项督查并以省委办公厅名义下发督查通报，对东莞经验给予肯定。

2010—2014年东莞市市场主体登记情况表

表1

年份	登记情况 类型	总体情况		新增情况	
		户数	变化比例	户数	变化比例
2010	私营企业	88650	19.40%	21197	29.24%
	内资企业	12439	-0.40%	1289	29.93%

续表

年份	登记情况 / 类型	总体情况 户数	总体情况 变化比例	新增情况 户数	新增情况 变化比例
2010	外资企业	10113	3.70%	1039	14.90%
	“三来一补”企业	4906	-14.60%	10	-56.50%
	个体工商户	402405	-0.20%	73166	10.83%
	其中：港澳个体工商户	470	6.58%	107	-6.96%
	其中：台湾个体工商户	199	847.62%	186	745.45%
	总 计	518544	2.60%	96711	14.70%
2011	私营企业	104689	18.10%	23513	10.90%
	内资企业	12820	3.10%	1282	-0.50%
	外资企业	11240	11.10%	1669	60.60%
	“三来一补”企业	4047	-17.50%	1	-90%
	个体工商户	373265	-7.20%	61944	-15.30%
	其中：港澳个体工商户	497	5.74%	112	4.67%
	其中：台湾个体工商户	305	53.27%	163	-12.37%
	总 计	506113	-2.40%	88430	-8.60%
2012	私营企业	122703	17.20%	22095	-6%
	内资企业	13264	3.50%	1081	-15.67%
	外资企业	11974	6.50%	867	-48.05%
	“三来一补”企业	3231	-20.2%	0	-100%
	个体工商户	388932	4.20%	63334	2.24%
	其中：港澳个体工商户	553	11.27%	133	18.75%
	其中：台湾个体工商户	445	45.90%	200	22.70%
	总 计	541321	6.95%	87454	-1.10%
2013	私营企业	144794	18.00%	29973	35.66%
	内资企业	14050	5.93%	1482	37.10%
	外资企业	11867	-0.89%	770	-11.19%
	“三来一补”企业	2362	-26.90%	0	0
	个体工商户	392901	1.02%	73875	16.64%
	其中：港澳个体工商户	656	18.63%	209	57.14%
	其中：台湾个体工商户	562	26.29%	195	-2.50%
	总 计	567209	5%	106205	21.44%
2014	私营企业	180829	24.89%	43140	43.93%
	内资企业	14424	2.66%	1832	23.62%

续表

年份	登记情况 类型	总体情况		新增情况	
		户数	变化比例	户数	变化比例
2014	外资企业	11932	0.55%	661	-14.16%
	“三来一补”企业	1715	-27.39%	0	0
	个体工商户	419584	6.79%	68572	-7.18%
	其中：港澳个体工商户	760	15.85%	200	-4.31%
	其中：台湾个体工商户	604	7.47%	144	-26.15%
	总 计	629333	10.95%	114278	7.60%

【企业转型升级】 2010年，东莞市工商局继续派出专人常年驻守市对外贸易经济合作局联合办事大厅，为全市“三来一补”转“三资”企业提供一站式集中服务。全年核准“三来一补”转“三资”企业转型名称937户，核准转型设立登记449户。开设绿色通道，帮助个体工商户升级为私营企业916户，增长64.15%，涉及注册资金（含出资额）35206.06万元。

2011年，东莞市工商局在指定专人驻守市对外贸易经济合作局为“三来一补”转“三资”企业提供一站式集中服务的基础上，每月派出业务骨干到各镇街参加外商投资企业集中服务日活动，为外商企业提供工商登记便利。全年核准“三来一补”转“三资”企业转型名称806户，核准转型设立登记1018户，涉及注册资本974170.59万元；帮助个体工商户升级设立为企业的849户，涉及注册资金（含出资额）28455.25万元。

2010年11月5日，东莞市对外贸易经济合作局局长黄冠球一行到东莞市工商局考察交流工作

2012年，东莞市工商局参与研究制定加工贸易转型升级“1+X”政策，继续派出专人常驻市对外贸易经济合作局联合办事大厅。全市核准“三来一补”转“三资”企业转型设立登记295户，涉及注册资本（含出资额）261537.79万元；帮助个体工商户升级设立为企业的740户，涉及注册资金（含出资额）22449.97万元。

2013年，东莞市工商局办理“三来一补”转“三资”企业155家，涉及注册资本119085.19万元；帮助个体工商户升级设立为企业的744户，涉及注册资本（含出资额）24366.8万元。

2014年，东莞市工商局办理“三来一补”转“三资”企业48家，涉及注册资本47380.27万元；帮助个体工商户升级设立为企业的759户，涉及注册资金（含出资额）63235.2万元。

【企业免冠行政区域、冠省名工作】 2010年，东莞市工商局帮助2家企业申请免冠行政区域名称，指导79家企业申请冠省名。

2011年，东莞市工商局帮助7家企业申请免冠行政区域名称，指导274家企业申请冠省名。

2012年，东莞市工商局帮助1家企业申请免冠行政区域名称，指导273家企业申请冠省名。

2013年，东莞市工商局帮助3家企业申请免冠行政区域名称，指导363家企业申请冠省名。

2014年，东莞市工商局帮助14家企业申请免冠行政区域名称，指导1123家企业申请冠省名。

【重点企业、重大项目发展】 2010年，东莞市工商局在广东省工商局“七天内办结登记业务”对外承诺基础上，进一步缩短办事时限。其中，重点企业申请登记注册业务的办理时限，在对外承诺时限基础上缩短一半。此外，属于特殊情况的，实行特事特办或当场办结。全年为超过300家次的重点企业、重点工业企业、市政府绿卡企业提供登记服务，均在3天内办结。

2011年，东莞市工商局落实重点企业联系制度，指定专人负责解答和解决民营企业在上市登记中的疑难问题，指导组建民营集团10家。

2012年，东莞市工商局落实《东莞市重大项目招商引资“一站通”工作机制（试行）》要求，服务重大项目招商引资工作。3月，出台《关于充分发挥工商职能作用服务东莞加快转型升级的若干意见》，提出“积极开展招引大项目调研”“建立重大项目落户快速反应机制”“实施重大项目登记注册规划服务”“开设重大项目办事直通车服务”等举措。2012年，协助推动华为终端总部项目、华特迪士尼暨创意服务中心项目等重大项目落地，指导组建民营集团8家。

2013年，东莞市工商局为市政府重点企业东实公司、水投集团提供登记注册规划，协助企业完成第一批资产归集注册工作。6月19日，帮助东莞玖龙纸业有限公司办理吸收合并手续迈入百亿企业行列，为中国电子东莞产业园有限公司等重点企业办理设立、变更等登记业务，推动组建民营集团18家。2013年，企业增资扩产信心进一步增强。其中，东莞玖龙纸业有限公司增资59515.7万美元，广东生益科技股份有限公司增资32838.88万美元，都市丽人服饰股份有限公司增资31682.82万美元。

2014年，东莞市工商局为粤海集团、步步高公司、万达广场、都市丽人公司、富强电子公司等重点企业提供登记注册规划，在名称登记、注册资金要求、经营范围规范、前置审批条件等方面提供咨询参谋，推动组建民营集团24家。

【企业融资难题协助解决】 2010年，东莞市工商局采取提供专人服务，全程指导办理等方式，协助企业解决融资难题。2010年，办理181家公司股权出质登记，被担保债权数额51.80亿元；核准通过5户股权出资业务，帮助企业融资2.20亿元；核准4户小额贷款公司，涉及注册资本6亿元；核准11户担保公司，涉及注册资本2.66亿元。其中，自2009年市工商局指导设立全省第一家小额贷款公司起，全市登记小额贷款公司9家，涉及注册资本13亿元。

2011 年，东莞市工商局办理股权出质登记公司 254 家，被担保债权数额 130.29 亿元；核准股权出资申请 1 宗，帮助企业融资 1000 万元；登记注册小额贷款公司 6 家，涉及注册资本 6 亿元。

2012 年，东莞市工商局办理股权出质登记公司 285 家，被担保债权数额 153.61 亿元;核准设立小额贷款公司 2 家，涉及注册资本 4 亿元；核准设立担保公司 1 家，涉及注册资本 1 亿元。

2013 年，东莞市工商局办理股权出质登记公司 335 家，被担保债权数额 299.54 亿元;没有核准设立小额贷款公司;核准设立担保公司 14 家，涉及注册资本 0.61 亿元。

2014 年，东莞市工商局办理股权出质登记公司 445 家，被担保债权数额 459.55 亿元;核准设立小额贷款公司 1 家，涉及注册资本 2 亿元；核准设立担保公司 24 家，涉及注册资本 2.35 亿元。

【“住改商”措施实施】 2010 年，东莞市工商局根据《广东省工商行政管理局关于全力支持创业带动就业的意见》核准“住改商”市场主体 2501 户，涉及注册资金（含出资额）6155.8 万元。

2011 年,东莞市工商局核准“住改商”企业 1965 户，涉及注册资金（含出资额）4671.1 万元。

2012 年,东莞市工商局核准“住改商”企业 1357 户，涉及注册资金（含出资额）3256.8 万元。

2013 年,东莞市工商局核准“住改商”企业 1838 户，涉及注册资金（含出资额）4442.4 万元。

2014 年,东莞市工商局核准“住改商”企业 1147 户，涉及注册资金（含出资额）3770.4 万元。

名词注解 “住改商”是指业主将住宅用途的房屋改作商业用房或办公用房使用。“住改商”现象的产生与中国经济的发展历程密切相关。随着社会经济的发展和城市化进程的加快，人口越来越密集，附带性的商业需求随即产生。加上中小型企业、个体工商户在中国普遍发展，政府为鼓励其自主创业的积极性，只要租赁手续齐全，政府即允许其登记营业。在各种因素综合作用下，“住改商”逐渐成为社会经济中的普遍现象。2009 年 2 月，《广东省工商行政管理局关于全力支持创业带动就业的意见》出台，就相关问题作出规定：允许企业（公司）、个体工商户将住宅改变为经营性用房作为住所（经营场所）登记注册，具体凭住所（经营场所）使用证明、《住所（经营场所）登记表》，以及所在地村（居）民委员会或业主委员会出具的有利害关系的业主同意将住宅改变为经营性用房的证明文件办理。“民宅商用”的登记问题从此有了操作规范。

【“网上注册大厅”便民高效服务】 2010 年，东莞市工商局在全系统 34 个登记窗口分别安排专人负责“网上注册大厅”实时业务监测工作，确保网上登记业务及时办理。2010 年，核准通过网上登记业务 191 笔，比上年增长 148.05%。

2011 年，东莞市工商局核准通过网登业务 177 笔，比上年增长 55.26%。

2012 年，东莞市工商局核准通过网登业务 289 笔，比上年增长 63.27%。

2013 年，东莞市工商局核准通过网

登业务348笔，比上年增长20.41%。

2014年，东莞市工商局核准通过网登业务728笔，比上年增长109.19%。

相关链接 为更好地服务市场主体，东莞市个体劳动者协会、私营企业协会与广东省数字证书认证中心、中国电信东莞分公司等技术部门合作，经历半年多的开发建设，于2009年3月上线试运行“网上注册大厅”（http://www.zyttop.com.cn/）。“网上注册大厅”可供企业和个体工商户进行名称查重、网上申报名称预先核准、设立登记和年检验照手续，通过预审之后再到登记窗口提供纸质登记材料，减少来回往返次数；同时，“网上注册大厅”提供全天24小时在线服务，打破传统办事大厅在时间、空间上的限制。

【外商投资合伙企业设立】 2010年3月1日，国务院颁布的《外国企业或者个人在中国境内设立合伙企业管理办法》及《外商投资合伙企业登记管理规定》实施。东莞市工商局在广泛宣传的同时，指导企业办理相关登记注册手续。2010年，核准外商投资合伙企业4家，认缴出资数额29.66万美元，数量居全省前列。其中，2010年5月，高效服务设立广东省首家外商投资合伙企业的事例受到多家媒体关注，中央电视台、广东省电视台对该事件进行报道。

【委托分局登记事项放宽】 2010年，东莞市工商局按照“简政强镇”和“一个窗口许可”的要求，继续推行分级登记制度，将委托分局登记的事项放宽到500万元及以下的内资企业法人。2014年，进一步将委托分局登记的事项放宽到1000万元及以下的内资企业法人。

【登记窗口效能电子监察】 2010年，东莞市工商局以广东省工商局行政监察业务系统和窗口视频监控系统为依托，继续委托中介机构对全系统34个窗口进行暗访调查，对全市33个工商分局实施电子监察测评，促进登记窗口服务效能提升。2012年12月实行商事制度改革以来，在全市行政审批电子监察绩效月度测评中，东莞市工商局连续26个月高分排名第一。

【“三来一补”企业转型问题得到解决】 2010年3月16日，东莞市工商局针对部分“三来一补”企业在转型为“三资”企业过程中，取得筹建“三资”企业执照后，来料加工企业因多种因素未能及时办理注销，导致筹建期间无法经营，形成“真空期”的问题，与市外经贸部门反复论证，形成两点会议纪要。一是来料加工企业申请转型为“三资”企业的同时，申请将来料加工企业的经营期限变更为一年，“三资”企业取得外经贸局批文、批准证书后，到工商局办理相关登记手续，工商局向“三资”企业发放营业执照。经营范围中属于法律法规规定须取得前置许可文件的，应当依法取得前置许可文件，才可核准领取营业执照。二是“三资”企业设立后，办理海关备案。在“三资”企业签订第一本加工贸易合同后，外经贸局不再受理来料加工企业新签来料加工合同，原来料加工合同应按期核销，不予延期，来料加工企业办理注销登记。通过以上措施，解决“三资”企业筹建期间不能经营的问题。

【教育活动机构审批职能管辖问题得到解决】 2010年5月，东莞市工商局针对全市学生课外辅导、早教等教育活动机构一直未明确行业主管部门的问题，与市教育局商达成共识，明确新开设的教育活动机构向市教育局申请办学许可证，无需申办营业执照；已领取工商部门营业执照的教育活动机构，由市工商局督促办理注销或企业名称、经营范围变更登记。

【外商投资企业网上登记注册及年检改革试点】 2011年9月，东莞市工商局经国家工商总局审批同意，开展外商投资企业全程电子化网上登记注册及年检改革试点，逐步实现登记注册和年检网上申报、核准的全程电子化。（网上年检也称无纸化网上年检，参见《企业监督管理》编【无纸化网上年检工作全面铺开】条目）

【企业登记代理机构从业人员培训】 2011年8月，东莞市工商局针对企业登记代理机构从业人员素质良莠不齐，个别代理机构存在提供虚假材料、假冒投资人签名等扰乱市场秩序和行业管理秩序问题，分两期为全市33个镇街约2300名代理机构从业人员举办登记业务及法律法规培训班，提高从业人员职业道德意识、责任意识、自律意识和业务水平。企业登记代理机构的兴起，减少投资人在企业设立登记环节因为对法律、法规不熟悉而产生的多种难题，在节省企业申请登记时间、提高办事效率方面有一定作用。

【违规办理银行退款行为预防】 2011年，东莞市工商局针对企业登记代理机构及其他不法分子伪造工商部门《不予受理通知书》和验资报告办理退款及申请登记行为，与中国人民银行东莞中心支行、东莞市注册会计师协会进行商讨，就公司登记过程中涉及办理银行退款事宜达成一致意见：由市工商局出具同意退款证明，发给人民银行确认后，各商业银行才能办理退款手续。

【虚假验资行为预防】 2011年，东莞市工商局与东莞市注册会计师协会经过多年努力，开发出“验资报告防伪系统”，实现窗口登记人员查询企业验资报告、审计报告环节，通过在“验资报告防伪系统”中输入报备号码，即可核对真伪。同时，与中国银行、农业银行联合启用工商登记验资报告查询系统，通过了解并审核企业投资人缴款验资真实状况，进一步保证材料真实性，预防虚假验资行为。

【提交虚假身份证明行为遏制】 2011年7月12日，东莞市工商局在全系统登记注册大厅全面启用身份证阅读器，与公安部门联合打击使用伪造、变造的国家机关证件行为。全年发现使用虚假身份证申请登记的行为20多起。据了解，东莞是全省工商系统首个统一采购，并在登记注册大厅全面安装、启用身份证阅读器的城市。

【股东现场签名制度实施】 2011年10月起，东莞市工商局在全市34个登记注册大厅实施股东现场签名制度，遏制中介机构或相关申请人虚假签名行为，维护投资人及相关利害关系人的合法权益。

相关链接 现场签名制度是对内资有限公司、个人独资企业、合伙企业、个体工商户设立登记，以及内资有限公司、个人独资企业、合伙企业投资人、法定代表人变更登记，股权出质设立登记而实施的制度。其具体做法为：新设企业投资人、个体户经营者、法定代表人，变更企业的拟任法定代表人、投资人转让方和受让方，新增投资人以及股权出质设立登记的出质人，应当持第二代身份证到登记窗口现场签名并进行现场拍照，并在“现场签名备案卡”上签名。

【港澳台经营户发展支持举措出台】 2012年11月，东莞市工商局根据CEPA（指Closer Economic Partnership Arrangement，即《关于建立更紧密经贸关系的安排》的英文简称）及其补充协议等文件精神，提出两条举措支持港澳台经营户发展：一是放宽香港居民的身份核证要求。申请设立个体工商户，只需提供身份证复印件，及港澳同胞回乡证或者港澳居民来往内地通行证或者中华人民共和国香港特别行政区护照复印件中的一种，不需要提交身份核证文件。二是台湾居民在东莞市申请登记为个体工商户，由市工商局依法依规直接予以登记，无需经过外资审批。

【流动人口办理个体工商户营业执照门槛降低】 2012年8月，东莞市工商局与市计生部门达成一致意见，停止要求流动人口育龄妇女申办个体工商户营业执照应提交计划生育证明的做法，降低流动人口办理个体工商户营业执照门槛。

【登记队伍作风纪律建设加强】 2012年，东莞市工商局以“缩短登记时限、提高群众满意度”为目标，倒逼窗口工作人员进一步改进作风，提高效率。提出窗口人员必须提前5分钟到岗、上班中途不能多人同时离岗、离岗时间不得超过10分钟等要求加强窗口管理。进一步建立股长坐堂值班、主管分局长大堂巡视等制度。响应国家工商总局在企业登记管理部门开展学雷锋活动的号召，创建学雷锋先锋岗、学雷锋示范窗口。这是市工商局强化登记队伍作风纪律建设，提升窗口服务质量的又一举措。

企业监督管理

【企业监督管理概况】 2010—2014年，东莞市工商局强化企业监督管理工作，维护良好的市场经营秩序。立足维护公平竞争环境，开展无照经营等违法行为清理。着眼掌握企业守法经营状况，开展重点行业、主管行业等市场主体抽查。针对日常监管发现的突出问题，开展中介组织违法违规行为整治。围绕强化落实效果，多种措施推进年检验照工作。构建企业信用激励惩戒机制，推行企业信息公示制度，逐步实现企业监管工作从传统监管向信用监管的转变。其中，2010年，将抽查工作重心向重点行业、主管行业及未抽查过的市场主体转移。配合全市扫除“黄赌毒”专项行动，以美容美发和沐足两个主管行业为对象，严查无照、超范围经营、张贴“涉黄”广告图片等违法违规行为，解决沐足行业无照经营问题。以市清理无证照经营办公室名义，对成员单位和镇街清理无证照经营办公室信息报送、报表统计、案件移交情况进行季度通报。2010年，东莞市工商局完成全市795个市场的信用级别认定工作；抽查市场主体100795户；年度检验（下称“年检”）市场主体320380户；清理沐足行业无照经营105户；清理美容美发行业无照经营606户。

2011年，全面铺开登记中介和“三虚一抽”（虚报注册资本、虚假出资、提供虚假材料骗取公司登记和抽逃出资）违法行为两项整治。将清理无证照经营工作纳入镇街、社区（村）综治考评。进一步清理存在安全隐患、容易出现群死群伤事故的重点行业无照经营行为，开展为期5个月的化学危险品经营行业专项摸查。首次开展外国（地区）企业常驻代表机构年度检验工作。2011年，东莞市工商局抽查市场主体68571户；年检市场主体335313户；清理无照经营12140户。

2012年，经国家工商总局批复同意成为全国全程电子化网上年检试点单位，并率先在外资企业推行。实现网上预审和纸质材料审核环节合并及无纸化网上年检系统与市注册会计师协会审计报告备案系统对接。推动构建全市商事制度改革后续企业监管格局，明确各部门职能管辖范围。协同重点行业主管部门开展市场中介组织等行业专项整治工作。2012年，东莞市工商局抽查市场主体13774户；年检市场主体353631户；清理无照经营12547户。

2013年，构建包括企业信用分类监管、企业信用公示等在内的企业信用激励惩戒机制。调整市、镇两级工商机关年检验照审批权限，进一步向基层分局下放工作权限。继续推进无纸化网上年检，拓宽无纸化网上年检普及面。简化“个体工商户验照报告表”，提高个体工商户验照工作便利性。以沐足行业为重点，强化商事制度改革后续企业监管。2013年，东莞市工商局抽查市场主体36548户；年检市场主体176296户；清理无照经营12645户。

2014年，针对中央电视台报道的东莞部分酒店“涉黄”事件，调动全系统力量配合全市开展拉网式排查，加强娱乐服务经营场所监管。采取多种形式，全面推行“企业年度检验制度改为企业年度报告公示制度”工作。在电子营业执照应用平台上开发企业信用信息公示系统，制定企业信用信息公示目录，将严重违法违规的市场主体纳入“黑名单”，逐步实现企业监管工作从传统监管向信用监管的转变。2014年，东莞市工商局抽查市场主体26054户；年检市场主体164144户；清理无照经营12685户。

2010—2014年东莞市市场主体抽查情况表

表1

年份	行业	户数
2010	重点（风险）行业	4953
	沐足	566
	美容美发	1924
	抽查总数	100795
2011	重点（风险）行业	4954
	沐足	622
	美容美发	1919
	抽查总数	68571
2012	重点（风险）行业	4967
	沐足	590
	美容美发	1588
	抽查总数	13774
2013	重点（风险）行业	6035
	沐足	815
	美容美发	1886
	抽查总数	36548
2014	重点（风险）行业	6852
	沐足	807
	美容美发	2110
	抽查总数	26054

2010—2014年东莞市市场主体年检验照基本情况表

表2

年度情况	企业类型	内资企业（户）	外商投资企业（户）	个体工商户（户）	总计（户）
2010	应检企业	101837	9927	379235	490999
	实检企业	87102	8793	224485	320380
	年检（验照）率	85.53%	88.58%	59.19%	65.25%
2011	应检企业	118221	11026	358535	487782
	实检企业	102483	9850	222980	335313
	年检（验照）率	86.69%	89.33%	62.19%	68.74%

续表

年度情况 \ 企业类型		内资企业（户）	外商投资企业（户）	个体工商户（户）	总 计（户）
2012	应检企业	137708	11620	371882	521210
	实检企业	116642	10038	226951	353631
	年检（验照）率	84.70%	86.39%	61.03%	67.85%
2013	应检企业	160255	11889	386712	558856
	实检企业	72796	5145	98355	176296
	年检（验照）率	45.43%	43.28%	25.43%	31.55%
2014	应检企业	197373	11970	420796	630139
	实检企业	72657	2425	89062	164144
	年检（验照）率	36.81%	20.26%	21.17%	26.05%

注：1. 私营企业包含在内资企业中统计；“三来一补”企业不做统计。

2. 2014 年起，市场主体年检验照改为申报年度报告。表中数据为申报年度报告市场主体数。

2010—2014 年东莞市工商系统清理沐足、美容美发行业无照经营户情况表

表 3

年份	行 业	总计（户）	补办（户）	取缔（户）	移送公安机关（户）
2010	沐足	105	25	92	2
	美容美发	606	201	496	3
	总计	711	226	588	5
2011	沐足	43	8	35	—
	美容美发	382	134	248	—
	总计	425	142	283	—
2012	沐足	27	4	23	—
	美容美发	291	125	166	—
	总计	318	129	189	—
2013	沐足	23	4	19	—
	美容美发	236	176	80	—
	总计	259	180	99	—
2014	沐足	37	12	25	—
	美容美发	647	306	341	—
	总计	684	318	366	—

【年检验照推进措施多样】 2010—2014年，东莞市工商局采取多种措施推进年检验照工作。

把握审查重点 将前置许可文件是否齐全、有效，是否多年未经营，是否涉嫌虚假出资、抽逃出资等作为年检验照审核重点，从严审核、从严把关，确保年检验照效果落实。其中，2013年，东莞市工商局按照商事制度改革“宽进严管”的监管要求，协同各有关部门，对采取商事登记的市场主体落实“行业监管、协同监管、积极配合”的监管原则。

提高年检验照通知送达率 加强与移动电信运营商的沟通，改革手机短信通知方式，由全面撒网改为特定向企业法定代表人或个体户负责人发送年检验照通知的做法，提高通知的针对性和送达率。

加强年检验照后续处理 在加大对逾期未年检企业的吊销力度同时，从严规范吊销程序，对所有拟吊销企业实施吊销前实地检查的做法。

【重点行业清理加强】 2010年，东莞市工商局调整基层分局工作考核指标，引导分局抽查工作重心向重点行业、主管行业及未抽查过的市场主体倾斜，全年抽查重点(风险)行业市场主体4953户。

2011年，东莞市工商局吸取多起小商铺消防安全事故的教训，组织开展清理整治行动。对五金建材行业无照经营和超范围经营油漆、天拿水等易燃易爆化学危险品的违法经营行为，以及沐足、美容美发、商场、市场、重点（风险）行业的无照经营、超范围经营违法行为进行从严查处。全年抽查重点(风险)行业市场主体4954户。市长李毓全作出“服务东莞、规范管理、依法经营，市工商局工作做得好”的批示，肯定市工商局工作成效。

2012年，东莞市工商局开展上年七个重点行业整治工作“回头查”。复查各类机构2527户，查纠存在问题166户。同时对八大重点治理行业进行调查摸底，并协同各重点行业主管部门对市场中介组织进行建档造册，掌握市场中介组织变动情况。

2013—2014年，东莞市工商局进一步推动行业分工管理落实到位，健全企业监管制度，实施企业经济户口管理，构建完善的重点主管行业监管机制。

【中介组织整治力度加强】 2010年，东莞市工商局以工商登记中介机构为突破口，着力解决日常监管发现的行业突出问题。协调公安、检察、财政、人民银行和银监会等部门，就企业登记代理行为整治和“三虚一抽”案件查处问题达成共识。六部门分别设立联络员，建立企业登记代理违法违规行为查处信息互通和案件协查机制；7—9月，联合开展为期3个月的专项整治。2010年，全市工商系统查处“三虚一抽”案件10宗，查处无照和超范围经营企业登记代理机构2户，移送公安机关处理2户。

2011年，东莞市工商局进一步加大登记中介违法违规行为和“三虚一抽”案件查处力度，全年查处“三虚一抽”案件208宗。开展全市近6000户市场中介组织的调查摸底，查处取缔违法违规市场中介组织384户，撤销吊销工商营业执照、许可证18户，移送公安机关处理2户。

2012年，东莞市工商局连续第3年开展中介组织专项整治，累计查处取缔违法违规市场中介组织187户，查处中介组织商业贿赂案件5宗，进一步规范中介组织经营秩序。

清查劳务中介市场专项整治行动

名词注解 “三虚一抽”是指虚报注册资本、虚假出资、提供虚假材料骗取公司登记和抽逃出资。具体含义为：虚报注册资本，是指申请公司登记的个人或者单位，使用虚假证明文件或者采取其他欺诈手段，虚报注册资本，欺骗公司登记主管部门，取得公司登记的行为。虚假出资，是指公司发起人、股东违反公司法的规定未交付或未按期交付货币、实物者转移财产权，欺骗缴足出资的其他股东的行为。虚假出资可以是部分股东的虚假出资，也可以是全部股东的虚假出资。抽逃出资，是指公司的发起人、股东在公司成立后，将其出资抽走的行为，即公司的发起人、股东有能力缴纳其所认缴的出资额，而该发起人或股东也曾将其出资额如实向公司缴纳，但在公司成立后，就将其出资额的一部或全部抽走。抽逃出资可以是某个股东的单个行为，也可以是多个股东的串通行为。提供虚假材料骗取公司登记，是指公司在申请登记过程中，提供虚假不真实的各种材料，如虚假场地使用证明、伪造行政许可、篡改过的或者是冒签其他股东签名的股东决议等，骗取公司登记的行为。

【外国企业常驻代表机构纳入年度检验范围】 2011年，东莞市工商局根据国家有关文件规定，开展外国企业常驻代表机构年度检验工作。2011年，东莞市1100多户在中国境内设立从事与公司业务有关的非营利性活动办事机构参加年度检验。

2012年，东莞市工商局年检该类机构513户。

2013年，东莞市工商局年检该类机构504户。

2014年，东莞市工商局年检该类机构20户。

【外商投资企业无纸化网上年检工作铺开】 2012年，东莞市工商局启动外商投资企业无纸化网上年检系统。争取市政府支持，对申办无纸化网上年检数字证书的外资企业，由市财政全额补贴数字介质费及首年服务费，并为年检审查人员开通个人数字证书，实现网上预审和纸质材料审核环节合并，提高年检效率。与市注册会计师协会沟通协调，实现无纸化网上年检系统与市注册会计师协会审计报告备案系统的对接。2012年，累计2151户外资企业提交数字证书办理申请，其中1351户领取数字证书并办理无纸化网上年检。

2013年，东莞市工商局继续对参与无纸化网上年检的外资企业实施全额补贴数字证书开办费和本年年费的做法，并从扩大宣传、强化培训和加强服务等多方面着手，推进无纸化网上年检工作，拓宽无纸化网上年检普及面。2013年，全市8549户外资企业提交无纸化网上年检申请，占全市外资企业的80%。

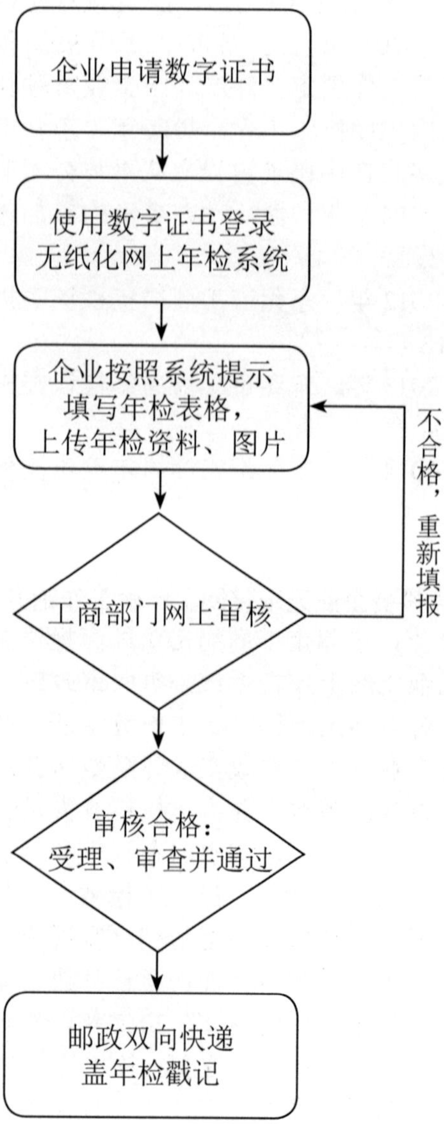

企业网上申报年检操作流程

2014年10月，国家实行企业信息公示制度，不再对外商投资企业实行传统的年检验照。

名词注解 “无纸化网上年检”是指通过数字证书技术，将企业的身份认证转变为数字证书认证，将签名盖章方式由手工签名盖章转变为电子签名和电子印章，对申办无纸化网上年检数字证书的外资企业，由市财政全额补贴数字证书介质费及首年服务费。企业网上申报、工商网上审查、过程网上反馈、结果网上公开、手续网上办结，网上年检不受时间、空间的限制，真正实现“面对面”到“键对键”的转变。

相关链接 东莞市工商局于2012年初获国家工商总局批复同意，成为全国全程电子化网上年检试点地区，并率先在外资企业推行。申报网上年检的企业，只需要登录东莞红盾信息网（www.dgaic.gov.cn），点击“无纸化年检”进入界面，凭数字证书密码登录进行无纸化年检系统填写年检数据，上传年检资料，加盖企业电子印章，再报送至工商部门审核，审核完毕，可选择自行到所属分局缴交年检费、加盖年检戳记，或选择邮政双向直递代收代缴年检费，代办加盖戳记。

【审计报告审阅业务培训】 2010年，东莞市工商局针对基层工商分局对审计报告审核难的问题，邀请市注册会计师协会专业人士，就审阅审计报告、读懂审计报告、从审计报告中发现违法线索等问题进行培训。

【沐足行业监督管理工作完善】 2010年7月，东莞市工商局重新修订《沐足行业登记管理办法》，取消间距限制，降低经营面积要求。在此基础上，组织基层工商分局开展异地执法，清理经营规模较大、时间较长的沐足行业无照经营“钉子户”51户，关停和清理沐足经营设备、工具违反规定的经营户7户，引导补办营业执照23户，立案查处17户，其中实施查封扣押强制措施的15户。

【沐足和美容美发行业专项整治行动开展】2010年2月8日，东莞市工商局配合全市“扫黄”“禁赌”行动，部署开展沐足和美容美发行业专项整治工作，累计检查沐足、美容美发经营户750余户，立案查处无照、超范围经营户20余户，责令限期整改20余户，查封非法设立的按摩床60余张。

2010年5月，东莞市工商局开展沐足、美容美发行业专项整治行动

【无照经营清理工作协调推进】

整合清理无证照经营工作领导小组 2011年，东莞市工商局重新整合全市清理无证照经营工作领导小组，增补市综治办、市水务局为小组成员单位，减少市邮政局、市自来水公司两个原成员单位，使市清理无证照经营工作领导小组更符合工作实际和要求。同时加强对各镇街清理无证照经营办公室的指导，及时发现和纠正不足之处。

引导镇街调整清理无证照经营工作重点 2011年，东莞市工商局结合全市“扫黄打非”工作，在镇街清理无证照经营年终考核中增加对卡拉OK歌舞厅、桑拿、沐足三种场所的实地考核，引导镇街清理无证照经营力量向重点敏感行业倾斜。

调动各方清理无证照经营工作积极性 2011年3月9日，东莞市工商局发挥市清理无证照经营工作领导小组及清理无证照经营办公室作用，召开全市表彰大会，对清理无证照经营成绩突出的集体和个人进行表彰。评选出先进镇街、先进单位、先进信息工作者各10名；加大对镇街清理无证照经营办公室协调、移交、督促职能的考核，对市清理无证照经营办公室移交的案件线索没有及时跟踪督促、办理回复的，在年终镇街清理无证照经营考核中给予扣分。

2011年3月9日，全市召开清理无证照经营工作总结表彰会议

【化学危险品行业监管力度加强】2011年，东莞市工商局开展为期5个月的化学危险品行业专项摸查，对全市从事化学危险品生产经营活动的单位逐一进行

登记造册；同时，与安监、安委会等部门达成一致意见，明确未经许可擅自从事危险化学品生产、经营、储存、运输的行为，由许可审批部门依法处理，理顺全市安委会成员单位的安全生产职责。

【企业信用激励惩戒机制构建】 2013年，东莞市工商局构建企业信用激励惩戒机制。具体包括深化企业信用分类监管、建立完善企业信用公示、完善企业高级管理人员个人信用管理、建立企业信用修复、完善法定代表人任职限制解除制度等。

名词注解 “企业信用修复制度”是指对企业偶尔出现的失信行为，允许企业在整改之后，为其提供信用修复机会的一项制度。“法定代表人任职限制解除制度”是指对于依法符合解除任职限制的法定代表人，及时向社会公开企业被责令整改、被公开公示违法情况和被披露或警示存在违法风险后采取的措施及改正其行为的情况，探索将群众对企业的投诉信息，通过适当的方式告知企业并公开，引导和督促企业自觉修复其信用。

相关链接 2012年，东莞市人民政府选取石龙镇作为社会信用体系建设镇街试点。试点内容包括加快信用制度建设，制定规范公共信用信息记录和整合、共享和披露、发布和查询等管理制度，制定规范信用服务市场和征信活动等方面的管理制度，制定完善公共信用信息标准，制定信用信息安全管理办法。通过试点，为全面铺开全市社会信用体系建设探索路径、创造经验。

东莞召开全市“两建”工作会议

【年检验照审批权限调整】 2013年，东莞市工商局调整市、镇两级工商机关年检验照审批权限，将成品油批发零售、卡拉OK歌舞厅等行业的年检验照审核权限下放到分局；将接收外国（地区）企业常驻代表机构年度报告委托分局进行；除出资不足80%的外商投资企业由市局进行年检审核外，其他全部委托分局进行。

【滚动式年检（验照）启动】 2013年3月1日起，东莞市工商局根据全市商事制度改革文件精神，将年检验照时间由集中式（个体工商户验照为每年1月1日至5月31日；企业年检为每年3月1日至6月30日）改为全年滚动式。即除外国（地区）企业常驻代表机构外，企业、个体工商户以营业执照注册号尾数所对应的月份为年检验照月份（其中，尾数是0、1、2的，年检验照月份分别为10、11、12月），在该月份申报年检验照；有需要的可在2013年3月1日至12月31日期间提前或延后申报。

【标准化验照推行】 2013年3月，东莞市工商局针对“个体工商户验照报告表”填写复杂、经营户及基层分局反映强烈等问题，在调查研究后对“个体工商户验照报告表”进行简化。采取经营户通过选择“是”“否”的标准化方式即可完成验照资料填报的做法。

【商事登记主体验照做法改进】 2013年，东莞市工商局根据全市商事制度改革有关规定，对商事登记主体的验照，采取“经营范围”“经营方式”和“许可审批文件”不作为审查事项，不需提交前置许可资料，工商部门只对其主体资格变动情况进行备案审查的做法。

【娱乐服务经营场所整治】 2014年2月9日，中央电视台报道东莞部分酒店“涉黄”事件后，东莞市工商局调动全系统力量,配合全市开展“涉黄”清查行动，加强娱乐服务经营场所监管。其间，全系统出动执法人员35864人次，检查市场主体21489次，立案查处沐足、美容美发行业违法经营案件298宗；立案吊销“涉黄”市场主体14户，撤销“涉黄”市场主体桑拿经营项目1户。

组织拉网式重点清查 2月11日，制定《东莞市工商行政管理系统关于开展严厉打击“涉黄”专项整治清查行动的实施方案》，成立专项清查行动领导小组，以沐足、美容美发等容易“涉黄”的经营场所为重点，组织全系统执法监管力量开展“涉黄”场所专项整治清查行动，累计清理不符合管理规定的沐足主体312户。其中，清理沐足场所按摩床1193张，清理仅设一张沐足椅的房间273个，清理冲凉房1359个，清理违规沐足房门3867个。

东莞市工商局查封违规经营场所

全面落实停业整顿措施 2月11日，东莞市工商局牵头市公安局、文广新局、卫生局联合制定《东莞市娱乐服务行业专项整治工作方案》，对桑拿、歌舞娱乐、沐足行业实行全面停业整顿、复业验收、暂停证照审批等措施。其间，全市工商部门累计对提出复业申请的687户沐足经营户逐个复业验收，其中664户通过验收。

落实长效监管机制 落实市综治委《东莞市娱乐服务场所经营行为规范》《东莞市娱乐服务场所监管工作指引》《东莞市娱乐服务场所监管操作若干规定》等娱乐服务场所长效监管规定，推进日常监督检查工作效果落实。

【年度检验制度改年度报告公示制度推行】 2014年3月，东莞市工商局根据国家工商总局文件精神，采取举办培训班、在全市工商部门登记注册大厅开设年度报告专门窗口等方式，推行“企业年度检验制度改为企业年度报告公示制度”工作。2014年，累计10605户企业申报年度报告。

【企业信息公示制度推行】

开展企业信息公示制度宣传 2014年，东莞市工商局强化宣传工作力度，推行企业信息公示制度。9月，组织召开新闻发布会，对《企业信息公示暂行条例》进行解读；利用电视机顶盒广告、手机短信息、网络公告等媒介刊登电子信息，全方位、多时段宣传法规内容。印制宣传册20余万份，在工商登记大厅等场所提供给办事群众查阅了解相关内容。

制定企业信用信息公示目录 2014年，东莞市工商局以深化工商登记制度改革为核心，制定企业信用信息公示目录，并划分为基本信息、审批许可资质信息、违法违规不良信息、表彰奖励信息等四大类，探索科学实施企业信用信息公示的做法。

推进信用约束管理制度落实 2014年，东莞市工商局在电子营业执照应用平台上开发企业信用信息公示系统，将严重违法违规的市场主体纳入“黑名单”，并建立相应数据库，由各部门上传至企业信用信息公示系统进行公示。2014年上传的数据涵盖45个部门共267条企业信用信息。

相关链接 企业信息公示制度是指企业应当按年度在规定的期限内，通过市场主体信用信息公示系统向工商机关报送年度报告，并向社会公示，任何单位和个人均可查询。工商部门公示的企业信用信息包括注册登记、备案信息，动产抵押登记信息，股权出质登记信息，行政处罚信息以及其他依法应当公示的信息，自产生之日起20个工作日内予以公示。企业被列入经营异常名录和严重违法黑名单后，通过信用信息公示系统公示。该制度于2014年7月23日国务院第57次常务会议通过，2014年10月1日起施行。

【个体工商户网上申报备案制度推行】
2014年10月1日起，东莞市工商局根据国家工商总局文件精神，推行个体工商户网上申报备案制度；同时，争取省工商局支持，试点个体工商户网上申报年度报告不公示工作，引导个体工商户实施网上申报备案，提高年报信息化程度和年报申报效能。2014年，累计15449户个体工商户申报备案。

相关链接 2008年10月1日，国家工商总局审议通过《个体工商户验照办法》，要求个体工商户每年的1月1日至5月31日，必须到核发营业执照的工商行政管理机关或者工商行政管理机关委托的工商所验照。2013年，国家工商总局下发《关于暂停个体工商户验照工作的通知》，明确个体工商户验照从2014年1月1日起暂停实行，改为年度备案制度，实施6年的验照年检制度宣告终结。2013年，东莞市全面铺开商事制度改革，将每年固定时间的个体工商户验照“实行滚动式年检验照，其中以商事登记形式设立的主体实行备案制”，使个体户的验照流程得到简化。

经济检查

【经济检查概况】 2010—2014年，东莞市工商局加大办案工作指导和调研，强化反不正当竞争执法力度。规范食品流通许可工作，严格食品经营主体准入把关；开展专项整治，查处食品违法经营行为；开展质量监测，强化食品安全监管力度。推进“信誉通”食品备案信息系统（下称“信誉通”系统）信息化监管手段，推动落实索证索票和建立进货台账制度（下称“两项制度”），保障流通领域商品质量安全。畅通消费申诉举报渠道，加强“12315”投诉举报中心消费维权品牌建设，提高消费维权工作制度化、规范化、程序化和法制化水平。建立健全长效机制，突出刑事手段打击作用，推动打击传销工作深入开展。其中，2010年，以亚运会安全保卫工作为主线，建立传销人员数据库，深化“城中村”无传销社区（村）创建，严厉打击传销违法行为。全力以赴，做好亚运会食品安全保障工作。加强举报和消费申诉程序规定等制度建设，进一步规范消费者权益保护工作。2010年，东莞市工商局查处不正当竞争案件222宗；捣毁传销窝点117个，查获传销人员1058名，查处传销案件19宗；取缔食品无照经营户552户，捣毁制假售假窝点12个，查处不符合食品安全标准的食品案件174宗；受理各类投诉咨询53909条。

2011年，围绕热点问题，整治食品非法添加行为。强化“12315”平台进商场、进超市、进市场、进企业、进景区的“五进”工作机制；建立集消费者投诉、“12315”平台联络功能于一体的消费者维权服务站试点单位。2011年，东莞市工商局查获传销参与人员705名；查处传销案件13宗；受理各类投诉咨询49391条；查处不符合食品安全标准的食品案件220宗。2011年，东莞市工商局继续推广“信誉通”食品备案信息系统。国家工商总局副局长王东峰、省工商局局长卢炳辉视察东莞流通领域食品安全工作期间，对东莞自主研发“信誉通”系统等食品安全监管工作给予肯定。

2012年，以大案要案为突破口，突出重点，大力开展“三打”（打击欺行霸市、打击制假售假和打击商业贿赂）工作。围绕“三打”工作，提升执法队伍业务能力。制定《食品流通许可证核发管理规定》，进一步规范许可流程。争取市政府支持，将流通环节食品质量监测纳入市政府十件实事，促进开展流通环节食品质量监测工作。突出重点开展罗丹明B、地沟油、乳制品、食品添加剂等专项整治。创建食品安全示范店，推动食品安全诚信体系建设工作。创建消费维权服务站，延伸消费维权工作触角。2012年，东莞市工商局查处传销案件5宗；捣毁售假窝点107个；查处不符合食品安全标准案件1680宗；查处“三打”案件9016宗；受理各类投诉咨询68282条。

2013年，围绕民生热点，开展打击“傍名牌”和制售假劣商品行为专项执法行动。开展“十佳案件”及“十佳办案能手”评选活动，提升执法队伍办案质量、办案层次和办案水平。结合商事制度改革，缩减食品流通许可办理时限；改革食品流通许可受理方式。开展食品经营户抽查和食品质量抽检，建立信用档案，推进食品安全监管工作；协调解决“信誉通”系统设备故障问题以及线路维护难、功能更新慢等问题。推动全市“12345”平台消费维权申诉、经济违法行为举报和行政效能投诉统一平台建设工作。通过披露重大典型侵权案件、曝光严重失信企业等渠道，鼓励消费者参与消费权益保护工作。2013 年，东莞市工商局查处传销案件 6 宗;办结食品违法案件 638 宗;受理各类投诉咨询 62462 条。

2014 年，结合东莞产业分布特点，以及商标侵权、售后服务等交易纠纷情况，开展重点区域、重点商品不正当竞争突出问题专项整治行动。针对问题商品较为集中的重点地区和行业，开展针对性商品质量监测，打击销售假冒伪劣商品违法行为。发挥案件业务信息系统作用，完善制度建设，规范执法办案工作。细化涉案物品移交、保管、处理等环节规定，提升涉案物品管理水平。加大行政处罚自由裁量权审核力度，强化案件处罚的合理性审查，规范行政处罚权行使。创新激励机制，推行案件排行榜和典型案件点评制度，提高执法队伍办案工作积极性。加强培训宣传，抓好新《消费者权益保护法》宣传贯彻工作。结合属地监管和消费者申诉举报情况，查处欺骗和误导消费等违法行为。2014 年，东莞市工商局建成“打击传销示范社区”74 个，全市捣毁取缔传销窝点 23 个；办结各类食品案件 258 宗；受理各类投诉、举报和咨询 59062 条。

相关链接 “信誉通”食品备案信息系统是东莞市工商局与中国电信东莞分公司合作开发，为食品经营者履行建立“进销货台账制度”和“索证索票制度”法定义务提供的信息化平台。通过该系统，经营者可以解决手工录入台账工作量大、难以检索等问题；消费者可以利用终端机输入商品条码，查询相关食品的属性信息，对商家销售未登记的食品进行投诉；工商行政管理部门可以及时了解辖区市场在售食品的分布情况、质量状况。该系统于 2008 年 3 月向全市食品经营户全面推广，经过多次升级完善，具备电子台账记录、索证索票共享、来源去向追溯、消费查询投诉、食品退市召回、数据统计分析等功能。

2010—2014 年东莞市工商局食品安全专项整治基本情况表

表 1

年份	出动人员（人次）	检查单位（户次）	检查市场（个次）	食品添加剂经营户（户）	取缔无照（户）	捣毁售假窝点（个）	查处案件（宗）
2010	18123	46464	2015	228	552	12	174
2011	24214	41536	3783	1086	272	—	220
2012	25698	35515	4797	—	—	107	1680
2013	22035	31183	—	—	—	—	638
2014	—	—	—	—	—	—	258

注：2014 年 3 月 1 日，市工商局依照食品药品监督管理体制改革要求，将流通环节食品安全监督管理职责移交食品药品监督管理部门履行。因此，2014 年仅对 1—2 月查处案件数量进行统计。

2010—2014年东莞市工商局打击传销情况表

表2

年份	查获传销窝点（个）	查获传销人员（名）	查办传销案件（宗）	移交刑事拘留（人）
2010	117	1058	19	119
2011	77	705	13	44
2012	59	557	5	44
2013	73	1266	6	161
2014	23	251	4	38

2010—2014年东莞市工商局消费者权益保护情况表

表3

年份	总计（宗）	申诉				举报线索			咨询（宗）	涉及金额（万元）	挽回经济损失（万元）
		受理（宗）	办结（宗）	其中调解（宗）	成功率（%）	受理（条）	办结（条）	办结率（%）			
2010	53909	1952	1881	1735	92%	3794	3480	93%	48163	643	316
2011	49391	2667	2556	2263	89%	4017	3704	92%	42707	1339	546
2012	68282	3106	3038	2633	87%	4307	4116	96%	60869	1799	853.8
2013	62462	2228	2228	2228	100%	2517	2474	98%	57717	1640	730.07
2014	59062	2681	2681	2681	100%	1908	1812	95%	54473	2786	891.84

2010—2014年东莞市工商局信息化监管情况表

表4

年份	固定用户（户）			移动终端（台）	录入信息（万条）	建立台账（万条）
	总计	一体查询机	电话查询机			
2010	10306	—	—	—	334	1347
2011	10723	488	10235	—	354	2100
2012	10723	488	10235	—	350	3400
2013	10723	488	10235	788	350	6100
2014	10723	488	10235	788	350	6100

注：2014年3月1日，市工商局依照食品药品监督管理体制改革要求，将流通环节食品安全监督管理职责移交食品药品监督管理部门履行，“信誉通”系统也同时移交。表中数据为当年1—2月情况。

【反不正当竞争执法推进】

加强办案工作指导 2010—2014年，东莞市工商局加强办案工作指导。其间，2010年下发指导意见21条。完善涉及仿冒、虚假宣传、商业贿赂等类型案件的说理式处罚决定书撰写方法，制作参考文书下发办案单位，统一说理式处罚决定书使用规范。2012年，针对“三打”期间的办案疑难问题，形成《关于“三打”期间查处销售侵犯他人注册商标专用权的箱包皮具、汽车配件违法行为的指导意见》《关于查处商场超市商业贿赂行为的指导意见》等指导性文件。

开展专项整治行动 2010—2014年，东莞市工商局围绕社会关注的热点问题，开展重点行业、重点领域的反不正当竞争执法。其中2013年查处“傍名牌”案件244宗。典型案例包括“周六福”珠宝首饰的知名商品特有名称权案，“德国大众汽车油品集团有限公司”虚假宣传案等。

强化突发事件处理 2010—2014年，东莞市工商局注重强化不正当竞争领域的突发事件处理，维护市场经营秩序。其中2010年，先后完成万江“气化炉”合同诈骗、“世一百年健康服务”欺诈老年消费者、“九丰”液化石油气含二甲醚等事件的处置工作。

注重办案规律研究 2010—2014年，东莞市工商局注重围绕不同阶段执法工作的特点难点和面对的形势，开展办案规律研究和理论研讨。其中2010年，针对“两费”（集贸市场管理费和个体工商户管理费）停收、工商行政管理转型升级等问题，先后完成《反不正当竞争执法工作调研报告》《消费申诉行政调解工作调研报告》《打击“傍名牌”执法工作调研报告》等课题调研，为领导决策提供参考。

2010—2014年东莞市工商局查处不正当竞争案件统计表

表5

案件类型 \ 年度情况	2010		2011		2012		2013		2014	
	案件（宗）	罚没（万元）	案件（宗）	罚没（万元）	案件（宗）	罚没（万元）	案件（宗）	罚没（万元）	案件（宗）	罚没（万元）
1. 假冒他人注册商标	1	10	2	5.13	8	13.48	1	2.2	2	0.19
2. 仿冒知名商品特有的名称、包装、装潢	36	55.72	22	26.16	10	5.26	3	2.3	3	1.6
3. 冒用他人企业名称和姓名	1	0.50	2	1.4	1	2	0	0	0	0
4. 在商品上伪造或冒用认证标志、名优标志、伪造产地、作虚假质量表示	24	57.66	30	54.59	41	55.73	15	21.74	6	11.91
5. 商业贿赂	47	312.08	14	94.78	204	558.12	22	91.07	3	7.73
6. 经营者对商品质量、制作成分、性能、用途等利用广告或其他方法作虚假宣传	77	202.61	87	209.97	103	221.36	484	900.97	453	871.02
7. 侵犯商业秘密	1	6	0	0	1	3	2	59.25	1	10
8. 不正当有奖销售	2	2	4	9	6	12.95	4	8.5	5	7.5
9. 其他	33	75.21	13	12.6	21	33.34	0	0	13	18.38
合计	222	721.78	174	413.63	395	905.24	531	1086.03	486	928.33

【打击传销工作措施多样】

刑事打击力度加大 2010年7月7日，东莞市工商局以市政府名义组织部分单位赴深圳宝安学习刑事打击传销经验。10月9日，与市公安局联合出台《联合打击传销违法犯罪活动工作规定》，提高传销违法行为刑事打击力度。2011年，市工商局联合公安部门继续发挥“尖刀”“铁拳”作用，首次对传销分子判处组织、领导传销组织罪，提高刑事打击传销行为的震慑力。

警方现场抓获200余名传销人员

警方缴获的传销组织书籍

传销人员数据库建立 2010年，东莞市工商局为全面掌握传销人员有关数据、搜集传销活动相关证据，建立传销人员数据库，并指定专人负责数据的搜集和录入工作。2010年采集传销人员身份信息2290条。截至2014年，累计采集传销人员身份信息3900多条。

打击传销示范社区（村）创建 2010年，东莞市工商局在无传销社区（村）覆盖率达90%的基础上，针对出租屋数量多、分布广等特点，开展创建打击传销示范社区（村）工作。截至2014年，累计打击传销示范社区（村）创建106个。

部门联合联动密切 2010—2014年，东莞市工商局与公安等部门以《联合打击传销违法犯罪活动工作规定》为指引，联合开展打击传销执法活动。公安机关刑事（治安）拘留传销人员共418人。

专项行动效果明显 2010—2014年，东莞市工商局注重联合公安等部门开展针对性专项行动。其中2010年，为营造亚运会期间安定和谐的社会环境，东莞市工商局联合各部门、各镇（街）按照“调查摸底、集中打击、复查巩固”等3个步骤开展“迎亚运、禁传销、保平安”专项行动。2010年，全市查获传销窝点117个、传销人员1058人，刑事拘留传销人员119人，包括A级头目1名、B级头目4名，刑事拘留传销人员数量超过历年总和。

宣传力度加大 2010—2014年，东莞市工商局加强打击传销违法行为宣传工作力度。将全市25所大中专院校、70个交通站场、114个劳务市场作为宣传工作的重点场所，通过制作《认清传销骗局、防范求职陷阱》动画短片、举办主题班会等形式强化宣传效果。2010—2014年，制作海报、宣传册、折页等8万余本，安装户外广告宣传牌20多幅，派发打击传销宣传环保购物袋4000多个。

属地管理责任强化 2011年，东莞市工商局以市打击传销和变相传销领导小组办公室名义，在征得相关领导同意后，加大打击传销工作在镇街维稳综治工作检查考核中的比重，明确对连续两年被评为打击传销工作“重点地区”的，实行社会治安综合治理工作“一票否决”的做法。

政府财政保障有力 2011年起，东莞市财政部门将传销举报奖励金纳入预算管理，按照每年15万元的额度向市打击传销和变相传销领导小组办公室拨付，由市打击传销和变相传销领导小组办公室向传销举报人发放，引导知情人尤其是被骗参与人员提供传销犯罪证据。2011年，向7名知情人发放举报奖励金14万元，缓解传销案件取证难的问题。截至2014年，累计发放举报奖励金54万元。

【商品质量监测加强】 2010年，东莞市工商局争取市政府财政支持，开展商品质量监测工作11次，抽查食品3037批次，合格率为91.2%。以海南抽检农夫山泉事件为鉴，审查检验机构资质和检验结果科学性。全年办结监测案件71宗，发布监测信息6期，曝光不合格食品生产厂家52家，曝光不合格食品74批次。

2011年，东莞市工商局继续加大食品质量监测投入力度。长安、虎门、南城、洪梅、麻涌等工商分局在争取当地镇（街）政府支持食品监测工作方面也取得一定成效。全年全系统抽查各类食品3386批次，合格率92.71%。其中，抽检乳制品640批次，全部合格。开展各项不合格商品后续处理专项检查17次，检查市场1686个次、店铺17862户次。

2012年，东莞市人民政府将流通环节食品质量监测纳入十件实事范畴，由财政拨付食品质量监测经费，为食品质量监测工作提供有力保障。全年抽查各类食品6093批次，合格率93.52%。开展各项不合格商品后续处理专项检查15次，检查市场1783个次、店铺17309户次。

2013年，东莞市人民政府继续拨付专款用于开展流通环节食品抽检。东莞市工商局选取食用油、米制品、面制品、豆制品、肉制品、调味品、水产品、饮用水、饮料、月饼、儿童食品、酒类和农副产品等为重点对象，有序开展食品质量抽检。全年抽检流通环节食品4400批次，整体合格率91.8%。

2014年，东莞市工商局针对消费者反映集中的成品油、家用电器、手机、儿童用品、玩具和电动工具等商品质量突出问题，加大日常监督检查和质量监测力度。全年开展流通环节商品质量监测8次，抽检商品172批次，合格135批次，查处商品质量违法案件8宗。

【食品流通许可职能履行】 2010年8月，东莞市工商局结合全市食品经营户实际情况，修订《东莞市工商行政管理局食品流通许可证核发管理规范》。按照法定许可条件，把好食品经营主体准入关。2010年，全市工商部门核发、换发“食品流通许可证”9667份。

2011年，东莞市工商局根据国家工商总局、省工商局要求，进一步修订《东莞市工商行政管理局食品流通许可证核发管理规范》，规范食品流通许可工作。

同时，按照“先证后照”原则，对未取得食品流通许可证件的，一律不予登记注册。2011年，全市工商部门核发、换发“食品流通许可证”26966份。

2012年，东莞市工商局按照法律法规开展“食品流通许可证”核发、换发工作。全年核发、换发“食品流通许可证”45100份。

2013年，东莞市工商局结合商事制度改革，将食品流通许可办理时限从法定20个工作日缩减为10个工作日；采取营业执照与食品流通许可申请同时受理的方式，方便群众，提高效率。2013年，全市工商部门核发、换发“食品流通许可证”58206个。

2014年3月1日起，东莞市工商局依照广东省人民政府、东莞市人民政府有关文件精神，将食品流通许可等流通环节食品监管职能移交市食品药品监督管理部门。截至2014年2月28日，全市工商部门累计核发、换发“食品流通许可证”58912份。

相关链接 “食品流通许可证”核发管理，是工商部门依据《食品安全法》《食品安全法实施条例》等法律法规，于2009年6月1日起履行的一项职能。2009年12月7日，东莞市工商局根据有关法律法规，制定《东莞市工商行政管理局食品流通许可证核发管理规范》。依据《广东省人民政府关于改革完善市县食品药品监督管理体制的指导意见》，东莞工商部门该项职能于2014年3月1日起，移交市食品药品监督管理部门。

【食品安全专项整治工作开展】

重点时段专项整治 2010—2014年，东莞市工商局在加强日常执法监管的基础上，坚持开展元旦、春节、清明、“五一”、端午、中秋和国庆等重点时段的食品安全专项检查，严厉查处销售假冒伪劣食品行为，教育和警示广大经营者落实食品安全有关法律规定。

开展节前专项检查

重点区域专项整治 2010—2014年，东莞市工商局坚持抓好重点区域的食品专项整治工作。以城乡结合部、镇街商业区、旅游景区、学校周边，以及农村批发市场、集贸市场等为重点区域，集中整治销售假冒仿冒食品违法行为。

重点问题专项整治 2010—2014年，东莞市工商局针对不同阶段的热点重点问题，组织开展专项整治行动。其中2010年9月，开展乳制品、食用盐、“地沟油”和“一次性餐盒”等专项整治，监测乳制品165批次，查获假冒伪劣食盐4618公斤，查获“地沟油”案件2宗，取缔无证（照）加工小作坊2个。

重点对象专项整治 2010—2014年，东莞市工商局在以米面、食用油、肉制品、豆制品、饮用水等食品为重点监测对象的基础上，以食品添加剂经营主体以及添加问题多发食品作为专项整治重点对象，推动食品安全监管工作效果落到实处。其中2011年4—12月，东莞市工商局针对“染色馒头”“毒豆芽”“染色辣椒粉”“墨汁红薯粉”等开展专项整治，取缔无照经营31户，查处销售添加非食用物质和添加剂粉条经营户4户，向公安机关移送非法添加案件5宗。

【举报受理和消费申诉行政调解程序完善】 2010—2014年，东莞市工商局针对举报受理和消费申诉行政调解处置不当容易引发行政复议和行政诉讼风险的问题，在法律和国家工商总局法规规定的范围内，完善受理处理工作程序。其中2010年，重点对投诉举报和消费申诉的答复方式、答复时限予以细化明确，并制作文书指导样本，提高基层分局的法制化、规范化处置水平。2013年，坚持“居中调解”原则，制定《消费申诉处理工作指引》《“12315”申诉举报工作指引》等规范性文件，妥善应对“知假买假”行为，确保在维护消费者和经营者合法权益的同时，避免行政不当带来的履职风险。

【消费维权服务站建设工作推进】 2011年，为探索加强消费维权工作进商场、进超市、进市场、进企业、进景区的“五进”规范化建设，东莞市工商局联合市消委会试点建设集消费者投诉站、“12315”联络站（下称“两站”）功能于一体的消费者维权服务站。2011年聘请热心消保维权工作的专职或兼职“两站”工作人员21名，建成服务站21个，累计受理消费投诉414宗，开展调解工作成功率91%，为消费者挽回经济损失近20万元。

2012年，东莞市工商局联合市消委会选取全市部分行业协会、市场、景区以及规模较大的商场超市，进一步开展消费者维权服务站创建工作，建成服务站86个。

2013年，东莞市工商局联合市消委会进一步在大型商场、超市、企业、景区、样板市场、车站码头和旅游景点等消费人群集中的商业网点以及民生消费领域的行业协会推进消费维权服务站建设工作，扩大服务站覆盖范围，建成服务站500个。

截至2014年，全市累计建成消费维权服务站596个，受理消费投诉6621宗，为消费者挽回经济损失362万元。

【全市打击传销工作联席会议作用发挥】 2010年8月5日，东莞市工商局以市政府名义组织召开全市打击传销工作联席会议，传达交流市打击传销和变相传销领导小组办公室部分成员单位及镇（街）负责人，赴深圳市宝安区学习刑事打击传销工作经验。会议要求各成员单位拿出整治“黄赌毒”的决心，结合“禁传销，保亚运”专项行动，加强对传销团伙犯罪以及传销引发暴力犯罪的打击力度。会议结束后，市工商局与市公安局联合出台《联合打击传销违法犯罪活动工作规定》，结合工商部门查办传销案件经验丰富的优势，与公安部门刑事侦查手段多、刑事惩治力度大的优势，提高传销违法行为打击力度。

【亚运期间食品安全保障工作圆满完成】 2010年，东莞市工商局制定措施保障亚运会期间东莞赛场食品安全监管工作圆满完成。一是制定《东莞市工商局亚运期间食品安全保障方案》《东莞市工商局亚运会期间流通环节食品安全事故应急预案》等方案，对亚运会食品安全监管工作预先进行全面部署。二是将亚运会比赛场馆及接待酒店周边1000米范围、全市景区作为监管重点，对流通环节食品经营户逐户进行排查，清理违法经营食品行为。三是派出执法人员，对亚运会比赛场馆、接待酒店及供亚运会食品企业进行驻点监管，配合有关部门对供亚运会食品的出货及收货工作进行把关。四是对亚运会比赛场馆周边酒店供应商进行重点监管，将供应商的监管责任落实到人，确保供应商证照齐全、食品来源渠道合法。五是“12315”平台执行24小时值班制度，强化投诉举报受理和现场检查处理环节衔接，确保消费者投诉举报得到及时处理。9月30日起，市工商局组织为期近4个月的食品安全专项整治，捣毁制假售假窝点12个，抽检食品2080批次，查处食品违法案件77宗，被市政府评为“第16届亚运会东莞分赛区食品安全保障工作荣誉单位”。

【食品安全示范店创建工作推进】 2012年，东莞市工商局根据省工商局部署，制定东莞市食品安全示范店创建方案及创建标准，选定296家食品经营单位作为推广目标开展创建工作。通过考核验收，创建食品安全示范店237家。创建食品安全示范店，对规范食品安全主体资格和经营行为，推动食品安全诚信体系建设起到较好的促进作用。

【“三打”专项行动取得成效】 2012年，东莞市工商局根据省委、市委部署，开展“三打”专项行动。2月，成立市工商局“三打”专项行动领导小组及“三打”办，制定“三打”专项行动实施方案，并通过将“三打”工作纳入基层分局量化考核、建立每周通报制度、组织开展督导检查等措施，引导全系统力量将主要资源投入到履行工商职能打击重点领域违法行为工作中。

欺行霸市整治力度较大 广泛发动市场开办者、经营者参与打击违法行为，安排专人收集欺行霸市线索，开展批发市场、农贸市场、商场超市以及废品回收单位现场排查，协调形成机关与基层、工商与公安部门的打击合力。其间，配合公安部门刑事拘留房地产资产拍卖非法串标竞买人7名。

查处大案要案取得突破 2012年立案查处大案要案245宗，其中实行领导包案的18宗，移送公安机关案件241宗。其中市工商局查办的“吴吉超生产侵犯‘crocs（卡骆驰）’商标专用权”和“中堂诚利手袋厂商标侵权”2宗案件，案值均超过3000万元。2012年6月26日，美国驻广州总领事馆和卡骆驰公司分别来信致谢，对市工商局查处“crocs（卡骆驰）”一案给予赞扬。他们认为该案例将成为中国切实履行知识产权保护承诺的重要标志。

食品安全整治成效明显 以大岭山信立农批市场集中整治为重点，查处各类食品案件2113宗。与市打私办、海关、质监局、公安局和检验检疫局等打私工作成员单位密切沟通，开展问题冻肉专项整治行动，检查冻库冻肉企业1383户次，立案查处销售未经检验冻肉案件105宗。

专项行动期间，东莞市工商局累计

查办“三打”案件9016宗（欺行霸市案件4076宗、制假售假案件4697宗、商业贿赂案件243宗）。其中，市工商局牵头负责的流通环节食品类案件2113宗、箱包皮具类案件406宗、汽车配件类案件127宗。

相关链接 2012年1月6日，广东省在省委十届十一次全会上，率先在全国提出2012年要组织开展以“打击欺行霸市、打击制假售假、打击商业贿赂，建设社会信用体系、建设市场监管体系”为内涵的“三打两建”、建设幸福广东活动。“三打”指打击欺行霸市、打击制假售假、打击商业贿赂，“两建”指建设社会信用体系、建设市场监管体系。

【“双十佳”案件评选活动开展】 2013年5月，东莞市工商局组织开展2011—2012年度“十佳案件”及“十佳办案能手”评选活动，推动完善办案激励机制，提升执法队伍办案水平。活动评选出优秀案件10宗，优秀办案能手10人。其中“东莞市大师装饰设计工程有限公司商业贿赂案”于2013年8月入选省工商局组织评选的全省工商系统2011—2012年度“十佳案件”。

【案件排行榜制度推行】 2014年，东莞市工商局制定下发《东莞市工商局案件排行榜制度》，通过《办案能手排行榜》《优秀案件排行榜》的形式，定期公布执法情况，调动办案人员积极性，激励执法队伍拓宽办案领域。2014年入选案件排行榜的优秀案件114个，入选办案能手排行榜的执法人员65人。

【典型案件点评制度推行】 2014年，东莞市工商局推行典型案件点评制度。通过在内部网站公布案件材料、公布典型案例点评意见，以及建立典型案件数据库等方式，逐步实现全系统典型案件、学习资料等重要信息的共享，推动执法队伍提升业务工作能力。2014年，点评典型案件16宗、执法创新案件2宗。

市场管理

【市场管理概况】 2010—2014年，东莞市工商局履行市场监管职能，深入推进商品交易市场信用分类监管、农资商品监管、无证市场清理、食品安全样板市场创建、市场食品安全管理信息查询系统应用推广、商品展销活动监管、拍卖行为监管和备案、文明诚信市场创建和食品市场行政执法等各项工作，并在网络商品交易市场监管等方面取得突破。其中，2010年，东莞市工商局以亚运会和残运会期间市场监管为重点，切实做好市场食品安全保障工作；开展二手车市场整治，推动构建二手车市场齐抓共管工作机制。2011年，东莞市工商局强化食品批发市场专项整治，将整治行动由部门行为上升为政府行为、由工商部门单兵作战转变为多部门协同联动、由流通领域拓展为整个食品经营链条。2012年，东莞市工商局以大岭山信立农批市场为切入点，加强农副产品市场整治。开展农副产品市场监管体系建设试点，探索农副产品批发市场管理经验。2013年，东莞市工商局在农副产品市场监管体系试点工作的基础上，结合大岭山信立农副产品批发市场整治经验，全面推进全市农副产品批发市场食品安全管理工作上台阶。开展电子商务产业发展情况调研，推动电子商务产业发展。2014年，东莞市工商局推动形成"政府牵头统筹、市镇两级联动、部门联合、综合治理"的工作格局。以"三个整治、三个强化"（整治经营设施、整治环境卫生、整治食品安全，强化环境卫生责任制、强化督查通报、强化媒体曝光）为手段，联合市文明办，推动健全集贸市场长效监管机制。

开展节前食品市场专项检查

【商品交易市场信用分类监管工作开展】 2010—2014年，东莞市工商局根据省工商局部署，全面铺开市场信用分类监管工作。

开展市场信用分类认定工作 采取查阅市场档案、实地走访等方式，按照分类标准和要求收集录入市场信息，做好市场信用级别认定工作。

根据市场信用实施分类监管 制定下发市场信用分类监管工作指导意见，明确巡查监管种类、内容、工作流程和有关要求，并通过开展网上巡查、实地抽查、定期通报和量化考核等手段，督促基层工商分局做好分类监管工作。其中，2010年，认定市场795个；2011年，认定市场788个；2012年，认定市场785个；2013年，认定市场765个；2014年，食品监管职能移交后，省工商局要求对农、林、水产品市场暂不进行认定，只认定专业市场215个。

2010—2014 年东莞市工商局商品交易市场信用分类监管工作情况表

表 1

（单位：个）

年份	A 级市场	比重	B 级市场	比重	C 级市场	比重	D 级市场	比重	合计
2010	105	13%	487	61%	105	13%	98	12%	795
2011	182	23%	451	57%	71	9%	84	11%	788
2012	214	27%	422	54%	108	14%	41	5%	785
2013	193	25%	371	48%	90	12%	111	15%	765
2014	105	49%	86	40%	7	3%	17	8%	215

【农资商品监管措施多样】 2010—2014 年，东莞市工商局采取多种措施强化农资商品监管。

加强农资商品流通信息汇集 通过省工商局红盾网农资市场监管平台等渠道，逐步完善农资商品流通信息数据库，加强农资商品信息汇集。

严格农资商品监管制度落实政策 加强日常巡查监管，把好农资商品进货查验关，督促农资经营者落实“两账两票一卡一书”制度，自觉抵制购进和销售标签标识不规范、来源不明的不合格农资商品以及国家禁止销售和限制使用的高毒农药。

实施农资商品质量情况监测 一方面自行实施监测；另一方面协助省工商局做好不定期集中监测工作。通过监测工作促进农资经营者提高守法经营自觉性。

加大涉农广告监管工作力度 加大对涉农广告的监管力度，加强对媒介单位的广告审查指导，规范农资广告内容制作和发布行为。

强化农资商品违法行为查处 通过开展不合格农资商品排查和加强不合格农资商品后续处理，打击农资商品违法经营活动，防止不合格农资商品回流市场。2010—2014 年，累计开展查处海南毒豇豆、假劣防治甘蔗病虫害用农药、省局农资商品质量抽查报告不合格对象、非法经营《危险化学品名录》和《剧毒化学品目录》禁营农药等不合格农资商品活动近 20 次。

海南豇豆专项检查行动

名词注解 “两账两票”指进销货台账和进销货票据；“一卡一书”是指食品质量信誉卡、农村食品质量书。“索证索票制”是指销售商必须建立并执行进货检查验收制度，审验供货商的经营资格，验明产品合格证明和产品标识，并建立产品进货台账，如实记录产品名称、规格、数量、供货商的联系方式、进货渠道等内容，并且要建立产品销售台账，如实记录批发销售的产品品种、规格、数量、流向等，销售商应当向供货商按照产品生产批次索要符合法定条件的检验报告。

2010—2014年东莞市工商局农资商品监管情况表

表2

年份	检查经营者（户次）	抽检农资		查办案件（宗）	查扣不合格农资（公斤）
		抽检批次	合格批次		
2010	885	—	—	5	—
2011	2376	174	154	19	8600（化肥）
2012	722	131	105	14	18450.5（化肥）
2013	442	—	—	9	1253（化肥）
2014	956	—	—	10	—

【商品展销活动监管工作开展】 2010—2014年，东莞市工商局结合2010年7月国务院取消商品展销会登记事项，调整工作思路，将监管重点由对展销活动的准入把关转为对展销活动的行为监管。

制定展销活动监管指导意见 明确市会展行业协会、展销会场馆出租者、展销会主办单位和工商部门监管职责和义务。

强化特殊商品展销行政指导 要求并督促举办食品、食用农产品和药品展销活动举办单位，依法审查入场经营者的经营资格和落实产品安全“两项制度”（索证索票和建立台账），把好准入关。

加强展销活动现场监管 对展销活动现场做到每场必巡；对于社会影响大的展销活动，采用驻场办公方式管理，实时进行监控。

开展展销违法行为查处 重点查处参展经营者无证无照经营、销售假冒伪劣商品、商标侵权、虚假宣传、侵害消费者合法权益等违法行为。

【拍卖行为监管和备案工作开展】 2010—2014年，东莞市工商局采取多种途径，实施拍卖行为的规范化管理。

指导建设电子竞价系统 指导东莞市集中拍卖中心建设电子竞价系统，实行网上拍卖，确保竞价过程公平、公正，防止串标等违法行为。

实施现场及远程监控 要求市集中拍卖中心在每个拍卖厅安装监控设施，并在市工商局安装远程监控终端，实施对拍卖活动的现场和远程监管。

强化网上拍卖行为指导 加强与广东省拍卖业协会的沟通，指导东莞市拍卖企业开展网上拍卖业务备案工作，协助解决网上备案出现的问题，为企业备案提供保障。

2010—2014年东莞市工商局拍卖活动备案情况表

表3

年份	拍卖前备案（份）	委托合同金额（万元）	拍卖后备案（份）	成交合同金额（万元）
2010	2248	7030385.67	2144	1095703.76
2011	1673	5014280.97	1398	883575.51

续表

年份	拍卖前备案（份）	委托合同金额（万元）	拍卖后备案（份）	成交合同金额（万元）
2012	1819	37588044.7	1616	160676.9
2013	1606	9815710.67	1585	170519.22
2014	2141	569507.2	2134	299457.65

注：拍卖前备案和拍卖后备案数据的差别是因为拍卖备案时间差。

【二手车市场专项整治工作开展】 2010年，东莞市工商局为进一步促进履职到位，维护良好的市场经营秩序，牵头开展二手车市场专项整治工作。

开展实地走访 实地走访二手车市场和经营企业，调查全市二手车市场第一手资料。

开展专项整治 6月，召开全市二手车市场专项整治工作会议，在征求各部门单位和企业意见的基础上，制定并印发《东莞市二手车市场专项整治工作方案》给各镇（街）政府，从6月至11月期间，在全市组织开展专项整治行动。构建监管机制。协调工商、经信、财政、公安、税务、综合执法、物价等部门组成二手车市场专项整治工作协调小组，初步构建起二手车市场齐抓共管工作机制。

检查二手车市场经营户

【市场食品安全管理信息查询系统应用推广】 2010年，东莞市工商局在全市农贸市场推广自行开发的综合性市场食品安全管理信息查询系统（“市场通”系统）。

2011年，东莞市工商局对“市场通”系统的显示页面和功能进一步进行升级，内容涵盖市场食品安全监管、创建文明诚信市场、市场信用分类监管、创建食品安全样板市场等市场监管业务，初步搭建市场食品安全信息化新型监管平台。

2012年，东莞市工商局在巩固提高农贸市场应用“市场通”系统的基础上，拓展系统使用功能；以农副产品市场监管体系建设试点为契机，将其他与农副产品市场监管相关的部门信息纳入“市场通”系统，使“市场通”系统的功能更加全面完善，应用更加广泛。

2013年，东莞市工商局在抓好“市场通”系统数量推广的基础上，注重应用质量的提升。一方面落实系统网上日常巡查制度。指定专人负责，及时通过QQ群发布预警信息，督促分局开展“市场通”系统应用指导工作，督促市场开办单位履行市场食品管理义务。另一方面科学制定推广覆盖目标。考虑推广应用的可行性和安全监管的必要性，以食品经营户40户以上的农贸市场作为推广目标，确保系统推广应用工作科学合理。

截至2013年底，全市应用“市场通”系统的农贸市场达300个，超过全市总数的一半。

2014年3月1日起，东莞市工商局不再承担流通环节食品安全监督管理职能，“市场通”系统连同相关监管职能一道，移交市食品药品监督管理部门。

相关链接 “市场通”系统功能包括通知公告、索证索票台账管理、预警提示、信用分类监管、商品召回（退市）、食品检测和数据统计等模块，具有远程监控和实时监控、预警提示、快速反应处置应急、统计分析、食品召回退市、社会监督功能、行政办公功能、快速录入功能和网络对接等九大功能。“市场通”系统的推广应用，在进一步提高工商部门食品安全监管信息化水平，实现市局机关对分局、市场的实时监控和远程监控，消除监管人手少和监督任务重的矛盾，提高食品安全突发事件应对能力方面具有一定作用。同时，通过数据共享对接，将食品批发市场、农贸市场和食杂店之间的商品数据连接起来，形成工商系统食品安全信息化监管网络，并在与其他食品监管部门实现对接和资源共享方面打下较好基础。该系统于2009年完成开发，并率先于当年在全市38个食品安全样板市场中上线使用。

【食品市场行政执法工作开展】 2010—2014年，东莞市工商局突出重点开展食品市场行政执法工作，维护食品市场经营秩序。

突出重点时段加强食品市场监管 调整执法力量应对春节、中秋节和国庆节等重点时段食品消费高峰，查处销售假冒伪劣食品等违法行为。

突出重点品种加强食品市场监管 针对不同时期食盐、粮食、牛肉、散装白酒等出现的倾向性、普遍性问题开展专项执法检查，查处销售问题食盐、问题大米、注水牛肉等违法行为。其间查获问题食盐4980公斤、问题大米46.84吨、问题牛肉390.27公斤，查获并销毁散装酒1500多公斤。

突出重点对象加强食品市场监管 严查市场开办单位未依法履行法定义务的行为，督促落实台账登记和索证索票等制度，以及落实市场食品准入把关义务。

突出重点手段加强食品市场监管 通过实施市场食品质量抽检、实行驻场监管等方法，加强市场食品违法经营行为查处工作。2010—2014年，累计查处食品市场违法经营案件475宗。

【亚运期间食品市场监管工作到位】 2010年，东莞市工商局采取多项措施加强亚运会期间食品市场监管工作。

及早谋划部署 10月，制定《东莞市工商局第十六届亚运会期间市场监管工作方案》，明确监管工作措施、重点和要求。召开专项会议，提出具体指导意见，部署相关工作。

落实责任到人 强化任务管理，严格食品安全责任制度落实。要求辖区分局实行执法人员定点监管，每个市场安排具体人员负责，随时应对食品安全突发事件。要求大型食品批发市场、重点农贸市场开办单位在比赛期间每天向工商部门报告情况，严密监控市场食品经营动态。

实施全程监管 实行从经营户进货、查验、记录、上架到销售全过程的监管。对于比赛场馆及接待酒店周边1000米内的集贸市场，辖区分局实行执法人员驻场监管。

开展统一行动 于11月4—12日期间，开展全市工商部门市场监管统一行动，从市场开办者落实责任情况，食品台账、索票索证制度执行情况，上市商品违法经营情况等方面进行排查。

加强督查督办 对全市重点镇区、重点市场和薄弱环节进行抽查，对各基层分局监管情况进行督查，通报专项整治情况，确保市场不发生重大食品安全事件。

开展“迎亚运”市场监管统一行动

【食品批发市场专项整治取得成效】

2011—2012年上半年，东莞市工商局联合相关职能部门对全市食品批发市场（24个）和大型农贸市场（23个）开展专项整治，进一步加强食品批发市场监管，打击食品安全违法行为。

扩大整治行动的覆盖范围 2011年6月29日，争取市政府支持，以市政府名义召开全市工作会议，将整治行动由部门行为上升为政府行为、由工商部门单兵作战转变为多部门协同联动、由流通领域拓展为整个食品经营链条。

引导基层执法力量开展专项整治 调整年度基层分局绩效考核方案，引导基层执法力量查处未履行法定义务的市场开办者案件以及向公安部门移送食品安全案件。

加大刑事打击力度 密切与公安部门的联系，理顺案件移送手续，加快移送案件的定性审查，及时打击情节严重、性质恶劣的食品安全犯罪分子。

实施食品安全挂牌督办制度 拟定《东莞市食品市场、商场超市食品安全挂牌督办管理办法》，明确实施挂牌督办的违法行为、程序时限、督办单位、承办单位职责分工以及承担的责任等问题，推动履行镇（街）政府的流通领域食品安全领导作用。

强化相关责任人的责任落实 采取由工商分局与整治对象（24个食品批发市场、23个大型农贸市场）开办单位、开办单位与场内食品经营户签订承诺书的方式，警示明确违法行为责任。约定经营户因违法行为而被查处或被曝光的，市场开办单位有权单方面取消租赁合同，中止场内经营资格，督促市场食品经营者自觉履行食品安全法定义务。

加大食品质量监测和后续处理工作力度 拨付食品批发市场食品质量监测专项经费，制定食品监测计划，开展腊味、辣椒粉、饮料等食品的抽检，依法查处经营不合格食品行为，及时监督下架、回收不合格食品，防止不合格食品再次流入市场。整治行动期间，累计抽检食品100多个品种，查处违法案件109宗，查扣劣质食品20多吨。

【大岭山镇信立农副食品安全专项整治】

2012年，东莞市工商局开展大岭山镇信

立农副产品批发市场专项整治，并以此为带动，推进全市农副产品批发市场监管工作上台阶。

加强组织统筹 3月，牵头组织相关部门和大岭山政府成立整治领导小组，制定整治方案，明确部门分工和整治重点，派出工作组实行驻场管理。

严格监管执法 规范场内食品经营者主体经营资格，大力整治无证照经营行为，严厉查处食品经营违法行为。

开展食品抽检 将该市场列入年度市场食品质量安全重点监测对象，开展重点食品质量抽检。

指导强化管理 要求市场建立"海关"式进出货电子管理系统，加强进出食品登记、索证索票以及随机抽查管理，把好市场食品进出货关。督促市场管理方建立食品抽检制度，建立食品监督检测中心，设立食品抽检资金，开展冻品、腊味、粮油、辣椒、调味品等重点食品和大宗食品抽检。指导市场开办方建立工作人员考核奖惩辞退机制，强化内部管理。协助市场建立经营者退场机制，对多次违法、情节严重、屡教不改的经营者清退出场。整治活动期间，补办营业执照197户，经营者持照率100%；查处案件78宗；移送公安部门追究刑事责任案件3宗；抽检食品200余批次，投入资金40多万元。

开展检查调味品等专项整治

【农副产品市场监管体系建设试点工作开展】 2012年，东莞市工商局根据全市市场监管体系建设工作部署，稳步推进农副产品市场监管体系建设试点工作。

明确工作思路 确立"以食品安全样板市场建设为龙头、以农副产品批发市场为重点、以市场信息化管理为抓手"的整体思路，探索市场监管新型长效机制。

强化工作部署 11月6日，印发《东莞市农副产品市场监管体系建设试点工作方案》，明确试点工作目标、措施、内容和职责。

抓好试点带动 以大岭山镇信立农批市场为切入点，建立"政府统筹和部门联合驻场监管相结合""市场开办者自律管理""多层次食品检测"和"强化案件查办"四种监管模式，进一步探索长效监管机制。

搭建监管平台 利用市工商局开发的"信誉通"和"市场通"两套监管系统，提高监管工作效能。

【农副产品批发市场食品安全管理工作上台阶】 2013年，东莞市工商局在农副产品市场监管体系试点工作的基础上，结合大岭山镇信立农副产品批发市场整治经验，全面推进全市农副产品批发市场食品安全管理工作上台阶。

提升工作组织层次 推动试点工作上升为各级政府和相关职能部门联合开展的重点工作，改变市场食品监管由工商部门单打独斗的局面。

全面总结试点经验 推动由该市市

场监管办牵头，组织经信、农业、质监、卫生和食药监等多个部门在信立市场召开试点工作现场会并开展中期督查，全面总结信立市场监管体系建设经验。

建立新型监管机制 建立“政府统筹和部门联合驻场监管相结合”“市场开办者自律管理”“多层次食品检测”和“强化案件查办”四种监管模式，探索新型监管长效机制。

强化信息系统应用 针对农副产品批发市场经营特点，自行开发“农批市场食品进出场信息查询监管系统”，在市场进出口设置查验岗位实行“海关”式抽查，通过对食品进出场抽查、票货核查和票证扫描自动形成电子台账等手段，打造综合“部门远程实时监管和市场自律管理”平台，推动实现市场食品进场可追根溯源、出场可追踪去向。2013 年全市 24 个农副产品批发市场全部安装应用该系统。

【食品安全样板市场创建工作推进】 2010 年，东莞市工商局借助市政府确定全市增创 62 个食品安全样板市场，并将该项工作作为当年市政府为民十件实事之一的契机，发挥骨干部门作用，推动创建工作开展。

2010 年 3 月 12 日，全市创建食品安全样板市场总结表彰暨动员大会

抓组织领导 2010 年 3 月 12 日，争取市政府支持，召开全市创建食品安全样板市场总结表彰暨动员大会，总结部署全市食品安全样板市场创建工作。完善创建工作方案，确保创建工作有序开展。

抓学习培训 修订建设标准，印制建设标准手册；组织全市 32 个镇街分别召开样板市场建设动员会、协调会、座谈会和现场参观交流活动，讲解样板市场建设标准、具体要求、建设方法和有关事项。

抓督查指导 联合市经济和信息化局制定样板市场推进方案，组织 6 个督导组分赴各镇街督查指导，明确样板市场创建工作操作方法，强化创建工作推进力度、质量和效果。

抓制度落实 建立推行网上通报制度和现场督查制度，每月定期对各镇（街）样板市场建设工作总体进度和各市场具体进展情况进行通报，每半月以简报形式向市政府汇报工作情况。

抓长效机制 拟定《东莞市农贸市场升级改造实施办法》上报市政府，明确并规范农贸市场升级改造申报程序、改造标准、补贴措施和验收程序等问题，推动建立农贸市场升级改造长效机制。

2011 年，东莞市工商局借助市政府第三次将样板市场创建工作纳入市政府十件为民实事范畴的契机，进一步发挥工商部门作用，联合相关职能部门推进样板市场创建工作。截至 2011 年年底，全市累计创建食品安全样板市场 135 个。

2012 年，东莞市工商局继续坚持创建食品安全样板市场的思路，对农贸市

塘厦莲湖样板市场

场进行超市化升级改造，推动农贸市场的规范化管理。5月，东莞市工商局联合市经济和信息化局以市政府名义召开全市创建食品安全样板市场工作总结表彰会议。会上一并明确食品安全样板市场“回头看”制度。确定两个部门每年联合组织对已建成的食品安全样板市场逐一进行“回头看”检查,巩固创建工作成果。经检查未达标的市场须重新进行整改；经整改仍未达标的市场将被取消食品安全样板市场称号。2012年累计建成样板市场142个。

截至2013年底，东莞市共165个市场完成市场安全样板市场创建及农贸市场升级改造工作，改造市场面积达82.62万平方米。

2014年，由于市政府不再拨付农贸市场升级改造工作专项资金，没有开展对当年申请升级改造的农贸市场验收工作。

相关链接 2007年底，东莞市工商局党组为创新履职工作方式，提出“积极探索商品交易市场食品安全监管新模式，抓好样板带动”的思路。2008年3月6日，东莞市工商局下发《关于印发东莞市工商局创建食品安全样板市场工作方案的通知》，要求各工商分局以东城南区友谊城市场为蓝本，在辖区内至少创建一个样板市场。2008年，全市各镇街初步展开食品安全样板市场创建工作。2009年初，食品安全样板市场创建工作被东莞市人民政府列为十件实事之一。4月7日，东莞市人民政府在常平镇召开全市食品安全样板市场建设工作会议，介绍常平、东城等镇（街）样板市场建设经验，总结样板市场前期建设情况，进一步明确样板市场具体改造标准和要求。截至2011年，东莞市人民政府连续3年将该项工作作为年度政府十件实事之一。

【文明诚信市场创建活动影响扩大】 2010—2014年，东莞市工商局完善文明诚信市场创建活动措施。

制定创建标准 东莞市工商局结合省工商局要求，参考市政府农贸市场整治标准，分农贸市场和专业市场两类，从“市场依法经营、食品安全、场容场貌、经济效益、日常监测”等5个方面着手制定具体标准24项。

延伸活动社会影响 从连续获得文明诚信市场荣誉的农贸市场中，选定一部分进行重点培育，指导创建食品安全样板市场，延伸文明诚信市场创建活动的社会影响。

实行审查把关 申报对象经各镇（街）政府同意推荐后，由市工商局、市精神文明办和市经信局联合组织全市七至八个部门单位，对参评对象进行现场检查评选，确保活动的公正性和科学性。

多种形式营造氛围 将创建活动上升为政府行为，由工商局、文明办、经信局三部门联合发文并授匾表彰；要求各镇街通过电视广播开展宣传，推动镇（街）政府对市场表彰奖励；市工商局每年在工商红盾网上公示文明诚信市场名单，通过多种渠道，提升活动含金量和社会影响力。2010年，评选东莞市文明诚信市场194个，其中农贸市场133个、专业市场61个。2011年，评选东莞市文明诚信市场198个，其中农贸市场135个，专业市场63个。2012年，评选东莞市文明诚信市场178个，其中农贸市场124个，专业市场54个。2013年，评选东莞市文明诚信市场180个，其中12个市场被公布为省诚信示范市场，数量位居全省各地市之首。2014年，根据省工商局安排，没有开展文明诚信市场创建活动。

2010—2013年东莞市工商系统创建文明诚信市场情况表

表4

年份	创建文明诚信市场（个）		合计（个）	比上年增长(%)	创建省诚信示范市场（个）
	农贸市场	专业市场			
2009—2010	133	61	194	+5	—
2010—2011	135	63	198	+2	—
2011—2012	124	54	178	-10	—
2012—2013	120	60	180	+1	12

【网络商品交易市场监管工作取得成效】 2010年，东莞市工商局以国家工商总局实施《网络商品交易及有关服务行为管理暂行办法》（下称“49号令”）为契机，做好网络商品交易市场监管准备工作。

加强相关部门沟通协调 了解电信、公安和经信等部门监管和促进网络市场发展的措施，厘清工商与相关部门监管职责区分，建立沟通协调和监管线索移交机制，促进形成监管合力。

开展监管执法工作研讨 对现行工商法律法规进行细致研究，就工商部门网络市场监管与实体市场监管的衔接问题和监管平台建设等问题进行思考。

核实监管对象相关信息 通过多种途径收集全市经营性网站经营企业和通过互联网开展商品及服务交易的企业数据，核实企业登记注册等信息。

2011年，东莞市工商局逐步铺开网络商品交易市场监管实质性工作。

建立网络经营主体数据库 通过登记注册系统业务系统查询、与其他网络监管部门沟通、在相关网站查询，以及通过省工商局网络商品市场监管综合信息平台（网监平台）等渠道，建立全市网络经营主体数据库。

核查网络经营主体 通过核对登记数据库信息、电话了解和现场检查等方式，重点对“主体信息”和“联系信息”以及存在问题的网络经营主体网站进行核查。

开展网络违法行为查处工作 重点查处违反“49号令”自律管理责任、销售假冒伪劣商品以及对商品或服务作引人误解的虚假宣传等违法行为。2011年查处网络违法案件26宗。

2012年，东莞市工商局大力开展网络交易行为监管和行政执法工作，严厉查处网上违法违规经营行为，维护网络市场经营良好秩序。当年查处网络违法案件94宗。

2013年，东莞市工商局进一步加大网络违法案件查处力度，行政执法工作取得较大突破。

拓宽案件线索来源 依托省工商局网监平台，采取“以网管网”、线上日常巡查和线下实地核查相结合、通过相关部门协查函以及查办案件情况查处线下实体店等方式，拓宽网络案件线索来源。

提高执法业务能力 通过召开执法业务座谈会和案例信息共享等形式，提高基层执法队伍查办网络案件水平和技巧。2013年查处网络违法案件435宗。

2014年，东莞市工商局结合国家工商总局当年1月26日公布的《网络交易管理办法》，全面总结网络市场监管执法经验和做法，从执法办案机制、网络市场交易虚假宣传案件类型、案件线索发现途径、取证和固证技巧等方面进行分析，形成网络市场执法办案经验材料，指导基层分局进一步开展查处网络案件工作。该材料被省工商局作为指导查处网络虚假宣传案件的指导性文件下发至全省工商系统。并且相关经验在惠州市全省工商系统市场工作会议上被作介绍。2014年，东莞市工商局查处网络违法案件310宗，继续位居全省工商系统前列。

【电子商务产业发展情况调研成果得到多方认可】 2013年，东莞市工商局通过广泛搜集资料，深入企业和有关单位实地调研，客观分析制约东莞电子商务产业发展“五个瓶颈”，梳理东莞电子商务产业发展“五项优势”，提出“五条建议”，形成“三个五”的观点，为东莞发展电子商务产业提供参考。该文得到东莞市社会科学界联合会和省、国家工商部门的较高评价。（参见《理论研讨》编《探求东莞电子商务产业发展新途径》一文）

【集贸市场长效监管机制健全】 2014年，东莞市工商局针对少数集贸市场“脏、乱、差”以及无证照经营等现象比较明显的问题，着力推动集贸市场长效监管机制的进一步健全。

预先开展理论研讨 深入调研市场管理老大难问题的根源，形成《从东城市场看农贸市场规范管理》的调研文章，提出构建农贸市场管理长效机制的整体思路。

推动调整监管格局 推动政府领导担任召集人、商务部门负责协调统筹，形成“政府牵头统筹、市镇两级联动、部门联合、综合治理”的工作格局，解决市场开办者和管理者责任不落实，部门监管职责不清、分工不明的状况。

协力健全长效机制 主动与市文明办沟通协调，推动健全集贸市场综合监管长效机制。10月31日，促成市委高规格召开全市集贸市场综合整治工作会议，印发《关于建立健全东莞市集贸市场综合整治长效机制的实施方案》，以“三个整治、三个强化”（整治经营设施、整治环境卫生、整治食品安全，强化环境卫生责任制、强化督查通报、强化媒体曝光）为手段，建立健全市场开办者第一责任人制、镇街每月督查通报制、市级季度督查通报制、媒体暗访曝光制等工作机制，推动集贸市场长效监管机制的进一步完善。

【禽流感防控工作推进】 2014年，东莞市工商局针对禽流感疫情情况，以督促开办者和经营者落实“一日一清洗，一周一大消毒，一月一休市以及零存栏”措施为重点，开展活禽经营市场禽流感防控工作。2014年，全市工商系统检查活禽经营户23446户次，督促指导活禽经营交易市场休市2645次，休市档口8523户，集贸市场内没有出现人感染禽流感病例。

合同管理

【合同管理概况】 2010—2014年，东莞市工商局加强合同监管力度，开展不公平格式合同条款专项整治，依法办理动产抵押登记，开展“守合同、重信用”企业公示活动，着力推动全市诚信建设水平的稳步提升。其中，2010年，与东莞市旅游局联合制定《东莞市旅游格式合同备案工作实施方案》，共建旅游行业协同监管机制。2011年，针对打火机加盟企业涉嫌虚假宣传以及合同欺诈等问题，通过分析委托加工合同纠纷案例，提出警示和建议等方式，维护相关当事人合法权益。2012年，查处经营者利用合同格式条款损害消费者合法权益案件实现零的突破并取得显著成效，获评“全国整治利用合同格式条款侵害消费者合法权益专项行动基层先进单位”。2013年，着力推动合同格式条款案件查办工作常态化，推荐获得国家工商总局公示的“守合同、重信用”企业10家。2014年，将银行、通信、保险等公共服务及房地产行业不公平格式合同条款专项整治工作作为“十项改革措施”突破领域之一实行重点整治，进一步推动行业性不公平格式合同条款监管工作的开展；推荐获得国家工商总局公示的“守合同、重信用”企业14家。2010—2014年，东莞市工商局查办合同违法案件达461宗；办结动产抵押登记3302宗；受理合同调解申请221宗；公示“守合同、重信用”企业5897户次。

【合同监管力度加强】 2010—2014年，东莞市工商局强化合同备案工作，制定《东莞市农贸市场租赁合同示范文本》等材料，规范合同使用行为。从信息收集、强化投诉跟踪处理等方面着手，全面收集并整理形成“霸王条款”和合同违法案例数据库，加强合同监管力度。以查处合同格式条款违法案件为重点，提升经营者使用合同的规范化水平。

2010年，东莞市工商局与市旅游局联合制定《东莞市旅游格式合同备案工作实施方案》，建立长效协同监管机制，做好旅游行业格式合同的日常备案和检查工作。全年备案旅游格式合同10份。

2011年，东莞市工商局着重搜集消费、保险、旅游、餐饮娱乐和物流等领域“霸王条款”和合同违法案例，整理形成数据库，为开展针对性检查活动打好基础。针对打火机加盟企业涉嫌虚假宣传以及合同欺诈等问题，强化投诉处理工作。通过分析委托加工合同纠纷案例，适时在东莞红盾网发布公示，向投资人提出警示和建议。

2012年，东莞市工商局按照先易后难、重点突破的原则，着力开展查处格式条款违法案件工作。建立个案“一对一”指导机制，同时对违法手段隐蔽、线索收集难度大、案件性质把握难或具体定性难度大的格式条款案件开展专门研究，确保个案查处依法依规，有理有据。2012年，全市工商系统查处格式条款案件221宗，案件数量等多项指标位居全省前列，受到省工商局肯定。

2013年，东莞市工商局着力推动合同格式条款案件查办工作常态化，建立市局与分局案件查办远程实时指导联动机制，借助市工商局市场口QQ群建立监管执法实时交流平台，推动查办格式条款案件工作由运动式整治向常态化监管转变。2013年，全市工商系统查处格式条款案件138宗。

2014年，东莞市工商局在继续抓好格式条款案件查处工作基础上，梳理总结经验做法，完善格式条款线索点评分析工作机制，建立起“市局初审——市局分局共同点评——专门工作组复核定性——分局立案查处——案例全系统共享”工作模式，促进解决基层执法队伍查办该类案件信心不足等问题，推动实现查办格式条款案件工作的常态化。2014年，全市工商系统查处格式条款案件102宗。同年，市工商局将规范监管银行、电信业合同格式条款列入重点工作范畴，不定期对该类企业进行抽查，强化监管工作效果。

【动产抵押登记工作措施多样】 2010—2014年，东莞市工商局通过多种措施，发挥动产抵押登记工作作用，全力帮助企业扩大融资渠道，累计办结动产抵押登记3302宗，帮助企业融资821.04亿元。

严格抵押合同审查 坚持“三查三看”（查抵押物品，看是否超出抵押物登记范围；查登记资料，看资料是否真实有效；查企业登记抵押记录，看是否有同一物品重复抵押现象）原则，对办理动产抵押登记双方的主合同和抵押合同进行审查，依法开展动产抵押登记工作。

优化抵押操作规程 推行“规范程序、一次告知、便民高效”的操作规程，提高服务效率，对手续齐全且符合法定条件的，实行当场受理当场办结的做法。

提供登记便捷服务 采取电话预约、提前沟通等方式，及时解答当事人登记资料等方面问题的咨询，避免企业长途来回多次往返。简化手续，采取由上一个抵押权人提供同意证明文件的方式，解决重复抵押问题，提高登记工作便捷度。

制定登记标准模式 针对汽车、钢铁等部分特殊行业，制定抵押登记标准化模式，提高群众和企业办理动产抵押登记的便利性。

协商延长登记期限 通过加强与银行沟通，建议银行将一年一授信改为三年或五年一授信的做法，延长登记有效期限，减少重复登记手续，减轻银行和企业负担。

2010—2014年东莞市工商局动产抵押登记情况表

表1

年份	办结（宗）	解决融资（亿元）
2010	463	58.91
2011	630	146.37
2012	658	272.74
2013	619	141.56
2014	932	201.46

【合同争议行政调解机制逐步完善】 2010—2014年，东莞市工商局针对申请合同争议行政调解案例增多等情况，及时总结合同调解规律和经验，分析困难

和问题。2014年10月13日，制定《关于规范合同争议行政调解的工作意见》，明确对当事人申请的受理原则、范围、不予受理的情形以及当事人应提交的证明材料等事宜，规范调解立案条件，理顺调解流程，明确调解转案件处罚或转消费调解、调解时限及调解书面回复要求等问题，逐步完善合同争议行政调解工作机制，规范合同争议行政调解行为。2010—2014年，东莞市工商局累计受理合同调解申请221宗，均依法及时作出处理。

【"守合同、重信用"企业公示活动开展】2010—2014年，东莞市工商局以广东省"守合同、重信用"企业（下称"守重"企业）公示信息系统开通为契机，指导企业上线公示信用资料。把向全市各部门、单位征询意见的范围逐步扩大到23家，提升"守合同、重信用"企业评选质量，通过在《东莞日报》、东莞红盾信息网公布企业名单，提高公示活动社会影响力。2013年推荐申报国家级"守合同、重信用"公示的10家企业全部获得国家工商总局公示。2014年推荐获得国家工商总局公示的"守合同、重信用"企业14家。2013年起，每年将"守合同、重信用"企业纳入东莞市社会信用建设"红黑榜"向全社会发布。

"守合同、重信用"企业现场授牌

2010—2014年东莞市"守合同、重信用"企业公示情况表

表2

年份	公示企业（家）	数量变化（家）	比上年增长（%）	工商总局公示（家）
2010	993	+129	+15	—
2011	1083	+90	+9	—
2012	1103	+20	+1.8	—
2013	1323	+220	+19.9	10
2014	1395	+72	+5.4	14

【合同格式条款违法行为专项整治推进】2012—2014年，东莞市工商局以专项整治为主要方式，加强合同格式条款监管工作，在查处格式条款违法案件方面取得突破。累计查办案件461宗。

2012年，东莞市工商局全面开展合同格式条款专项整治工作，在查处经营者利用合同格式条款损害消费者合法权益案件方面实现零的突破。把查处合同格式条款违法案件纳入基层分局绩效考核范畴，鼓励基层分局大胆突破。开展摸底排查，建立数据库，为专项整治行动打下基础。建立格式条款定性分析制度，对涉嫌侵害消费者合法权益的格式条款进行研判及分析定性。发布典型案例，解决执法人员案件查办操作难题和违法条款定性问题。联合市消委会，利用东莞电台法律专题公益节目平台，邀请行业人士、律师对“霸王条款”进行点评，营造查处“霸王条款”的社会氛围。行动期间，点评格式条款86条，开展现场咨询活动32场次，责令整改格式条款210多条，指导企业规范格式条款32条。3月，指导南城分局办结全市工商系统首宗合同格式条款违法案件。

2013年，东莞市工商局结合推动合

全系统参加国家工商总局专项整治电视电话会议会场

同格式条款案件查办常态化工作，指导基层分局开展合同格式条款专项整治。

2014年，东莞市工商局将银行、通信、保险等公共服务及房地产行业不公平格式合同条款专项整治工作作为“十项改革措施”的突破领域之一，实行重点整治。通过实地走访企业、向社会征集、消费者投诉等方式搜集银行、电信等行业格式合同文本；通过专题研讨会的方式，邀请知名律师组成律师团参与分析点评，对涉嫌不公平的合同格式条款逐条进行分析研讨，确保认定违法合同格式条款的准确性；9月2日，召开全市涉嫌存在违法条款的银行、电信企业约谈会，要求与会企业限期完成问题条款查纠整改，提交书面整改报告，实行整改工作行政指导；开展案件查处工作，累计查处不公平格式条款案件19宗；采取对相关企业改正违法行为情况进行回查、通过媒体曝光拒不整改或整改不力企业以及实施行政处罚、记入信用记录等方式抓好后续跟踪，督促企业落实整改。

商标管理

【商标管理概况】 2010—2014年，东莞市工商局推动商标管理工作流程的条理化、清晰化，实现商标管理工作的制度化、规范化和程序化。开展商标培育、自有品牌宣传和商标专用权保护工作。其中，2010年，促成市政府颁布《关于大力推进商标(品牌)战略的工作意见》，深入推进商标（品牌）战略。2011年，与东莞市第一人民法院共同签署《关于加强合作共同打击商标知识产权侵权行为的备忘录》，从2010年开始，每年开展打击侵犯知识产权和制售假冒伪劣商品专项行动，查处商标侵权和制售假冒伪劣商品行为。2012年，举办商标（品牌）战略论坛，启用商标预警保护系统，每年监测企业商标及公共商标资源被抢注情况。2012年起，促成市政府领导连续2年现场指导驰名、著名商标企业座谈会，提高座谈会规格。2013年，筹备成立并指导东莞市商标品牌发展保护促进会开展工作，下放涉外、近似商标案件投诉受理权限。2014年，促成市政府颁发《东莞市商标专用权质押融资资助暂行办法》，率先在全省开展商标专用权质押融资全方位资助活动。组织开展《融资资助办法》解读和商标专用权质押融资银企对接会。与东莞市中级人民法院签署《加强司法行政协作 共建商标保护机制合作备忘录》。推进新《商标法》的贯彻实施，在全社会营造学习、运用商标法律法规的良好氛围。

【商标管理规范化水平提高】 2010—2014年，东莞市工商局结合商标管理工作实际，制定《建立商标预警保护系统工作实施方案》《东莞市工商行政管理系统建立商标印制单位数据库工作实施方案》等一系列文件，明确重点工作目标、步骤、措施和要求等问题，促进工作流程的条理化、清晰化，实现商标管理工作的制度化、规范化和程序化。

【商标培育工作开展】 2010—2014年，东莞市工商局进一步推进商标培育工作，扩大自有品牌阵容,提升自有品牌影响力。

扩大培育对象 关注全市注册商标企业成长情况，及时将经营规模较大、成长前景较好的企业吸收为培育对象，健全重点企业数据库，巩固品牌发展后劲。

实地开展引导工作 加强对企业进行点对点、面对面的指导、诊断，深入走访指导重点企业，提高企业商标创造、运用、保护和管理的能力和水平。

广泛听取部门意见 根据申报工作要求，了解相关企业是否存在税务、质监等部门管辖的违法行为，征求相关部门对培育对象申报著名商标的意见。

及时开展培训活动 组织召开著名商标申报和延续培育会，对申报、延续著名商标的企业进行培训，辅导企业做好申报、延续材料提交工作。

帮助解决相关问题 加强与税务、质监等部门的沟通，提前介入，解决企业申报过程中遇到的问题和困难。

协助开展认定工作 协助省工商局开展申报企业的现场实地检查，跟踪做好著名商标认定工作。（注：2013年后，省工商局将广东省著名商标认定职能移交给省商标协会履行。）2010—2014年，全市累计新增中国驰名商标44件，新增广东省著名商标180件；总数分别为62件、283件。新增注册商标68381件，全市注册总数102851件。

2010—2014年东莞市工商局商标培育工作情况表

表1

年份	注册商标		广东省著名商标		中国驰名商标	
	新增（件）	累计（件）	新增（件）	累计（件）	新增（件）	累计（件）
2010	10843	45313	25	191	1	21
2011	13476	58789	26	207	4	23
2012	10770	69559	30	226	11	34
2013	14947	84506	60	263	18	52
2014	18345	102851	39	283	10	62

【自有品牌宣传形式丰富多样】 2010—2014年，东莞市工商局围绕市委、市政府经济工作重心，每年确定宣传主题，全方位开展自有品牌宣传工作，推动企业通过商标（品牌）战略实现转型升级。

制作企业负责人访谈宣传片 以企业负责人访谈形式制作驰名、著名商标公益宣传片，连续在东莞电视台、电台以及镇街广电站滚动播放。

专题报道驰名、著名商标企业经验 联合东莞电视台、《东莞日报》对新认定的驰名、著名商标企业逐一采访，连续进行专题报道，介绍企业通过商标战略实现转型升级的经验做法。

开展读者互动活动 2010年7月，与东莞日报社合作举办“集商标 赏品牌”读者互动活动，参与人数不断增加，社会影响不断扩大。

多层次展示驰名、著名商标企业风采 每年发布大量户外公益广告，编印《驰名著名商标企业风采录》宣传册，展示驰名、著名商标企业风采。

举办商标宣传现场活动 每年“‘4•26’世界知识产权日”活动期间，组织基层工商分局举办商标宣传现场活动，接受企业、群众咨询，扩大商标工作关注度。

协助市政府召开驰名、著名商标表彰会议 对上一年度各镇街商标注册和驰名、著名商标认定情况进行通报，提升各镇街对商标(品牌)战略的重视程度。

【商标专用权保护力度加大】 2010—2014年，东莞市工商局多渠道建立商标案件线索网络，大力查处侵犯商标专用权违法行为，维护商标合法权益。

强化商标印制监管 针对东莞商标印制企业多、商标侵权问题容易发生等情况，定期开展商标印制单位专项整治行动，检查商标印制单位，开展企业行政指导，查处商标印制违法行为。

强化特殊标志保护 2010年，开展亚运会标志专有权保护行动，查处侵犯亚运会标志专有权案件；加强世博会标志保护工作，预防侵犯世博会标志专有权问题发生。

强化涉外商标保护 先后查处侵犯“惠普”“诺基亚”“三星”“耐克”“卡西欧”“金龙鱼”“宝洁”“LV”等涉外商标合法权益案件。

强化驰名、著名商标保护 通过召开驰名、著名商标保护座谈会等形式，对东莞市驰名、著名商标企业在市外、省外的商标保护情况进行调查摸底。争取省工商局和国家工商总局支持，帮助企业开展跨区维权。大力查处侵犯驰名、著名商标权益案件，震慑商标侵权违法分子。

强化展会知识产权保护 完善《东莞市展会知识产权保护指引》，规范展会知识产权保护；加强展会现场监管，按照“小展会巡查，大展会驻点”的原则，在广东外商投资企业产品（内销）博览会、国际名家具（东莞）展览会、中国（大朗）国际毛织产品交易会、模具制造机械展览会等重点展会上设立商标知识产权投诉点，实时监控展会商标使用情况，受理商标侵权投诉。

【打击侵犯知识产权和制售假冒伪劣商品专项行动开展】 2010年，东莞市工商局根据国家、省市专项行动部署，创新方式方法，全面开展专项行动。累计检查经营主体2万多户次，检查批发零售市场、集贸市场2816个次，查处商标侵权案件482宗，向公安机关移送涉嫌犯罪案件9宗，得到国家工商总局副局长付双建的肯定。

强化组织领导 成立领导机构，制订工作方案，形成全系统上下联动、分工协作工作局面。组织市局机关科室及分局负责人先后3次进行动员部署。建立联络员制度，确保上传下达落实到位。

营造行动氛围 在《南方日报》《南方都市报》《东莞时报》和东莞电视台等媒体报道商标保护做法，发布专项行动公益广告，曝光大案要案。在内部网站开辟专栏动态展示行动进展；每月编发行动简报；每周通报办案情况。

突出行动重点 结合东莞实际，强化商标印制行业监管，强化展会商标知识产权、涉外商标和驰名、著名商标保护，强化上级督办案件办理，强化流通领域和网络购物领域监管，确保行动效果落实。查处侵犯“耐克”“卡西欧”“金龙鱼”“宝洁”“NOKIA”“LV”等涉外商标案件141宗，查处侵犯“以纯”“小肥羊”等驰名商标案件61宗，查处利用互联网销售商标侵权商品案件3宗。

注重方式创新 2011年6月16日，与东莞市第一人民法院联合签署《关于加强合作共同打击商标知识产权侵权行为的备忘录》，建立司法行政保护合作机制。指导分局建立与商标权利人的双向互动，规范侵权商品鉴定方法。通过加强与属地知名企业的沟通联系，联合企业建立商标协作保护机制。通过在商场、市场建立商品商标档案、聘请保护品牌义务监督员等渠道，全面构筑注册商标专用权保护网络。

2012年，东莞市工商局在上年开展打击侵犯知识产权和制售假冒伪劣商品专项行动基础上，结合广东省“三打两建”（参见《经济检查》编【“三打”专项行动成效显著】条目）部署，进一步开展打击侵犯知识产权和制售假冒伪劣商品专项行动。累计查处商标侵权和制售假冒伪劣商品案件3246宗，向司法机关移送案件93宗。

明确打击重点 将展会、批发市场、大型商城及大型甩卖场等商标侵权案件易发地明确为重点整治区域；将箱包皮具、汽车配件、食品及家用电器等与民生密切相关的产品列为重点整治产品。

借助科技力量 4月，建立商标预警保护系统，动态监测全市企业的商标以及产业集群、特色行业、历史文化遗产等公共商标资源受抢注情况，及时发出预警提出建议，帮助商标权利人应对商标竞争威胁。

强化多方合作 强化机关科室之间的协调协作，及时为基层分局在商标案件查处过程中遇到的疑难问题提供指导。完善商标权利人信息数据库，加强与商标注册人及其代理人的信息沟通，形成企业、工商联合打假局面。加强与公安、法院等部门的刑事司法合作，进一步完善行政刑事衔接平台，及时做好商标犯罪案件移送工作。

2013 年，东莞市工商局继续深入推进打击侵犯知识产权和制售假冒伪劣商品工作。累计查处商标侵权和制售假冒伪劣商品案件 633 宗，向公安机关移送案件 21 宗。

2014 年，东莞市工商局继续保持对商标侵权和制售假冒伪劣商品违法行为的高压态势，推进“双打”工作。其间，从 7 月起，开展为期 5 个月的集中整治。累计查处商标侵权和制售假冒伪劣商品案件 283 宗，向司法机关移送案件 10 宗，移送犯罪嫌疑人 6 人。

【驰名、著名商标企业座谈会高规格召开】 2012 年 4 月 24 日，东莞市工商局组织召开高规格的驰名、著名商标企业座谈会，面对面听取企业在品牌建设方面的心得体会、存在问题和困难，以及对政府职能部门的意见建议；同时从加大商标战略工作投入力度，加强职能部门的沟通互动，强化对企业的指导服务等方面提出意见，鼓励企业实施商标兴企战略，坚定走品牌发展道路的信心和决心。副市长成洪波到会与 2011 年度新认定的驰名、著名商标企业负责人进行座谈，并肯定市工商局在培育商标等各项工作中取得的成绩。

2013 年 4 月 2 日，东莞市工商局继续高规格举办全市驰名、著名商标企业座谈会。副市长张科出席会议并作讲话，鼓励全市企业进一步坚定走品牌发展道路的决心和信心。

【商标预警保护系统作用发挥】 2012 年，东莞市工商局在深入研讨周密筹备的基础上，建成商标预警保护系统并展开该系统的试运行工作。通过该系统实施商标预警，可以比较全面地掌握东莞商标变化情况，动态监测全市企业商标以及产业集群、特色行业、历史文化遗产等公共商标资源被抢注情况，及时发出预警提出建议，帮助商标权利人提前应对商标竞争威胁。2012 年，该系统监测到东莞地区重点企业商标被抢注 254 件、需续展商标 202 件，发出预警通知书 183 份。

2013 年 4 月，东莞市工商局启动商标预警保护系统应用工作，进一步完善商标预警保护重点企业数据库，将全市老字号企业、上市公司等 972 家重点企业的注册商标纳入商标预警保护服务范围。启动法律援助机制，对东莞市“津威”“东华”“远梦”等企业商标被外省市抢注、侵权情况进行诊断，提供行政和司法的法律指导，帮助企业提升商标运用和保护水平。依托商标预警保护系统，编发《东莞商标报告》并向市政府提交《东莞市商标（品牌）发展情况统计报告》，分析全市商标基本情况、主要特点并提出对策措施，为东莞市培育开放型经济发展新优势提供决策参考。2013 年，累计向企业发出预警通知书 448 份，向相关镇（街）发出公共商标预警通知书 31 份；发布《东莞商标报告》2 期。

2013 年 4 月 3 日，东莞市 2012 年度驰名、著名商标企业座谈会暨商标预警保护系统启动仪式现场

2014 年，东莞市工商局向虎门、常平等镇（街）发出预警通知书，维护“虎门”“常平”等公共商标资源权益。争取国家商标局核准樟木头镇“樟木头观音绿”荔枝商标注册，为樟木头镇实施商标兴农战略提供帮助。通过法律援助，帮助东莞美驰图实业有限公司申请撤销他人抢注的“Maisto”商标。协助唯美、津威、美宜佳等企业开展跨区维权行动，为企业挽回经济损失 300 多万元。2014 年累计指导发出预警通知书 477 份，其中涉及企业的 475 份，涉及公共商标资源的 2 份。2012—2014 年，累计发出预警通知书 1552 份。

【商标（品牌）战略推进取得突破】 2010 年，东莞市工商局围绕加快转变经济发展方式、推进东莞转型升级，深入推进商标（品牌）战略。5 月，草拟并促成市政府颁布《关于大力推进商标(品牌)战略的工作意见》，明确地方政府、有关职能部门支持和参与实施商标（品牌）战略的指导思想，以及要求各镇（街）成立商标（品牌）战略工作协调机构、设立商标（品牌）战略工作经费等问题。该意见改变商标（品牌）战略工作由工商部门单兵作战的局面，标志着该项工作由部门工作上升为政府行为，是继 2001 年市政府确立“品牌立市”指导思想以来，东莞市实施商标（品牌）战略进程的又一里程碑。

【《关于加强合作共同打击商标知识产权侵权行为的备忘录》签署】 2011 年 6 月 16 日，东莞市工商局与东莞市第一人民法院共同签署《关于加强合作共同打击商标知识产权侵权行为的备忘录》，建立“联络沟通、信息通报、交流研讨、取证协助、调解工作和商标宣传”等六个方面的司法行政保护合作机制。该机制的建立是东莞市商标知识产权保护工作的一次重要事件，对于提高东莞市商标保护水平、优化东莞市场竞争环境、提升城市形象等方面具有作用。

【商标（品牌）战略论坛举办】 2012 年 4 月 19 日，东莞市工商局与市中级人民法院、市对外经济贸易合作局等单位联合举办“大力实施商标品牌战略 加快建立创新型经济强市”论坛。企业代表、新闻媒体近 400 人出席论坛。该论坛的举办，对于宣传商标（品牌）作用，提高企业商标(品牌)自我保护意识和能力，加大商标权行政和司法保护力度起到促进作用。

2012年4月19日，“大力实施商标品牌战略 加快建立创新型经济强市”论坛现场

【涉外、近似商标案件投诉受理权限下放】 2013年，东莞市工商局将涉外、近似商标案件投诉受理权限下放至分局，方便企业开展商标维权活动。为确保分局受理该两类案件的投诉，市工商局就投诉案件资料受理、近似商标认定标准等问题进行明确规定；加大对分局现场执法办案的实时指导；通过制定指导意见、开通业务工作QQ群、建立商标权利人信息数据库、搭建学习平台等方式，提高分局工作效能。

【《东莞市商标专用权质押融资资助暂行办法》出台】 2014年9月，东莞市人民政府颁布实施《东莞市商标专用权质押融资资助暂行办法》（下称“《融资资助办法》”）。《融资资助办法》首先在驰名商标企业试行，明确对从事商标专用权质押融资的银行等金融机构，以政府名义给予贷款风险补偿，对融资企业的商标评估费、融资利息以及为企业商标专用权质押融资提供服务的服务费进行全方位资助。（参见《东莞工商之最》编【全省商标专用权质押融资资助做法率先实施】条目）

相关链接 2014年初，东莞市工商局起草《融资资助办法（征求意见稿）》，多次联合市金融工作局、人民银行东莞中心支行等部门组织市科技局、市财政局、市农商行等单位进行讨论修改，并在征求部分重点企业意见的基础上，向市政府提交《融资资助办法（送审稿）》。《融资资助办法》明确，东莞市将对从事商标专用权质押融资的银行等金融机构给予贷款风险补偿，对融资企业的商标评估费、融资利息以及为企业商标专用权质押融资提供服务的服务费进行资助。资助申请每年集中受理一次，申请单位在融资企业获得商标质押融资后于次年3月31日前提出申请，经工商部门审查和公示后报财政部门统一拨付资助资金。

【《东莞市商标专用权质押融资资助暂行办法》推进实施】 2014年，东莞市工商局发挥牵头作用，从金融机构和企业两方面入手，推动商标专用权质押融资资助这项利企新政的实施。

组织《融资资助办法》解读活动 10月16日，牵头组织市金融工作局、市财政局、人民银行东莞市中心支行以及全市27家金融机构召开商标质押融资工作座谈会，对《融资资助办法》进行解读和说明。

搭建企业、银行合作平台 11月6日，召开有20家金融机构和24家驰名商标企业参加的银企对接会，搭建金融机构和驰名商标企业之间的合作平台，推动相关企业借助商标无形资产资本化运作拓宽融资渠道，解决融资难题。

【《加强司法行政协作　共建商标保护机制合作备忘录》签署】　2014 年 4 月 23 日，东莞市工商局与东莞市中级人民法院共同签署《加强司法行政协作　共建商标保护机制合作备忘录》，共建商标保护工作“联络沟通、信息通报”等六大机制，发挥知识产权行政和司法保护作用，加大对商标侵权行为的打击力度。

备忘录签署现场

【新《商标法》贯彻实施】　2014 年，东莞市工商局履行工商职能，大力推动新《商标法》的贯彻实施。

全方位开展新《商标法》宣传　4 月 10 日，召开驰名商标企业负责人座谈会，宣讲新《商标法》。与东莞电视台策划、制作时长 45 秒的新《商标法》电视宣传片。在全市主干公路、街道的大型户外广告牌、候车亭等户外媒介发布新《商标法》户外广告。在东莞广播电视台、各镇（街）电视站、LED(发光二极管) 电子显示屏、专业市场、大型超市以及该局内网视频栏目滚动播放新《商标法》宣传片。与市经贸、文化等部门联合举办“‘4•26’世界知识产权日”宣传活动，现场接受企业和群众咨询，派发新《商标法》宣传资料。

多形式开展新《商标法》培训　3 月 3 日，邀请《商标法》第三次修改草案起草小组负责人、国家商标局副局长吕志华授课，举办全市工商系统相关执法人员 220 多人参加的商标监管执法业务培训班。4 月 17 日，与市中级人民法院联合举办商标品牌行政及司法保护论坛。4 月 21 日，邀请著名商标法专家、西南政法大学教授邓宏光为全市工商系统相关执法人员及部分企业负责人授课，解读新《商标法》关于商标注册、运用和保护有关规定。组织全市工商系统相关执法骨干 50 多人参加全省业务培训，提高商标监管执法水平。

相关链接　2013 年 8 月 30 日，第十二届全国人民代表大会常务委员会第 4 次会议通过《关于修改〈中华人民共和国商标法〉的决定》。修改后的《商标法》于 2014 年 5 月 1 日起施行。

广告管理

【广告管理概况】 2010—2014年，东莞市工商局规范户外广告登记，强化新闻媒体和网络等形式的广告监测，加大广告日常监管力度。开展虚假违法广告整治工作，查处广告违法行为。完善措施，促进提高广告管理规范化水平。发挥虚假违法广告整治联动机制作用，联合相关部门强化广告发布行为监管。其中，2010年，创新广告监管联席会议召开方式；促进发挥广告行业社会作用。2011年，完善广告经营单位数据库，对全市广告经营单位统一进行标注。2012年，开展广告代理机构专项整治。2013年，开展广告业统计工作。2014年，落实国家工商总局对媒体单位发布的广告进行集中监测的部署。各项工作推进有序，维护广告行业经营秩序，净化全市广告发布环境，为维护、提升东莞形象作出不懈的努力。

【广告日常监管力度加大】 2010—2014年，东莞市工商局加大广告日常监管力度。

规范户外广告登记工作 按照“谁受理、谁审批”和方便申请人的原则，进一步规范受理医疗、药品等八大类广告以及跨镇街户外广告等的登记权限分工。

健全大型户外广告数据库 做好户外广告登记后续的跟踪检查工作，及时发现和查处发布内容与登记事项不一致的违法广告行为。

强化新闻媒体广告监测 以医疗、医疗器械、药品、保健食品、化妆品和烟草等虚假违法广告为重点，加强对广播、电视、报纸等新闻媒体的监测。其中，2010年投入几百万元率先在全省地级市建立全自动化广告监测系统。将该监测系统配置到所有基层分局，实现对全市73个电视广播频道的全面监控。

加强网站广告监管 重点监管全市112个网站的涉性医疗药品、保健食品广告，规范网站广告经营行为。

【虚假违法广告整治工作开展】 2010—2014年，东莞市工商局开展虚假违法广告整治工作，查处广告违法行为，促进提升企业发布广告行为的守法自觉性。

2010年，东莞市工商局为提升东莞作为广州亚运会三个协办城市之一的良好形象，9月28日起，在全市开展为期一个月的医疗、药品、保健食品广告专项整治行动。行动主要是整治户外广告、整治固定形式印刷品广告、整治手机淫秽色情和低俗信息、整治“紫砂锅”等重点广告、开展广告文字专项检查等。累计监测广告6330条，责令限期整改广告104个，查处广告案件（含虚假宣传）278宗。

2011年，东莞市工商局以网络涉性用品药品非法信息和非法网络公关广告、药品食品广告和房地产广告为重点开展整治行动。其间，查处“时尚先生网”发布非法涉性广告、“屈臣氏”食品违法广告等案件。累计检查网站112家次，查处广告案件（含虚假宣传）126宗。

2012年，东莞市工商局以医疗、药品、保健食品、食品等虚假违法广告为重点，进一步加大查处力度。其间，开展滥用“特供”“专供”文字商品、“杨教授聪明益气胶囊”“金奇仕”产品广告等专项整治。累计查处媒体发布违法医疗广告案件26宗；查处户外医疗广告违法案件115宗。

2013年4月，东莞市工商局按照《工商总局等八个部门关于开展整治虚假违法医药广告专项行动的通知》要求，加强与市卫生局、文广新局、食药监局等部门协作，形成监管合力。6月6日，与媒介单位签署《大众传播媒介依法发布广告承诺书》，督促依法开展广告经营活动。加强广告监测，大力查处广告违法经营行为。行动期间，检查媒介230家，监测广告79212条，查处广告案件226宗。

2014年，东莞市工商局根据国家工商总局、中宣部等八部门部署，于4—8月期间，以保健食品、保健用品、药品、医疗器械、医疗服务等广告为重点，开展互联网重点领域广告专项整治行动。行动期间，监测网站2050户次、互联网广告2199条次，查处违法案件259宗。此外，根据职能重点查处违法医疗广告行为，推动全市创建“平安医院”工作落到实处。全年查处广告案件222宗。

2010—2014年东莞市工商局广告日常监管和行政执法情况表

表1

年份	登记户外广告（宗）			监测广告（条次）	发布报告（期）	责令改正（宗）	查处案件（宗）
	市局	分局	总计				
2010	1124	1026	2150	6330	4	104	278
2011	717	734	1451	64764	4	46	126
2012	932	947	1879	83633	4	52	141
2013	1113	1092	2205	79212	4	83	226
2014	1185	1448	2633	69439	4	82	222

【广告管理规范化水平提高】 2010—2014年，东莞市工商局结合广告管理工作实际，制定《东莞市工商行政管理系统完善广告企业数据库工作实施方案》《东莞市工商行政管理系统广告监测工作实施方案》《关于进一步明晰岗位职责规范的工作方案》等一系列文件，明确重点工作目标、步骤、措施和要求等问题，促进工作流程的条理化、清晰化，实现广告管理工作的制度化、规范化和程序化。

【虚假违法广告整治联动机制作用发挥】 2010—2014年，东莞市工商局逐步推动建立完善虚假违法广告整治联动机制，强化市虚假违法广告整治工作领导小组成员单位的协调，促进联合打击虚假违法广告工作的开展。

牵头健全联动机制 2010年11月，牵头制定《东莞市整治虚假违法广告联动机制》，明确建立“审查批准文件抄送、监管信息通报、违法广告移送、全方位监管、违法广告公告”等制度。

推动履行职责分工 将广告监管责任分解到成员单位，明确各自职责分工，对广告活动中广告主、广告经营者、广告发布者实行全方位监管，将行政处罚与行政处理、责任追究、强制措施相结合，形成监管合力。其中2012年7月，根据国家工商总局等12个部门联合印发的《大众传播媒介广告发布审查规定》，进一步细化成员单位广告发布审查职责和要求。

联合曝光违法广告 联合市委宣传部，在《东莞日报》、东莞阳光网等主要媒体上，公告东莞涉及医疗、药品、保健食品等方面的十大典型虚假违法广告，扩大社会监督，震慑违法分子。

协同整治违法行为 加大成员单位的协作配合，推进落实“文件抄送、信息通报、案件移送”等联动制度，实现对严重违法广告的联合监管。截至2014年，各部门累计相互移送案件79宗。

【媒体发布广告行为指导】 2012年，东莞市工商局加强对媒体发布广告行为的指导引导，规范媒体发布广告行为。

加强行政指导 对存在轻微违法的媒体进行行政指导，引导其限期改正存在的问题。2012年，累计发出媒体单位《责令改正通知书》4份、《行政监督意见书》5份、《行政告诫书》6份。

开展法规培训 与媒体联合建立培训机制，加强对媒体广告从业人员的法律法规培训。2012年，市工商局集中培训东莞报业传媒集团广告从业人员56名，促进该单位从业人员广告审查水平和守法经营意识的提高。2012—2014年，累计向媒体发出《责令改正通知书》12份、《行政监督意见书》17份、《行政告诫书》46份；培训媒体从业人员153人次。

【广告监管联席会议召开方式创新】 2010年，东莞市工商局针对广告违法现象受到群众较大关注的问题，创新广告监管联席会议召开方式，促进提升广告监管效果。

提升会议组织层次 邀请市政府主管领导现场指导，推动成员单位履行监管职责。

扩大会议参与对象 以主办政协相关提案为契机，邀请多名政协委员参会，通过面对面沟通交流，促进政协委员对广告监管工作的了解和理解，发挥政协对广告监管的监督作用。

督促提高自律意识 组织南方日报、东莞电视台等9家省属媒体东莞版和市属媒体负责人列席会议，签署《拒绝发布虚假违法广告承诺书》，提高媒体自律意识。

相关链接 2005年8月3日，东莞市工商局牵头组织成立由市委宣传部、公安局、食药监局、卫生局、监察局（纠风办）和文广新局共同组成的东莞市虚假违法广告整治工作领导小组，建立广告监管联席会议等制度。联席会议的职能是：根据整治工作进展情况，提出阶段性整治重点；协调查处重大虚假违法广告案件；通报、沟通各部门专项整治工作进展情况，研究解决部门间协调配合中遇到的问题，完善有关监管措施；对整治工作中发现的薄弱环节和突出问题，研究具体应对措施；通报每季度广告发布监测工作及存在的突出广告虚假违法问题，并研究整治措施；确定应通过大众传播媒介公开曝光的全市性重大、典型虚假违法广告案件；分析广告业发展与监管形势，针对出现的新情况、新问题，结合整治工作实际，提出治理虚假违法广告的对策以及有关政策、法规建议。

【广告行业社会作用发挥】 2010年，东莞市工商局采取多种方式，促进全市广告行业社会作用的发挥。

举办廉政公益广告大赛 与市纪委、市监察局、市广告协会等单位联合主办东莞首届廉政公益平面广告大赛，展现广告企业热心公益、服务社会的责任感。

促进营造诚信自律氛围 发挥广告协会组织、协调、监督、服务职能，通过评选“争创广告行业先进单位”、编印广告会刊等形式，提高广告行业自律水平，促进提升全社会的诚信自律氛围。

组织参与社会公益活动 动员企业参与“创建国家环保模范城市”，以及亚运会前后城市环境整治等工作，开展发布相关社会公益广告等活动。

【广告企业数据库完善】 2011年，东莞市工商局对2740家广告经营单位数据进行确认，统一加注广告经营单位标志，完善广告经营单位数据库。

【广告代理机构专项整治开展】 2012年5月10日，东莞市工商局制订工作方案，开展广告代理机构防止腐败专项整治。专项整治在对全市1447家广告代理机构经营情况进行全面摸底的基础上，针对问题企业开展行政指导，督促广告企业开展自查自纠，改正问题，强化守法经营的自觉性。该项整治工作受到广东省工商局督查组的肯定。

【广告统计工作开展】 2013年，东莞市工商局按照广东省工商局部署，开展广告业统计工作。该项工作自4月开始，涉及广告经营单位1858家。截至2013年年底，完成统计上报的1795家，完成率96.6%。

【全国广告集中监测工作落实】 2014年，东莞市工商局落实国家工商总局从7月1日起，对全国163家媒体单位发布的广告进行集中监测的部署。

抓好协调部署 6月6日，牵头组织市委宣传部、市监察局（纠风办）、市文广新局，以及东莞广播电视台、东莞日报社、东莞时报社等单位相关领导及负责人召开会议，传达上级精神，并就进一步规范全市媒体广告行为交流和探讨。

专人跟踪落实 安排2名专职人员负责国家工商总局广告监测信息及监测线索处理和跟踪工作。截至2014年底，累计处理国家工商总局广告监测线索10宗51条次，发现违法广告15条。

法制工作

【法制工作概况】 2010—2014年，东莞市工商局完善基础制度建设，执法文书管理制度落实，提高办案指导成效。推行法制组工作制度，深入开展执法业务培训，促进全系统案件审核水平提高。进一步理顺行政执法与刑事司法衔接工作机制，建立与法院、检察院的案件讨论联系机制，推动法治工商建设进程。其中，2010年，被国家工商总局评为“全国工商行政管理系统法制工作先进集体”；被东莞市委评为“东莞市依法治市工作先进单位”。2011年，加大对“三虚一抽”（虚报注册资本、虚假出资、提供虚假材料骗取公司登记以及抽逃出资）及中介机构案件的考核力度，解决“三虚一抽”案件犯罪追诉标准过低问题。2012年，围绕“三打两建”（打击欺行霸市、打击制假售假、打击商业贿赂；建设社会信用体系、建设市场监管体系）中心工作，强化沟通协调，理顺法律适用等问题。2013年，推行法制组工作制度和执法业务培训制度，强化两法（行政执法与刑事司法）衔接工作。2014年，推进规范性文件修订梳理工作；试行异常和违法企业登记限制制度；着眼规范权力运作，开展执法指导与法制监督，为各项改革措施提供法律支撑，提升依法行政水平。

【行政执法规范制度建设完善】 2010—2014年，东莞市工商局完善行政执法规范的制度建设，促进执法权威和监管效能提升。

制定执法办案工作规程 制定《分局执法办案工作规程》，对分局办理案件的办案流程、程序要求、上线操作、报批步骤作详细规定，并绘制清晰明了的办案流程图，便于执法人员遵照执行。

完善案件审批程序 修订《东莞市工商行政管理系统案件查办权限及审批程序规定》，重新划定分局案件审批权限。

完善案件审议流程 制定《东莞市工商行政管理局案件审议委员会工作制度》，明确案件审议委员会的组成、职能、工作流程、表决程序、案审意见形成等事项；下发《关于落实案件讨论制度的通知》，指导办案单位建立完善案件讨论机制。

完善案件执行制度 修订《东莞市工商行政管理系统执法案件申请人民法院强制执行工作规则》，明晰申请时限、申请流程、材料准备、人员安排等方面要求。其中，2014年，向法院申请强制执行案件156宗，执行罚没金额256万元。

完善执法文书管理制度 启用新版执法文书，制定《东莞市工商行政管理系统执法文书管理暂行规定》，完善文书管理与使用规定，规范执法办案工作。其中，2012年，印制新版执法文书11种。

全面梳理规范性文件 制定《东莞市工商行政管理局梳理规范性文件工作方案》，开展规范性文件梳理工作。截至2014年底，梳理规范性文件795份，其中拟保留482份，拟废止191份，拟修订110份。

【行政执法监督力度加强】 2010—2014年，东莞市工商局加强行政执法监督力度，促进增强全系统依法行政意识。

强化案件审核工作 严格把关，突出对案件证据、自由裁量权的审核，保证案件定性准确、事实清楚、证据充分。

其中，2013 年，开展全系统 33 个基层分局专项执法监督检查，检查分局执法文书管理和使用、涉案物资管理以及案件讨论等方面工作。

强化案件指导工作 通过电话、论坛等沟通方式，解决执法人员在实际工作中遇到的疑难问题；通过法制审查提前介入等做法，为办案人员实时提供法律指导意见。其中，2010 年，法规部门参与查办“广东亚特通信有限公司违法提供声讯服务案”“王爱祥、马鑫违法从事测绘设计案”等案件，法律指导工作及时有效。

强化权力运作规范 完善修订《东莞市工商行政管理局行政处罚自由裁量标准》，按照较轻、一般、严重等三个等次重新进行具体划分和修订，修订裁量标准 559 项，被市法制局纳入《东莞市行政处罚自由裁量标准汇编（2014 版）》；结合食品监管职能交接、企业年检制度废除等工商职能变化，梳理拟废除的行政审批项目 8 项。

2010—2014 年东莞市工商局案件审核与函件回复情况表

表 1

年份	审核（宗）	市局讨论（宗）	征求意见函件（份）	回复企业信用证明函件（份）
2010	288	20	30	67
2011	360	13	31	190
2012	575	48	13	176
2013	261	35	30	286
2014	373	35	20	115
总计	1857	151	124	834

【行政执法与刑事司法衔接工作推进】

2010—2014 年，东莞市工商局加强与公安局、检察院等司法机关的沟通协调，理顺行政执法与刑事司法衔接工作机制，推进涉嫌犯罪案件移送工作。其中，2010 年，向司法机关移送涉嫌犯罪的商标侵权案件 6 宗。2011 年，针对食品安全形势严峻、食品添加剂事故频发等问题，强化食品案件查处力度，移送大岭山镇信立农批市场经营户加工销售添加罗丹明 B 的辣椒粉等案件 5 宗。2012 年，与市公安局就案件先行移送、涉案物资处理、案件信息反馈、现场执法衔接、证据收集要求、违法事实协商认定等问题达成共识；探索建立检察机关提前介入的新型案件移送机制，提高移送成功率和案件侦破率；调整商业贿赂案件移送标准，确保队伍执法安全。2013 年，着眼解决分局案件移送工作的疑难问题，进一步理顺行政执法与刑事司法衔接工作机制；与法院、检察院建立案件讨论联系机制。2014 年，配合市检察院完善信息平台录入工作，录入案件信息 1200 余条。

2010—2014年东莞市工商局移送涉嫌犯罪案件情况表

表2 （单位：宗）

类型＼年份	2010	2011	2012	2013	2014	总计
商标侵权	6	18	166	61	53	304
食品安全	2	19	54	14	0	89
虚报注册资本	0	0	1	5	1	7
总 计	8	37	221	80	54	400

【法制队伍素质能力提高】 2010—2014年，东莞市工商局从提升工作能力、激发工作热情等方面入手，选拔法制员，实行基层法制人员跟班学习制度，加强法制人员岗位技能培训，推进法制组建设，提升全系统案件审核水平。

选任法制员 对法制员的级别、学历、专业知识等作出具体规定，采取由分局根据市局设定的条件进行推荐，市局进行筛选后择优任命的方法选任法制员。截至2014年底，全系统任命法制员104名。

推行法制组工作制度 2013年4月10日，印发《东莞市工商行政管理机关法制组工作制度》，明确分局法制组的组成、职能、工作原则、案件讨论等问题。通过推行法制组的做法，提高案件审核水平，凝聚法制员集体智慧，解决法制员岗位不独立等造成的案件核审质量上存在的问题。

做好新法规宣传培训工作 举办《行政强制法》《消费者权益保护法》《企业信息公示暂行条例》等新法规培训班，做好新法规的宣传、讲解、培训工作。

创新法制员培训方式 采用案例教学、小团队跟班等学习模式，分期分批对全系统法制员、执法办案骨干进行培训。其中，2013年，邀请学员所在单位执法工作分管领导参与案例评析会旁听；2014年，以“案件核审”“行政复议与诉讼业务”“强制执行与案件移送”为主题集中课程，形式多样，效果较好。

【行政诉讼案件办理】 2010—2014年，东莞市工商局完成应诉行政诉讼案件72宗。其中，2010年，因执法办案行为不当而提起的诉讼减少，因虚假签名、虚假材料导致的登记纠纷增加；同时，法院针对登记类案件的审理方式由形式审查向实质审查转变。全年办理诉讼案件20宗。2011年，案件诉讼类型涵盖注册登记、执法办案、政府信息公开、行政不作为、国家赔偿等多个领域。其中，诉讼中附带国家赔偿的请求明显增多。全年办理诉讼案件16宗。2012年，行政诉讼案件数量呈下降趋势，但案件类型更加多样化。出现国家赔偿、政府信息公开等行政纠纷案件。全年办理诉讼案件9宗。2013年，诉讼类型涵盖行政处罚、政府信息公开、消费纠纷处理等领域。其中，针对消费纠纷处理结果不服的诉讼呈上升态势。全年办理诉讼案件6宗。2014年，行政诉讼案件案情进一步复杂化。因不服行政处罚而引起的诉讼数量明显增加，部分案件在诉讼过程中多次开庭。全年办理诉讼案件21宗。2014年，行政首长出庭应诉制度实行后，行政首长出庭应诉案件4宗。

2010—2014 年东莞市工商局办理行政诉讼案件情况表

表 3　　　　（单位：宗）

类型＼年份	2010	2011	2012	2013	2014	总计
诉违法登记	12	5	2	0	2	21
诉行政不作为	6	1	2	0	2	11
诉侵犯人格权	2	0	0	0	0	2
国家赔偿	0	3	2	0	1	6
行政强制措施	0	1	0	0	0	1
行政处罚不当	0	5	3	4	16	28
政府信息未公开	0	0	0	1	0	1
消费申诉处理不当	0	1	0	1	0	2
总计	20	16	9	6	21	72

【行政复议案件办理】　2010—2014 年，东莞市工商局依法办理行政复议案件 181 宗。其中，2010 年，因消费争议而引起的行政复议案件呈增长趋势，全年办理行政复议案件 9 宗。2011 年，行政复议案件呈现三个特征，即案件类型增多，涵盖注册登记、执法办案、政府信息公开、行政不作为、国家赔偿等多个领域；复议诉讼中附带国家赔偿的请求明显增多；职业投诉人复议案件数量较多。全年办理行政复议案件 18 宗。其中，由职业投诉人提起的行政复议案件 7 宗，占复议总数的 38.9%。2012 年，职业投诉人提起复议的案件进一步增加，且复议的针对性和专业性更强。全年办理复议案件 15 宗。2013 年，行政复议案件数量大幅上升。其中，消费申诉类案件增多、确认违法案件增多、行政复议胜诉比例下降。全年办理行政复议案件 77 宗。其中，因消费申诉举报产生的 69 宗，占复议总数的 89.6%。2014 年，因行政处罚特别是查处虚假宣传行为引发的复议案件明显增加。全年办理行政复议案件 62 宗。

2010—2014 年东莞市工商局办理行政复议案件情况表

表 4　　　　（单位：宗）

类型＼年份	2010	2011	2012	2013	2014	总计
行政处罚	2	5	3	8	15	33
行政不作为	6	12	0	0	0	18
行政登记	1	0	2	0	2	5
强制措施	0	1	0	0	0	1
消费申诉举报	0	0	9	69	44	122
政府信息公开	0	0	1	0	1	2
总计	9	18	15	77	62	181

【听证申请受理】 2010—2014年，东莞市工商局受理听证申请419宗。其中，2010—2012年，批量吊销案件听证比例较大，行政处罚案件听证比例只占小部分。2013年，当事人不服行政处罚的听证数量首次超过半数，并呈现案件类型多、案情复杂程度上升的特点。2014年，听证申请总数大幅下降。其中批量吊销案件比例更少，行政处罚案件比例则大幅上升，并且案件类型更多、案情复杂程度更大。

2010—2014年东莞市工商局听证情况表

表5

年份	受理申请（宗）			召开听证会（宗）
	总计	批量吊销（宗）	其他行政处罚（宗）	
2010	102	91	11	95
2011	98	90	8	93
2012	99	70	29	73
2013	72	35	37	72
2014	48	3	45	48
总计	419	289	130	381

【“五五普法”工作获得肯定】 2010年是中央宣传部、司法部组织实施的全国第五次五年（2006—2010年）普及法律宣传教育活动（下称“五五普法”）收官之年。5月18日，市委宣传部副部长胡毅峰率市“五五普法”检查验收组一行4人到东莞市工商局检查验收普法工作。胡毅峰认为市工商局在普法工作中利用媒体力量、注重针对性和实效性的做法，工作扎实，成效显著。

2010年5月18日，东莞市“五五普法”检查组到市工商局检查工作

【行政执法证资格考试工作开展】 2011年，东莞市工商局通过多种形式加强执法业务培训，并于5月19日组织全系统公务人员参加行政执法证资格考试，获取“行政执法证”。当年共有838名执法人员通过国家工商总局相关考试，取得国家工商总局核发的“行政执法证”。

【异常和违法企业登记限制制度试行】 2014年7月30日，东莞市工商局基于信用监管的需要，制定下发《东莞市工商行政管理局关于对异常和违法企业实施登记限制的管理办法（试行）》《东莞市工商行政管理局关于对异常和违法企业实施登记限制的指导意见（试行）》，对被纳入异常经营名录和存在严重违法问题的企业的登记业务进行审查把关，实施审慎审查，完善违法企业登记业务监管方法；同时，以东城、大朗分局为试点单位，试行违法企业受限制度。

【行政首长出庭应诉制度推行】 2014年，东莞市工商局全面推行行政首长出庭应诉制度，即对于重大复杂、社会影响面大的案件，由行政首长亲自出庭或委托分管领导出庭应诉。10月21日，东莞市中级人民法院在东莞中学松山湖学校公开审理东莞市奥普特自动化科技有限公司不服东莞市工商局行政处罚上诉案。东莞市工商局副局长王争光代表市工商局出庭应诉。庭审中，法院认为市工商局行政处罚事实清楚、证据充分，当场驳回上诉人的上诉请求，维持行政处罚决定。2014年，行政首长出庭应诉案件4宗，占全部诉讼案件的26.7%。

纪检监察

【纪检监察概况】 2010—2014年，东莞市工商局围绕部门中心工作，开展党风廉政教育，提高队伍拒腐防变能力；贯彻党风廉政建设责任制，强化各级领导“一岗双责”（“一岗”指一个领导干部的职务所对应的岗位；“双责”指一个领导干部既要对所在岗位应当承担的具体业务工作负责，又要对所在岗位应当承担的党风廉政建设责任制负责）意识；加大纪检监察信访查纠力度，严肃查处违法违纪行为；深入推进行政执法监察和窗口效能暗访，防范廉政和监管风险；开展政风行风民主评议和向监管服务对象述职述廉等活动，强化内外监督；创新廉政文化建设方式方法，拓展廉政文化宣传阵地，推动建设一支清正廉洁的干部队伍。其中，2013年起，将廉政文化建设作为一项系统性工程，加强统筹谋划；出台《东莞市工商行政管理局廉政文化建设指导意见》，按照“分局试点、全面铺开、机关基层互动推进”三年三步走的设想，推动构建东莞工商廉政文化新格局。2014年，修订《岗位过错责任追究办法》，使责任追究更具针对性、操作性和实效性，筑牢廉政建设防线，预防岗位履职过错。

【党风廉政教育开展】 2010—2014年，东莞市工商局开展党风廉政教育，夯实廉政防线，提高队伍拒腐防变能力。

强化纪检监察队伍素质 通过举办全系统纪检监察工作培训班、分片召开兼职纪检监察员座谈会、跟班学习等形式，引导全系统兼职纪检监察干部提高政治素质和业务水平，正确处理各种工作关系，推动纪检监察工作开展。

广泛灵活实施教育引导 通过开展纪律教育学习月活动、举办专题辅导讲座、参观廉政教育展览、观看机关作风暗访专题片等形式，将集中学习、个人自学、座谈讨论、网络教育进行有机结合，深入开展理想信念、党纪政纪法纪、正反面典型和风险防范教育，提高党员干部的拒腐防变能力。其中，2010年制作的风险防范动漫宣传短片受到干部职工的普遍欢迎。

突出职务犯罪行为预防 将预防职务犯罪作为源头防腐的重要工作，通过编印失职渎职案例集、举办预防职务犯罪专题讲座、开展专题调研等方式，完善防控机制，防止失职渎职犯罪发生。其中，2011年，组织200多名干部职工参观全国检察机关惩治和预防渎职侵权犯罪展览；2013年，编印《工商部门失职渎职案例汇编》，并组织党员干部开展以案说纪、以案说法活动。

【党风廉政建设责任制贯彻落实】 2010—2014年，东莞市工商局坚持以党风廉政建设责任制为龙头，强化各级领导干部“一岗双责”意识，推动党风廉政建设各项任务落到实处。坚持每年年

召开全系统党风廉政建设工作会议

初召开党组会议专题研究党廉工作任务、召开全系统会议部署党廉工作、印发党风廉政建设和反腐败工作部署分工意见，细化任务、明确分工，确保党廉工作落实到位。坚持围绕年度工作情况，提升党廉工作成效。其中，2010年，组织对2001—2010年期间制定的61项反腐倡廉规章制度进行清理完善，构建东莞工商特色的反腐倡廉体系。2011年，完善领导干部廉政档案，完成全系统109名正副科级领导干部《廉政卷宗》的填报和归档。2012年，修订《东莞市工商行政管理系统党风廉政建设责任制考核办法》，进一步调整细化考核标准。2013年1月，创新考核形式，组织对虎门等11个工商分局党风廉政建设情况进行考核，通过实地抽查回访被考核分局辖区市场主体和被处罚对象、与特邀行政廉政监督员进行座谈等方式，全面检查各工商分局领导班子和班子成员落实党风廉政建设责任制情况，并进一步强化考核力度，推动基层分局落实党风廉政建设责任制。

【纪检监察信访查纠力度加大】 2010—2014年，东莞市工商局坚持将纪检监察信访作为联系群众、化解矛盾、纠正错误的重要途径，对群众的来信来访，做到件件有着落、事事有结果。针对群众反映强烈的信访问题，深刻剖析原因，并通过建章立制，堵塞漏洞，避免同类事件再次发生。2010—2014年，累计受理群众举报335宗，办结335宗。

2010—2014年处理投诉举报基本情况表

表1

年份	受理（件）	办结（件）
2010	81	81
2011	63	63
2012	74	74
2013	46	46
2014	71	71
总计	335	335

【行政执法监察活动推进】 2011—2014年，东莞市工商局开展行政执法监察活动，通过查阅案件卷宗、回访处罚对象、核对业务信息等方式，检查发现执法办案工作中存在的不规范问题及履职风险点。其中，2011年，对15个分局的执法文书管理情况展开专项执法监察，针对发现的问题及时制定《执法文书管理暂行规定》。2012年，针对部分案值较大的行政执法案件开展专项执法监察，并结合“三打”（打击欺行霸市、打击制假售假和打击商业贿赂）工作，出台《关于进一步加强全市工商系统行政执法监察工作意见》，推动完善业务规范、指导有方、监督到位的工作机制。2013年，继续针对“三打”期间存在的问题，对执法文书管理和使用、涉案物资管理以及案件讨论等问题，先后开展专项执法

监察2次。2014年，针对群众反映强烈的信访问题和全系统行政复议、行政诉讼案件，开展执法监察活动2次。

【政风行风民主评议活动取得成效】 2010—2014年，东莞市工商局根据全市民主评议政风行风活动安排，深入开展政风行风民主评议活动，推动全系统履职作风和工作效能的提升。

建立行评机制 建立“党组统一领导，‘一把手’负总责，班子成员分工分片包干，纪检监察部门组织协调，有关部门归口负责，干部职工全员参与”的行评工作机制。

强化内外宣传 通过开辟行评专栏、编写活动简报、制作政风行风评议活动光盘等方式，以及利用海报、横幅、显示屏等载体，加强内外宣传。

广泛听取民意 建立工商红盾网网上调查平台，设置评议意见箱，开设热线电话；开展走访党政机关、人大代表，以及企业、个体户活动，以及通过发放回收调查问卷等方式，收集意见建议，广泛听取民意。

切实抓好整改 纠建并举，制订规范性制度，明确责任单位和整改时间，抓好群众意见建议的整改落实，确保活动取得成效。其中，2011年，市工商局在市、镇两级行风评议中，以总分98.85分在10个参评部门中位居榜首，受到参评代表的一致好评。2013年，市工商局在全市测评中，市局机关以96.99的总分在26个参评部门中排名第二，其中行评团成员评议部分获96.37分排名第一；15个分局在镇街行评中跻身前三，其中虎门等6个分局名列榜首。其间，市纠风办到市工商局办事大厅，选取部分办理业务的群众现场开展满意度测评，派出和收回测评表33张，满意度为100%。

【执法人员向市场主体和服务对象代表述职述廉活动开展】 2010—2013年，为推动强化沟通交流、及时化解矛盾、宣传工商职能、树立部门形象，东莞市工商局分期分批开展基层行政执法人员向市场主体和服务对象代表述职述廉活动（下称“双述”活动）。其中，2010年8月，组织13个分局31名正、副分局长向360位市场主体、服务对象和社会各界代表进行公开述职述廉，征集各类意见建议140多条；2011年8月，组织9个分局22名正、副分局长向276位市场主体、服务对象和社会各界代表进行公开述职述廉，征集各类意见建议32条；2012年，组织11个分局27名正、副分局长向304位市场主体、服务对象和社会各界代表进行公开述职述廉，征集各类意见建议43条。2013年，东莞市工商局修订《东莞市工商行政管理系统基层行政执法人员向市场主体和服务对象代表述职述廉工作实施意见》，并在石龙等11个分局开展“双述”活动，征集各类意见建议46条。（2014年没有开展“双述”活动。）

【廉政文化建设创新性成效较好】 2013—2014年，东莞市工商局将廉政文化建设作为一项系统性工程，加强统筹谋划；创新推进方式，按照“分局试点、全面铺开、机关基层互动推进”三年三步走的工作设想，集全系统之力构建东莞工商廉政文化新格局，增强队伍向心力和凝聚力。

创建活动示范单位 2013年，市工商局指导茶山、塘厦两个试点分局创新廉政文化表现形式，从硬件建设、制度建设和主题活动建设等方面重点推进，丰富工商系统党廉文化内容，并以点带面带动其他分局。

强化活动整体统筹 2014年，出台《东莞市工商行政管理局廉政文化建设指导意见》，明确廉政文化建设指导思想、总体目标、工作内容，成立组织领导机构，并将廉政文化建设列为年度党廉考核内容，形成推动建设的长效机制。

鼓励打造活动亮点 2014年，鼓励分局因地制宜开展活动，主动创建亮点，打造各具特色的廉政文化宣传阵地。其中，茶山分局创建廉政文化走廊、廉政文化工作室和廉政风险教育室；塘厦分局设计廉政文化电影墙；沙田分局打造廉政文化投影室；桥头分局打造办公区“走廊文化”、办公室“网络文化”和读书学规“书香文化”。

拓宽活动平台 开辟内部网廉政文化专栏，设置图片展廉、廉文荐读、廉政影像、格言警句、经验交流等功能板块，建成兴廉倡廉网络阵地，强化清正廉明、健康向上的廉政文化氛围。

开展主题活动 2013年，组织开展廉政短文征文活动，一篇作品被《东莞日报》和《东莞纪检监察》分别采用；一篇作品在全省工商系统“红盾诗韵”诗歌朗诵比赛中获一等奖；2014年8月，26个作品在全省工商系统“红盾清廉”原创作品征集活动中获奖。（参见《文化建设》编【读书文化活动硕果累累】条目）10月，开展全市工商系统“培育和践行社会主义核心价值观”暨廉政建设书画比赛，征集书画作品近90幅，评出一、二、三等奖共21个，优秀作品奖20个。

廉政小品《现场办公进行曲》

【基层分局行政审批电子监察测评活动开展】 2010年3月，东莞市工商局以省工商局行政监察业务系统和市局视频监控系统为依托，通过统计行政审批超时办理情况、随机抽查窗口服务视频录像等方法，对全系统33个工商分局登记窗口的服务质量进行综合评价，实施行政审批电子监察测评。4月20日，首次向全系统通报测评结果。首次测评结果通报后，基层分局超时登记审批的业务宗数明显下降，年检期间针对窗口服务质量的投诉也明显减少，较好地促进全系统行政审批业务的规范高效运转。截至2012年，东莞市工商局累计通报测评结果3次。2012年后，该项工作由全市行政审批电子监察绩效测评活动统一组织。

【“一岗一预防”工作开展】 2011年4月，东莞市工商局结合市纪委“一岗一预防”活动安排，以及市局机关和基层规范化建设工作，以定岗定责和风险防控为主线，合理调整科室工作岗位，制定岗位工作指引，明晰每个岗位的工作职责、办事流程、业务规范、风险点、风险等级以及预防措施，建立科学的岗位廉政风险防控体系，从机制上增强整个队伍的“抗风险”能力。

【“行政三公开”活动试点工作开展】 2011年，东莞市工商局借助被市纪委确定为“行政三公开”（权力运行公开、裁量标准公开、审批流程和结果公开）活动6个试点单位之一的契机，对照标准和要求，重新明确任务和措施，对原有行政公开工作进行全面梳理、查漏补缺、修改完善。2011年6月，首次向媒体开放局长办公会议。8月，举办以“加强行风建设、打造‘阳光工商’”为主题的“行政三公开”开放日活动。2012年，细分“协调组织活动”“公开权力运行”“创新公开方式”和“完善公开平台”等四个大项共14个小项内容，深化“行政三公开”工作；将事关人民群众切身利益的权力行使过程作为公开重点，利用政府公报、触摸屏和行政权力公开透明运行网等多渠道、全方位公开相关工作，主动接受社会各界监督。

相关链接 2011年1月，为进一步推进行政权力公开透明运行，增强行政工作的透明度和公信力，市纪委十二届六次全会决定在市社保局、市城乡规划局、市外经贸局、市食药监局、市科技局和市工商局等6个部门开展“行政三公开”试点活动。

【岗位过错责任追究制度完善】 2014年，东莞市工商局针对履职形势发展的实际情况，重新梳理工商部门的履职风险点，修订新的《岗位过错责任追究办法》。将追究内容从31项增加到93项，并细化追究方式和追究范围，明确责任，规范操作，使责任追究更具针对性、操作性和实效性。

【日常督察力度强化】 2010—2014年，东莞市工商局强化行政效能、队伍纪律作风、监管工作质量等方面的日常督查，提升全系统的行动力和执行力。

强化行政效能监督 通过行政监察业务系统，开展全系统注册登记、市场合同、广告及食品流通许可等登记审批情况，以及分局履行重点行业、一般行业、主管行业的日常监管职能开展网上督察。

强化纪律作风督察 检查全系统登记注册窗口工作秩序、工作效率、服务态度、着装仪表、上班纪律等情况，开展窗口政风行风暗访调查；检查执法车辆管理制度和车辆使用登记制度落实情况，开展执法车辆使用及管理情况督察；检查分局假期车辆使用情况、值班制度落实情况和节后上班秩序情况，开展节假日期间纪律作风督察。

【专项工作督察开展】 2010—2014年，东莞市工商局开展各项专项工作督察，推动各项工作落到实处。

开展沐足及商场无照经营清理工作专项督察 2010年，重点对沐足和500平方米以上商场等清理工作落实情况进行暗访检查，累计检查沐足企业474户、商场121户。

开展“三打”工作专项督察 2012年，针对查办“三打”案件的线索处理、调查取证、行政强制等12个环节，全面检查基层执法办案存在的问题，分析归纳主要问题与风险点13项。

开展流通环节食品监管工作专项督察 2012年，重点对食品经营户建立购销台账、执行索证索票制度等情况进行了解，针对分局履行食品监管职能情况展开专项督察，累计抽查食品经营户40户。

开展注水牛肉清查情况专项督察 2013年2月，组织开展注水牛肉专项行动情况督察，抽查牛肉经营户55户。发现并反馈经营户涉嫌无照经营、部分在售牛肉检验检疫证明不齐全、少量在售牛肉质量异常等问题，推动清查行动深入开展。

开展预防“搭车收费”专项检查 2013年3月，根据省工商局通知精神，组织开展预防“搭车收费”专项检查，推动个私协会与工商登记注册大厅彻底分离、分局窗口实现“零收费”等工作措施的贯彻实施。

开展《企业信息公示暂行条例》落实情况专项督察 2014年10月起，以开展年报宣传、业务培训、窗口服务等工作为重点，对莞城等16个分局落实《企业信息公示暂行条例》情况开展专项督察，推动年报工作全面铺开。

文化建设

【文化建设概况】 2010—2014年，东莞市工商局坚持务实、创新的工作导向，建立干部队伍普遍认同的奋斗目标、价值标准和行为准则。以推进十项创新工作和十项改革措施等为重点，以高效执行为核心，丰富管理文化。以展现敢于担当的履职理念、营造内和外顺的履职环境、凝聚上下一致的履职力量等为核心，创新履职文化。以激发干部职工奋进意识、提高执法人员业务技能、提升干部队伍综合素质、营造积极向上的工作氛围等为重点，创新激励文化。（部分内容参见《经济检查》和《人事管理》编）通过开展探访慰问、扶贫济困、志愿服务等活动，丰富人文文化。（参见《党群组织》编《中共东莞市工商行政管理局机关委员会》分目）通过形式多样的文娱活动，丰富干部职工业余生活，提高队伍凝聚力和向心力，实现“用文化带队伍”的新跨越。

【管理文化推进】 2010—2014年，东莞市工商局切实发挥工商管理文化的导向功能，提升综合履职水平，进一步开创工商行政管理工作的新局面。其中，2010年，东莞市工商局的指导思想是：“以科学发展观为统领，认真贯彻落实全省工商行政管理工作会议和市委十二届六次全会精神，落实调结构、稳增长、惠民生的决策部署，突出服务升级促发展，突出监管执法促转型，突出队伍管理促提升，在巩固现有工作成果的同时，满怀激情，凝聚力量，推动东莞工商在新里程上的新跨越。”2011年，东莞市工商局的指导思想是：“认真贯彻落实全省工商行政管理工作会议精神，以全面建设法治工商、信用工商、信息工商为目标，立足东莞工商实际，以机构改革为契机，再造基础优势，着力推进职能履行的规范高效；再造创新优势，着力推动重点工作的落实到位；再造人才优势，着力推进队伍素质的全面提升，坚定不移地走有东莞特色的现代工商发展之路。”2012年，东莞市工商局的指导思想是：“认真贯彻落实全市第十三次党代会精神，立足东莞工商实际，进一步转变工作的方式方法，以工作创新拓展服务内涵，以执法办案助推市场监管，以科学管理激发队伍活力，因应形势，突出重点，不断创新，为实现东莞工商行政管理工作高水平崛起而努力。”2013年，东莞市工商局的指导思想是：“认真贯彻落实党的十八大、全省工商行政管理工作会议和市委十三届三次全会精神，紧紧围绕东莞高水平崛起的战略部署，全力助推产业结构调整升级，切实保障和改善民生福祉，探索‘宽进严管’的市场监管体系，提升队伍科学化管理水平，奋力开创东莞工商行政管理科学发展新局面。按照这一总体思路，全系统将重点推进‘十项创新工作’（指：巩固完善东莞商改模式，打造全国一流的网上登记注册大厅，做好商事登记的监管衔接，全力服务“三重”建设，建立商标（品牌）发展保护机制，大力培育电子商务产业，强化流通环节食品安全监管，严查严控传销违法行为，推进保障民生服务工程，统筹推动“两建”工作），以创新带动改革，再造服务发展新元素；全面夯实‘十项基础工作’（指：开展前瞻性的统计分析研究，规范业务数据管理，完善执法办案机制，提高12315整体运转效能，加强队伍日常监督，全面推广应用岗责管理系统，优化干部队伍建设，加强兼职纪检监察员队伍建设，夯实档案管理基础，实施资产配置标准化），以规范助推业务，再展内部管理新气象。”2014年，东莞市工商局的指导思想是：“认真贯彻落实党的十八届三中全会、全省工商行政管理工作会议和市委十三届四次全会精神，紧紧围绕东莞高水平崛起的发展大局，将改革贯穿于全系统职能履行和队伍管理的各个环节，以改革促职能转变、促业务创新、促履职到位、促作风优化，巩固‘双十’（十项创新工作和十项基础工作）成果，释放改革红利，全面铸造东莞工商行政管理事业新辉煌。围绕这一目标和要求，全系统将重点推进十项改革措施，激发全系统创新发展的力量源泉；健全六项长效机制，夯实全系统高效运行的基础保障。”

【履职研讨活动取得成绩】 2010—2014年，东莞市工商局开展履职工作理论研讨征文等活动，推动履职工作开展。2010年以来，开展“转型东莞与工商使命”“推进‘三型两改’服务社会建设”“建设市场监管体系　营造良好营商环境”和“聚焦改革创新　共绘发展蓝图”等主题征文活动，以及广告业发展、商品交易市场规范管理等研讨会。截至2014年底，形成理论研讨文章100多篇。其中《关于大力推进商标(品牌)战略的工作意见》《关于工商部门对网络市场监管的思考》《发展广告创意产业　推动东莞品牌经济》《探求东莞电子商务产业发展新路径》《以全程电子化登记管理为突破口实现营商环境新提升》等文章先后被省工商局、国家工商总局采用，入选省市重要刊物和领导参阅资料。（参见《党群组织》编《工商行政管理学会》分目）

【读书文化活动硕果累累】 2010—2014年，东莞市工商局重视通过读书文化活动丰富干部职工精神文化生活。活动开展得有声有色，硕果累累。其中，2010年10月，东莞市工商局组织参加广东省工商系统“服务加快转变经济发展方式”主题读书演讲比赛决赛，1名选手获一等奖。2011年1月，市工商局组织参加广东省工商系统“服务加快转变经济发展方式”基础知识竞赛，获二等奖。2013年7月，组织参加广东省工商系统“红盾诗韵”诗歌朗诵大赛，获一等奖。2014年8月，组织参加全省工商系统“红盾清廉”廉政文化原创作品征集活动。其中，自行创作的微电影《误会》等3个作品获一等奖，另有4个作品获二等奖，19个作品获三等奖，获奖作品26个，占总奖项的22%；市工商局获评“单位优秀组织奖”。同月，组织参加广东省直工委、广东省作家协会举办的“中国梦•我的梦”主题诗词创作邀请赛，1名选手获一等奖；1名选手获二等奖。

“红盾诗韵”诗歌朗诵比赛

【业余文体活动形式多样】 2010—2014年，东莞市工商局利用工余时间开展羽毛球、篮球、足球、瑜伽、歌咏等文体活动，倡导健康有益的工商文化生活。其中，2010年8月，组织参加广东省工商系统“迎亚运、促和谐”篮球赛，获“优秀组织奖”。2012年5月和10月，分别与市邮政局、海关和口岸局联合举办青年联谊活动。2013年“五四”青年节期间，组织青年干部职工到东莞市福利院看望慰问孤残儿童。2013年6月，举办以“和谐同心筑，关怀相伴行”为主题的工商文化系列讲座。

东莞市工商系统业余篮球赛

【敬老爱老服务工作深化】 2010—2014年，东莞市工商局通过召开离退休干部新春茶话会；为离退休干部订阅《东莞日报》《老人报》和《秋光》杂志；组织离退休人员参加健康检查；定期探视患病离退休干部；为80岁以上离退休干部举办生日会等活动，深化对离退休干部的服务工作，体现组织温暖和对前辈工商人的关心关怀。

【首届业务辩论大赛举行】 2012年2月，东莞市工商局首开全市政府机关业务辩论的先河，按照解决问题、促进工作的宗旨，以“创先争优激扬红盾”为主题，举办东莞工商系统首届辩论大赛。该次活动设计辩题12道，共有29个分局、116名选手组成24支代表队参加。经过四轮21场的角逐，清溪分局、塘厦分局分获冠、亚军，南城分局、常平分局获得季军；另有2支分局联队获得优胜奖；6个分局获得优秀组织奖；1名选手被评为“最佳辩手”；9名选手被评为“优秀辩手”。

东莞工商系统首届辩论大赛

【改革制度政策环境优化】 2010—2014年，东莞市工商局加强和国家工商总局、省工商局的沟通联系，主动争取先行先试的政策支持，营造良好的改革环境。2013年3月11日，东莞市工商局促成东莞市委书记徐建华率队拜访国家工商总局，争取国家工商总局对东莞商事制度改革的政策支持。国家工商总局副局长刘玉亭接待东莞拜访团，总局法规司等部分司局负责人参加座谈。

【创新氛围得到营造】 2013年3月21日，东莞市工商局印发文件，明确在落实市局年度工作中，能根据本单位、本区域特点，在服务与管理中创造性工作，措施和方法具有前瞻性、独创性，质量和效果较好，被社会和市场主体广泛认同和肯定的，经市局党组评估和讨论后可予以通报表彰。2013 年表彰创新工作 10 件；2014 年表彰创新工作 4 类 32 件，推动全系统提升工作效能，优化服务质量。

【信息编报工作获上级肯定】 2013 年 4 月，东莞市工商局获批成为国家工商总局政务信息直报点。该事件标志着东莞工商行政管理工作得到国家工商总局的更大关注。2010—2014 年，东莞市工商局加强与国家工商总局、省工商局以及市委、市政府的信息对接，及时反馈工作最新动态。截至 2014 年底，累计被国家工商总局采用信息调研 56 篇，被省工商局采用 191 篇，信息调研工作稳居全国、全省工商系统以及全市各职能部门前列。连续 5 年被省工商局和市政府评为政务信息工作先进单位；连续 2 年被国家工商局总局评为政务信息工作先进单位；先后有 17 人次被评为全国、全省工商系统以及全市政务信息工作先进个人。

【社情民意互动活动开展】 2010—2014 年，东莞市工商局采取多种渠道，加强与企业、群众以及媒体的良性互动，增进相互了解。

参加在线访谈节目 局领导每年带队参加全市“阳光热线”上线直播，就消费维权、登记注册、商事制度改革、大众创业等社会关心关注的热点问题进行解读，即时回应网友留言和群众来电投诉咨询，与群众进行在线交流；参加“广东民声热线”、东莞阳光网“阳光会客厅”等节目，聆听社情民意。

加强与新闻媒体互动交流 结合“3•15”国际消费者权益日、商事制度改革、市场监管体系建设等重大事项召开新闻发布会；组织主流媒体对“三打两建”（打击欺行霸市、打击制假售假、打击商业贿赂；建设社会信用体系、建设市场监管体系）、商事制度改革等重大事件进行宣传报道。特别是商事制度改革期间，各级媒体密集到莞采访，工商部门与媒体的互动非常频繁，宣传推动工作的平台拓展。其中，2011 年 6 月，首次向媒体开放局长办公会议，进一步扩大与媒体之间的交流渠道。

发挥网络交流平台作用 2012 年 3 月 15 日，上线运行东莞工商官方微博，借助微博操作简便、传播速度快、社会关注度高的特点，主动发布各类工作动态信息，及时跟踪回复网友各类咨询评论。截至 2014 年底，发布微博 1371 条；新浪微博“粉丝”量达 15541 名。

【工商历史搜集展示工作铺开】 为展示东莞工商行政管理事业历史沿革、职能特点、工作成果和人文精神，打造传承精神、教育培训、对外交流的一流载体，增强干部职工的集体荣誉感和归属感，助推队伍履职层次提升和工商建设事业发展，2014 年 10 月，东莞市工商局组建展馆办，开展工商历史搜集展示相关工作。先后参观北京市工商局和东莞市委组织部、市边防检查站、东莞日报社等单位史展馆；通过召开基层分局座谈会等方式，收集历次制服、工号牌及办公环境、文化活动等方面富有部门特色和时代气息的资料 500 多件；通过开展离退休干部走访采访活动，收集拍摄记录、回忆早期工作事件的纸质、语音和视频资料一批；通过到市档案局、市图书馆等部门单位查阅资料，以及向市收藏家协会等团体和个人征集资料等渠道，收集民国时期营业执照等珍贵史料一批，为展示工作的开展打下较好基础。

信息化工作

【信息化工作概况】 2010—2014 年，东莞市工商局以工商数据资源体系建设为主线，加强信息化顶层设计和信息安全保障，着眼业务处理、办公自动化、绩效管理、硬件升级维护、档案管理、外资无纸化网络登记及年检试点、电子营业执照等方面业务，加快推进工商信息化体系建设，为营造宽松平等的准入环境、公平竞争的市场环境和安全放心的消费环境提供技术支撑。其中，2010 年，以机房迁移为契机，进一步规划信息化软硬件布局，对机房综合布线进行梳理，做好应用系统服务器迁移工作，建立健全网络安全防护体系，在硬件支撑、网络稳定、数据安全等方面提升规范化管理水平。2011 年，推进外商投资企业全程电子化网上登记注册及年检试点工作，探索推进电子签名、数字证书在登记注册及年检中的使用；上线应用新版“12315”系统。2012 年，按照商事制度改革工作要求，升级改造业务信息系统，满足商事登记功能需求；与东莞市政务信息资源共享平台实现数据对接，确保设立登记业务数据信息 1 小时内同步，实现工商资料实时推送，为全市商事制度改革后，各部门信息交换顺畅，及时实施后续监管提供保障。2013 年，以松山湖高新区为试点，推进电子营业执照创新探索工作，发放首批 10 户企业电子营业执照。2014 年，进一步推进电子营业执照应用平台建设，以集群企业为试点，实现全程电子化登记管理、企业信用信息公示、企业电子档案查询等功能。

【办公自动化系统运行高效】 2010—2014 年，东莞市工商局以公文管理、通知公告、请休假管理和固定资产等模块的运行管理为重点，加强办公系统维护管理，保障文件高效流转。其中，2011—2014 年期间，累计收文 20801 份，发文 2431 份，内部行文 9898 条，发布通知 3569 份，登记请休假信息 756 条、固定资产信息 148605 条。

2010—2014 年东莞市工商局办公自动化系统运行情况表

表 1

年份	收文（份）	发文（份）	内部行文（条）	发布通知（份）	网上请休假（条）	固定资产合计（项）
2010	—	—	—	—	—	—
2011	4194	481	1602	792	210	38269
2012	5188	594	2095	846	132	35152
2013	5563	612	2512	906	146	35616
2014	5856	726	3689	1025	268	39568
总计	20801	2431	9898	3569	756	148605

注：2010 年数据缺失。

【业务系统功能完善】 2010—2014 年，东莞市工商局针对“新增需求、变更需求、新增功能、改进功能、修正错误”等因素，对业务系统进行升级完善，推动业务系统功能更加全面，运行更加稳定。其中，2010 年，调整、优化登记业务模块，增加食品流通许可证设立登记、拍卖会网上备案、著名商标认定或延续等功能。2011 年，优化完善登记业务模块功能，完善食品流通许可证登记系统，解决冠省名企业食品流通许可证办理问题。2012 年，着重对系统进行升级，累计升级操作 24 次，将业务系统升级为 P1.18 版本。2012—2014 年期间，运行维护修改申请信息 17054 条、登记管理业务信息 13804 条、执法监管业务信息 1149 条、综合监管业务信息 1746 条。

2010—2014 年东莞市工商局业务系统维护情况表

表 2

年份	运维修改申请（条）	登记管理业务（条）	执法监管业务（条）	综合监管业务（条）
2010	—	—	—	—
2011	—	—	—	—
2012	4105	2983	421	621
2013	6368	4923	318	991
2014	6581	5898	410	134
总计	17054	13804	1149	1746

注：2010 和 2011 年数据缺失。

【绩效系统作用增强】 2010—2014 年，东莞市工商局加强绩效系统建设，量化考核范围从窄到宽，考核层次从浅到深，考核指标从粗放到科学，形成比较完整的绩效评价体系，基本实现指标数据采集自动化、绩效计算自动化、作业流程规范化、数据展示图形化的目标。其中，2010 年，设置项目 88 个，工作指标 178 个。2011 年，增加为 105 个项目，196 个工作指标。2012 年，调整为设置项目 98 个，工作指标 194 个。2013 年，设置项目 68 个，工作指标 151 个。2014 年，设置项目 27 个，工作指标 80 个，既比较全面、又比较科学地涵盖业务工作的各项重点。

【任务管理系统上线应用】 2010 年，东莞市工商局针对人手少、任务重的问题，按照“向信息化要效率”的工作思路，自主研发任务管理信息化系统。通过该系统，可将重点工作任务细化分解交办至个人。工作人员在线反馈信息资料，汇报工作进展，反馈办理结果；督办人员在线实施督查，推动任务执行进程；系统自动保留任务办理的操作信息和提交资料痕迹，实时呈现任务执行的始末过程。该系统的上线应用，改变传统督办模式，把督办任务各环节转为电子化流程，实现重点工作任务的网上交办、网上反馈、网上督查、网上展现，形成以目标倒逼进度、以督查倒逼落实的约束机制，提高机关执行力。

【岗位履职及风险防范管理系统开发应用】 2011 年，东莞市工商局借助信息化平台作用，探索开发覆盖机关与基层，具有规范与评价功能的岗位履职及风险防范管理系统（下称“岗责系统”）。通过建立岗责系统，一方面能规范工作行为，达到从“规范行为”到“行为规范”的效果；另一方面，通过该系统把各单位具体工作岗位与该岗位实际工作人员的基本信息相匹配，全面展示和评估各具体工作岗位的履职情况，以动态、非量化的评价方式促进机关和基层同步实现职责到位、责任到人、规范到岗。2012 年 11 月 9 日，该系统上线试运行。

【档案信息化建设取得进展】 2010—2014 年，东莞市工商局通过建立健全档案工作制度、理顺档案工作流程、开展数字化档案室建设及档案业务理论研讨等工作，推进档案信息化建设，提高档案现代化管理水平；完善登记档案数字化管理系统，完成纸质登记档案的数字化扫描加工以及扫描件查询利用服务。其中 2012 年，升级业务综合信息系统登记年检业务档案移交功能模块；上线数字化档案管理系统预整理、移交、整理模块；围绕档案综合管理升级工作重心，完成《档案管理制度汇编》；向市档案局提交申请，完成“省特级档案综合管理单位”申报工作，在推动提升档案管理工作水平方面作出较大努力。

【全程电子化登记管理系统建设】

探索系统建设需求 根据 2011 年 9 月，国家工商总局批准东莞市工商局成为外商投资企业全程电子化网上登记注册及年检改革试点的文件精神。为做好试点工作，2011 年，东莞市工商局对电子签名、数字证书等在登记注册及年检中的应用进行探索，完成外商投资企业全程无纸化年检信息化系统的需求分析、开发和部署工作。

搭建系统硬件平台 2012 年，东莞市工商局加快推进外商投资企业全程电子化网上登记注册及年检改革试点工作。协助开发公司搭建具有 13 台 PC server 组成的服务器群组，为系统的上线运行提供稳定高效的硬件平台。

启动系统首次应用 2013 年，东莞市工商局在完成电子营业执照应用平台（参见《市场主体登记管理》编【电子营业执照工作稳步推进】条目）一期建设后，将外商投资企业网上登记注册及无纸化年检系统整合为电子营业执照应用平台中的功能模块，并完成首家外商投资企业网上登记注册业务。

拓展系统功能覆盖 根据 2014 年 10 月《广东省工商行政管理局关于同意东莞市为全程电子化登记管理试点市的函》的精神及省政府批示，东莞市在辖区所有市场主体中试点全程电子化登记管理工作。2014 年，东莞市工商局以集群注册企业（参见《市场主体登记管理》编【电子商务企业集群注册试点】条目）为试点，完成有限公司的名称核准、设立登记功能模块开发，并于 4 月 1 日在松山湖高新区上线使用。

【商事制度改革信息化建设获省工商局肯定】 2012 年，东莞市工商局在全市推广商事制度改革。为适应商事制度改革的需要，东莞市工商局对业务系统登记功能进行改造；同时，开发、完善市政府资源共享平台、外资无纸化网上年检登记系统以及电子营业执照平台等内容，得到省工商局的肯定。

2013年8月16日，广东省工商局信息中心到市工商局调研商事制度改革信息化建设工作

【政务信息资源共享平台应用】

实现平台数据对接 2012年，为确保全市实施商事制度改革后，各部门信息交换渠道畅通，为后续监管提供保障，东莞市工商局围绕履行“前端准入”的登记注册职责，及时调整业务系统端口，迅速实现与东莞市政务信息资源共享平台的数据对接。

扩大平台应用范围 2014年4月起，东莞市推行“十证联办”（十证是指：外商（台港澳）投资企业批准证书和批复文件、营业执照、组织机构代码证、国税税务登记证、地税税务登记证、社会保险登记证、新设外商投资企业外汇信息登记、财政登记证、海关报关单位注册登记证、检验检疫自理报检单位备案登记证）的做法。为此，东莞市工商局及时在市政务信息资源共享平台上新增“名称核准信息”“名称核准股东信息”等功能，并铺开有关信息推送工作，确保“十证联办”工作开展。截至2014年底，基本实现工商资料实时推送至该平台；通过该平台实现涉税资料、企业登记资料等向国、地税等政府部门的自动推送；履行牵头责任，引导相关部门自行通过该平台查询下载资料，逐步扩大该平台的应用范围和应用层次。

【网上办事大厅工商板块完善】 2013—2014年，东莞市工商局配合市电子政务办公室，在网上办事大厅东莞分厅工商板块中，逐步增加各子项办事指南、表格下载、业务咨询、进度查询和结果查询等功能，完善网上办事大厅东莞分厅工商板块建设。截至2014年底，东莞市工商局在网上办事大厅东莞分厅发布服务事项95项，其中行政许可事项92项，开通网上办理88项，网上办理率为95.65%，办事深度三级的为83项；社会事务服务事项2项，开通网上办理1项；非行政许可事项1项，开通网上办理1项。

【基础设施软硬件支撑平台建设】 2010年，东莞市工商局以机房迁移为契机，进一步规划信息化软硬件布局，对中心机房的综合布线进行梳理，提高机房规范管理水平；做好应用系统服务器迁移工作，加强资源整合，确保数据安全；建立健全网络安全防护体系，确保全系统网络稳定顺畅，在硬件支撑、网络稳定、数据安全等三方面加强规范化管理，完善基础设施建设，加强信息化保障工作。2012年，配置业务系统数据库后备服务器，完成对分局出口网络设备的巡检维护工作；此外，还完成安装北信源，搭建内网监管和补丁分发系统等工作。2013年，为进一步加强数据安全管理，解决磁带备份、恢复速度慢且短期内不易恢复的问题，设置新存储阵列，实现新旧存储数据的实时备份，建立快速高效、稳定安全的双存储备份系统。2014年，完成网上电视台、业务信息系统应用、绩效管理、任务管理、数字档案馆、电子档案查询、北信源等系统向虚拟化平台迁移。通过对原有服务器的虚拟化及虚拟存储系统进行升级改造，解决应用系统单点故障问题，提升稳定性。

人事管理

【人事管理概况】 2010—2014年，东莞市工商局科学规范干部人事管理，探索完善队伍激励机制，加强人才引进培养，推进队伍素质建设和基层规范化建设。其中，2010年，出台《东莞市工商行政管理系统基层分局绩效考核办法》，推动绩效考核规范化、制度化；出台《东莞市工商行政管理局基层分局规范化建设实施方案》，提升基层建设水平。2011年，搭建岗位履职及风险防范管理体系框架，草拟《岗位职责及工作指引》，着手开发岗责管理系统；启动机构编制实名制管理工作，提高机构编制管理水平；开展岗位资格认证考试。2012年，完成市局机关和基层分局累计83万余字的《岗位履职及风险防范工作指引》编制工作，完成岗位履职及风险防范管理系统开发。2013年，出台《东莞市工商行政管理系统岗位履职及风险防控管理办法（试行）》，对岗责管理工作进行制度化规定并全面推开岗责管理系统应用工作。2014年，探索完善队伍激励机制，制定《关于加强队伍激励机制建设的意见》，启动人才库建设、工商历史展馆建设等配套工作；稳慎做好食药监管体制改革和工商管理体制改革工作，保障队伍稳定和各项工作有序开展。截至2014年底，东莞市工商局在编在岗干部职工854人。

2010—2014年东莞市工商系统干部职工学历构成一览表

表1

年份＼学历	高中（中专）及以下		大专		本科		研究生		总计（人）
	人数（人）	比例(%)	人数（人）	比例(%)	人数（人）	比例(%)	人数（人）	比例(%)	
2010	55	6.3	186	21.3	600	68.7	32	3.7	873
2011	48	5.4	181	20.4	623	70.2	36	4	888
2012	42	4.8	176	19.9	626	71.1	37	4.2	881
2013	39	4.4	164	18.5	642	72.3	43	4.8	888
2014	30	3.5	142	16.6	639	74.8	43	5	854

2010—2014年东莞市工商系统干部职工年龄及性别构成一览表

表2　　单位：人

年份	年　龄				性 别		总 计
	35岁以下（含35岁）	35—45岁（含45岁）	45—55岁（含55岁）	55岁以上	男	女	
2010	364	336	157	16	608	265	873
2011	344	346	175	23	613	275	888
2012	301	370	182	28	609	272	881
2013	290	380	183	35	614	274	888
2014	274	370	180	30	591	263	854

2010—2014 年东莞市工商系统招录公务员和接收干部职工统计表

表 3

单位：人

类型＼年份	2010	2011	2012	2013	2014
招录公务员	10	20	8	16	13
军转干部	2	4	2	2	2
转任公务员	4	9	2	3	2
调工	1	—	1	—	—
总 计	17	33	13	21	17

【干部选拔任用机制优化】 2010—2014 年，东莞市工商局立足干部队伍实际，以提高选人用人公信度为目标，执行《干部任用工作条例》等政策规定，深化干部人事制度改革，继续创新和完善科级领导干部竞争性选拔制度，规范股级干部选任管理方式，科学构建起“严格规范、公平公正、富有生机”的选人用人机制。其中，2014 年，出台《面向市局机关竞争性选拔副科级领导干部实施方案》和《面向基层竞争性选拔副科级领导干部实施方案》，对科级领导干部竞争性选拔进行大胆创新，首次将“政策加分”“违纪扣分”项目作为考核分值计入竞争性选拔总成绩，综合考虑干部平时德才表现，进一步营造科学公正的人才晋升环境。

市工商局组织副科级领导干部任前谈话

2010—2014 年东莞市工商系统干部职工职级构成一览表

表 4

单位：人

年份＼职务	中层以上领导职务				其他职务						总计	离退休人员
	正处	副处	正科	副科	调研员	副调研员	主任科员	副主任科员	正副股长	其他		
2010	1	6	43	59	—	1	13	33	230	487	873	193
2011	1	6	45	57	—	1	13	30	224	511	888	197
2012	1	7	43	65	2	1	21	30	230	481	881	207
2013	1	6	38	65	3	4	19	27	227	498	888	206
2014	1	6	38	73	2	2	21	27	205	479	854	232

注：2012 年 1 名正处级领导被提升为副厅级。

【教育培训工作推进】 2010—2014年，东莞市工商局坚持以人为本和理论联系实际的原则，拓宽教育培训渠道，丰富教育培训内容，通过在职岗位培训、专项业务培训、晋升任职培训、新进初任培训和带班跟班学习等方式，提高干部队伍整体素质。其中，2010年，深入开展大规模培训干部工作，开展系列专题培训讲座4期，举办主题读书演讲比赛、基础知识竞赛和全员在线考试，累计培训1600多人次，实现全员学习和考试。2011年，针对干部队伍沟通交流平台不够充分的问题，分5期组织全系统226名股级干部和机关中层以下干部职工进行专题拓展培训；组织完成岗位资格认证考试，通过率达100%；全年举办各类培训班18期，培训人员1550人次。2012年，举办“创先争优 激扬红盾”东莞工商系统首届辩论大赛，组织公务员职业道德、“文化建设”等专题培训，全年举办各类培训班24期，培训人员2600余人次。2013年，组织参加基层公务员企业监管、广告监管等专题网络培训8期，全年举办各类培训班22期，培训人员1800余人次。2014年，组织处级领导干部12人次先后参加市委党校、市直工委干部专题培训班、全国工商系统处级领导干部学习贯彻中共中央总书记习近平系列讲话精神集中轮训班、全省工商系统处级党员干部党性修养专题培训班；组织480多名干部职工参加“全国工商系统专题网络培训班”；组织基层业务骨干跟班学习16期，培训141人；全年举办培训班19期，培训人员2700余人次。

【公务员年度考核工作】 2010—2014年，东莞市工商局按照《公务员法》《公务员考核规定》（试行）和《东莞市工商系统公务员年度考核实施办法》等有关规定，坚持领导满意与群众认可、全面考核与重点考核相结合的原则，通过个人述职、民主测评、确定考核等次、公示、送审备案、反馈考核结果等环节工作，对全系统干部职工进行年终考核。其中，2010年年度考核，参加考核872人，优秀等次132人，称职（合格）等次730人，不定等次10人；2011年年度考核，参加考核887人，优秀等次135人，称职（合格）等次731人，基本称职等次1人，不定等次20人；2012年年度考核，参加考核878人，优秀等次133人，称职（合格）等次738人，不定等次7人；2013年年度考核，参加考核884人，优秀等次137人，称职（合格）等次729人，不定等次18人；2014年年度考核，参加考核855人，优秀等次130人，称职（合格）等次712人，不定等次13人。

【基层分局年度量化考核工作】 2010—2014年，东莞市工商局落实绩效考核办法，通过量化工作实绩的方式，推动基层分局的全面建设和履职水平提升。其中2010年，全系统量化考核前十名的分局是莞城分局、麻涌分局、东城分局、洪梅分局、长安分局、黄江分局、石排分局、沙田分局、万江分局、虎门分局。2011年，全系统量化考核前十名的分局是樟木头分局、长安分局、黄江分局、洪梅分局、大朗分局、厚街分局、石龙分局、南城分局、石排分局、道滘分局。2012年，全系统未组织量化考核工作。2013年，全系统量化考核前十名的分局是桥头分局、东城分局、清溪分局、樟木头分局、黄江分局、石排分局、莞城分局、厚街分局、横沥分局、麻涌分局。2014年，全系统量化考核前十名的分局是厚街分局、长安分局、茶山分局、虎门分局、望牛墩分局、黄江分局、莞城分局、洪梅分局、东城分局、沙田分局。

相关链接 2008年，国家公务员局发布《公务员考核规定》(试行)，明确对公务员的考核，以公务员的职位职责和所承担的工作任务为基本依据，全面考核德、能、勤、绩、廉，重点考核工作实绩。

【基层规范化建设加强】 2010—2014年，东莞市工商局以职能整合为基础，以完善业务工作规范为着力点，多管齐下，推动基层规范化建设上台阶。

整合基层职能和岗位设置 按照“一个窗口对外”“一支队伍办案”的改革思路，科学划分市局机关和基层分局职责权限；以“三定”（定职能、定机构、定编制）方案关于基层分局内设机构为基础，统筹股室业务量，理顺交叉职能，合理明确各自职责分工；按照“因事定岗，因岗定责”思路，调整股室岗位设置，明确人员岗位职责，强化分局工作效能，夯实基层业务规范建设基础。

规范基层业务标准和工作流程 组织编订切合东莞实际的《基层工商分局业务工作指引》，针对登记注册、企业监管、食品安全监管、消费维权、商标广告管理、市场监管和执法办案等业务，制定统一的标准和流程，明确各项业务完成的途径和方法，为规范基层分局工作标准和工作流程提供明晰的指引。

【机构编制实名制管理工作推开】 2011年8月，东莞市工商局根据省编办和省工商局部署，启动机构编制实名制管理工作，推动机构和人员编制监管实时化、规范化。

建立机构编制实名制管理信息库 按照“三定”方案等文件精神，对市局机关科室、经检支队、基层分局等47个单位的机构名称、性质、规格、内设机构、领导职数情况以及全系统在职在编干部职工个人信息进行“地毯式”查阅核对，并采取“录入—审核”模式，安排专人录入、专人审核，确保信息不错、不漏、不缺，建成全系统机构编制实名制管理信息库。

按照规定执行报批和备案程序 执行《广东省省直机关事业单位机构编制实名制管理暂行办法》，对人员录用、调配、职务任免以及减员等情况，按规定程序和权限在实名制管理系统内进行报批和备案，提升机构编制管理工作水平。

【岗位资格认证工作开展】 2011年5月，东莞市工商局按照省工商局部署，开展岗位资格认证考试工作。

做好考务等基础工作 配合省工商局做好题库编写、校对以及考场布置、网络保障、考试监考等考务工作。

组织考前练习和复习 科学统筹协调工学矛盾，以省工商局《工商所业务工作指引》和市局《基层工商分局业务工作指引》等关于各岗位应知应会知识为主要内容，依托网络培训系统，组织参考人员进行考前练习、复习。

分类分批开展认证考试 于6月和11月分两批组织开展岗位资格认证考试。

全系统690人分别参加登记注册员、监管执法员和内勤管理员三个岗位的考试认证。考试认证通过率达100%。

【岗位履职及风险防范管理体系建设推进】 2011—2014年，东莞市工商局贯彻省工商局规范化建设经验交流会精神，以建立落实岗位职责规范为重点，探索建设岗位履职及风险防范管理体系（下称“岗责体系”），推动机关和基层两个规范化建设。

搭建岗责体系框架 2011年，按照“因事定岗，因岗定责，岗责统一”原则，集思广益，设计一套涵盖岗位设置、岗位职责、工作内容、工作要点、工作依据、岗位风险点和风险防范七个层次，科学规范、层次分明、覆盖全面的岗位责任体系。

明确岗位履职指引 2011年，围绕框架设计，根据市局机关、基层分局的职责任务、业务特点和管理模式等情况，开展定岗定责工作试点，拟制相应的《岗位职责及工作指引》，完成相关指引初稿。

开发岗责管理系统 2011年，运用信息化手段，探索开发覆盖机关与基层、具有规范和评价功能的岗责管理系统。（参见《信息化工作》编【岗位履职及风险防范管理系统开发应用】条目）2012年，结合岗位工作实际，完成市局机关和基层分局累计83万余字的《岗位履职及风险防范工作指引》编制工作。指引将机关和基层工作划分为242个基本岗位和398个子岗位，并明晰岗位职责、工作流程、工作要点、工作依据、岗位风险点和风险防范等内容，为建立机关和基层岗责体系，实现“工作规范到岗位，考核评价到个人”打下基础。

2013年3月6日，市工商局印发《东莞市工商行政管理系统岗位履职及风险防控管理办法（试行）》，对岗责管理规范对象、管理规范内容、评价考核管理、评价结果使用等进行制度化规定；同时，按照“试点先行，稳步推进”的思路，组织机关科室和虎门、茶山2个分局开展岗位履职情况评价考核试点。9月，该系统全面推开。

【队伍激励机制完善】 2014年，东莞市工商局围绕干部选拔任用、人才培养、表彰评比和人文关怀等方面，拟制《关于进一步加强队伍激励机制建设的意见》，并制定激励机制配套实施方案和实施准备工作。制定《东莞市工商行政管理局人才库管理办法（初稿）》，开展人才库建设，详细规定了建库类别和规模、入库对象和条件、人才选拔程序、人才任期和管理、人才使用、人才培养和激励等内容，成为推动队伍建设的重要依托。

党群组织

中共东莞市工商行政管理局机关委员会

【机关党委概况】 2010—2014年，中共东莞市工商行政管理局机关委员会（下称“机关党委”）贯彻理论中心组学习、民主监督等党内制度，加强组织自身建设；开展“机关党建百佳”创建及爱心互助等活动，带动党员践行党的宗旨信念，促进全系统整体建设水平的提高。

【党内制度贯彻】 2010—2014年，东莞市工商局机关党委坚持贯彻党内制度，完善党务管理。以“加快转型升级、建设幸福广东”等为主题，组织开展理论中心组学习。在重大决策决议、作风建设、思想政治建设、组织建设等方面，落实民主监督制度。做好党费收缴、组织关系接转、党内统计和上报、上传下达等工作。

【党员发展】 2010—2014年，东莞市工商局机关党委按照《党章》规定，在开展市直机关入党积极分子培训的基础上，召开会议确定入党积极分子，发展党员，壮大组织力量。结合建党九十周年等活动，开展党员专题教育和党员表彰活动。其中，2010年确定入党积极分子1名，吸收预备党员5名；表彰党龄50年以上的老党员8名、先进党支部2个和年度优秀党员8名。2011年确定入党积极分子2名，吸收预备党员2名，5名转为正式党员。2012年确定入党积极分子2名，吸收预备党员3名，3名转为正式党员。2013年确定入党积极分子4名，吸收预备党员1名，3名转为正式党员。2014年吸收预备党员21名，1名转为正式党员。截至2014年底，东莞市工商局机关党委共有党员157名。

【主题活动开展】 2010—2014年，东莞市工商局机关党委通过开展主题活动等方式，活跃党建工作氛围。其中，2011年，根据全市“机关党建百佳”创建活动要求，结合工商党建工作特色，设立“红盾先锋岗”，组织党员在企业登记窗口岗位上发挥先锋模范作用。2012年，开展机关“道德讲堂”活动，提升干部职工的文明素质和道德修养。2013年，开展“红旗服务型党组织”创建工作，提升机关服务标准化、规范化水平；制定《东莞市工商局“书记项目”实施方案》，推进“书记项目”，打造工商基层廉政文化品牌。2014年，制定《市工商局“双强双争”党建主题活动工作方案》（“双强”指强作风、强服务；“双争”指争当工作标兵、争做形象表率），设置党员先锋服务岗、组织机关党员先锋服务队和创建服务型党组织示范点等；开展培育和践行社会主义核心价值观主题活动。

名词注解 “书记项目”是广东省党建工作的一种新模式，于2010年前后由中共中央政治局委员、广东省委书记的汪洋提出。“书记项目”借鉴经济项目运作办法，让党委书记作为第一责任人直接抓基层党建创新项目，调动多方资源，破解基层党建工作难题，以带动基层党建工作整体水平的提高。

【爱心互助活动开展】 2010—2014年，东莞市工商局机关党委通过组织爱心活动，实施对口帮扶等渠道，增强党员干部队伍的人文关怀氛围。

强化内部人文关怀 完善系统内部探视慰问机制，开展探视慰问、疾病互助、节日慰问等关怀活动。

落实扶贫“双到”工作 开展结对对象横沥镇村头村贫困户的帮扶活动。其间，市工商局主要负责人定期到村了解情况，及时为村经济发展出谋划策；驻村干部多次开展协调工作、落实帮扶措施。2011年，11户贫困户中有3户实现脱贫。2012年起，成立11个结对帮扶小组对11户低保户进行“一对一”对口帮扶。

组织慈善捐款活动 2010年开展向青海省玉树藏族自治州玉树县地震灾区捐款活动。2011年组织开展“广东扶贫济困日”捐款活动，捐款25855元。2013年开展党员干部对东莞市福利院孤残儿童献爱心活动。2014年结合广东扶贫济困日暨东莞慈善日活动，捐款23000多元。

开展志愿服务活动 2014年，组建由机关116名党员全部参加的“红盾党员志愿服务队”，先后开展集中办理证照惠民服务等志愿活动13项，参加人员550人次，志愿服务工时1823小时，为基层、群众及服务对象办理实事1100多宗，服务群众超过2000人次。

名词注解 扶贫“双到”的概念由广东省在中国扶贫计划中提出，具体指在扶贫工作中要“规划到户，责任到人”，要做到“应该到的和不应该到的要区分”，帮扶的对象要“到户、到人”。

【换届选举】 2011年，东莞市工商局机关党委开展换届选举工作，选举产生机关党委委员7名。2012年，通过公推直选方式补选机关党委委员3名。2013年，补选委员1名。2014年，补选委员2名，其中书记1名。

【党务公开制度完善】 2011年，为进一步发展党内民主，加强党内监督，东莞市工商局机关党委制定《东莞市工商行政管理局党务公开实施方案》《东莞市工商行政管理局党务公开目录》，确定党务公开的内容、程序、形式和时间，细化党务公开目录，明确各类公开内容的要求，将党务公开纳入党委日常工作的重要内容。

2010—2014年东莞市工商局机关党委领导名单

表1

年份	党委书记	专职副书记
2010	黎自力	何志红
2011	黎自力	曹景良
2012	黎自力	何丹莉
2013	黎自力	何丹莉
2014	曹景良	何丹莉

注：2011年设置副书记，没有设置专职副书记。

共青团组织

【团支部概况】 2010—2014年，东莞市工商局机关团支部依靠市局机关党委的领导，围绕、服从和服务于市工商局中心工作，发挥团组织作用，团结广大团员，为助推工商整体建设作出贡献。2010—2014年，邵雄锋担任团支部书记，2014年12月起，杨文担任团支部书记。其间，未组织发展团员。

【争先创优工作开展】 2010—2014年，东莞市工商局机关团支部通过组织团课教育、参加红盾先锋岗创建活动等形式，引导团员青年爱岗敬业、积极进取。其中，2010年，市局机关5名团员被评为全市青年岗位能手；2011年，5名团员被评为全市青年岗位能手；2012年，4名团员被评为全市青年岗位能手。2013—2014年，未组织开展青年岗位能手评比活动。

【团日活动内容丰富多样】 2010—2014年，东莞市工商局机关团支部在组织开展团小组会、团支委会、团员大会和团课等“三会一课”的基础上，开展形式多样的文娱、体育等活动。其中，2010年组织服务企业、服务消费者等志愿者活动4场次，参与团员60多人次。2011年，组织团员青年到寮步镇佛灵湖开展登山等户外活动，增进交流。2013年和2014年，组织参与诗歌朗诵演出和微电影制作等活动。

【参与干部培训活动组织】 2010—2014年，东莞市工商局机关团支部针对新入职的团员公务员业务基础有待增强等特点，组织参加专题干部培训活动。其中，2010年参与“产业经济学的理论和实践”等专题培训4期，加深团员公务员对东莞经济发展状况的认识。2011年参与“推进‘三型两改’，服务社会建设”（“三型两改”指“法治工商、信用工商、信息工商”建设及“企业登记注册制度和监管方式”改革）学习讨论活动。2012—2014年，分别参与践行“广东精神”“聚焦改革创新、共绘发展蓝图”主题征文等活动。

工会组织

【工会组织概况】 2010—2014年期间，东莞市工商局工会根据职责和市总工会要求开展工作，助推工商行政管理职能履行。其中，2010年，指导基层工商分局工会委员会办理“工会社会团体法人资格证”和机构代码证。2011年，联合东莞市工商局机关党委开展“广东扶贫济困日”捐款活动，发动捐款25855元。2013年，召开第二次代表大会，补选第二届委员会委员，完善工会班子组织建设。是年,“工会”改称“工会联合会”(下称“工联会”)。2014年，召开工联会委员会议，选举曹景良为新一任工联会主席。其间，市工商局工会还联合市局机关党委等单位开展丰富多彩的工余活动，凝聚工作人员队伍向心力，得到市总工会肯定。2010年被市总工会授予“东莞市工会工作一等奖”；2011年度和2012年度，连续两次被市总工会评为“东莞市工会工作先进单位”。

2010—2014年东莞市工商局工会领导名单

表1

年份	主席	副主席	经费审查委员会主任	女职工委员会主任
2010	赵锦成	无	曾少堂	何丹莉
2011	赵锦成	无	曾少堂	何丹莉
2012	黎自力	无	曾少堂	何丹莉
2013	黎自力	颜汉文、邓海俦	吴　凯	何丹莉
2014	曹景良	颜汉文、邓海俦	吴　凯	何丹莉

注：2010—2012年东莞市工商局工会未设置副主席。2012年，原主席退休且因故未补选主席，由东莞市工商局党组副书记黎自力代理工会主席工作。2013年起，东莞市工商局工会改称工联会。

消费者委员会

【消委会概况】 2010—2014年，东莞市消委会紧扣消费年主题，履行《消费者权益保护法》赋予的各项职能，维护消费者合法权益，促进社会经济和谐发展。其中，2010年，以投诉和解和维权教育为工作重点，创新维权工作模式，与行业协会和企业构建消费者投诉和解对接机制，强化企业和社区维权教育，防范消费矛盾发生。2011年，试点建立集消费者投诉、“12315”平台联络功能于一体的消费者维权服务站，开通东莞消费维权网；与司法机关、行业协会和企业服务合作化解消费纠纷，拓展社会化消费维权服务。2012年，探索建立消费预警机制，实现从“被动接投诉”向“主动防纠纷”转变；全面铺开消费维权服务站建设工作，完善基层消费维权网络建设。2013年，以拓展消费维权渠道为重点，配合“两建”建设，继续加强与司法机关、行业协会和企业服务的合作联动；成立东莞市消费维权服务站建设工作领导小组，提升消费服务站规格和影响力；主动约谈企业纠正消费侵权行为，引导企业诚信守法。2014年，以宣传普及新《消费者权益保护法》为重点，建立健全奖惩、培训和督导机制，规范提升消费维权服务站运作；创新纠纷调解方式，尝试远程视频消费调解；约谈全市汽车销售企业，劝喻停止捆绑消费；探索建立消费领域人民调解委员会。

2010—2014年东莞市消费者组织受理消费者投诉情况表

表1

年份	接待咨询投诉（人次）	受理消费者投诉（宗）	调解宗数（宗）	调解成功率（%）	为消费者挽回经济损失（万元）
2010	18500	2013	1792	89.03	323
2011	18700	2166	2003	91.95	362
2012	23100	2294	2180	95.03	335
2013	25200	3057	2664	87.14	1644
2014	35800	3619	3076	84.99	2400

【“3·15”国际消费者权益日活动开展】 2010—2014年“3•15”国际消费者权益日（简称“3•15”）期间，东莞市消委会举行“3•15”消费维权宣传活动，通过召开新闻发布会，借助媒体平台开辟消费维权互动栏目、发布维权稿件，提示消费者消费维权及消费陷阱等信息；在全市各镇街举办消费维权宣传咨询活动，现场派发消费维权、消费指南等宣传手册，受理消费咨询和投诉，提供真假商品鉴别等多种服务；联合各职能部门及行业协会、企业等社会力量，开展消费维权等便民服务活动。其中，2010年，东莞市消委会通过报刊媒体发布维权稿件236篇，通过实例揭露不同行业和领域消费陷阱，反馈企业维权举措及维权承诺，并借助报料热线等渠道，与各职能部门和行业协会联合为消费者排忧解难；倡议汽车、通信、电器、建材等行业及行业协会推出便民惠民服务和举措。2011年，东莞市消委会借助媒体舆论平台发布维权状况、投诉热点和盲点、消费常识、维权技巧等，与东莞市广播电台、网站合作直播消费维权专题节目，同时通过电话、短信及网络平台与消费者互动交流；开展征集点评“霸王条款”和“潜规则”、发展第二批消费投诉对接单位等系列消费维权活动。2012年，东莞市消委会公开点评消费“潜规则”和“宰客”行为；指导分会独立或联合开展宣传活动，创新性地将消费维权论坛、有奖竞答、电视访谈、知识讲座等多种形式融合到活动中去，激发群众参与活动热情；主动走进企业宣讲，动员企业主动参与，指导企业及行业协会根据自身实际推出规范自律措施、举办诚信创建活动、开展消费维权便民服务，增强各经营者维护消费者合法权益的责任意识。2013年，东莞市消委会披露点评10大典型案例，警示消费侵权行为；各分会开展亮点纷呈的消费维权教育，其中，莞城分会联合东莞理工学院城市学院志愿者开展消费维权知识进校园活动；动员和指导行业协会、企业开展消费维权公益活动，其中，东莞市汽车维修协会举办“汽车消费维权知识大讲堂”。2014年3月15日，

新《消费者权益保护法》开始实施。东莞市消委会与东莞市普及法律工作办公室等部门及媒体联合开展宣传活动，通过邮寄宣传信件、微信及网站发布和普及新《消费者权益保护法》，举办市民学堂，开播专题节目，解读新《消费者权益保护法》；主动向消费者投诉热点领域企业、大型连锁商场（超市）相关负责人及行业协会等社会组织培训讲解新《消费者权益保护法》，开展培训讲座等活动33场次，受众人数达20万以上。

2010—2014年“3•15”国际消费者权益日咨询服务活动统计表

表2

年份	年主题	宣传活动场点（个）	出动工作人员（人次）	出动宣传车辆（次）	发放宣传资料（万份）	现场受理投诉（宗）	辨认真伪产品（件）	接受咨询（万人次）
2010	消费与服务	33	658	45	15.6	189	495	1.32
2011	消费与民生	33	679	49	10.3	213	513	1.29
2012	消费与安全	33	716	56	15	276	486	1.15
2013	让消费者更有力量	33	725	53	12	217	532	1.10
2014	新消法　新权益　新责任	33	769	59	35	186	492	1.23

【消费维权教育培训活动开展】 2010—2014年，东莞市消委会在社区、校园、企业、行业协会、工厂及政府部门开展消费维权教育培训活动，指导消费者保护自身合法权益、规避消费风险，增强企业消费维权责任意识、提高防范和处理消费纠纷能力，促使行业自律，建议政府部门参政施政过程中更多考虑消费者的合法权益。截至2014年底，累计开展培训73场次。其中，2011年，东莞市消委会应邀为沃尔玛商场驻莞超市中层经理及客服负责人作消费维权知识培训；应东莞市普法办邀请到东莞市图书馆举办“消费维权知识讲座”，向市民普及讲解消费维权知识。万江分会为万江小学全校师生开展“消费与服务——消费维权进校园”专题讲座，并将5000多份维权手册送到辖区各校园。东坑、茶山、南城等分会将3万多册消费维权手册派发到辖区大型工厂。2012年，东莞市消委会到东莞市质监局举办2场分别面向政府部门和企业的“打假治劣”培训；到东莞沃尔玛商场举办培训活动，内容围绕《消费者权益保护法》《食品安全法》和《侵权责任法》；与汽车维修协会联合举办2场“4S店消费维权专职工作者培训班”，全市100多家汽车4S店的行政、售后经理参加培训。2013年，先后组织厚街、横沥、企石等多个镇街的服务站开展消费维权知识培训。2014年5月，东莞市消委会制定《东莞市消费维权服务站培训工作方案（试行）》，建立多元化服务站培训机制，根据不同的辖区经济特色、行业性质和受训对象，采取基础培训、行业培训、专题培训、网上自学等多种培训形式。上半年，分批组织全市500家服务站举办消费维权业务培训7场，同时组织大型零售商密集的南

城和食品加工制作企业集中的道滘2个辖区服务站开展专题培训讲座。

【消费预警机制作用发挥】 2010—2014年，东莞市消委会针对社会关注及投诉热点，累计发布消费警示信息6期，消费提示信息18期，消费维权稿件313篇。其中，2010年，发布题为《把好“资质”关 防范暑期培训陷阱》《警惕盗取个人信息的诈骗手法》的消费警示2期和题为《幼儿早教资质没保证 切勿踏进误区》的消费提示1期。2011年，借助“消费者之声”维权节目，制作价格欺诈、网络团购、食品添加剂等主题的电台维权节目，向社会发布消费指导信息。同时，发布消费警示和提示各两期，内容涉及网上购物、年夜饭、免费体验和月饼保质期，指导消费者理性消费。2012年，东莞市消委会探索建立消费预警机制，整合“12315”投诉举报中心消费投诉资源，定期分析消费投诉数据，动态跟踪消费及投诉热点，及时通过报刊、电台等媒体向消费者发出消费预警和消费提示。发布题为《3G产品促销活动搭赠三无产品》的消费警示。2013年，东莞市消委会制定《东莞市消委会消费预警工作制度（试行）》，完善消费预警机制；提前发布消费提示信息《消费者理性参与“双十一”网购大促销》，提示网购相关消费陷阱，实现“双十一”网购促销期间网购消费零投诉记录。2014年，发布消费提示8期，内容涉及春节促销、影院强制消费、电视电话购物、免费赠送水处理器、合同和汽车陪驾领域的消费陷阱和维权提醒。

2010—2014年东莞市消委会发布消费信息情况表

表3

年份	消费警示信息（期）	消费提示信息（期）	消费维权稿件（篇）	信息内容
2010	2	2	38	《把好“资质”关 防范暑期培训陷阱》《警惕盗取个人信息的诈骗手法》《幼儿早教资质没保证 切勿踏进误区》
2011	2	3	42	展销会、公路托运、月饼保质期、中介服务、网上购物、年夜饭等消费领域
2012	2	0	43	《3G产品促销活动搭赠三无产品》
2013	0	5	20	“延保”服务、粽子、海淘、月饼、网购、手机“合约机”等消费领域
2014	0	8	12	春节促销、影院强制消费、电视电话购物、免费赠水处理器、合同和汽车陪驾等消费领域

【消费侵权行为警示劝喻】 2012—2014年，针对企业侵权及违法行为，东莞市消委会主动约谈相关企业纠正消费侵权行为，建议其及时整改，引导企业诚信守法，防止消费纠纷和矛盾升级。其中，2012年，东莞市消委会和“12315”投诉举报中心联合约谈三大通信运营商，发出劝喻函督促其重视消费者投诉问题并严令禁止损害消费者合法权益事件发生。2013年，针对媒体报道部分高校学生宿舍上网遭遇“霸王条款”问题，以及某通信运营商被利用客服号码推销业

务涉嫌虚假承诺和隐瞒行为，分别约请三大涉事通信运营商，了解情况，提出意见，要求停止侵权行为并限时做出整改措施，防止矛盾升级和蔓延。2014 年，针对消费者反映的汽车销售企业售车捆绑消费问题，东莞市消委会启动消费投诉预警机制，组织各分会约谈全市 272 家汽车销售企业劝喻停止捆绑消费，并通过与东莞市电视台合作制播相关主题节目，对相关企业进行警示劝喻。经过约谈，4S 店全部书面公开承诺抵制捆绑消费行为。

【诉调对接机制建设】 2010—2014 年，在东莞市消委会与东莞市第一人民法院建立的诉调对接机制框架下，法院移交消委会调解案件 6 宗，法官提供消费纠纷司法意见 26 宗，参与现场调解 5 宗，消委会调解后获司法确认 3 宗，司法支持使疑难投诉、人身伤害和合同欺诈等大额纠纷调解成功率显著提高。

名词注解 “诉调对接”指矛盾纠纷调处中的诉讼方式与非诉讼方式相衔接。消费纠纷诉调对接机制，即消委会的投诉调解与法院的诉讼调解相结合的一种纠纷调解方式。东莞市消委会与东莞市第一人民法院建立诉调对接机制，配套建立司法确认制度、诉前联调机制，设立消费纠纷诉讼快速通道，实现消委会支持消费者诉讼，法院“快理、快审、快判”并提供法律支持。2008 年，东莞市消委会与东莞市中级人民法院、东莞市人民法院探讨构建支持消费者起诉的“绿色机制”，达成两点共识：一是法院试行指定专门的民事合议庭，集中受理由市消委会支持起诉的消费纠纷案件，立案时给予证据搜集指引，逐步建立快速立案、快速审理、快速裁决的绿色通道。二是由法院民事合议庭对市消委会调解成功的消费纠纷《调解协议书》进行司法确认，确保协议内容的强制执行力。在此基础上，2009 年，东莞市消委会与东莞市第一市人民法院达成《关于处理涉及消费者权益纠纷的联动工作意见》，确立“互动交流平台”“法官现场指导调解”“《调解协议》司法确认”和“支持消费者诉讼‘绿色通道’”等联动项目。

【消费维权案例征集点评】 2010—2014 年，东莞市消委会面向全市征集消费侵权案例，以及与消费者日常生活密切相关且明显侵害消费者公平交易权、知情权、选择权等合法权益的消费领域“潜规则”，评选和实名披露历年消费维权典型案例，并邀请消委会法律顾问和消费维权义务监督员进行点评，敦促行业和企业规范自律。

2010—2014 年消费维权案例征集情况表

表 4

年份	征集案例（宗）	涉及领域 / 主要内容
2010	56	餐饮、零售、房地产、汽车、银行等行业，最低收费、开瓶费等服务性收费、消毒餐具另收费、购房律师费、汽车维修另加工时费等；家电退换货，包装必须完好、附件齐全，特价不退换、赠品不“三包”等

续表

年份	征集案例（宗）	涉及领域 / 主要内容
2011	48	年夜饭、食盐抢购、家电维修、食品生产日期“早产”、食品添加剂、桶装水卫生、空调高空作业费等
2012	53	餐饮、汽车维修、婚纱摄影、美容美发、房屋装修共17个领域的宰客行为，以及点评汽车、通信、快递等领域的“霸王条款”
2013	77	“延保”服务、粽子、海淘、月饼、网购、“合约手机”等消费领域
2014	79	新《消费者权益保护法》涉及的网购后悔权、举证责任倒置、网络平台连带责任等新维权理念

【消费维权公益电台节目开播】 2010—2014年，东莞市消委会与东莞广播电台合作开播的“消费者之声+‘3•15’消费维权热线”节目开播，节目通过分析投诉热点案例、为消费者解答疑问和难题、点评季节性消费陷阱、宣传最新出台的法律法规及国家政策，向消费者普及消费法律知识、发布消费指导信息，指导科学和理性消费。截至2014年底，累计播出349期。其中，2013年“消费者之声+‘3•15’消费维权热线”节目纳入东莞市普法局与东莞广播电台合作的“空中普法基地”消费维权专栏。

2010—2014年消费维权公益电台节目播出情况表

表5

年份	当年开播节目（期）	累计播出节目（期）	节目主题
2010	195	38	手机分期付款、购房赠送面积、幼儿早教、电器维修费等领域消费陷阱，餐饮服务收费、旅游定点购物、汽车高价工时费、网银交易不成功照收费等行业潜规则
2011	233	42	年饭消费陷阱、食盐抢购、食品安全、退房等社会关注热点及各类食品安全事件
2012	275	43	餐饮、汽车维修、婚纱摄影、美容美发、房屋装修共17个消费领域
2013	318	20	普及新《消费者权益保护法》，“汽车三包”、网络团购、房产中介、美容等消费热点和领域
2014	338	12	针对新《消费者权益保护法》无理由退货、惩罚性赔偿等亮点作系列专题节目，关注车行捆绑消费、微信购物及租拼车陷阱等领域

【深惠莞“消费维权”一体化推进】 2010—2014年，深圳、惠州、东莞消委会共召开三市消委会联席会议8次，联合编印《消费指南》3册，涉及食品安全、汽车消费等18个消费领域，向消费者免费发放近10万册；联合发布《消费提示》16期，联合开展商品比较试验2次，解决异地投诉6宗，其中涉及东莞市消委会的2宗。其中，2010年，东莞市消委会组织深圳、惠州消委会在东莞召开三

市消费维权合作第三次工作会议，研究和部署推进珠江口东岸地区消费维权“一体化”发展工作事宜；联合编写第二套《消费指南》；联合向媒体发布5期消费提示信息；联合开展空调效能比较试验。2011年，东莞市消委会组织深圳、惠州消委会在东莞召开三市消费维权合作第六次工作会议，达成建立合作交流机制等4项共识；联合编写第三套《消费指南》；联合向媒体发布4期消费提示。2012年，深惠莞三市消委会召开消费维权合作第七次工作会议，会议达成联合开展毛巾商品比较试验、编印第四套《消费指南》、完善消费纠纷联动处理、联手点评“霸王条款”等多项合作事宜。2013年，深惠莞三市消委会召开消费维权合作第八次工作会议，会议商定与大型网商建立投诉联络机制、讨论合作开展比较试验的新想法和新规则、确定定期发布消费警示提示工作机制、建立三市网络交流QQ群和微信平台等事宜。2013年，深惠莞三市消委会联合发布《毛巾比较试验结果评级分析报告》和消费提示2则。2014年，因机构改革和人员变动等原因未开展相关活动。

2010—2013年深惠莞“消费维权”一体化工作开展情况表

表6

年份	发布消费警示提示（则）	发放《消费指南》（万册）	解决异地投诉（宗）	解决投诉中涉及东莞市（宗）
2010	5	5	3	1
2011	3	5	2	1
2012	5	5	1	0
2013	3	0	0	0

相关链接 2009年10月27日，为贯彻落实《珠江三角洲地区改革发展规划纲要》，深圳、惠州、东莞三市消委会在深圳签署《深圳惠州东莞三市消费者委员会合作协议书》，就消费者投诉咨询工作，商品比较试验、消费调查体察等社会监督工作，宣传教育活动和发布消费警示提示等消费指导工作，信息资源共享以及消费者权益保护培训等方面达成合作协议。三市消委会签署消费维权合作协议，标志着深惠莞消费维权逐步实现“一体化”。2009年开始，深惠莞三市消委会联合发布消费警示提示、编印消费指南，为三市消费者跨市消费提供消费指导信息。2009年年底，三市消委会联合编印第一套《消费指南》丛书，并在次年“3·15”期间免费向市民派发。

【东莞消费维权网开通】 2011年3月15日，东莞市消委会消费维权网（网址：http://www.gddg315.gov.cn/Index.html）上线运行，搭建东莞市消委会开展消费教育、化解消费矛盾、推动社会诚信、构建和谐环境的维权平台。

【消费维权服务站建设深化】 2011年5月，东莞市消委会与东莞市工商局联合试点建设消费者维权服务站。（参见《经济检查》编【消费维权服务站建设工作推进】条目）2012年，稳步推广“企业先行和解、行业自律、消委会督导”的投诉快速处理工作模式，通过验收挂牌“消费维权服务站”对外服务的企业93家；同时，提高服务站工作人员的政治素质，加强对服务站的日常监督和管理，将消费维权服务站建设成为消委会和工商局的另一个消费维权窗口。2013年，以市“两建办”名义下发《东莞市2013年推进消费维权服务站建设工作方案》，成立市消费维权服务站建设工作领导小组，负责组织、指导、协调和落实全市建站工作，提升消费维权服务站的规格和影响力。2014年，制定《东莞市消费维权服务站工作考核方案》和《东莞市消费维权服务站培训工作方案（试行）》，对挂牌成立的服务站实行年度考核和建立多元化培训机制。

【消费维权义务监督员队伍壮大】
2012年，东莞市消委会招聘60名消费维权义务监督员，平均年龄31岁，来自法律、教师、医生、公务员、农民工、企业白领、媒体等社会各个阶层，其中研究生2人、本科31人，大学以上学历达55%。东莞市消委会组织消费维权义务监督员对全市各大型连锁超市开展针对冰鲜食品的消费者评议活动。

【消费领域人民调解委员会建立】
2013年8月，东莞市消委会联合东莞市司法局，探索人民调解与消委会调解联动机制，创建消费领域人民调解委员会，东莞市首个消费领域人民调解委员会在市消委会长安分会（设在长安工商分局）挂牌成立，长安司法分局指定1名律师和1名法官挂钩联系，为消委会分会调解工作注入司法力量。2014年，人民调解委员会创建工作在全市铺开。东莞市消委会依托全市基层分会架构及消费维权服务站力量，联合东莞市司法局在全市组建消费领域人民调解组织。2014年，东莞市33个基层分会均与辖区司法分局组建人民调解委员会，在部分消费维权服务站，设立“人民调解室”。

名词注解 “消费领域人民调解委员会”是设立在消费者委员会、各分会及部分消费维权服务站，调解消费者与经营者之间消费或服务纠纷的群众性组织，主要负责协调处理消费纠纷、宣传法律法规、收集反映群众意见，接受市司法局、市消委会监督管理。

【消费纠纷调解方式创新】 2014年，东莞市消委会创新纠纷调解方式，首次尝试借助QQ群视频平台，实现异地远程现场调解，打破原来异地维权仅靠电话单向传话式调解的局限。

2010—2014年东莞市工商局消委会领导名单

表7

年份	会长	副会长兼秘书长	副秘书长
2010	范燕彬	邓国平	翁梓清、方淑怡
2011	范燕彬	邓国平	翁梓清、方淑怡
2012	范燕彬	邓国平	翁梓清、邹杰、杨钜滔

续表

年份	会长	副会长兼秘书长	副秘书长
2013	周锦辉	邓国平	翁梓清、邹杰、杨钜滔
2014	周锦辉	邓国平	翁梓清、邹杰、林厚廉、黄毅均

个体劳动者协会和私营企业协会

【个私协会概况】 2010—2014 年，东莞市个体劳动者协会和私营企业协会（合称“东莞市个私协会”）创新服务方式，提升服务层次，致力于建设现代化服务型协会，增强协会在会员企业中的凝集力和影响力。其中，2010 年，东莞市个体劳动者协会被中国个体劳动者协会确定为基层服务建设联络单位；东莞市个私协会被评为“东莞市扶贫开发‘规划到户，责任到人’(简称‘双到’)工作先进单位”，并在“双到”工作中获评“扶贫爱心企业”称号；万江分会被评为“全国基层个私协会建设先进单位”。2011 年，东莞市个体劳动者协会再次被中国个体劳动者协会确定为服务工作联系点，并获得“2011 年度广东扶贫济困红棉杯”铜杯及证书及“2011 年度东莞市工伤预防工作优秀单位”称号；厚街分会被评为“全国个私协会服务工作先进单位”和“全省个私协会服务工作先进单位”。2013 年，东莞市个私协会被评为“广东省扶贫开发‘双到’工作优秀单位”。

【个私协会组织建设】 2010—2014 年，东莞市个私协会发挥协会职能，规范内部管理，加强组织建设。其中，2010 年 4 月 21 日，召开东莞市个体劳动者协会四届、东莞市私营企业协会二届六次理事（扩大）会议。会议增补 1 人为个体劳动者协会副会长，16 人为私营企业协会理事，25 人为私营企业协会常务理事、副会长。2011 年 3 月，成立“中国共产党东莞市个体私营企业协会支部委员会”，镇街个私协会和个体私营企业的党组织建设工作逐步推进。2012 年，东莞市个私协会召开常务理事会议，增补东莞市个体劳动者协会四届、私营企业协会二届理事会理事、常务理事、常务副会长兼秘书长及副秘书长。2013 年，召开东莞市个体劳动者第五次、私营企业第三次代表大会，选举产生新一届理事会和理事会领导班子，聘请新一任名誉会长和顾问；各分会召开会员代表大会选举非公职人士（会员）担任会长，东莞市工商系统领导干部不再兼任个私协会各级分会会长职务。2014 年，根据东莞市社会组织管理条例要求，东莞市个私协会指导镇街个私协分会合并组建成具有独立法人资格的协会。8 月 8 日，黄江个体私营企业协会举行合并成立暨揭牌仪式，标志着东莞市个私协会“民间组织民办”的办会理念拉开贯彻实施的序幕。

【会员服务作用深化】 2010—2014 年，东莞市个私协会通过分会“会员服务中心”继续为会员提供“菜单式”服务，印制派发《会员服务指南》，提供法律咨询援助服务，为会员企业免费代录年检资料，协办营业执照变更、续期、遗失补发手续，帮助企业解决在工商注册、年检中遇到的问题；优化协会会刊及协会门户网站设计及内容制作，为会员提供行业信息，促进行业交流，反馈协会工作动态。其中，2011 年，东莞市个私协会会刊由《东莞服饰》改版为《东莞家具》，为东莞不同行业打造一个以杂志为宣传媒介的交流平台，帮助和扶持东莞行业企业发展。

【特约服务联盟壮大】 2010—2014 年，东莞市个私协会依托会员资源，通过各级分会推荐及企业网上申请方式，选取有较强服务实力和公信力的私营企业或公共服务单位加入“个私协会特约服务联盟”，扩大联盟规模，提高联盟社会影响力；在组建“特约服务联盟”基础上与相关银行合作推出联名银联会员卡，作为会员身份标识和享受优惠凭证；将联盟商家相关信息编入《会员服务指南》、协会杂志和门户网站等协会媒体，供广大会员查询，推动更多会员企业加入联盟；与联盟内商户加强联系，做好服务商监督检查工作，设立服务投诉电话和信箱。

【经贸发展合作平台搭建】 2010—2014 年，东莞市个私协会以组织会员参加各地商贸合作推介会和交流考察活动等方式，为会员企业拓展对外贸易、寻找合作商机提供平台，加强与国内省市之间的经贸发展和合作。其中，2010 年 1 月，组织会员代表出席由甘肃省商务厅、甘肃省投资贸易促进局主办的“甘肃省投资环境说明会”；9 月，组织会员代表赴山西参加“运城建市十周年活动”，并出席“招商引资文化旅游推介暨项目洽谈会”；10 月，组织会员企业参加 2010 年上海中欧中小企业经贸对接洽谈会；组织会员企业参加西藏林芝地区第六届雅鲁藏布大峡谷文化旅游节暨第六届投资贸易洽谈会。2011 年 6 月，组织会员代表参加在东莞银城酒店举行的“黑龙江省森林工业总局、中国龙江森林工业（集团）总公司东莞合作项目推介会”。2012 年 3 月，组织会员企业代表参加“山东文登•东莞经济合作交流恳谈会”；6 月，组织会员企业参加“山西运城（东莞）经济合作暨招商座谈会”；10 月，组织会员企业代表参加“咸阳市招商投资项目推介会”。2013 年 4 月，组织会员企业参加“甘肃省工商行政管理局‘民企陇上行’招商引资座谈会”；组织会员企业参加“牡丹江•东莞产业合作推介会”。

【中小企业“融资难”化解】 2010—2014 年，为解决东莞市中小企业“融资难”问题，东莞市个私协会联合相关银行、东莞市粤融担保公司举办“银行、协会、担保、企业”融资座谈会，推动银行、企业、担保三方合作，帮助企业制定出融资策划方案，帮助企业解决融资难问题。

2010—2011 年东莞市中小企业融资情况表

表 1

年份	参加融资座谈会企业数量（家）	完成融资目标企业（家）	实现融资贷款（万元）
2010	250	5	6000
2011	50	6	3000

注：2012 年起取消中小企业融资业务。

【无纸化网上年检推广】 2010—2014 年，东莞市个私协会协助工商部门开展企业无纸化网上年检业务，帮助企业实现“足不出户，轻松年检”。其中，2010 年，东莞市个私协会在部分镇区分会试点无纸化网上年检业务，促进数字证书推广应用。2011 年，东莞市个私协会设立数字证书管理中心，增加网上在线客服功能，安排专职客服人员为数字证书用户提供全方位服务。2012 年，无纸化网上年检系统上线。东莞市个私协会组织人员到各镇街宣传推广、演示无纸化网上年检，并在各分会开通数字证书发行、现场制证受理点。

2010—2014 年东莞市数字证书发行情况表

表 2

年份	发行数字证书总数（张）	企业数字证书发行数（张）	个体工商户数字证书发行数（张）
2010	2304	2304	0
2011	1320	1302	18
2012	2446	2446	0
2013	6559	6559	0
2014	22	22	0

【奉献爱心回馈社会活动开展】 2010—2014 年，东莞市个私协会通过开展慈善活动等方式，扶弱济困，回馈社会，累计捐款 990.24 万元。其中，2010 年，东莞市个私协会向西藏林芝地区捐助 170 万元，70 万元用于建设希望小学；向遭遇特大旱灾的中国西南地区捐赠 5 万元；向中国扶贫基金会捐赠 5 万元以支援玉树地震抗灾；在“广东扶贫济困日”活动中捐款 15 万元；向遭受特大泥石流地质灾害的甘肃省舟曲县捐款 50 万元；应东莞市扶贫办号召，帮扶开发韶关市新丰县、云浮市郁南县“规划到户，责任到人”示范村项目建设工作，捐款 163 万元，全市各级个私协会筹集捐款 338.24 万元，创下东莞市个私协会捐款数额历史之最。2011 年，东莞市个私协会向东莞市残疾人福利基金会捐款 50 万元，被授予“东莞市残疾人福利基金会第一届理事会荣誉会长单位”称号；响应“2011 年广东扶贫济困日”活动号召，筹集捐款 135 万元；为东莞市资福禅寺重建工作募捐

筹集444.26万元善款，支持东莞宗教文化建设。2012年，东莞市个私协会为支援四川省汶川县灾后重建捐款1万元，在东莞市内扶贫帮困"责任到单位责任到人"活动中捐款1.05万元，向西藏林芝地区捐款1万元。

【党建情况统计工作开展】 2011年，东莞市个私协会协助东莞市工商局，在全市登记注册大厅设立"非公有制经济组织党建统计工作"窗口，专职负责非公有制经济组织党建统计工作。全年派发个体工商户和私营企业党建情况统计表约30万份。2012年，东莞市个私协会向各基层分会下发《关于继续开展党建情况统计工作的通知》，要求各分会配合基层工商分局登记窗口继续做好非公有制经济组织党建统计录入工作。

2010—2014年东莞市工商局个私协会领导名单

表3

年份	会长	常务副会长兼秘书长	副秘书长
2010	袁世豪	黎敬全	陶卫东、何伟洪
2011	袁世豪	黎敬全	何伟洪
2012	袁世豪	黄陈炳	庄社祥、何伟洪
2013	袁世豪	黄陈炳	庄社祥、何伟洪、
2014	袁世豪	黄陈炳	庄社祥、何伟洪、梁文英

东莞市商标品牌发展保护促进会

【商标促进会组织建设】 2013年11月8日，东莞市商标品牌发展保护促进会（下称"商标促进会"）在市会议大厦报告厅举行成立大会。203家提出入会申请的企业负责人及全市工商系统相关人员约300人参加会议。东莞市人民政府副市长吴道闻、广东省工商局巡视员姜海平出席会议并讲话。吴道闻在会上指出，商标促进会的成立，对东莞市深入实施商标品牌战略、推动经济健康发展具有深远意义。截至2014年底，商标促进会共吸收成员企业226家。

东莞市商标品牌发展保护促进会成立大会现场

相关链接 2013年2月，东莞市工商局针对东莞市商标在国内外被抢注、被侵权的现象屡屡发生，企业跨区跨境维权比较困难等问题，启动筹备成立东莞市商标品牌发展保护促进会工作。成立后的商标促进会，将主要依托东莞市商标预警保护系统，建立跨区域商标维权保护机制；同时，通过相关专业委员会，对广大会员实施商标品牌战略情况进行“诊断”和辅导，在商标保护和发展方面发挥作用。

【品牌建设活动举办】 2013年，商标促进会联合市工商局，组织会员单位参加香港“品牌亚洲论坛”“亚洲知识产权营商论坛”等品牌建设交流活动，了解商标知识产权发展趋势，借鉴商标品牌管理经验。2014年3月，商标促进会联合市工商局举行企业商标战略交流活动，邀请国家商标局副局长吕志华为六十多位企业负责人授课，并相互交流实施商标（品牌）战略经验。4月，商标促进会与市法官协会、市博士创业促进会联合举办“第49期东莞市博士论坛”，邀请商标法律著名学者、工商部门领导和法院法官等多年从事商标执法的专业人员，与全市驰名、著名商标、重点企业和会员企业等129名代表进行现场交流，运用商标法与实例结合的方法，与企业共同探讨商标注册、运用和维权等方面问题，提高企业商标意识和维权能力。

【商标质押融资办法起草】 2013年，商标促进会联合市工商局商讨起草商标质押融资相关做法，组织召开商标质押融资交流座谈会，征求市金融工作局、相关银行和小额贷款企业意见，促进企业商标无形资产资本化运作，缓解企业融资难的问题。

【商标维权活动协助开展】 2014年，商标促进会受理、了解会员企业商标权益保护情况，接受会员企业维权咨询，指导会员企业向行政执法部门投诉，及时制止和打击商标侵权行为。以商标促进会名义与行政执法部门建立联系，帮助会员企业开展跨区维权行动。

东莞市工商局商标品牌发展保护促进会主要领导名单（2013年成立）

表1

职务	姓名	任职时间	工作单位及职务
荣誉会长	范燕彬	2013年11月至今	东莞市工商局党组书记、局长
会长	陈仕全	2013年11月至2014年9月	东莞市工商局副局长
会长	周锦辉	2014年9月至今	东莞市工商局副局长
常务副会长	卢静娜	2013年11月至今	东莞市工商局商标广告科科长
副会长	袁汉思	2013年11月至今	东莞市食品协会会长
副会长	袁世豪	2013年11月至今	东莞市家具协会会长
副会长	叶润森	2013年11月至今	东莞市道滘镇资产经营管理有限公司董事长
副会长	黄建平	2013年11月至今	广东唯美陶瓷有限公司董事长

续表

职务	姓名	任职时间	工作单位及职务
副会长	潘皓皓	2013 年 11 月至今	广东太阳神集团有限公司副总经理
副会长	马　鸿	2013 年 11 月至今	东莞市搜于特服装股份有限公司董事长
副会长	郭东林	2013 年 11 月至今	东莞市以纯集团有限公司董事长
副会长	叶　菁	2013 年 11 月至今	广东智通人才连锁股份有限公司董事长
副会长	胡广良	2013 年 11 月至今	广东五星太阳能有限公司董事长
副会长	卢锦洪	2013 年 11 月至今	东莞市白天鹅纸业有限公司董事长
副会长	袁旭培	2013 年 11 月至今	东莞市华美食品有限公司董事长
副会长	莫浩松	2013 年 11 月至今	广东三正集团有限公司副董事长
副会长	叶　福	2013 年 11 月至今	广东省东莞国药集团有限公司董事长
副会长	张国衡	2013 年 11 月至今	东莞市糖酒集团美宜佳便利店有限公司董事长
副会长	卢文书	2013 年 11 月至今	广东龙马化学有限公司董事长
副会长	王庆和	2013 年 11 月至今	东莞市永益食品有限公司董事长
副会长	黄普兆	2013 年 11 月至今	东莞市华伟集团有限公司董事长
副会长	钟沛江	2013 年 11 月至今	东莞市百味佳食品有限公司董事长
副会长	曾浩贤	2013 年 11 月至今	东莞市金富士食品有限公司董事长
副会长	杨炳坤	2013 年 11 月至今	东莞石龙津威饮料食品有限公司总经理
副会长	陈建京	2013 年 11 月至今	广东华颂家具集团有限公司总经理
秘书长	卢静娜	2013 年 11 月至今	东莞市工商局商标广告科科长

广告协会

【广告协会概况】 2010—2014 年，东莞市广告协会围绕中心任务，通过各项工作尽力为会员提供服务，为构建和谐社会而努力。其间，东莞市新文传媒集团总裁黄创基连任第二届及第三届理事会会长。

【广告企业行业自律加强】 2010 年，东莞市广告协会通过开展“争创广告行业先进单位”活动等形式，提高广告行业自律水平。全行业获评“2008—2009 年度全国广告行业文明单位”称号的企业 3 家。2012 年，被市民间组织管理局选定为全市 8 家开展自律体系建设试点工作的行业协会之一。为此，协会专门成立工作领导小组，制定工作方案，开展行业自律体系建设试点工作。2013 年，组织开展“广告行业先进单位”评选活动，评选出依法经营、遵守行业道德、维护市场公平竞争、为公益事业做出贡献的行业先进单位20家。2014年，评选“广告行业先进单位”企业20家。

【广告作品评选大赛举办】　2010年，东莞市广告协会以“廉荣贪耻•莞邑文明”为主题，举办东莞市首届廉政公益平面广告作品大赛，收到参赛作品682件。2011年，举办第九届广告作品评选大赛，收到参赛作品336件。2012年，举办第十届优秀广告作品大赛，收到参赛作品475件；举办首届城管执法公益平面广告大赛，征集作品244件。2013年，与市纪委、市检察院等单位联合举办2013东莞市廉政公益广告作品大赛，征集平面作品397件。2014年，举办广告作品大赛，授予分数排名前十的单位“2014年度东莞创作实力十强单位奖”。

2013年廉政公益平面广告大赛金奖作品

【广告交流活动组织】　2010年，东莞市广告协会组织会员代表36人参加第十七届中国国际广告节；组织会员代表15人前往顺德广告协会进行学习交流。2013年7月，组织会员代表43人前往深圳会展中心参观2013年度深圳LED广告展。10月，组织会员代表21人参加在江苏南京举办的第二十届中国广告节。2014年，参与东莞首届微电影大赛和点赞东莞创意大赛两项重要文化赛事。

【广告企业培训考试组织】　2011年6月，东莞市广告协会指导10多名广告从业人员参加并通过广告专业技术人员职业水平考试。2012年，通过做好考试宣传和咨询，以及为参加考试的会员统一征订考试教材等方式服务会员企业，提高企业参加广告专业技术人员职业水平考试的通过率，2012年有20多名广告从业人员通过考试。2013年12月，举办2013年度广告审查员培训班，培训广告审查员200多名。该次活动是工商部门将审查员培训业务移交给协会后举办的首次审查员培训班。2014年9月，举办2014年度广告审查员培训班，培训广告审查员100多名。

【广告企业资质认定】　2014年，东莞市广告协会首次开展东莞广告企业资质认定工作。通过对广告企业经营规模、专业技术水准、信誉指标、社会贡献等指标的全面评估，分类认定广告企业资质等级，并首批认定东莞市德和广告装饰工程有限公司、东莞市大洋广告文化传播有限公司、东莞市柏林广告装饰工程有限公司、东莞市大圣广告传媒有限公司等4家企业为东莞一级广告企业。

工商行政管理学会

【工商行政管理学会概况】 2010—2014年，东莞市工商行政管理学会围绕全市工商行政管理中心工作，发挥参谋助手和桥梁纽带作用，推进学会工作深入开展，全面服务工商行政管理转型升级。其中，2010年获评东莞市社会科学界先进工作单位。

【工商行政管理学会组织建设】 2011年，召开学会第二届会员代表大会，审议通过学会工作报告及章程修正案，选举产生第二届理事会成员及会长、秘书长，为开展工商理论探讨和实践研究，提供组织保障。2014年，制定实施《东莞市工商行政管理局学术研究活动方案》，从开展组团调研、举行征文比赛、推行业务研讨、开展培训教育、编印优秀论文集、打造交流平台、建立激励机制等7个方面着手，搭建多层次、立体化的学术研究平台，为学术研究交流和理论成果转化提供制度保障。

【重点课题攻关】 2010—2014年，东莞市工商行政管理学会加强重点课题攻关，服务领导决策。每年选取全市工商行政管理工作的重点热点课题进行研究攻关，形成高质量、高水准的理论成果，为工商部门工作的开展提供有价值的参考材料和理论支持。2010—2014年，全市工商系统撰写调研文章100多篇。其中，《关于大力推进商标(品牌)战略的工作意见》《关于工商部门对网络市场监管的思考》《发展广告创意产业 推动东莞品牌经济》《探求东莞电子商务产业发展新路径》《以全程电子化登记管理为突破口实现营商环境新提升》等文章先后被省工商局、国家工商总局采用，并入选省市重要刊物和领导参考资料。2012年《培育壮大市场主体 增强经济核心竞争力——关于东莞市市场主体运行发展状况的调研报告》一文，对全市市场主体运行发展情况进行深入调查，与周边主要城市市场主体情况进行比较分析，较为全面、真实地反映全市市场主体的发展现状，受到市委领导的批示肯定。该调研报告被编入市委核心内参《决策参考》，编发至市直各有关单位及各镇街，同时被《广东省工商管理》杂志全文刊用，被评为中国工商行政管理学会2012年度优秀调研成果。(《关于工商部门对网络市场监管的思考》《发展广告创意产业 推动东莞品牌经济》《探求东莞电子商务产

业发展新路径》《以全程电子化登记管理为突破口实现营商环境新提升》等文章参见《理论研讨》编相关内容）

【理论研讨活动开展】 2010—2014 年，东莞市工商行政管理学会开展形式多样的理论研讨活动，强化崇尚理论研讨的良好氛围。每年组织开展主题征文活动，调动干部职工研究问题、分析问题、解决问题的积极性，先后开展主题征文活动 5 次，收集作品 200 多篇，多篇文章在省市重要刊物发表，编印全市工商系统优秀理论成果集 5 本。2012 年，以“创先争优 激扬红盾”为主题，举办全市工商系统首届业务辩论大赛，在系统内引起强烈反响。（参见《文化建设》编【首届业务辩论大赛举行】条目）2014 年，组织开展全市工商系统首次专题业务研讨会，针对流通环节食品安全监督管理职责划转后，工商部门如何加强商品交易市场监管的相关业务问题进行集中研讨，深入交流研究问题，以研讨成果推动重点工作开展。

基层分局

【莞城分局】 1957年，莞城镇成立市场物价管理委员会（市管会）。1965年初，莞城市管会改称为莞城工商行政管理所（莞城工商所）。1989年，东莞市编制委员会撤销莞城工商所，成立莞城工商分局，副科级建制，1993年升格为正科级建制。1995年莞城分局设置西隅、北隅和市桥3个工商所。2001年，广东省市、县工商行政管理系统机构改革，设置东莞市工商局莞城分局，正科级建制；分局内设办公室、登记管理股、经济检查股和市场监督管理股，同时撤销西隅、北隅和市桥工商所。2014年，莞城分局在职在岗干部职工32人。

2010年，莞城分局辖区市场主体新增3087户，累计16913户。2011年，新增2873户，累计16629户。2012年，新增2567户，累计17094户。2013年，新增2503户，累计16304户。2014年，新增2880户，累计17746户。

2010年，莞城分局查处各类违法违章案件588宗，查处首宗“三虚一抽”（虚报注册资本、虚假出资、提供虚假材料骗取公司登记及抽逃出资）案件中的虚报注册资本案件。2011年，查处各类违法违章案件396宗，查处首宗“三虚一抽”案件中的抽逃出资案件。2012年，查处各类违法违章案件413宗，其中立案查处商业贿赂案件25宗。2013年，查处各类违法违章案件131宗。2014年，查处各类违法违章案件225宗；查处辖区12家装饰建材经销商擅自冒用东莞市消委会名称虚假宣传案件。2014年，分局争取莞城街道支持，由莞城街道打击传销办公室与东莞市心理咨询师协会签订反传销洗脑合作协议，在打击传销工作中引入反传销洗脑工作机制，得到国家、省市层面肯定。该工作纳入东莞工商系统年度创新工作，并以信息形式被国家工商总局采用。

2010年，莞城分局查处首宗网络虚假宣传案件，创建食品安全样板市场4个，指导辖区市场获评“文明诚信市场”11个，指导辖区企业获评“守合同、重信用”称号148家。2011年，创建食品安全样板市场1个，食品安全先进样板市场2个，指导辖区市场获评“文明诚信市场”9个，指导辖区企业获评“守合同、重信用”称号137家。2012年，指导辖区市场获评“文明诚信市场”10个，指导辖区企业获评“守合同、重信用”称号148家。2013年，指导辖区企业获评“守合同、重信用”称号143家，其中，东莞轻工业品进出口有限公司和广东宏达工贸集团有限公司被国家工商总局公示为2010—2011年度“守合同、重信用”企业。2014年，分局首次查处房地产行业合同违法案件4宗；指导参评的辖区罗沙新兴装饰材料城被国家工商总局公示为“全国2012—2013年度诚信示范市场”，成为广东省获此殊荣的8个市场之一，也是东莞市唯一一家获国家工商总局公示的示范市场。

2010年，莞城分局辖区有广东省著名商标11件，中国驰名商标1件；有广告类企业234户，累计登记户外广告215条；查处广告违法案件24宗。2011年，经辅导、培育，辖区新增中国驰名商标2件；新增广告类企业69户，累计登记户外广告204条；查处广告违法案件13宗。2012年，辖区新增广告类企业79户，新登记户外广告125条，比上年增长 61.27%；查处首宗合同违法案件及首宗商标侵权涉刑事移送案件，查处广告违法案件 14 宗。2013 年，辖区新增广告类企业 85 户，新登记户外广告 241 条，比上年增长 73.25%；查处广告违法案件 5 宗。2014 年，经辅导、培育，辖区累计有广东省著名商标 11 件，中国驰名商标 3 件；新增广告类企业 161 户，新登记户外广告 134 条；查处广告违法案件 9 宗。

2010 年，莞城分局被广东省总工会授予“广东省工人先锋号”称号；被莞城街道党委、莞城街道办事处评为“机关办公室及职能部门先进单位”“党建工作先进单位”。2011 年，被东莞市食品安全委员会评为“东莞市食品安全工作先进集体”；被莞城街道党委、莞城街道办事处评为“机关办公室及职能部门先进单位”。2012 年，被东莞市“三打”专项行动领导小组评为“东莞市‘三打’专项行动先进集体”；被莞城街道党委、莞城街道办事处评为“先进单位”。2013 年，被莞城街道党委、莞城街道办事处评为“先进单位”；分局于 2012 年查处的“东莞市大师装饰设计工程有限公司商业贿赂案”被广东省工商局评为“全省十佳案件”，是当年东莞市唯一一宗入选案件。2014 年，被东莞市妇女联合会评为东莞市“巾帼文明岗”称号；被莞城街道党委、莞城街道办事处评为“先进单位”；被东莞市工商局评为“先进单位”。

莞城工商分局领导任职情况表

表 1

姓　名	职　务	任职时间
周锦辉	分局长	2001.12—2013.1
梁文英	副分局长	2001.12—2014.4
曾建亮	副分局长（主持全面工作）	2013.1—2014.1
曾建亮	分局长	2014.1—
曾志忠	副分局长	2014.2—
庞才慧	副分局长	2014.4—

【石龙分局】 1960 年，石龙公社成立市场管理委员会（市管会）。1972 年，石龙市管会改称石龙工商管理组（石龙工商组）。1973 年，成立石龙工商所。1989 年，东莞市编制委员会撤销石龙工商所，成立石龙工商分局，副科级建制，1993 年升格为正科级建制。1995 年，石龙分局设置中山东、中山西和兴隆（1996 年更名兴龙）3 个工商所。2001 年，广东省市、县工商行政管理系统机构改革，设置东莞市工商局石龙分局，正科级建制；分局内设办公室、登记管理股、经济检查股和市场监督管理股，同时撤销中山东、中山西和兴龙工商所。2014 年，石龙分局在职在岗干部职工 20 人。

2010 年，石龙分局辖区市场主体新增 1272 户，累计 7926 户。2011 年，新增 1095 户，累计 8521 户。2012 年，新增1309户，累计9322户。2013年，新增2324户，累计9963户。2014年，新增1719户，累计10766户。

2010年，石龙分局查处各类违法违章案件213宗。2011年，查处各类违法违章案件161宗。2012年，查处各类违法违章案件198宗。2013年，查处各类违法违章案件159宗。2014年，查处各类违法违章案件155宗，移送犯罪案件3宗。

2010年，石龙分局指导辖区市场获评“文明诚信市场”11个，指导辖区企业获评“守合同、重信用”称号23家。2011年，指导辖区市场获评“文明诚信市场”10个，指导辖区企业获评“守合同、重信用”称号24家。2012年，指导辖区市场获评“文明诚信市场”6个，其中石龙商贸市场被国家工商总局公示为“全国诚信示范市场”，为东莞市4个国家级诚信示范市场之一；指导辖区企业获评“守合同、重信用”称号26家，其中广东华南药业集团有限公司和广东众生药业有限公司连续22年获得“守合同、重信用”企业称号。2013年，指导辖区市场获评“文明诚信市场”6个，其中，石龙商贸市场被广东省工商局公示为省级文明诚信市场，被国家工商总局公示为“全国文明诚信市场”；指导辖区企业获评“守合同、重信用”称号28家，其中广东众生药业集团有限公司被公示为国家级守合同重信用企业。2014年，分局促进辖区市场登记改制为公司；开展房地产格式条款整治工作，检查指导房地产中介行业76户、房地产开发企业8家、物业服务企业10家，查处房地产行业合同违法案件4宗。指导辖区企业获评“守合同、重信用”称号33家。

2010年，石龙分局辖区有广东省著名商标7件，中国驰名商标1件。2013年，监测广告1913条，建立大型户外广告数据库，查处房地产、酒类广告23宗，查处首宗LED户外广告违法案件。2014年，辖区新增广东省著名商标4件，查处房地产户外广告案件4宗。截至2014年底，辖区累计有广东省著名商标11件，中国驰名商标1件。

2010年，石龙分局被评为石龙镇“人口和计划生育工作先进单位”“食品安全工作先进单位”；被东莞市工商局评为“资产管理工作先进单位”。2011年，石龙分局被东莞市工商局评为“先进单位”“巡查监管工作先进单位”。2012年，石龙分局被东莞市工商局评为“先进单位”“市场监管工作先进单位”。2013年，石龙分局被东莞市工商局评为“食品安全监管工作先进单位”。2014年，石龙分局被东莞市工商局评为“先进单位”“合同监管工作先进单位”“消费维权工作先进单位”。2011—2014年，石龙分局党支部连续4年被石龙镇委评为“先进基层党组织”。

石龙工商分局领导任职情况表

表2

姓　名	职　务	任职时间
庄社祥	分局长	2004.6—2011.10
曾志忠	副分局长	2007.2—2014.2

续表

姓　名	职　务	任职时间
何志红	分局长	2011.10—
方淑怡	副分局长	2012.1—
李建辉	副分局长	2014.4—

【虎门分局】 1975年，虎门公社、太平公社及新湾公社相继设立工商所。1985年，太平工商所并入虎门工商所。1989年，虎门工商所升格为虎门工商分局，副科级建制，1993年升格为正科级建制。1994年，虎门分局设立南栅和北栅2个工商所。1995年，新湾工商所升格为工商分局，副科级建制。1998年，新湾镇并入虎门镇，新湾工商分局撤销，新设立新湾工商所，直属虎门分局领导和管理。2001年，广东省市、县工商行政管理系统机构改革，设置东莞市工商局虎门分局，正科级建制；分局内设办公室、登记管理股、经济检查股和市场监督管理股，同时撤销新湾工商所、南栅工商所和北栅工商所。2014年，虎门分局在职在岗干部职工51人。

2010年，虎门分局辖区市场主体新增7156户，累计51903户。2011年，新增6286户，累计44500户。2012年，新增7602户，累计45044户。2012年12月，东莞市政协主席李毓全一行到虎门分局检查商事登记制度改革工作。2013年，辖区市场主体新增8888户，累计50410户。2014年，新增10399户，累计57460户。

2010年，虎门分局查处各类违法违章案件1297宗。2011年，查处各类违法违章案件727宗。2012年，查处各类违法违章案件839宗，其中“三打”（打击欺行霸市、打击制假售假和打击商业贿赂）案件336宗，移送公安部门追究刑事责任案件17宗，法院刑事判决案件1宗。2013年，查处各类违法违章案件720宗；指导22家企业建立消费维权服务站；组织辖区30个社区开展“无传销社区”创建活动。2014年，查处各类案件734宗，查处大要案件25宗，移送公安部门追究刑事责任案件8宗；查处美容美发行业违法案件117宗。

2010年，虎门分局抽查各类市场主体10173户次；指导辖区企业获评“守合同、重信用”称号26家，指导白沙、九门寨、北栅、百花、怀德5个市场完成样板市场改造。2011年，抽查市场主体6200多户；组织开展中介机构整治；创建食品安全样板市场3个，指导辖区市场获评“文明诚信市场”17个，指导辖区企业获评“守合同、重信用”称号24家。2012年，创建食品安全示范店20家；查处合同违法案件6宗。2012年6月，国家工商总局消保局副局长李军带队，到虎门参观考察“信誉通”食品备案信息系统。2013年，指导辖区企业获评“守合同、重信用”称号31家。2014年，分局开展不公平合同格式条款、网络虚假宣传等专项整治，查处相关案件30宗。2014年9月，虎门镇召开市场监管综合协管中心成立动员大会暨揭牌仪式。指导辖区企业获评“守合同、重信用”称号37家，其中1家被公示为国家级守合同重信用企业。

2010年，虎门分局指导2家企业申报广东省著名商标。2011年，培育广东省著名商标2件。2014年，培育广东省著名商标2件，截至2014年底，辖区累计有广东省著名商标12件，中国驰名商标2件。2014年，虎门分局查处商标违法案件28宗，监测广告2860条次。

2010年，虎门分局被评为“东莞市食品安全工作先进集体”；被评为虎门镇“安全生产委员会先进单位”“人口和计划生育工作先进单位”；被东莞市工商局评为“食品安全监管工作先进单位”“培育驰名著名商标工作先进单位”“执法办案工作先进单位”；分局党支部被虎门镇委评为“预防职务犯罪工作先进集体”“先进基层党组织”。2011年，被评为虎门镇“安全生产委员会先进单位”“严打整治工作先进集体”“纪检监察工作先进集体”；被东莞市工商局评为“创建样板市场工作先进单位”“登记注册工作先进单位”“年检验照工作先进单位”；分局团支部获“虎门镇共青团工作表扬奖”。2012年，被评为虎门镇“安全生产工作先进单位”“纪检监察工作先进单位”“‘三打’工作先进集体”“严打整治工作先进集体”。2013年，获东莞市“巾帼文明岗”称号；分局党支部被虎门镇委评为“先进基层党组织”。2014年，被东莞市工商局评为“先进单位”“商事登记制度改革工作先进单位”“商标广告工作先进单位”“执法办案工作先进单位”。

虎门工商分局领导任职情况表

表3

姓　名	职　务	任职时间
刘建新	分局长	2007.4—2014.5
汤伟明	副分局长	2005.11—2013.4
佘惠权	分局长	2014.5—
王建光	副分局长	2001.12—
赵锡康	副分局长	2014.4—

【东城分局】 东城分局前身为1975年成立的附城工商所。1994年，附城工商所升格为工商分局，副科级建制。2000年，附城分局更名为东城分局，正科级建制。2001年，广东省市、县工商行政管理系统机构改革，设置东莞市工商局东城分局，正科级建制；分局内设办公室、登记管理股、经济检查股和市场监督管理股。2014年，东城分局在职在岗干部职工37人。

2010年，东城分局辖区市场主体新增4844户，累计36212户。2011年，新增4254户，累计33821户。2012年，新增4349户，累计36358户。2013年，辖区市场主体新增5152户，累计40005户。2014年，新增7064户，累计44013户。

2010年，东城分局查处各类违法违章案件688宗；查处取缔传销窝点88个，协助公安机关刑事拘留传销人员31人。2011年，查处各类违法违章案件501宗；

查处取缔传销窝点9个，协助公安机关刑事拘留传销人员9人；调解消费申诉213宗。2012年，查处各类违法违章案件628宗，其中“三打”案件198宗；查处取缔传销窝点36个，解救传销人员9人，教育遣散传销人员308人，协助公安机关刑事拘留传销人员22人；调解消费申诉232宗，创建消费维权站3个。2013年，查处各类违法违章案件406宗；查处取缔传销窝点24个，解救传销人员5人，协助公安机关刑事拘留传销人员6人；调解消费申诉129宗，建成消费维权服务站36个。2014年，查处各类违法违章案件479宗；打击传销活动，清查涉嫌传销出租屋9个，教育遣散社会人员78人，协助公安部门解救被非法拘禁人员3人，刑事拘留传销骨干分子2人；受理消费者举报、申诉529宗，为群众挽回经济损失45.6万元。

2010年，东城分局检查各类经营户6893户次，发放“食品流通许可证”651个，推广应用“信誉通”食品安全备案系统累计540户。指导辖区市场获评“文明诚信市场”11个;指导辖区企业获评“守合同、重信用”称号66家。2011年，检查各类经营户5367户次，发放“食品流通许可证”830个。指导辖区市场获评“文明诚信市场”12个；指导辖区企业获评“守合同、重信用”称号73家。2012年，检查市场主体3695户次；发放“食品流通许可证”1051个。指导辖区市场获评“文明诚信市场”12个，创建食品安全样板市场5个，东城市场和花园新村市场被评为“广东省文明诚信市场”，东城市场被授予“全国诚信示范市场”称号；指导辖区企业获评“守合同、重信用”称号95家。2013年，检查市场主体5893户次，发放“食品流通许可证”1075个。指导辖区市场获评“文明诚信市场”11个;指导辖区企业获评“守合同、重信用”称号129家。2014年，指导辖区企业获评“守合同、重信用”称号168家。

2010年，新增广东省著名商标2件，辖区累计有中国驰名商标、广东省著名商标16件。2011年、2012年，辖区有中国驰名商标、广东省著名商标12件。2013年，辖区新增广东省著名商标5件，累计有中国驰名商标、广东省著名商标17件。2014年，辖区新增广东省著名商标6件，中国驰名商标2件，累计有中国驰名商标、广东省著名商标24件，增长数和累计总数均在全市各镇街中排名第一。

2011年11月，国家工商总局副局长王东峰率领督查组一行，在广东省工商局局长卢炳辉等陪同下，检查东城街道流通环节食品安全监管情况，并给予表扬。2012年5月，国家工商总局消费者权益保护局局长杨红灿一行在广东省工商局副局长钱永成等陪同下，检查东城街道流通环节食品安全监管情况和消费维权服务站建设情况。2012年12月，东莞市市委书记徐建华等一行到东城分局检查商事制度改革工作。2013年12月，广东省工商局市场处处长冯新一行3人到东城分局调研网络市场监管工作情况；广东省副省长林少春率检查组一行，到东城分局辖区东泰友谊市场检查指导禽流感防控工作。2014年3月，东莞市商事制度改革基层协同监管工作在东城分局开始为期一年的试点。

2010年，东城分局被东莞市食品安

全委员会评为“东莞市食品安全工作先进集体”；被评为东城街道“三个文明建设先进单位”“维护稳定及社会治安综合治理工作先进单位”“创无传销社区工作先进集体”“火灾隐患重点整治工作先进单位”“学校及周边地区治安工作先进集体”；被评为东莞市工商局“创建样板市场工作先进单位”“食品安全监管工作先进单位”“执法办案工作先进单位”“打击传销工作先进单位”和“基层分局绩效考核第三名”。2011 年，被评为东城街道“三个文明建设先进单位”“维护稳定及社会治安综合治理工作先进单位”；分局党支部被东城街道党委评为“先进基层党组织”；被评为东莞市工商局“十佳案件单位”“食品安全监管工作先进单位”“打击传销工作先进单位”“创建样板市场工作先进单位”“基层分局绩效考核第三名”。2012 年，被评为东城街道“先进单位”“打击传销工作先进集体”；被评为东莞市工商局“打击传销工作先进单位”“食品安全监管工作先进单位”“执法办案工作先进单位”“优秀调研文章单位”。2013 年，被国家工商总局评为“全国工商行政管理系统先进工商所”；分局党支部被东城街道党委评为“先进基层党组织”；被评为东莞市工商局“绩效考核先进单位”“信息调研工作先进单位”“食品安全监管工作先进单位”“网络监管工作先进单位”。2014 年，被广东省档案局评为“省特级档案综合管理单位”；被评为东城街道“先进单位”；被评为东莞市工商局“先进单位”“打击传销工作先进单位”“资产管理工作先进单位”。

东城工商分局领导任职情况表

表 4

姓　名	职　务	任职时间
陈健敏	副分局长	2001.12—
张　弢	分局长	2005.7—2014.5
王劲榕	副分局长	2008.8—2013.12
张东辉	副分局长	2013.12—
卢宇光	分局长	2014.5—

【万江分局】 1959 年，万江公社建立市场管理小组（市管会）。1962 年，万江市管会、税所、财管所联合办公，统称为万江财税所。1975 年，万江公社成立万江工商所。1994 年，万江工商所升格为工商分局，副科级建制。2001 年 11 月，广东省市、县工商行政管理系统机构改革，设置东莞市工商局万江分局，正科级建制；分局内设办公室、登记管理股、经济检查股和市场监督管理股。2014 年，分局在职在岗干部职工 24 人。

2010 年，万江分局辖区市场主体新增 1969 户，累计 8820 户；登记成立辖区第一家农民专业合作社。2011 年，新增 2752 户，累计 11572 户。2012 年，新增 2759 户，累计 14331 户。2013 年，新增 3047 户，累计 17378 户。2014 年，新增 3642 户，累计 21020 户，历史上首次突破20000户。

2010年，万江分局查处各类违法违章案件250宗。2011年，查处各类违法违章案件238宗，查处虚假宣传案件16宗，重点打击辖区一批以虚假加盟为手段，敛财为目的的诈骗企业。2012年，查处各类违法违章案件360宗；查获首宗商业贿赂案件、首宗合同格式条款案件，向公安机关移送涉嫌犯罪案件12宗。2013年，查处各类违法违章案件112宗。2014年，查处各类违法违章案件218宗。

2010年，万江分局创建食品安全样板市场2个，指导辖区市场获评“文明诚信市场”8个，指导辖区企业获评“守合同、重信用”称号60家。2011年，查处网络虚假宣传案件9宗，创建食品安全样板市场2个，指导辖区市场获评“文明诚信市场”8个，指导辖区企业获评“守合同、重信用”称号64家。2012年，指导辖区市场获评“文明诚信市场”8个，指导辖区企业获评“守合同、重信用”称号67家。2013年，指导辖区市场获评“文明诚信市场”8个，指导辖区企业获评“守合同、重信用”称号72家。2014年，指导辖区企业获评“守合同、重信用”称号79家，其中，指导参评的广东五星太阳能股份有限公司被公示为国家级守合同重信用企业。

2010年，万江分局辖区新增广东省著名商标1件。2011年，辖区新增中国驰名商标2件，广东省著名商标1件。2012年，辖区新增广东省著名商标2件。2013年，辖区新增中国驰名商标1件，广东省著名商标1件。截至2014年底，辖区累计有广东省著名商标10件，中国驰名商标4件。

2010年，万江分局被评为万江街道“维护稳定和社会治安综合治理工作先进单位”“安全生产和消防工作先进单位”“食品安全整治工作先进单位”；被东莞市工商局评为“食品安全监管工作先进单位”；万江分局党支部被万江街道党委评为“先进基层党组织”。2011年，被评为万江街道“食品安全工作先进集体”；被东莞市工商局评为“创建样板市场工作先进单位”“资产管理工作先进单位”；万江分局党支部被万江街道党委评为“先进基层党组织”；分局有1人被评为东莞市“食品安全工作先进个人”。2012年，被评为万江街道“‘三打两建’工作先进单位”；被东莞市工商局评为“商事登记制度改革工作先进单位”。2013年，被东莞市工商局评为“先进单位”。2014年，被东莞市工商局评为“先进单位”。

万江工商分局领导任职情况表

表5

姓 名	职 务	任职时间
叶　林	副分局长	2001.12—2014.1
李志权	分局长	2008.5—2013.6
李建辉	副分局长	2008.8—2014.4
张贵阳	分局长	2013.6—
袁伟兵	副分局长	2014.4—

【南城分局】 1975年，篁村公社（南城街道办事处前身）设立篁村工商行政管理所（篁村工商所）。1994年，篁村工商所升格为工商分局。2001年，篁村区街道办事处更名为南城街道办事处，广东省市、县工商行政管理系统机构改革，设置东莞市工商局南城分局，正科级建制；分局内设办公室、登记管理股、经济检查股和市场监督管理股。2014年，南城分局在职在岗干部职工34人。

2010年，南城分局辖区市场主体新增4960户，累计22153户。2011年，新增5381户，累计25448户。2012年，新增5802户，累计23247户，其中个体工商户11526户，企业11721家，企业数量首次超过个体工商户数量，占主体总数50.41%，成为东莞市第一个企业数量与个体工商户数量平分秋色的镇街。2013年，新增5631户，累计29760户。2014年，新增6778户，累计34473户，历史上首次突破30000户。

2010年，南城分局查处各类违法违章案件491宗。2011年，查处各类违法违章案件456宗。2012年，查处各类违法违章案件568宗，移送公安机关1宗。2013年，查处各类违法违章案件281宗。2014年，查处各类违法违章案件367宗，移交公安机关2宗。

2010年，南城分局指导辖区市场获评“文明诚信市场”7个，指导辖区企业获评“守合同、重信用”称号53家。2011年，指导辖区市场获评“文明诚信市场”7个，指导辖区企业获评“守合同、重信用”称号57家。2012年，指导辖区市场获评“文明诚信市场”5个，指导辖区企业获评“守合同、重信用”称号63家。2013年，创新开展“放心肉”工程建设工作，在辖区建成“放心肉”示范店4家。指导辖区市场获评“文明诚信市场”5个，指导辖区企业获评“守合同、重信用”称号93家。2014年，指导辖区企业获评“守合同、重信用”称号130家。

2010年，南城分局辖区新增广东省著名商标1件。2012年，南城分局辖区新增中国驰名商标1件。2014年，南城分局辖区累计有广东省著名商标7件，其中中国驰名商标1件。

2010年，南城分局被共青团东莞市委评为“东莞市青年文明号”，被东莞市食品安全委员会评为“东莞市食品安全工作先进集体”，被南城街道办事处评为“先进单位”；有1人被东莞市食品安全委员会评为“食品安全工作先进个人”。2011年，被南城办事处评为“先进单位”。2012年，被东莞市工商局评为2012年度“先进单位”“执法办案工作先进单位”，被南城街道办事处评为“先进单位”；有1人被广东省“三打”专项领导小组评为“省‘三打’工作先进个人”，有1人被东莞市“三打”专项领导小组评为“东莞市‘三打’专项行动先进个人”，有1人被东莞市打假工作领导小组评为“东莞市打假工作先进个人”，有2人被南城街道清理无证照经营工作领导小组评为“‘清理无照经营’先进个人”，有1人被南城街道打假工作领导小组评为“打假工作先进个人”。2013年，被东莞市妇女联合会评为“东莞市巾帼文明岗”，被南城街道办事处评为“先进单位”，被南城街道打假工作领导小组评为“打假工作先进单位”，被南城街道计生工作领导小组评为“人口和计划生育工作优秀单位”；

有 1 人被南城街道打假工作领导小组评为“打假工作先进个人”，有 1 人被南城街道清理无证照经营工作领导小组评为“‘清理无证照经营’先进个人”；有 1 人被南城街道清理无证照经营工作领导小组评为“‘清理无证照经营’先进个人”。2014 年，被南城街道办事处评为“先进单位”，被东莞市工商局评为“东莞市工商系统 2013 年度网络监管工作先进单位”“2013 年度资产管理工作先进单位”。

南城工商分局领导任职情况表

表 6

姓　名	职　务	任职时间
林厚廉	分局长	2003.12—2013.12
欧阳计威	副分局长	2005.12—2013.12
殷校明	副分局长	2006.1—2011.12
张纪文	分局长	2013.12—
苏红梅	副分局长	2012.1—
赖　彬	副分局长	2014.4—

【中堂分局】 1953 年，中堂公社成立市场管理委员会（市管会）。1971 年，中堂市管会改称中堂工商行政管理所（中堂工商所）。1994 年，中堂工商所升格为工商分局，副科级建制。2001 年，广东省市、县工商行政管理系统机构改革，设置东莞市工商局中堂分局，正科级建制；分局内设办公室、登记管理股、经济检查股和市场监督管理股。2014 年，中堂分局在职在岗干部职工 17 人。

2010 年，中堂分局辖区市场主体新增 1605 户，累计 9053 户；核发首个台湾居民个体工商户营业执照。2011 年，辖区市场主体新增 1558 户，累计 8562 户。2012 年，新增 1441 户，累计 9350 户。2013 年，新增 1615 户，累计 9732 户。2014 年，新增 2087 户，累计 11072 户。

2010 年，中堂分局查处各类违法违章案件 226 宗。2011 年，查处各类违法违章案件 171 宗。2012 年，查处各类违法违章案件 201 宗；查处首宗合同违法案件。2013 年，查处各类违法违章案件 156 宗；查处 1 宗货值超过 3000 万的大要案。2014 年，查处各类违法违章案件 139 宗。

2010 年，中堂分局创建食品安全样板市场 2 个，指导辖区市场获评“文明诚信市场”2 个，指导辖区企业获评“守合同、重信用”称号 11 家。2011 年，指导辖区市场获评“文明诚信市场”4 个，指导辖区企业获评“守合同、重信用”称号 13 家，其中，指导参评的东莞日之泉蒸馏水有限公司被公示为国家级守合同重信用企业。2012 年，指导辖区市场获评“文明诚信市场”4 个，指导辖区企业获评“守合同、重信用”称号 14 家。2013 年，指导辖区市场获评“文明诚信市场”4 个，指导辖区企业获评“守合同、重信用”称号 14 家，其中，指导参评的东莞日之泉蒸馏水有限公司被公示为国家级“守合同、重信用”企业。2014年，指导辖区企业获评“守合同、重信用”称号16家。

2010年，中堂分局辖区新增广东省著名商标1件，累计有广东省著名商标5件；登记户外广告53个，全镇有广告经营单位16户。2011年，辖区登记户外广告43个，全镇有广告经营单位20户。2012年，辖区企业1件注册商标为认定为中国驰名商标，实现零的突破；登记户外广告17个，全镇有广告经营单位27户。2013年，登记户外广告22个，全镇有广告经营单位35户。2014年，全镇有广告经营单位43户。截至2014年底，辖区累计有广东省著名商标5件，中国驰名商标1件；登记户外广告11个。

2010年，中堂分局被评为东莞市“食品安全工作先进集体”；被评为中堂镇“工作先进单位”；分局党支部被中堂镇委评为“党支部先进单位”。2011年，被评为中堂镇“工作先进单位”。2012年，被评为中堂镇“工作先进单位”；被东莞市工商局评为“先进单位”；分局党支部被中堂镇委评为“创先争优先进基层党组织”。2013年，被评为“东莞市文明标兵单位”；被评为中堂镇“工作先进单位”；被东莞市工商局评为“商事登记制度改革工作先进单位”。2014年，被评为中堂镇“工作先进单位”；被东莞市工商局评为“先进单位”。

中堂工商分局领导任职情况表

表7

姓 名	职 务	任职时间
黎政文	副分局长	2001.12—2011.12
黄毅均	分局长	2007.7—2013.12
丁秀杰	副分局长	2008.8—
黎炯亮	副分局长	2012.1—
欧阳计威	副分局长（主持全面工作）	2013.12—

【望牛墩分局】 1960年，望牛墩公社成立市场管理委员会（市管会）。1975年，望牛墩公社设立工商所。1994年，望牛墩工商所升格为工商分局，副科级建制。2001年11月，广东省市、县工商行政管理系统机构改革，设置东莞市工商局望牛墩分局，正科级建制；分局内设办公室、登记管理股、经济检查股和市场监督管理股。2014年，望牛墩分局在职在岗干部职工11人。

2010年，望牛墩分局辖区市场主体新增345户，累计1929户。2011年，新增366户，累计2295户。2012年，新增505户，累计2800户。2013年，新增444户，累计3244户。2014年，新增559户，累计3803户。

2010年，望牛墩分局查处各类违法违章案件89宗。2011年，查处各类违法违章案件50宗。2012年，查处各类违法违章案件118宗，其中查处“三打”案件112宗。2013年，查处各类违法违章案件59宗。2014年，查处各类违法违章案件 55 宗。

2010 年，望牛墩分局指导辖区市场获评“文明诚信市场”2 个，指导辖区企业获评“守合同、重信用”称号 7 家。2011 年，查处首宗网络违法案件，指导辖区市场获评“文明诚信市场”2 个，指导辖区企业获评“守合同、重信用”称号 8 家。2012 年，指导辖区市场获评“文明诚信市场”2 个，指导辖区企业获评“守合同、重信用”称号 11 家。2013 年，指导辖区市场获评“文明诚信市场”2 个，指导辖区企业获评“守合同、重信用”称号 10 家。2014 年，指导辖区企业获评“守合同、重信用”称号 19 家。

2010 年，望牛墩分局辖区累计有广东省著名商标 2 件。2012 年，辖区新增广东省著名商标 1 件。2013 年，辖区新增广东省著名商标 3 件。2014 年，辖区新增广东省著名商标 2 件，累计有广东省著名商标 7 件。

2010 年，望牛墩分局获得望牛墩镇委、镇政府颁发的“2010 年度为地方经济建设服务奖”。2011 年，分局党支部被望牛墩镇委评为“先进党组织”。2012 年，被望牛墩镇委、镇政府评为“2012 年度先进单位”“‘三打两建’”工作先进单位”；被东莞市工商局评为“先进单位”。2013 年，被望牛墩镇委评为“先进单位”；被东莞市工商局评为“商事登记制度改革工作先进单位”。2014 年，被广东省档案局评为“省特级档案综合管理单位”；被东莞市工商局评为“先进单位”。

望牛墩工商分局领导任职情况表

表 8

姓 名	职 务	任职时间
张贵阳	分局长	2005.11—2013.6
宋国樑	副分局长	2005.11—2012.1
李灿光	副分局长	2012.1—2014.3
张冠辉	副分局长（主持全面工作）	2013.6—
李旭明	副分局长（借调市工商局工作）	2012.1—2014.4
袁士栋	副分局长	2014.4—

【麻涌分局】 1953 年，麻涌公社成立市场管理委员会（市管会）。1964 年，麻涌公社设立工商所。1994 年，麻涌工商所升格为工商分局，副科级建制。2001 年，广东省市、县工商行政管理系统机构改革，设置东莞市工商局麻涌分局，正科级建制；分局内设办公室、登记管理股、经济检查股和市场监督管理股。2014 年，麻涌分局在职在岗干部职工 13 人。

2010 年，麻涌分局辖区市场主体新增 680 户，累计 2882 户，其中农民专业合作社 4 户。2011 年，新增 630 户，累计 3512 户，其中农民专业合作社 10 户。2012 年，新增 1068 户，累计 4280 户，其中农民专业合作社 12 户。2013 年，新增 873 户，累计 5153 户，其中农民专业合作社 16 户。2014 年，新增 1058 户，累计 6211 户，其中农民专业合作社 17 户。

2010年，麻涌分局查处各类违法违章案件151宗。2011年，查处各类违法违章案件101宗。2012年，查处各类违法违章案件323宗。2013年，查处各类违法违章案件75宗。2014年，查处各类违法违章案件54宗。

2010年，麻涌分局指导辖区市场获评“文明诚信市场”2个，指导辖区企业获评“守合同、重信用”称号24家。2011年，指导辖区市场获评“文明诚信市场”4个，指导辖区企业获评“守合同、重信用”称号23家。2012年，指导辖区市场获评“文明诚信市场”5个，指导辖区企业获评“守合同、重信用”称号36家。2013年，指导辖区市场获评“文明诚信市场”5个，指导辖区企业获评“守合同、重信用”称号65家。2014年，指导辖区企业获评“守合同、重信用”称号54家。

2010年，麻涌分局辖区新增广东省著名商标1件。2011年，辖区新增广东省著名商标1件。2012年，辖区新增广东省著名商标2件，中国驰名商标1件。2014年，辖区新增广东省著名商标1件，中国驰名商标1件；累计有广东省著名商标10件，中国驰名商标3件。

2010年，麻涌分局被麻涌镇委、镇政府评为“创建样板市场工作先进单位”“中央、省、市驻镇机关先进单位”。2011年，被麻涌镇委、镇政府评为“中央、省、市驻镇机关先进单位”；被东莞市工商局评为“培育驰名著名商标工作先进单位”“巡查监管工作先进单位”。2012年，被东莞市工商局评为“先进单位”“商事登记制度改革工作先进单位”。2013年，被广东省档案局评为“省特级档案综合管理单位”；被东莞市工商局评为“先进单位”“绩效考核先进单位”“企业监管工作先进单位”“商标广告工作先进单位”。2014年，被麻涌镇委、镇政府评为“中央、省、市驻镇机关先进单位”；被东莞市工商局评为“先进单位”“执法办案工作先进单位”“企业监管工作先进单位”“商标广告工作先进单位”“资产管理工作先进单位”。

麻涌工商分局领导任职情况表

表9

姓　名	职　务	任职时间
杨钜滔	分局长	2004.6—2010.3
钱　辉	副分局长	2008.5—2012.1
陈权光	分局长	2010.3—
宋国樑	副分局长	2012.1—2012.12
温健锋	副分局长	2012.1—

【石碣分局】 1954年，石碣成立私营商业改造领导小组，1958年，石碣撤销该领导小组，成立石碣市场管理委员会。1964年，石碣撤销市场管理委员会，设立工商联。1969年，石碣工商联与石碣税站、信用联社合并，成立公社财金所。1974年，石碣财金所解散，石碣工商联改名石碣工商所。1994年，石碣工商所升格为工商分

局，副科级建制。2001 年 11 月，广东省市、县工商行政管理系统机构改革，设置东莞市工商局石碣分局，正科级建制；分局内设办公室、登记管理股、经济检查股和市场监督管理股。2014 年，石碣分局在职在岗干部职工 22 人。

2010 年，石碣分局辖区市场主体新增 2603 户，累计 11939 户。2011 年，新增 2361 户，累计 13233 户。2012 年，新增 2466 户，累计 14773 户。2013 年，新增 2203 户，累计 14316 户。2014 年，新增 2557 户，累计 16041 户。

2010 年，石碣分局查处各类违法违章案件 393 宗。2011 年，查处各类违法违章案件 185 宗。2012 年，查处各类违法违章案件 228 宗。2013 年，查处各类违法违章案件 134 宗。2014 年，查处各类违法违章案件 208 宗。

2010 年，石碣分局抽查市场主体 2264 户，指导辖区市场获评“文明诚信市场”6 个，指导辖区企业获评“守合同、重信用”称号 11 家。2011 年，抽查市场主体 1759 户，创建食品安全样板市场 2 个，指导辖区市场获评“文明诚信市场”6 个，指导辖区企业获评“守合同、重信用”称号 13 家。2012 年，抽查市场主体 235 户，指导辖区市场获评“文明诚信市场”7 个，其中东莞市石碣润丰（国际）蔬菜交易中心被国家工商总局公示为“全国诚信示范市场”，指导辖区企业获评“守合同、重信用”称号 15 家。2013 年，抽查沐足行业市场主体 34 户次，指导辖区市场获评“文明诚信市场”7 个，指导辖区企业获评“守合同、重信用”称号 17 家。2014 年，抽查市场主体 595 户，促进辖区所有市场完成登记改制；指导辖区企业获评“守合同、重信用”称号 14 家。

2010 年，石碣分局辖区新增广东省著名商标 1 件，累计有广东省著名商标 3 件。2011 年，辖区新增广东省著名商标 1 件。2012 年，辖区新增广东省著名商标 1 件。2013 年，分局对 3 家重点企业进行商标战略指导，推荐 1 家企业参加广东省著名商标申报。2014 年，辖区新增广东省著名商标 1 件，累计有广东省著名商标 6 件。

2010 年，石碣分局被石碣镇政府评为镇“先进单位”；被东莞市工商局评为全市工商系统“信息调研工作先进单位”。2011 年，被石碣镇政府评为镇“先进单位”“产品质量和食品安全专项整治工作先进单位”；被东莞市工商局评为全市工商系统“食品安全监管工作先进单位”；1 人被共青团东莞市委评为市“优秀团干部”。2012 年，被石碣镇政府评为镇“先进单位”“三打两建工作先进单位”；被东莞市工商局评为全市工商系统“先进单位”“执法办案工作先进单位”。2013 年，被石碣镇政府评为镇“先进单位”，被东莞市工商局评为全市工商系统“网络监管工作先进单位”。2014 年，被石碣镇政府评为镇“先进单位”，被东莞市工商局评为全市工商系统“先进单位”“商标广告工作先进单位”。1 人在广东省工商局举办的“红盾清廉”廉政文化原创作品征集活动中获得“三等奖”。

石碣工商分局领导任职情况表

表 10

姓 名	职 务	任职时间
叶炬新	分局长	2003.12—

续表

姓 名	职 务	任职时间
罗润坚	副分局长	2008.8—
潘媛媛	副分局长	2014.4—

【高埗分局】 1972年，高埗工商所成立。1996年，高埗工商所升格为工商分局，副科级建制。2001年，广东省市、县工商行政管理系统机构改革，设置东莞市工商局高埗分局，正科级建制；分局内设办公室、登记管理股、经济检查股和市场监督管理股。2014年，高埗分局在职在岗干部职工17人。

2010年，高埗分局辖区市场主体新增901户，累计3743户。2011年，新增950户，累计4693户。2012年，新增1584户，累计6277户。2013年，新增1362户，累计7639户。2014年，新增1850户，累计9489户。

2010年，高埗分局查处各类违法违章案件243宗，查处首宗涉外人士无照经营案件。2011年，查处各类违法违章案件170宗。2012年，查处各类违法违章案件331宗。2013年，查处各类违法违章案件95宗。2014年，查处各类违法违章案件125宗。

2010年，高埗分局指导辖区企业获评“守合同、重信用”称号34家。2011年，指导辖区企业获评“守合同、重信用”称号32家。2012年，指导辖区企业获评“守合同、重信用”称号34家。2013年，指导辖区企业获评“守合同、重信用”称号35家。2014年，指导辖区企业获评“守合同、重信用”称号35家。2010—2013年，指导参评的第一综合市场和冼沙二上坊市场连续4年获评东莞市“文明诚信市场”。

2010年，高埗分局辖区有广东省著名商标2件，中国驰名商标1件。2014年，新增广东省著名商标2件，累计有广东省著名商标4件，中国驰名商标1件。

2010年，高埗分局被高埗镇评为“先进单位”。2011年，被评为“东莞市2010年度食品安全先进单位”。2012年，被东莞市工商局评为“先进单位”。2013年，被高埗镇评为“先进单位”；被东莞市工商局评为“先进单位”。2014年，被东莞市妇女联合会评为“东莞市巾帼文明岗”，被高埗镇评为“先进单位”；被东莞市工商局评为“先进单位”。2014年，广东省工商局局长卢炳辉率各处室领导一行到高埗分局调研。

高埗工商分局领导任职情况表

表11

姓 名	职 务	任职时间
颜汉文	分局长	2004.6—2013.2
何慧平	副分局长	2007.2—
钱贺怀	副分局长（主持全面工作）	2013.2—2014.1

续表

姓　名	职　务	任职时间
钱贺怀	分局长	2014.1—
庹　奕	副分局长	2014.4—

【道滘分局】 1974年，道滘公社设立工商所。1994年，道滘工商所升格为工商分局，副科级建制。2001年，广东省市、县工商行政管理系统机构改革，设置东莞市工商局道滘分局，正科级建制；分局内设办公室、登记管理股、经济检查股和市场监督管理股。2014年，道滘分局在职在岗干部职工18人。

2010年，道滘分局辖区市场主体新增922户，累计5544户；核发首个台湾居民个体工商户营业执照。2011年，新增966户，累计6133户；核发首个农民专业合作社营业执照。2012年，新增1007户，累计6748户；审核通过首家外商投资企业无纸化网上年检。2013年，新增1367户，累计7162户。2014年，新增1572户，累计7767户。

2010年，道滘分局查处各类违法违章案件139宗。2011年，查处各类违法违章案件86宗。2012年，查处各类违法违章案件316宗，向公安机关移送首宗"三打"案件。2013年，查处各类违法违章案件93宗。2014年，查处各类违法违章案件108宗。

2010年，道滘分局指导辖区市场获评"文明诚信市场"3个，指导辖区企业获评"守合同、重信用"称号16家。2011年，指导辖区市场获评"文明诚信市场"3个，指导辖区企业获评"守合同、重信用"称号19家。2012年，指导辖区市场获评"文明诚信市场"1个，指导辖区企业获评"守合同、重信用"称号27家。2013年，指导辖区市场获评"文明诚信市场"2个，指导辖区企业获评"守合同、重信用"称号26家。2014年，指导辖区企业获评"守合同、重信用"称号28家，辖区11个原持有市场登记证的商品交易市场全部完成转为企业登记。

2010年，道滘分局辖区新增广东省著名商标1件。2011年，新增广东省著名商标1件。2012年，新增广东省著名商标2件；查处首宗违法电视广告案件。2013年，辖区企业1件注册商标被认定为中国驰名商标，实现零的突破。2014年，新增中国驰名商标1件，累计有广东省著名商标6件，中国驰名商标2件。

2010年，道滘分局被道滘镇委、镇政府评为"先进单位"；被东莞市工商局评为"培育驰名著名商标工作先进单位""资产管理工作先进单位"。2011年，获广东省"巾帼文明岗"称号；被道滘镇政府评为"先进单位""群众满意服务标兵单位""创建国家卫生镇先进单位""安全生产先进单位""综合整治摩托车先进单位"，获评道滘镇"妇女工作创新奖"；分局党支部被道滘镇委评为"先进基层党组织"；被东莞市工商局评为"培育驰名著名商标工作先进单位"；分局有1人被评为东莞市"打假工作先进个人"。2012年，被评为"东莞市'三打'专项行动先进集体"；被道滘镇政府评为"先进单位""先进妇代会"；被东莞市工商局评为“先进单位”“商事登记制度改革工作先进单位”；分局党支部被东莞市委评为“东莞市创先争优先进基层党组织”；分局有1人被评为“东莞市‘三打’专项行动先进个人”，有1人获“广东省工商学会2012年度优秀论文”奖项。2013年，获全国“巾帼文明岗”称号；被道滘镇委、镇政府评为“先进妇代会”“‘三打’先进单位”。2013年，广东省工商局副局长姜海平一行到道滘分局开展调研。2014年，分局被道滘镇委、镇政府评为“先进单位”。2014年，广东省工商局局长卢炳辉一行到道滘分局调研指导工作。

道滘工商分局领导任职情况表

表12

姓 名	职 务	任职时间
刘炳光	分局长	2003.12—
梁达文	副分局长	2005.11—2011.12
庾向群	副分局长	2011.9—2014.5
邹 杰	副分局长（借调市消委会工作）	2014.4—
钱 辉	副分局长	2014.5—

【洪梅分局】 1983年，洪梅镇设立工商所。1995年，洪梅工商所升格为工商分局，副科级建制。2001年，广东省市、县工商行政管理系统机构改革，设置东莞市工商行政管理局洪梅分局，正科级建制；分局内设办公室、登记管理股、经济检查股和市场监督管理股。2014年，洪梅分局在职在岗干部职工8人。

2010年，洪梅分局辖区市场主体新增422户，累计2220户。2011年，新增391户，累计2189户。2012年，新增361户，累计2384户。2013年，新增413户，累计2596户。2014年，新增393户，累计2806户。

2010年，洪梅分局查处各类违法违章案件79宗。2011年，查处各类违法违章案件104宗。2012年，查处各类违法违章案件129宗。2013年，查处各类违法违章案件37宗。2014年，查处各类违法违章案件38宗。

2010年，洪梅分局创建食品安全样板市场1个，指导辖区市场获评“文明诚信市场”1个，指导辖区企业获评“守合同、重信用”称号12家。2011年，指导辖区市场获评“文明诚信市场”1个，指导辖区企业获评“守合同、重信用”称号14家。2012年，指导辖区市场获评“文明诚信市场”1个，指导辖区企业获评“守合同、重信用”称号14家。2013年，指导辖区市场获评“文明诚信市场”1个，指导辖区企业获评“守合同、重信用”称号16家。2014年，指导辖区企业获评“守合同、重信用”称号15家。

2010年，洪梅分局辖区累计有广东省著名商标2件；全年广告监测849条，纳入大型户外广告数据库监督的50条(含公益广告)，登记户外广告7条。2011年，辖区新增广东省著名商标2件；全年广告监测3364条，纳入大型户外广告数据库监督的51条（含公益广告），登记户外广告15条。2012年，全年广告监测2903条，纳入大型户外广告数据库监督的47条（含公益广告），登记户外广告6条。2013年，辖区新增中国驰名商标1件；全年广告监测2817条，纳入大型户外广告数据库监督的36条(含公益广告)，登记户外广告11条；查处广告案件2宗。2014年,辖区累计有广东省著名商标3件，中国驰名商标1件；全年广告监测3332条，纳入大型户外广告数据库监督的35条（含公益广告），登记户外广告6条；查处广告案件2宗。

2010年，洪梅分局被东莞市食品安全委员会评为“东莞市食品安全工作先进集体”；被评为洪梅镇“2006—2010年法制宣传教育先进单位”；被东莞市工商局评为“执法办案工作先进单位”，获东莞市工商系统“服务加快经济发展方式转变”基础知识竞赛团体一等奖。2011年，被评为“东莞市文明标兵单位”；被洪梅镇委、镇政府评为“精神文明建设工作先进单位”“机关效能建设先进单位”；被东莞市工商局评为“先进单位”。2012年,被洪梅镇委、镇政府评为“‘三打两建’工作先进单位”“精神文明建设工作先进单位”“创建国家卫生镇先进单位”“机关效能建设先进单位”；分局党支部被洪梅镇委评为“2012年度创先争优活动先进党组织”“2010—2012年创先争优先进基层党组织”。2013年，被广东省档案局评为“广东省特级档案综合管理单位”；获东莞市妇女联合会颁发东莞市“巾帼文明岗”称号；被东莞市工商局评为“先进单位”。2014年，被洪梅镇委、镇政府评为“创建‘平安洪梅’工作先进单位”“机关效能建设单位”；被东莞市工商局评为“先进单位”“资产管理工作先进单位”。

洪梅工商分局领导任职情况表

表13

姓　名	职　务	任职时间
陈权光	分局长	2005.11—2010.3
张东辉	副分局长	2008.8—2012.1
钟少平	副分局长（正科级待遇，主持全面工作）	2010.3—2011.8
钟少平	分局长	2011.8—2013.4
黄汉虎	副分局长	2012.1—
吴　凯	副分局长（借调市工商局工作）	2012.1—
汤伟明	副分局长（主持全面工作）	2013.4—2014.1
汤伟明	分局长	2014.1—2014.5
陈钜斌	副分局长（主持全面工作）	2014.5—

【沙田分局】 1981年，沙田公社设立工商所。1995年，沙田工商所升格为工商分局，副科级建制。2001年，广东省市、县工商行政管理系统机构改革，设

置东莞市工商局沙田分局，正科级建制；分局内设办公室、登记管理股、经济检查股和市场监督管理股。2014 年，沙田分局在职在岗干部职工 14 人。

2010 年，沙田分局辖区市场主体新增 1377 户，累计 7362 户。2011 年，新增 1240 户，累计 7574 户。2012 年，新增 1314 户，累计 7387 户。2013 年，新增 1560 户，累计 8373 户。2014 年，新增 1548 户，累计 9413 户。

2010 年，沙田分局查处各类违法违章案件 128 宗。2011 年，查处各类违法违章案件 84 宗。2012 年，查处各类违法违章案件 142 宗。2013 年，查处各类违法违章案件 130 宗。2014 年，查处各类违法违章案件 90 宗。

2010 年，沙田分局指导辖区市场获评“文明诚信市场”4 个，指导辖区企业获评“守合同、重信用”称号 19 家。2011 年，指导辖区市场获评“文明诚信市场”4 个，指导辖区企业获评“守合同、重信用”称号 24 家。2012 年，查处合同案件 4 宗，创建消费维权服务站 2 个，指导辖区市场获评“文明诚信市场”1 个，指导辖区企业获评“守合同、重信用”称号 23 家。2013 年，查处合同案件 3 宗，创建消费维权服务站 12 个，指导辖区市场获评“文明诚信市场”2 个，指导辖区企业获评“守合同、重信用”称号 26 家。2014 年，查处合同案件 1 宗，创建消费维权服务站 11 个，指导辖区企业获评“守合同、重信用”称号 27 家。

2010 年，沙田分局辖区有广东省著名商标 3 件；查处商标案件 3 宗，广告案件 6 宗。2011 年，辖区新增广东省著名商标 1 件；查处商标案件 10 宗，广告案件 4 宗。2012 年，分局查处商标案件 129 宗，广告案件 4 宗。2013 年，辖区新增广东省著名商标 1 件；查处商标案件 11 宗，广告案件 1 宗。2014 年，辖区新增广东省著名商标 1 件，累计有广东省著名商标 6 件；查处商标案件 6 宗，广告案件 3 宗。

2010 年，沙田分局被评为“东莞市食品安全工作先进集体”；被沙田镇委、镇政府评为“办公室工作先进单位”“安全生产、消防安全工作先进单位”“清理无证照工作先进单位”“食品安全工作先进单位”“经贸系统先进单位”；被东莞市工商局评为“巡查监管工作先进单位”“广告监管工作先进单位”，获东莞市工商系统基层分局绩效考核第八名。2011 年，被沙田镇政府评为“打假工作先进单位”“清理无证照工作先进单位”；被东莞市工商局评为“食品安全监督工作先进单位”。2012 年，被沙田镇委、镇政府评为“中央、省、市驻镇机关先进单位”“综合信访工作维稳工作先进单位”“宣传文化工作先进单位”“经贸系统工作先进单位”。2013 年，被东莞市工商局评为“先进单位”。2014 年，被评为“广东省特级档案综合管理单位”；被东莞市工商局评为“先进单位”。

沙田工商分局领导任职情况表

表 14

姓　名	职　务	任职时间
黄汉虎	副分局长	2008.8—2012.1
佘惠权	分局长	2009.11—2014.5
王海量	副分局长	2012.1—
钱　辉	副分局长	2012.1—2014.5
钟少平	分局长	2014.5—

【厚街分局】 1959 年，厚街公社成立市场管理委员会（市管会）。1978 年，厚街市管会改称为厚街工商行政管理所（厚街工商所）。1993 年，厚街工商所升格为工商分局，副科级建制。2001 年，广东省市、县工商行政管理系统机构改革，设置东莞市工商局厚街分局，正科级建制；分局内设办公室、登记管理股、经济检查股和市场监督管理股。2014 年，厚街分局在职在岗干部职工 33 人。

2010 年，厚街分局市场主体新增 5864 户，累计 33190 户。2011 年，新增 4906 户，累计 32786 户。2012 年，新增 4769 户，累计 35690 户。2013 年，新增 5648 户，累计 30897 户。2014 年，新增 6777 户，累计 33300 户。

2010 年，厚街分局查处各类违法违章案件 779 宗。2011 年，查处各类违法违章案件 543 宗，其中查处“三虚一抽”案件 7 宗，实现零的突破。2012 年，查处各类违法违章案件 526 宗；“三打”期间查处案件 18 宗，移送公安机关立案侦查 14 宗。2013 年，查处各类违法违章案件 289 宗，其中查处各类新型案件（东莞市工商系统“新型案件”的概念主要用于 2003—2013 年期间，指的是除违反无照经营、年度检验和一般登记类法律法规的其他案件）81 宗，新型案件占全年查处案件的 39%。2014 年，查处各类违法违章案件 398 宗，结合全市“涉黄”专项整治，辖区 54 家沐足企业全部实施关停整改。

2010 年，厚街分局创建食品安全样板市场 4 个，指导辖区市场获评“文明诚信市场”22 个，指导辖区企业获评“守合同、重信用”称号 39 家。2011 年，创建食品安全样板市场 1 个，指导辖区市场获评“文明诚信市场”22 个，指导辖区企业获评“守合同、重信用”称号 38 家。2012 年，查处合同违法行为案件 9 宗，指导辖区市场获评“文明诚信市场”21 个，其中厚街国际家私城被评为“全国诚信示范市场”；指导辖区企业获评“守合同、重信用”称号 30 家。2013 年，指导辖区市场获评“文明诚信市场”15 个，指导辖区企业获评“守合同、重信用”称号 28 家。2014 年，指导辖区企业获评“守合同、重信用”称号 34 家，其中，指导参评的东莞市华伟家具有限公司被公示为国家级守合同重信用企业。

2010 年，厚街分局辖区有广东省著名商标 10 件，中国驰名商标 2 件；查处商标侵权案件 18 宗，擅自发布户外广告案件 11 宗。2011 年，辖区新增广东省著名商标2件；查处商标侵权案件12宗。2012年，辖区新增广东省著名商标3件；查处商标侵权案件47宗。2013年，辖区新增广东省著名商标2件。2014年，辖区新增广东省著名商标2件，中国驰名商标4件；累计有广东省著名商标18件，中国驰名商标6件。

2010年，厚街分局被厚街镇委、镇政府评为“市属驻我镇机构先进单位”；被东莞市工商局评为“登记注册工作先进单位”“培育驰名著名商标工作先进单位”“资产管理工作先进单位”。2011年，被厚街镇委、镇政府评为“市属驻我镇机构先进单位”;被东莞市工商局评为“先进单位”“登记注册工作先进单位”“信息调研工作先进单位”，获东莞市工商系统基层分局绩效考核第六名。2012年，分局党支部被东莞市委评为市“创先争优先进基层党组织”，被厚街镇委评为镇“先进基层党组织”；被东莞市工商局评为“先进单位”“市场监管工作先进单位”。2013年，被厚街镇委、镇政府评为“市属驻我镇机构先进单位”；被东莞市工商局评为“信息调研工作先进单位”“商标广告工作先进单位”，获“全市工商行政管理系统绩效考核先进单位”第八名。2014年，被东莞市档案局评为“省特级档案综合管理单位”；被厚街镇委、镇政府评为“市属驻我镇机构先进单位”；被东莞市工商局评为“先进单位”“信息调研工作先进单位”“打击传销工作先进单位”“企业监管工作先进单位”“商标广告工作先进单位”，获东莞市工商系统绩效考核综合成绩第一名。

厚街工商分局领导任职情况表

表15

姓　名	职　务	任职时间
邓海俦	分局长	2003.12—2013.4
李培根	副分局长	2004.6—2010.6
周志强	副分局长	2008.8—
张冠辉	副分局长	2012.1—2013.6
尹柱坚	分局长	2013.4—
王立勤	副分局长	2014.4—

【长安分局】 1954年，长安成立市场管理委员会（市管会）。1976年，长安公社设立工商所。1994年，长安工商所升格为工商分局，副科级建制。2001年，广东省市、县工商行政管理系统机构改革，设置东莞市工商局长安分局，正科级建制；分局内设办公室、登记管理股、经济检查股和市场监督管理股。2014年，长安分局在职在岗干部职工42人。

2010年，长安分局辖区市场主体新增8914户，累计52155户。2011年，新增7770户，累计50562户。2012年，新增7571户，累计55209户。2013年，新增8161户，累计53288户。2014年，新增9690户，累计56825户。

2010年，长安分局查处各类违法违

章案件888宗。2011年，查处各类违法违章案件633宗。2012年，查处各类违法违章案件705宗，移送公安机关追究刑事责任案件14宗；查处各类“三打”案件331宗，捣毁窝点13个；办理传销案件26宗，捣毁传销窝点15个，教育遣散传销人员181名，并开展打击传销咨询宣传活动；清理无照经营56户，超期经营133户，重点针对废品回收行业开展“清理无证照经营”行动。2013年，查处各类违法违章案件418宗，其中新型案件78宗；查处传销案件108宗，联合公安部门捣毁传销窝点8个，教育遣散传销人员227名，由公安部门刑事拘留传销骨干分子26名，创建新安社区为打击传销示范社区；清理无照经营118户，重点对废品回收行业、劳务中介行业等开展联合行动。2014年，查处各类违法违章案件499宗，其中新型案件38宗；处理涉嫌传销线索26条，教育遣散传销人员195名，创建打击传销示范社区4个；清理无照经营227户，创建“社区证照齐全一条街”。

2010年，长安分局检查市场主体8050户，创建食品安全样板市场2个，指导辖区市场获评“文明诚信市场”21个，指导辖区企业获评“守合同、重信用”称号55家。2011年，检查市场主体2652户；创建食品安全样板市场2个，指导辖区市场获评“文明诚信市场”22个，其中长安沙头南区市场成为东莞市农贸市场中唯一一个获评“广东省创建诚信市场先进单位”的市场；指导辖区企业获评“守合同、重信用”称号71家。2012年，检查市场主体589户；指导辖区企业获评“守合同、重信用”称号48家。2013年，分局集中核查网络经营主体1132户，查处网络虚假宣传案件40宗；检查沐足经营场所53户；开展平安市场建设，创建平安市场2个，指导辖区企业获评“守合同、重信用”称号60家。2014年，检查市场主体2160户；响应市、镇“扫黄打非”工作部署，出动执法人员3142人次，检查沐足经营场所2806户次；指导辖区企业获评“守合同、重信用”称号48家。

2010年，长安分局辖区共有“信誉通”系统用户176家，“市场通”用户4家，录入“信誉通”系统台账信息1086044条，录入食品信息95384条；核查食品流通场地556户；创建食品安全示范店4户。2011年，辖区内共有“信誉通”系统用户199家，“市场通”用户8家，录入食品信息165685条；核查食品流通场地648户；创建食品安全示范店9户。2012年，登录检查“市场通”“信誉通”系统235户，督促298户经营户录入食品信息78942条；核查食品流通经营户场地1204户；创建食品安全示范店11户。2013年，新推广“信誉通”系统移动工商e通43户，协调电信部门做好613户“信誉通”系统用户的维护；新推广“市场通”2个，累计有8个农贸市场投入使用；检查食品流通经营场地938户，整理食品流通档案3249宗。2014年，将流通领域食品安全监管职能移交食品药品监督管理部门，完成对食品流通许可档案4378户共5111卷的整理、移交工作。

2010年，长安分局辖区新增广东省著名商标2件，累计有广东省著名商标7件，中国驰名商标1件；建立广告经营户基础资料库67户，监测长安电视台插播广告330条次，责令整改违法广告10

个。2011年，辖区新增广东省著名商标2件，监测广告330条次，责令整改违法广告3个。2012年，辖区新增广东省著名商标2件，中国驰名商标2件；开展广告业统计试点工作，指导辖区内1家广告企业完成统计工作，监测广告350条次。2013年，辖区新增广东省著名商标3件，中国驰名商标1件；监测长安电视台插播广告432条次。2014年，辖区新增广东省著名商标1件，中国驰名商标1件；累计有广东省著名商标13件，中国驰名商标6件；监测广告3589条次。

2010年，长安分局被长安镇委、镇政府评为“先进单位”“宣传思想工作先进单位”“社会治安综合治理先进集体”“食品安全工作先进单位”；分局有1人被评为东莞市“见义勇为先进个人”。2011年，被东莞市打击走私综合治理领导小组评为“东莞市打击走私工作先进集体”；被长安镇委、镇政府评为“先进单位”“全镇办公室系统先进办公室”“扶持民营经济工作先进单位”“名牌名标工作先进单位”“维护稳定及社会治安综合治理先进集体”“农贸市场管理工作先进单位”；分局党支部被长安镇委评为“先进基层党组织”；分局调研文章《从会计账目角度如何突破“两虚一抽”案件》被广东省工商局采用。2012年，被长安镇委、镇政府评为“先进单位”“安全生产工作先进单位”“人口和计划生育综合治理工作先进单位”“名牌名标工作先进单位”“扶持民营经济工作先进单位”“农贸市场管理工作先进单位”；分局党支部被长安镇委评为“先进基层党组织”。2013年，被长安镇委、镇政府评为“先进单位”“安全生产工作先进单位”“名牌名标工作先进单位”；分局调研文章《“微平台”网络广告监管初探》被国家工商总局采用。2014年，被广东省档案局评为“广东省特级档案综合管理单位”；被长安镇委、镇政府评为“先进单位”。

长安工商分局领导任职情况表

表16

姓　名	职　务	任职时间
王润光	分局长	2001.12—2014.5
李培根	副分局长	1994.7—2003.11
王建中	副分局长	2004.7—2005.11
曾建亮	副分局长	2007.2—2013.1
朱志敏	副分局长	2008.8—2013.12
王劲榕	副分局长	2013.12—
邓元辉	副分局长	2014.4—
刘建新	分局长	2014.5—

【寮步分局】 1964年，寮步公社成立市场管理委员会（市管会）。1973年，成立寮步工商所。1994年，寮步工商所升格为工商分局，副科级建制。2001年，

广东省市、县工商行政管理系统机构改革，设置东莞市工商局寮步分局，正科级建制；分局内设办公室、登记管理股、经济检查股和市场监督管理股。2014年，寮步分局在职在岗干部职工28人。

2010年，寮步分局辖区市场主体新增3273户，累计14571户。2011年，新增2812户，累计17383户。2012年，新增3632户，累计21015户。2013年，新增3978户，累计24993户。2014年，新增4888户，累计29881户。

2010年，寮步分局查处各类违法违章案件638宗，移送公安机关案件1宗。2011年，查处各类违法违章案件433宗。2012年，开展各类专项行动22次，查处各类违法违章案件439宗，查处取缔无证照拆解废旧汽车窝点6个，移送公安机关案件7宗。2013年，查处各类违法违章案件358宗，移送公安机关案件2宗。2014年，查处各类违法违章案件248宗，移送公安机关案件2宗，创建"打击传销示范社区"3个，"无传销社区"1个。

2010年，寮步分局指导辖区市场获评"文明诚信市场"2个，指导辖区企业获评"守合同、重信用"称号64家。2011年，指导辖区企业获评"守合同、重信用"称号64家。2012年，指导辖区市场获评"文明诚信市场"1个，指导辖区企业获评"守合同、重信用"称号75家。2013年，指导辖区企业获评"守合同、重信用"称号83家。2014年，创建食品安全样板市场3个，指导辖区企业获评"守合同、重信用"称号81家。

2010年，寮步分局辖区新增广东省著名商标1件。2011年，新增广东省著名商标4件。2012年，新增广东省著名商标2件，中国驰名商标1件。2012年，分局查处的"俏佳亦针织品经销店"商标侵权案，被列入省大要案。2013年，新增广东省著名商标4件，中国驰名商标1件。2014年，新增广东省著名商标2件；累计有广东省著名商标14件，中国驰名商标3件。

2010年，寮步分局被东莞市食品安全委员会评为"东莞市食品安全工作先进集体"；被寮步镇委、镇政府评为"三个文明建设先进单位""千人扶千企先进单位"；被东莞市工商局评为"巡查监管工作先进单位"；获东莞市妇联"东莞市巾帼文明岗"称号；分局党支部被寮步镇委评为"先进基层党组织"。2011年，寮步分局被寮步镇委、镇政府评为"安全生产先进单位"；被东莞市工商局评为"登记注册工作先进单位""巡查监管工作先进单位"；分局党支部被寮步镇委评为"先进基层党组织"。2012年，寮步分局被寮步镇委、镇政府评为"'三打'工作先进单位"；有1人被评为"东莞市'三打'工作先进个人"。2013年，寮步分局获省妇联"广东省巾帼文明岗"称号；被寮步镇委、镇政府评为寮步镇"三个文明建设先进单位"；被东莞市工商局评为"先进单位"。2014年，寮步分局被东莞市工商局评为"先进单位"。

寮步工商分局领导任职情况表

表 17

姓　名	职　务	任职时间
艾国利	分局长	2001.12—
陈　炜	副分局长	2001.12—
陈　耿	副分局长	2004.6—2010.10
祁国荣	副分局长	2012.1—2014.4
曾惜慷	副分局长	2014.5—

【大岭山分局】 1961 年，大岭山公社成立后，公社圩日的工商行政管理业务，由税务所兼管，每逢圩日派出一名管理员负责管理市场摆卖秩序并征收市场管理费。1976 年初，大岭山工商行政管理所（大岭山工商所）成立。1994 年，大岭山工商所升格为工商分局，副科级建制。2001 年，广东省市、县工商行政管理系统机构改革，设置东莞市工商局大岭山分局，正科级建制；分局内设办公室、登记管理股、经济检查股和市场监督管理股。2014 年，大岭山分局在职在岗干部职工 21 人。

2010 年，大岭山分局辖区市场主体新增 3442 户，累计 9012 户。2011 年，新增 3251 户，累计 11605 户。2012 年，新增 3689 户，累计 14738 户。2013 年，新增 4119 户，累计 18420 户。2014 年，新增 3950 户，累计 22227 户。

2010 年，大岭山分局查处各类违法违章案件 369 宗；查处首宗出租营业执照案件。2011 年，查处各类违法违章案件 323 宗。2012 年，查处各类违法违章案件 501 宗；以“三打”工作为契机，查获一宗涉嫌经营未经检验检疫肉制品大案，涉案商品超过 18 吨。2013 年，查处各类违法违章案件 192 宗。2014 年，查处各类违法违章案件 188 宗；查处的“洋臣家具不正当竞争案件”为 2014 年度东莞工商系统大案。

2010 年，大岭山分局创建食品安全样板市场 1 个，指导辖区市场获评“文明诚信市场”3 个，指导辖区企业获评“守合同、重信用”称号 22 家。2011 年，创建食品安全样板市场 1 个，指导辖区市场获评“文明诚信市场”3 个，指导辖区企业获评“守合同、重信用”称号 13 家。2012 年，查处辖区首宗网络虚假宣传案；查处首宗合同违法案、首宗市场开办者案；创建食品安全样板市场 2 个，指导辖区市场获评“文明诚信市场”2 个，指导辖区企业获评“守合同、重信用”称号 6 家。2013 年，创建食品安全样板市场 2 个，指导辖区市场获评“文明诚信市场”2 个，指导辖区企业获评“守合同、重信用”称号 13 家。2014 年，创建食品安全样板市场 2 个，指导辖区企业获评“守合同、重信用”称号 17 家。

2010 年，大岭山分局查处商标案件 16 宗，广告案件 3 宗。2011 年，辖区新增广东省著名商标 1 件；查处首宗服务商标侵权案件，累计查处商标案件 10 宗，广告案件 4 宗。2012 年，辖区新增中国驰名商标 1 件；查处商标案件 150 宗，广告案件4宗。2013年，辖区新增广东省著名商标2件，中国驰名商标1件；查处商标案件10宗，广告案件2宗。2014年，辖区新增中国驰名商标1件；累计有广东省著名商标10件，中国驰名商标4件；查处商标案件7宗，广告案件4宗。

2010年，大岭山分局被大岭山镇政府评为“先进单位”；被东莞市工商局评为“打击传销工作先进单位”。2011年，被大岭山镇政府评为“先进单位”；被东莞市工商局评为“打击传销工作先进单位”。2012年，被大岭山镇政府评为“先进单位”。2013年，被东莞市工商局评为“先进单位”。2014年，被东莞市工商局评为“先进单位”。

大岭山工商分局领导任职情况表

表18

姓　名	职　务	任职时间
蔡春雷	副分局长	2001.12—
王　毅	分局长	2008.8—
张东辉	副分局长	2012.1—2013.12
袁　洪	副分局长	2014.4—

【大朗分局】 1956年，大朗公社成立市场管理委员会。1965年，大朗镇市场管理委员会改称大朗工商行政管理所（大朗工商所）。1994年，大朗工商所升格为工商分局，副科级建制。2001年，广东省市、县工商行政管理系统机构改革，设置东莞市工商行政管理局大朗分局，正科级建制；分局内设办公室、登记管理股、经济检查股和市场监督管理股。2014年，大朗分局在职在岗干部职工31人。

2010年，大朗分局辖区市场主体新增4243户，累计20305户。2011年，新增3408户，累计20724户。2012年，新增5023户，累计24566户。2012年4月6日，大朗分局被确定为东莞市唯一一个商事制度改革试点单位。5月4日，发出第一张商事登记营业执照。2013年，辖区市场主体新增4619户，累计24831户。2014年，辖区市场主体新增6338户，累计29612户。2014年5月21日，分局实施住所（经营场所）信息申报制；至2014年年底，分局新登记市场主体4483户，比上年增长38.5%，比东莞市同期增幅高出29个百分点。2014年，分局实行注册资本认缴制改革及企业市场准入负面清单管理模式，开始试点登记业务受限工作。

2010年，大朗分局查处各类违法违章案件384宗。2011年，查处各类违法违章案件264宗。2012年，查处各类违法违章案件355宗；查处“三打”案件309宗，其中大案要案10宗。2013年，查处各类违法违章案件293宗。2014年，查处各类违法违章案件342宗；建立案件长效机制，开展案后回访，督促企业及时改正违法行为。

2010年，大朗分局创建食品安全样板市场2个，指导辖区市场获评“文明诚信市场”5个，指导辖区企业获评“守合同、重信用”称号2家。2011年，创建食品安全样板市场3个，指导辖区市场获评“文明诚信市场”5个，指导辖区企业获评“守合同、重信用”称号25家。2012年，创建食品安全样板市场4个，指导辖区市场获评“文明诚信市场”5个，指导辖区企业获评“守合同、重信用”称号25家。2013年，创建食品安全样板市场5个，指导辖区市场获评“文明诚信市场”5个，指导辖区企业获评“守合同、重信用”称号23家。2014年，指导辖区企业获评“守合同、重信用”称号26家。

2013年，大朗分局辖区新增广东省著名商标5件。大朗镇作为广东省三个区域品牌试点地区之一，其区域品牌“大朗”被认定为广东省著名商标。2014年，经辅导、培育，辖区企业1件注册商标被认定为中国驰名商标，实现零的突破；截至2014年年底，辖区累计有广东省著名商标12件，中国驰名商标1件。

2012年，中共中央政治局委员、广东省委书记汪洋，国家工商总局巡视员、中国广告协会原秘书长李国庆，广东省人大立法调研组，东莞市市委书记徐建华等领导和上级单位分别到大朗分局调研商事制度改革试点情况。2013年，国家工商总局局长张茅，广东省副省长许瑞生，广东省工商局局长卢炳辉，广东省副省长招玉芳，广东省“两建”办副主任、省市场监管体系建设统筹协调小组副组长兼办公室主任、省工商局副局长钱永成等领导分别到大朗分局调研商事制度改革和市场监管体系建设工作。2014年，广东省工商局领导、中国工商学会副秘书长王磊等分别到大朗分局调研商事制度改革后续监管工作。

2010年，大朗分局被大朗镇委、镇政府评为“食品安全工作先进单位”；被东莞市工商局评为“广告监管工作先进单位”“‘十佳案件’承办单位”；分局党支部被大朗镇委评为“先进党支部”。2011年，被东莞市工商局评为“先进单位”“年检验照工作先进单位”；分局党支部被大朗镇委评为“先进党支部”。2012年，被评为“东莞市‘三打’专项行动先进集体”；获大朗镇“行政服务优质奖”，被大朗镇委、镇政府评为“商事登记改革工作先进单位”“‘三打’工作先进单位”；被东莞市工商局评为“先进单位”“商事登记制度改革工作先进单位”。2013年，被评为“全国工商行政管理系统先进集体”；获东莞市“巾帼文明岗”称号。2014年，被评为“全国文明单位”“广东省人民满意的公务员集体”；获“广东省巾帼文明岗”称号；被广东省档案局评为“省特级档案综合管理单位”；被大朗镇委、镇政府评为“商事登记改革基层综合监管工作先进单位”“信息工作先进单位”“年鉴工作先进单位”“宣传工作先进单位”；被东莞市工商局评为“先进单位”“商事登记制度改革工作先进单位”“企业监管工作先进单位”。

大朗工商分局领导任职情况表

表19

姓　名	职　务	任职时间
香镇祥	分局长	2003.12—2014.4
钱贺怀	副分局长	2008.8—2013.2

续表

姓　名	职　务	任职时间
袁少斌	副分局长	2008.8—2011.4
卢泰强	副分局长	2012.1—
李晓杰	副分局长	2014.4—
史帅峰	分局长	2014.4—

【黄江分局】 1962年，黄江镇成立市场管理委员会（市管会）。1972年，黄江市管会改称黄江工商行政管理所（黄江工商所）。1994年，黄江工商所升格为工商分局，副科级建制。2001年，广东省市、县工商行政管理系统机构改革，设置东莞市工商局黄江分局，正科级建制；分局内设办公室、登记管理股、经济检查股和市场监督管理股。2014年，黄江分局在职在岗干部职工20人。2014年，黄江分局以重大改革及日常热点难点问题为研究对象，组建课题研究小组，开展履职工作调研，指导分局履职工作，提供领导决策参考；围绕工商改革政策措施及消费维权知识，创建“黄江工商”微信公众平台，向群众普及法律法规，引导经营者合法经营。

2010年，黄江分局辖区市场主体新增2795户，累计11136户。2011年，新增2328户，累计12207户。2012年，新增2321户，累计12696户。2013年，新增2730户，累计13406户。2014年，新增2720户，累计14930户。

2010年，黄江分局查处各类违法违章案件290宗；捣毁1个特大假冒卷烟窝点，涉案卷烟23个品种28762条。2011年，查处各类违法违章案件262宗。2012年，查处各类违法违章案件262宗。2013年，查处各类违法违章案件106宗。2014年，查处各类违法违章案件138宗。

2010年，黄江分局指导辖区市场获评“文明诚信市场”3个，指导辖区企业获评“守合同、重信用”称号21家。2011年，指导辖区市场获评“文明诚信市场”4个，指导辖区企业获评“守合同、重信用”称号21家。2012年，指导辖区市场获评“文明诚信市场”2个，指导辖区企业获评“守合同、重信用”称号20家。2013年，指导辖区市场获评“文明诚信市场”2个，指导辖区企业获评“守合同、重信用”称号19家。2014年，指导辖区企业获评“守合同、重信用”称号21家。

2010年，黄江分局辖区新增广东省著名商标2件；新登记广告40户，查处广告案件2宗。2011年，辖区新增广东省著名商标1件；新登记广告49户，查处广告案件8宗。2012年，辖区新增广东省著名商标1件；新登记广告23户，查处广告案件1宗。2013年，辖区新增中国驰名商标1件；新登记广告11户，查处广告案件34宗。2014年，辖区新增广东省著名商标1件，中国驰名商标1件；累计有广东省著名商标5件，中国驰名商标3件；新登记广告42户，查处广告案件4宗。

2010年，黄江分局被东莞市妇女联合会评为东莞市“巾帼文明岗”称号；被东莞市食品安全委员会评为“东莞市食品安全工作先进集体”；被黄江镇委、镇政府评为“先进单位”；被东莞市工商局评为“执法办案工作先进单位”“培育驰名著名商标工作先进单位”；分局党支部被黄江镇委评为“先进基层党组织”。2011年，被黄江镇委、镇政府评为“先进单位”“安全生产先进单位”“计生综合治理工作先进单位”；被黄江镇社会治安综合治理委员会评为“社会治安综合治理先进单位”；被东莞市工商局评为“系统先进单位”“培育驰名著名商标工作先进单位”，获东莞市工商系统基层分局绩效考核第三名；分局党支部被黄江镇委评为“先进基层党组织”。2012年，被黄江镇委、镇政府评为“先进单位”“计生综合治理工作先进单位”；获“创先争优 激扬红盾”东莞工商系统首届辩论大赛优秀组织奖。2013年，被黄江镇政府评为“先进单位”“‘三打’先进单位”；被东莞市工商局评为“系统先进单位”“执法办案工作先进单位”“信息调研工作先进单位”“系统绩效考核先进单位”；分局有1人在广东省工商局“红盾诗韵”诗歌朗诵比赛中获一等奖。2013年，广东省工商局局长卢炳辉率相关处室领导到分局调研。2014年，被广东省档案局评为“省特级档案综合管理单位”；被共青团东莞市委员会评为“东莞市青年文明号”；被东莞市工商局评为“系统先进单位”“商事登记制度改革工作先进单位”“资产管理工作先进单位”“绩效考核综合成绩第四名”。

黄江工商分局领导任职情况表

表20

姓　名	职　务	任职时间
袁沃坚	分局长	2003.12—2014.3
史志宝	副分局长	2008.8—
陈　耿	副分局长	2010.10—
王建中	分局长	2014.3—

【樟木头分局】 1964年，樟木头公社设立工商所。1994年，樟木头工商所升格为工商分局，副科级建制。2001年，广东省市、县工商行政管理系统机构改革，设置东莞市工商局樟木头分局，正科级建制；分局内设办公室、登记管理股、经济检查股和市场监督管理股。2014年，樟木头分局在职在岗干部职工19人。

2010年，樟木头分局辖区市场主体新增2701户，累计12510户。2011年，新增2604户，累计13224户。2012年，新增2062户，累计13098户。2013年，新增2490户，累计13942户。2013年，分局推进外商投资企业无纸化网上年检工作，辖区共有199户外资企业办理数字证书，占总数的76.2%，其中通过无纸化网上年检的195户，100%完成目标数。2014年，辖区市场主体新增2921户，累计15599户。

2010年，樟木头分局查处各类违法违章案件225宗；查处第一宗虚假宣传不正当竞争案件。2011年，查处各类违法违章案件176宗，通过一般程序查处传销案件3宗，简易程序结案51宗，移交公安机关刑事拘留2宗；查处“三虚一抽”案件中第一宗骗取登记案件、第一宗虚报注册资本案件。2012年，查处各类违法违章案件291宗，查处大案要案12宗，移送至公安机关案件7宗；查处第一宗虚假有奖销售案件。2013年，查处各类违法违章案件116宗；开展一次打击传销专项行动，对142名传销人员处以行政处罚。2014年，查处各类违法违章案件149宗。

2010年，樟木头分局抽查市场主体2863户；指导辖区市场获评“文明诚信市场”3个，1家市场被评为“广东省创建诚信市场先进单位”，指导辖区企业获评“守合同、重信用”称号19家。2011年，抽查市场主体1792户；指导辖区市场获评“文明诚信市场”4个，指导辖区企业获评“守合同、重信用”称号20家。2012年，分局查处第一宗合同违法案件、第一宗网络虚假宣传案件。抽查市场主体161户；指导辖区市场获评“文明诚信市场”5个，指导辖区企业获评“守合同、重信用”称号21家。2013年，抽查市场主体971户；指导辖区市场获评“文明诚信市场”5个，指导辖区企业获评“守合同、重信用”称号22家。2014年，分局抽查市场主体981户，检查沐足场所175户次，检查美容美发经营户198户次，发现并移交有照无证经营户79户，责令整改41户次；指导辖区企业获评“守合同、重信用”称号19家。

2010年，樟木头分局辖区新增中国驰名商标1件。2011年，分局查处广告案件1宗。2012年，辖区新增广东省著名商标1件；查处商标侵权案件44宗，查处广告案件5宗。2013年，辖区新增广东省著名商标2件，中国驰名商标1件；查处广告案件3宗。2014年，辖区新增广东省著名商标1件，累计有广东省著名商标8件，中国驰名商标2件；查处广告案件11宗。

2010年，樟木头分局被樟木头镇委、镇政府评为“先进单位”；被东莞市工商局评为“年检验照工作先进单位”“打击传销工作先进单位”。2011年，被东莞市工商局评为“打击传销工作先进单位”“执法办案工作先进单位”，获得东莞市工商系统绩效考核第一名；分局党支部被樟木头镇委评为“先进基层党组织”。2012年，被樟木头镇委评为“维稳工作先进单位”“严打整治工作先进集体”“火灾隐患防治先进单位”；获“创先争优 激扬红盾”东莞工商系统首届辩论大赛优秀组织奖；分局党支部被樟木头镇委评为“先进基层党组织”。2013年，被东莞市工商局评为“先进单位”。

樟木头工商分局领导任职情况表

表21

姓　名	职　务	任职时间
邓淦平	分局长	2003.12—2012.2
曾行三	分局长	2012.2—2014.3
罗炳钦	副分局长	2008.5—2013.12

续表

姓　名	职　务	任职时间
邹　伟	副分局长	2014.2—2014.7
吴少灵	副分局长	2014.4—
汤伟明	分局长	2014.5—

【清溪分局】 1958年，清溪公社成立市场管理委员会（市管会）。1970年初，清溪设立财金所，财金所内设工商、税务、财管、农业银行和农村信用社等职能小组。1975年，清溪设立工商所。1994年，清溪工商所升格为工商分局，副科级建制。2001年，广东省市、县工商行政管理系统机构改革，设置东莞市工商局清溪分局，正科级建制；分局内设办公室、登记管理股、经济检查股和市场监督管理股。2014年，清溪分局在职在岗干部职工19人。

2010年，清溪分局辖区市场主体新增2707户，累计13861户。2011年，新增2341户，累计13753户。2012年，新增2307户，累计15174户。2013年，新增2703户，累计15375户。2014年，新增2821户，累计17258户。

2010年，清溪分局重点整治沐足、印刷和手机行业，查处各类违法违章案件273宗。2011年，查处各类违法违章案件173宗，商业贿赂案件1宗。2012年，查处各类违法违章案件174宗，商业贿赂案件5宗，移送公安机关案件7宗。2013年，查处各类违法违章案件153宗，移送公安机关案件2宗；联合公安部门查处“飞鹰团队”传销案件，涉案金额约2000万元。2014年，查处各类违法违章案件163宗，清理无照经营108户。

2010年，清溪分局创建食品安全样板市场3个，指导辖区市场获评“文明诚信市场”6个，指导辖区企业获评“守合同、重信用”称号24家。2011年，创建食品安全样板市场3个，指导辖区市场获评“文明诚信市场”6个，指导辖区企业获评“守合同、重信用”称号24家。2012年，整治流通环节食品经营户，建立流通环节食品安全示范店7户，建立消费维权服务站2个；创建食品安全样板市场4个，指导辖区市场获评“文明诚信市场”10个，指导辖区企业获评“守合同、重信用”称号26家。2013年，查处网络虚假宣传案件30宗；消费维权服务站数量增至20个；创建食品安全样板市场4个；指导辖区市场获评“文明诚信市场”4个；指导辖区企业获评“守合同、重信用”称号30家。2014年，查处网络虚假宣传案件19宗；创建食品安全样板市场4个；指导辖区企业获评“守合同、重信用”称号35家。

2010年，清溪分局辖区新增广东省著名商标2件。2013年，辖区企业1件注册商标被认定为中国驰名商标。2014年，辖区新增广东省著名商标2件；累计有广东省著名商标4件，中国驰名商标1件；移送公安机关商标侵权案件3宗。

2010年，清溪分局被东莞市食品安全委员会评为东莞市“食品安全工作先进集体”；被清溪镇政府评为“先进单位”“打击传销先进集体”；被东莞市工商局评为

“创建样板市场工作先进单位”“信息调研工作先进单位”；分局团支部被共青团东莞市委员会评为“五四红旗团（总）支部”，有1人被评为“东莞市优秀共青团员”；分局登记股获东莞市“青年文明号”称号，有1人获东莞市“青年岗位能手”称号。2011年，被评为清溪镇“打击传销工作先进集体”；被东莞市工商局评为“广告监管先进单位”；分局党支部被清溪镇委评为“先进党组织”。2012年，被东莞市“三打”专项行动领导小组评为“东莞市‘三打’专项行动先进集体”；被清溪镇委、镇政府评为“先进单位”“‘三打两建’专项行动先进集体”；被东莞市工商局评为“先进单位”“执法办案工作先进单位”；获“创先争优 激扬红盾”东莞工商系统首届辩论赛冠军；分局团支部被共青团东莞市委评为“五四红旗团（总）支部”。2013年，获“广东省青年文明号”称号；被评为清溪镇“打击传销工作先进集体”；被东莞市工商局评为“先进单位”；有1人被共青团东莞市委员会评为“东莞市优秀共青团干部”。2014年，被东莞市工商局评为“先进单位”。

清溪工商分局领导任职情况表

表22

姓　名	职　务	任职时间
李泽兴	分局长	2008.5—
张冠辉	副分局长	2008.8—2012.1
张家俊	副分局长	2012.1—
谢伟光	副分局长	2012.1—

【塘厦分局】 1958年，塘厦公社成立市场管理委员会（市管会），其职能是管理市场秩序、物价和交易等。1964年，塘厦公社设立工商所。1994年，塘厦工商所升格为工商分局，副科级建制。2001年，广东省市、县工商行政管理系统机构改革，设置东莞市工商局塘厦分局，正科级建制；分局内设办公室、登记管理股、经济检查股和市场监督管理股。2014年，塘厦分局在职在岗干部职工25人。

2010年，塘厦分局辖区市场主体新增3178户，累计16123户。2011年，新增3035户，累计19158户。2012年，新增3485户，累计22643户。2013年，新增4188户，累计26831户。2014年，新增5468户，累计32299户。

2010年，塘厦分局查处各类违法违章案件362宗。2011年，查处各类违法违章案件239宗。2012年，查处各类违法违章案件316宗。2013年，查处各类违法违章案件206宗。2014年，查处各类违法违章案件326宗。

2010年，塘厦分局辖区创建食品安全样板市场8个，指导辖区市场获评“文明诚信市场”6个，指导辖区企业获评“守合同、重信用”称号16家。2011年，创建食品安全样板市场2个，指导辖区市场获评“文明诚信市场”2个，指导辖区企业获评“守合同、重信用”称号31家。

2012 年，指导辖区市场获评“文明诚信市场”3 个，指导辖区企业获评“守合同、重信用”称号 28 家。2013 年，指导辖区市场获评“文明诚信市场”4 个，指导辖区企业获评“守合同、重信用”称号 43 家。2014 年，指导辖区企业获评“守合同、重信用”称号 48 家，其中，指导参评的广东省水利水电第三工程局连续 19 年获“守合同、重信用”企业称号。

2010 年，塘厦分局辖区新增广东省著名商标 1 件。2011 年，新增广东省著名商标 1 件。2013 年，新增广东省著名商标 5 件。2014 年，新增广东省著名商标 1 件；累计有广东省著名商标 13 件，中国驰名商标 2 件。

2010 年，塘厦分局被塘厦镇政府评为“办公室系统先进单位”，获塘厦镇“越唱越红”廉政小品大赛铜奖；被东莞市工商局评为“登记注册工作先进单位”“年检验照工作先进单位”“创建样板市场工作先进单位”；分局有 1 人撰写的《试析“三虚一抽”案件的查办》获评“广东省工商学会优秀调研文章”。2011 年，被塘厦镇委、镇政府评为“先进单位”“全镇办公室系统先进单位”；被东莞市工商局评为“培育驰名著名商标工作先进单位”“执法办案工作先进单位”；有 6 人获广东省工商局廉政小品活动三等奖，有 1 人被评为“东莞市 2011 年度清理无照经营工作先进信息工作者”。2012 年，被塘厦镇委、镇政府评为“‘三打’工作先进集体”；被东莞市工商局评为“先进单位”；获“创先争优 激扬红盾”东莞工商系统首届辩论赛亚军；有 9 人获“塘厦镇 2012 年度‘三打’工作表扬个人”。2013 年，被东莞市工商局评为“执法办案工作先进单位”“打击传销工作先进单位”。2014 年，被东莞市工商局评为“先进单位”；有 3 人分获广东省工商系统“红盾清廉”廉政文化原创作品征集活动影视剧本歌曲类一、二、三等奖。

塘厦工商分局领导任职情况表

表 23

姓 名	职 务	任职时间
蔡耀坤	分局长	2003.12—2014.3
陈钜斌	副分局长	2005.12—2014.5
庾向群	副分局长	2008.8—2011.9
李晓杰	副分局长	2012.1—2014.4
曾行三	分局长	2014.3—
杨建伟	副分局长	2014.4—

【凤岗分局】 1962 年，凤岗镇成立市场物价管理委员会（市管会）。1975 年 11 月，凤岗工商所成立。1994 年，凤岗工商所升格为工商分局，副科级建制。2001 年，广东省市、县工商行政管理系统机构改革，设置东莞市工商局凤岗分局，正科级建制；分局内设办公室、登记管理股、经济检查股和市场监督管理

股。2014年，凤岗分局在职在岗干部职工24人。

2010年，凤岗分局辖区市场主体新增2179户，累计9707户。2011年，新增1991户，累计11542户。2012年，新增2644户，累计15326户。2013年，新增2788户，累计18283户。2014年，新增3089户，累计20068户。

2010年，凤岗分局查处各类违法违章案件356宗，建成“无传销社区（村）”5个。2011年，查处各类违法违章案件310宗，其中新型案件65宗；“三虚一抽”案件7宗。2012年，查处各类违法违章案件320宗；在“三打两建”活动中，查处欺行霸市案件11宗，制假售假案件124宗（向公安机关移送案件12宗），商业贿赂案件6宗，查获涉案物资2000多万元。2013年，查处各类违法违章案件220宗，其中，查处食品案件27宗，没收销毁不合格食品1600余公斤；联合公安等部门捣毁传销窝点5个，教育遣散、处罚参与传销人员62名。2013年处理消费投诉86宗，为消费者挽回经济损失26万元，建成消费者维权服务站20家。2014年，查处各类违法案件188宗；处理消费投诉124宗，为消费者挽回经济损失22.9万元。

2010年，凤岗分局指导辖区市场获评“文明诚信市场”8个，指导辖区企业获评“守合同、重信用”称号2家。2011年，创建食品安全样板市场2个，指导辖区市场获评“文明诚信市场”8个，指导辖区企业获评“守合同、重信用”称号17家。2012年，创建食品安全样板市场3个，指导辖区市场获评“文明诚信市场”5个，指导辖区企业获评“守合同、重信用”称号18家。2013年，创建食品安全样板市场3个，指导辖区市场获评“文明诚信市场”3个，指导辖区企业获评“守合同、重信用”称号19家。2014年，创建食品安全样板市场3个，指导辖区企业获评“守合同、重信用”称号20家。

2010年，凤岗分局辖区新增广东省著名商标1件，累计有广东省著名商标3件；拆除未经登记擅自发布的户外广告牌14块，监测各类广告1364条次，核准登记发布户外广告10个。2011年，牵头成立“凤岗镇商标品牌战略协调机构”；监测电视广告2600多条次，发现违法广告41条次，发出《责令改正通知书》9份。2012年，监测电视广告1400多条次，发现违法广告6类23条次，发出《责令改正通知书》1份。2014年，辖区企业1件注册商标被认定为中国驰名商标，实现零的突破；截至2014年年底，辖区累计有广东省著名商标4件，中国驰名商标1件。

2010年，凤岗分局被东莞市人民政府评为“东莞市2010年度食品安全先进集体”。2012年，被东莞市“三打”专项行动领导小组评为“东莞市‘三打’专项行动先进集体”；被东莞市工商局评为“先进单位”“执法办案工作先进单位”。

凤岗工商分局领导任职情况表

表 24

姓　名	职　务	任职时间
杨东荣	分局长	2003.12—
邹　伟	副分局长	2007.2—2014.2
范伟文	副分局长	2012.1—
郑旁真	副分局长	2014.4—

【谢岗分局】　1964 年，谢岗工商所成立。1995 年，谢岗工商所升格为工商分局，副科级建制。2001 年，广东省市、县工商行政管理系统机构改革，设置东莞市工商局谢岗分局，正科级建制；分局内设办公室、登记管理股、经济检查股和市场监督管理股。2014 年，谢岗分局在职在岗干部职工 13 人。

2010 年，谢岗分局辖区市场主体新增 912 户，累计 5261 户。2011 年，新增 852 户，累计 4990 户。2012 年，新增 838 户，累计 4786 户。2013 年，新增 1063 户，累计 5407 户。2014 年，新增 1240 户，累计 6201 户。

2010 年，谢岗分局查处各类违法违章案件 165 宗，其中新型案件 22 宗。2011 年，查处各类违法违章案件 80 宗，其中新型案件 10 宗。2012 年，查处各类违法违章案件 168 宗，其中新型案件 92 宗；"三打"期间，查处"三打"案件 153 宗。2013 年，查处各类违法违章案件 90 宗，其中新型案件 31 宗。2014 年，查处各类违法违章案件 66 宗，其中新型案件 18 宗。

2010 年，谢岗分局指导辖区市场获评"文明诚信市场"1 个，指导辖区企业获评"守合同、重信用"称号 12 家。2011 年，指导辖区市场获评"文明诚信市场"1 个，指导辖区企业获评"守合同、重信用"称号 7 家。2012 年，指导辖区市场获评"文明诚信市场"2 个，指导辖区企业获评"守合同、重信用"称号 6 家。2013 年，指导辖区市场获评"文明诚信市场"2 个，指导辖区企业获评"守合同、重信用"称号 6 家。2014 年，指导辖区企业获评"守合同、重信用"称号 8 家。

2010 年，谢岗分局辖区新增广东省著名商标 1 件；查处商标侵权案件 11 宗。2011 年，查处商标侵权案件 3 宗。2012 年，辖区新增广东省著名商标 2 件；查处商标侵权案件 40 宗，查处违法广告案件 1 宗。2013 年，辖区新增广东省著名商标 1 件；查处商标侵权案件 10 宗，查处违法广告案件 2 宗。2014 年，辖区新增广东省著名商标 1 件；累计有广东省著名商标 6 件，中国驰名商标 1 件；查处商标侵权案件 6 宗，查处违法广告案件 2 宗。

2010 年，广东省工商局局长卢炳辉一行，到谢岗分局调研指导基层工作；广东省工商局副局长丁文一行，到谢岗分局视察。

2010 年，谢岗分局被东莞市工商局评为"年检验照工作先进单位"。2011 年，被东莞市工商局评为"年检验照工作先进单位”。2012 年，被东莞市工商局评为“先进单位”“市场监管工作先进单位”。2013 年，被东莞市工商局评为“食品安全监管工作先进单位”。2012—2014 年，分局连续 3 年被谢岗镇委、镇政府评为“先进单位”。

谢岗工商分局领导任职情况表

表 25

姓　名	职　务	任职时间
吴少灵	副分局长	2003.12—2014.4
黄建中	分局长	2004.12—2013.12
罗炳钦	副分局长（主持全面工作）	2013.12—2014.7
高　灿	副分局长	2014.4—
邹　伟	副分局长（主持全面工作）	2014.7—

【常平分局】 1972 年，常平工商所成立。1993 年，常平工商所升格为工商分局，副科级建制。2001 年，广东省市、县工商行政管理系统机构改革，设置东莞市工商局常平分局，正科级建制；分局内设办公室、登记管理股、经济检查股和市场监督管理股。2014 年，常平分局在职在岗干部职工 30 人。2014 年，常平分局在辖区经营面积 2000 平方米以上的 19 栋写字楼设立工商服务联系站，引导写字楼设立工作联系组，与分局建立常态化沟通和对接机制，实时为群众申办营业执照、消费维权、商改政策等提供咨询服务，宣传工商政策和工作指引。

2010 年，常平分局辖区市场主体新增 4311 户，累计 35385 户。2011 年，新增 3893 户，累计 20728 户。2011 年 3—6 月，分局清理登记“水分”（实际不存在的经营户）11129 户。2012 年，新增 4572 户，累计 23916 户。2013 年，新增 5049 户，累计 25001 户。2014 年，辖区市场主体新增 5316 户，累计 28550 户。

2010 年，常平分局查处各类违法违章案件 506 宗。2011 年，查处各类违法违章案件 509 宗。2012 年，查处各类违法违章案件 563 宗。2013 年，查处各类违法违章案件 291 宗。2014 年，查处各类违法违章案件 424 宗。

2010 年，常平分局创建食品安全样板市场 4 个，指导辖区市场获评“文明诚信市场”9 个，指导辖区企业获评“守合同、重信用”称号 28 家。2011 年，创建食品安全样板市场 1 个，指导辖区市场获评“文明诚信市场”4 个，指导辖区企业获评“守合同、重信用”称号 32 家。2012 年，创建食品安全样板市场 2 个，指导辖区市场获评“文明诚信市场”11 个；东莞市常平第一肉菜市场被评为“广东省 2011 年度创建诚信市场先进单位”；指导辖区企业获评“守合同、重信用”称号 31 家。2013 年，创建食品安全样板市场 1 个，指导辖区企业获评“守合同、重信用”称号 55 家；指导参评的东莞市勤上光电股份有限公司被公示为国家级“守合同、重信用”企业，东莞市粮油饲料批发市场被评为“2012—2013 年度广东省诚信示范市场”。2014 年，指导辖区企业获评“守合同、重信用”称号53家。2012—2014年，常平分局开展文明诚信经营户创建活动，评选“2012—2013年文明诚信经营户”16户，评选“2013—2014年文明诚信经营户”7户。

2010年，常平分局辖区有广东省著名商标6件，广告经营户128户。2011年，辖区有广告经营户170户。2012年，辖区有广告经营户225户。2013年，新增广东省著名商标2件，有广告经营户278户。2014年，辖区累计有广东省著名商标8件，中国驰名商标1件；有广告经营户387户。

2010年，常平分局被东莞市食品安全委员会评为“食品安全工作先进集体”；被常平镇委、镇政府评为“先进单位”；被东莞市工商局评为“资产管理工作先进单位”“信息调研工作先进单位”；有1人被评为“东莞市打假先进个人”，有1人征文作品被评为“广东省工商学会2010年度优秀论文”。2011年，被东莞市工商局评为“资产管理工作先进单位”“信息调研工作先进单位”。2012年，被常平镇委、镇政府评为“‘三打两建’先进单位”；被东莞市工商局评为“商事登记制度改革工作先进单位”；获“创先争优 激扬红盾”东莞市工商系统首届辩论赛季军；有1人被评为“东莞市打假先进个人称号”。2013年，被东莞市工商局评为“先进单位”“执法办案工作先进单位”；有1人参加广东省工商局“红盾诗韵”诗歌朗诵比赛获一等奖。2014年，被广东省档案局评为“省特级档案综合管理单位”；被东莞市工商局评为“先进单位”“消费维权工作先进单位”“执法办案工作先进单位”。

常平工商分局领导任职情况表

表26

姓　名	职　务	任职时间
何伟洪	分局长	2001.12—2010.3
罗张全	副分局长	2004.6—
陈广礼	副分局长	2008.8—
李清华	分局长	2010.3—2014.4
香镇祥	分局长	2014.4—

【桥头分局】 1958年8月，桥头公社成立市场管理委员会（市管会），负责管理小商小贩。市管会实行双重领导体制，人员编制隶属于桥头公社，业务受县工商业主管部门领导。1975年，东莞县恢复设置工商行政管理局，桥头公社成立工商行政管理所（桥头工商所）。1994年9月，桥头工商所升格为桥头工商分局，副科级建制。2001年，广东省市、县工商行政管理系统机构改革，设置东莞市工商局桥头分局，正科级建制；分局内设办公室、登记管理股、经济检查股和市场监督管理股。2014年，桥头分局在职在岗干部职工17人。

2010年，桥头分局辖区市场主体新增1848户，累计9023户。2011年，新增1822户，累计8947户。2012年，新增2004户，累计10190户。2013年，新增2145户，累计10633户。2014年，新增2130户，累计11891户。

2010年，桥头分局查处各类违法违章案件275宗。2011年，查处各类违法违章案件188宗。2012年，查处各类违法违章案件243宗，其中食品安全违法案件94宗，占查处案件总数的38.7%；在辖区内开展“三打”专项整治行动，首次查处商业贿赂案件和合同违法案件。2013年，查处各类违法违章案件135宗。2014年，查处各类违法违章案件126宗。

2010年，桥头分局指导辖区创建食品安全样板市场2个，指导辖区市场获评“文明诚信市场”4个，指导辖区企业获评“守合同、重信用”称号17家。2011年，指导辖区市场获评“文明诚信市场”4个，指导辖区企业获评“守合同、重信用”称号20家。2012年，创建食品安全样板市场1个，指导辖区市场获评“文明诚信市场”4个，指导辖区企业获评“守合同、重信用”称号27家。2013年，指导辖区市场获评“文明诚信市场”4个，指导辖区企业获评“守合同、重信用”称号29家。2014年，指导辖区企业获评“守合同、重信用”称号29家，其中连续10年获评“守合同、重信用”称号的企业5家。

2012年，桥头分局辖区新增广东省著名商标1件。2014年，新增广东省著名商标1件；累计有广东省著名商标4件。

2010年，桥头分局被东莞市工商局评为“登记注册工作先进单位”。2011年，被东莞市工商局评为“巡查监管工作先进单位”。2012年，被桥头镇委、镇政府评为“工作先进单位”；被东莞市工商局评为“先进单位”“市场监管工作先进单位”。2013年，被桥头镇委、镇政府评为“先进党支部”“行政服务优秀单位”；被东莞市工商局评为“绩效考核先进单位”“企业监管工作先进单位”“商标广告工作先进单位”。2014年，被广东省档案局评为“省特级档案综合管理单位”；被东莞市工商局评为“先进单位”“廉政文化建设工作先进单位”“执法办案工作先进单位”。

桥头工商分局领导任职情况表

表27

姓　名	职　务	任职时间
黄陈炳	分局长	2004.6—2012.2
黄维湘	副分局长	2008.8—
邓淦平	分局长	2012.2—
黄育君	副分局长	2014.4—

【横沥分局】 1960年，横沥成立市场管理委员会（市管会）。1972年，横沥市管会改称为横沥工商所。1994年，横沥工商所升格为工商分局，副科级建制。2001年，广东省市、县工商行政管理系统机构改革，设置东莞市工商局横沥分局，正科级建制；分局内设办公室、登记管理股、经济检查股和市场监督管理

股。2014年，横沥分局在职在岗干部职工16人。

2010年，横沥分局辖区市场主体新增1250户，累计5400户。2011年，新增1677户，累计7077户。2012年，新增1897户，累计8974户。2013年，新增2415户，累计11389户。2014年，新增2479户，累计13868户。

2010年，横沥分局查处各类违法违章案件485宗，其中无照经营案件421宗，占案件总数的86.8%。2011年，查处各类违法违章案件211宗。2012年，查处各类违法违章案件371宗。2013年，查处各类违法违章案件153宗。2014年，查处各类违法违章案件191宗。

2010年，横沥分局指导辖区市场获评“文明诚信市场”4个，指导辖区企业获评“守合同、重信用”称号16家。2011年，指导辖区市场获评“文明诚信市场”4个，指导辖区企业获评“守合同、重信用”称号18家。2012年，指导辖区市场获评“文明诚信市场”2个，指导辖区企业获评“守合同、重信用”称号17家。2013年，指导辖区市场获评“文明诚信市场”2个，指导辖区企业获评“守合同、重信用”称号21家。2014年，指导辖区企业获评“守合同、重信用”称号20家，其中，指导参评的广东省东莞国药集团横沥医药有限公司、东莞市仙津保健饮料食品有限公司连续10年以上获得“守合同、重信用”称号。

2010年，横沥分局辖区新增广东省著名商标2件。2012年，查处商标侵权案件177宗，商标侵权案件数为历年之最。2014年，辖区累计有广东省著名商标3件。2014年，申报户外广告70个，为历年最多。

2010年，横沥分局被横沥镇委、镇政府评为“先进单位”“法制宣传教育先进单位”；被东莞市工商局评为“巡查监管工作先进单位”。2011年，被横沥镇委、镇政府评为“先进单位”；被东莞市工商局评为“年检验照工作先进单位”。2012年，被横沥镇委、镇政府评为“先进单位”，连续9年被评为“先进单位”。2013年，被广东省档案局评为“广东省一级档案综合管理单位”；被东莞市工商局评为“绩效考核先进单位”“信息调研工作先进单位”。2014年，被东莞市工商局评为“先进单位”“信息调研工作先进单位”“合同监管工作先进单位”；有1人撰写的《落实企业信息公示制度背景下基层工商强化企业信用监管的思考》获评“2014年广东省工商学会优秀论文”。

横沥工商分局领导任职情况表

表28

姓　名	职　务	任职时间
梁志强	分局长	2003.12—
王树广	副分局长	2008.5—2014.1
彭少华	副分局长	2012.1—

【东坑分局】 1961年，东坑成立市场管理委员会（市管会）。1972年，东坑市管会改称东坑工商行政管理所（东坑工商所）。1995年，东坑工商所升格为工商分局，副科级建制。2001年，广东省市、县工商行政管理系统机构改革，设置东

莞市工商局东坑分局，正科级建制；分局内设办公室、登记管理股、经济检查股和市场监督管理股。2014 年，东坑分局在职在岗干部职工 13 人。

2010 年，东坑分局辖区市场主体新增 842 户，累计 3770 户。2011 年，新增 700 户，累计 4470 户。2012 年，新增 720 户，累计 5190 户。2013 年，新增 1106 户，累计 6296 户。2014 年，新增 1138 户，累计 7434 户。

2010 年，东坑分局查处各类违法违章案件 204 宗，其中无照经营案件 166 宗，占案件总数的 81.4%。2011 年，查处各类违法违章案件 83 宗。2012 年，查处各类违法违章案件 144 宗。2013 年，查处各类违法违章案件 89 宗。2014 年，查处各类违法违章案件 128 宗。

2010 年，东坑分局指导辖区市场获评“文明诚信市场”2 个，指导辖区企业获评“守合同、重信用”称号 24 家。2011 年，指导辖区市场获评“文明诚信市场”3 个，指导辖区企业获评“守合同、重信用”称号 24 家。2012 年，指导辖区市场获评“文明诚信市场”3 个，指导辖区企业获评“守合同、重信用”称号 21 家。2013 年，指导辖区市场获评“文明诚信市场”3 个，指导辖区企业获评“守合同、重信用”称号 24 家。2014 年，指导辖区企业获评“守合同、重信用”称号 25 家。

2010 年，东坑分局辖区新增广东省著名商标 1 件，累计有广东省著名商标 3 件；申报户外广告 6 个。2011 年，辖区新增广东省著名商标 1 件；申报户外广告 16 个。2012 年，辖区申报户外广告 7 个；查处商标侵权案件 42 宗。2013 年，辖区申报户外广告 9 个。2014 年，辖区累计有广东省著名商标 4 件；申报户外广告 5 个。

2010 年，东坑分局被东莞市食品安全委员会评为“东莞市食品安全工作先进集体”；被东坑镇委、镇政府评为“先进单位”。2011 年，被东坑镇委、镇政府评为“先进单位”；被东莞市工商局评为“巡查监管工作先进单位”“培育驰名著名商标工作先进单位”。2012 年，被东坑镇委、镇政府评为“先进单位”“‘三打两建’工作先进单位”；被东莞市工商局评为“市场监管工作先进单位”；分局党支部被东坑镇委评为“先进基层党组织”。2013 年，被东莞市“三打”专项行动领导小组评为“东莞市‘三打’专项行动先进集体”；被东莞市工商局评为“先进单位”。2014 年，被广东省档案局评为“广东省一级档案综合管理单位”；被东莞市工商局评为“先进单位”；有 1 人参加广东省工商系统“红盾清廉”廉政文化原创作品征集活动获二等奖。

东坑工商分局领导任职情况表

表 29

姓　名	职　务	任职时间
张纪文	分局长	2001.12—2013.12
刘　颖	副分局长	2001.12—
黄建中	分局长	2013.12—

【企石分局】 1962年，企石公社市场管理委员会（市管会）成立。1968年，企石市管会并入财金所，与税所、财政所等部门联合办公。1972年，企石市管会从财金所分离，成立企石工商所，独立办公。1979年，企石工商所设置市场管理办公室，专门负责管理企石圩交易秩序。1995年，企石工商所升格为工商分局，副科级建制。2001年，广东省市、县工商行政管理系统机构改革，设置东莞市工商局企石分局，正科级建制；分局内设办公室、登记管理股、经济检查股和市场监督管理股。2014年，企石分局在职在岗干部职工15人。

2010年，企石分局辖区市场主体新增1152户，累计4062户。2011年，新增1026户，累计4965户。2012年，新增988户，累计6073户。2013年，新增1431户，累计7483户。2014年，新增1372户，累计8885户。

2010年，企石分局查处各类违法违章案件340宗，其中新型案件28宗。2011年，查处各类违法违章案件144宗，其中新型案件21宗；处理消费者投诉63宗，调解成功18宗。2012年，查处各类违法违章案件146宗；查处“三打”案件76宗，其中大要案2宗，移送公安机关案件2宗。2013年，查处各类违法违章案件93宗，其中新型案件24宗；创建“无传销社区”5个。2014年，查处各类违法违章案件153宗，其中新型案件10宗；开展“涉黄”专项整治，检查沐足经营场所296户次、美容美发533户次、茶庄474户次，立案查处美容美发无照经营案件5宗，辖区7户沐足经营户停业整顿并全部通过复业验收。

2010年，企石分局抽查市场主体1294户；推广“信誉通”系统113户；创建食品安全样板市场1个，指导辖区市场获评“文明诚信市场”1个，指导辖区企业获评“守合同、重信用”称号21家。2011年，抽查市场主体806户；推广“信誉通”系统132户，“市场通”系统4户；创建食品安全样板市场1个，指导辖区市场获评“文明诚信市场”1个，指导辖区企业获评“守合同、重信用”称号24家。2012年，抽查重点行业市场主体70户；指导辖区市场获评“文明诚信市场”1个，指导辖区企业获评“守合同、重信用”称号27家。2013年，抽查食品经营主体800户；新发、换发“食品流通许可证”435份；推广“信誉通”系统130户，“市场通”系统6户；指导辖区市场获评“文明诚信市场”1个，指导辖区企业获评“守合同、重信用”称号22家。2014年，抽查市场主体401户；发放“食品流通许可证”47个，移交“食品流通许可证”档案1356户共1725卷；指导辖区企业获评“守合同、重信用”称号20家。

2010年，企石分局推荐1户企业申报广东省著名商标，确定5个重点商标战略指导企业。2011年，推荐2户企业申报广东省著名商标。2012年，推荐2户企业申报广东省著名商标。2013年，推荐2户企业申报广东省著名商标。2014年，辖区新增广东省著名商标2件；累计有广东省著名商标7件，中国驰名商标1件。

2010年，企石分局被东莞市发展志愿服务事业指导委员会评为“东莞市优秀志愿服务集体”；被东莞市食品安全委员会评为“东莞市食品安全工作先进单位”；被企石镇委、镇政府被评为“优质服务单位”“社会治安综合治理先进集体”“志愿服务先进单位”；分局党支部被企石镇委评为“党建带团建先进单位”；被东莞市工商局评为“信息调研工作先进单位”。2011 年，被东莞市委、市政府评为“文明单位”；被企石镇委、镇政府评为“精神文明建设先进集体”“安全生产先进集体”“优质服务单位”；被东莞市工商局评为“信息调研工作先进单位”“资产管理工作先进单位”；分局党支部被企石镇委评为“先进基层党组织”；分局登记股被东莞市妇女联合会授予“巾帼文明岗”称号。2012 年，被东莞市“三打”专项行动领导小组评为“东莞市‘三打’专项行动先进集体”；被企石镇委、镇政府评为“安全生产工作先进单位”“‘三打’工作先进集体”；被东莞市工商局评为“先进单位”“市场监管工作先进单位”；分局团支部被共青团东莞市委员会评为“先进基层团组织”，被共青团企石镇委员会评为“五四红旗团组织”。2013 年，被广东省档案局评为“省特级档案综合管理单位”；被企石镇委、镇政府评为“优质服务先进单位”“精神文明建设先进单位”；被东莞市工商局评为“先进单位”“信息调研工作先进单位”。2014 年，被企石镇委、镇政府评为“优质服务单位”；被东莞市工商局评为“先进单位”。

企石工商分局领导任职情况表

表 30

姓　名	职　务	任职时间
谢树光	副分局长	2004.6—2012.12
蔡伟雄	分局长	2008.5—
曾少堂	副分局长	2012.11—

【石排分局】 1954 年，石排公社成立市场管理委员会（市管会）。1966 年，石排市管会、银行服务站、税所和财管所等单位合署办公，称为石排财税金融管理所（财金所）。1975 年，石排公社撤销财金所，分设银行营业所和财税所。其中，财税所内设市管、税务和财管等职能小组。1979 年，石排工商所从财金所分离，正式独立办公。1995 年，石排工商所升格为工商分局，副科级建制。2001 年，广东省市、县工商行政管理系统机构改革，设置东莞市工商局石排分局，正科级建制；分局内设办公室、登记管理股、经济检查股和市场监督管理股。2014 年，石排分局在职在岗干部职工 17 人。

2010 年，石排分局辖区市场主体新增 1784 户，累计 10627 户。2011 年，新增 1505 户，累计 11761 户。2012 年，新增 1408 户，累计 10858 户。2013 年，新增 1831 户，累计 12358 户。2014 年，新增 1849 户，累计 13675 户。

2010 年，石排分局查处各类违法违章案件 402 宗。2011 年，查处各类违法违章案件 194 宗。2012 年，查处各类违法违章案件 309 宗。2013 年，查处各类违法违章案件 103 宗。2014 年，查处各类违法违章案件 125 宗。

2010 年，石排分局推广“信誉通”

系统125户；指导辖区市场获评“文明诚信市场”5个，指导辖区企业获评“守合同、重信用”称号6家。2011年，推广“信誉通”系统119户；指导辖区市场获评“文明诚信市场”5个，指导辖区企业获评“守合同、重信用”称号40家。2012年，推广“信誉通”系统114户；指导辖区市场获评“文明诚信市场”3个，指导辖区企业获评“守合同、重信用”称号39家。2013年，指导辖区市场获评“文明诚信市场”2个，指导辖区企业获评“守合同、重信用”称号43家。2014年，指导辖区企业获评“守合同、重信用”称号41家。

2010年，石排分局辖区新增广东省著名商标1件，累计有广东省著名商标9件；查处各类商标侵权案件21宗。2011年，辖区新增广东省著名商标2件；查处各类商标侵权案件34宗。2012年，辖区新增广东省著名商标2件；查处各类商标侵权案件24宗；查获2宗侵犯知名商标专用权大要案，涉及知名品牌30多个。2013年，查处各类商标侵权案件12宗；监测电视广告4次，广告数量2000多条次。2014年，辖区累计有广东省著名商标7件；查处各类商标案件25宗；全年监测电视广告4次，广告数量2100多条次。

2010年，石排分局被评为石排镇“先进单位”“创建国家卫生镇工作先进单位”“安全生产工作先进单位”“维护稳定及社会治安综合治理工作先进集体”“流动人口计划生育综合治理工作先进单位”；被东莞市工商局评为“广告监管工作先进单位”“打击传销工作先进单位”；分局党支部被石排镇委评为“先进党支部”。2011年，被评为石排镇“先进单位”“创建国家卫生镇工作先进单位”“人口和计划生育工作先进单位”“消防安全工作先进单位”“安全生产工作先进单位”；被东莞市工商局评为“先进单位”“广告管理工作先进单位”；分局党支部被石排镇委评为“先进党组织”。2012年，被评为石排镇“先进单位”“消防安全工作先进单位”“维护稳定及社会治安综合治理工作先进集体”；分局党支部被石排镇委评为“先进党组织”；有1人被评为“广东省‘三打’专项行动先进个人”。2013年，被评为石排镇“先进单位”“维护稳定及社会治安综合治理工作先进集体”“消防安全工作先进单位”；被东莞市工商局评为“先进单位”。2014年，被广东省档案局评为“广东省特级档案工作目标管理单位”；被石排镇委、镇政府评为“创建平安石排暨社会管理综合治理工作先进单位”。2014年，广东省工商局局长卢炳辉一行到石排分局调研。

石排工商分局领导任职情况表

表31

姓　名	职　务	任职时间
郭富良	分局长	2003.12—
邓玉棠	副分局长	2007.6—
王佛堆	副分局长	2014.4—

【茶山分局】 1957年，茶山市场管理委员会成立。1978年，茶山公社设立工商所，取代茶山市场管理委员会。1994年，茶山工商所升格为工商分局，副科级建制。2001年，广东省市、县工商行政管理系统机构改革，设置东莞市工商局茶山分局，正科级建制；分局内设办公室、登记管理股、经济检查股和市场监督管理股。2014年，茶山分局在职在岗干部职工18人。

2010年，茶山分局辖区市场主体新增2220户，累计10790户。2011年，新增1867户，累计10844户。2012年，新增1850户，累计11090户。2013年，新增1812户，累计12199户。2014年，新增2200户，累计13631户。

2010年，茶山分局查处各类违法违章案件395宗。2011年，查处各类违法违章案件224宗。2012年，查处各类违法违章案件365宗。2013年，查处各类违法违章案件216宗。2014年，查处各类违法违章案件243宗。

2010年，茶山分局抽查市场主体2209户；创建食品安全样板市场2个，指导辖区市场获评“文明诚信市场”4个，指导辖区企业获评“守合同、重信用”称号25家。2011年，抽查市场主体1554户；创建食品安全样板市场1个，指导辖区市场获评“文明诚信市场”5个，指导辖区企业获评“守合同、重信用”称号24家。2012年，抽查市场主体269户；指导辖区市场获评“文明诚信市场”3个，指导辖区企业获评“守合同、重信用”称号27家。2013年，抽查市场主体1124户；指导辖区市场获评“文明诚信市场”4个，指导辖区企业获评“守合同、重信用”称号26家。2014年，抽查市场主体527户；指导辖区企业获评“守合同、重信用”称号29家。

2010年，茶山分局辖区新增广东省著名商标1件。2012年，辖区新增广东省著名商标1件；查处货值约5000万元的“卡骆驰”商标违法案件，是东莞市“三打”活动期间货值最大的经济违法案件。2013年，辖区企业2件注册商标被认定为中国驰名商标，实现零的突破。2014年，新增广东省著名商标5件；累计有广东省著名商标11件，中国驰名商标2件。

2010年，茶山分局被茶山镇委、镇政府评为茶山镇“工作先进单位”。2011年，被茶山镇委、镇政府评为“工作先进单位”；被东莞市工商局评为“食品安全监管先进单位”。2012年，被评为茶山镇“‘三打’先进集体”。2013年，被东莞市工商局评为“先进单位”；有1人被评为广东省“‘三打’先进个人”。2013年，广东省工商局局长卢炳辉一行到茶山分局调研。分局成为东莞市工商系统廉政文化建设试点单位。2014年，被茶山镇委、镇政府评为省、市驻镇单位年度工作优秀单位；被东莞市工商局评为“先进单位”。

茶山工商分局领导任职情况表

表32

姓　名	职　务	任职时间
陈灼明	副分局长	2004.6—2012.12

续表

姓　名	职　务	任职时间
卢宇光	分局长	2009.9—2014.5
雷晓清	副分局长	2012.1—
林青平	分局长	2014.5—

【松山湖分局】 松山湖高新技术产业开发区（下称“松山湖”）于2001年开工建设。2003年，广东省机构编制委员会同意设立东莞市工商行政管理局松山湖分局，为东莞市工商局直属行政单位，正科级建制。2007年，东莞市工商行政管理局松山湖分局挂牌成立，分局内设办公室、登记管理股、经济检查股和市场监督管理股，干部职工5人；办公地址设在松山湖科技产业园区管理委员会办公区B1栋二楼。2011年，松山湖工商分局办公地址迁至松山湖一站式服务办事中心新办公楼。2014年，松山湖分局在职在岗干部职工7人。

2010年，松山湖分局辖区市场主体新增161户，累计661户，比上年增长32.2%。2010年，企业冠省名称预先核准业务窗口前移至松山湖分局。2011年，辖区市场主体新增212户，累计873户，比上年增长32.07%。2012年，新增239户，累计1112户，比上年增长27.38%。2013年，新增246户，累计1358户，比上年增长22.12%。2013年，东莞市人民政府在松山湖举行东莞市电子营业执照应用平台启动仪式，并率先发出全国首批10家企业电子营业执照。东莞市工商局同意冠省名的企业设立、名称变更登记受理权限下放松山湖分局；并决定在松山湖试点发放电子营业执照。2014年，辖区市场主体新增779户，比上年增长216%；其中集群企业335户，占新增户数43%。市场主体累计2137户，比上年增长57.36%。其中内资企业1568户，比上年增长75.39%；外资企业116户，比上年增长34.88%；个体户453户，比上年增长19.84%。2014年，东莞市工商局在松山湖试点推行电子商务集群注册及企业集群注册。2014年1月，东莞市首家托管公司——东莞市清研联华集群注册托管有限公司在松山湖登记成立。4月，东莞市人民政府在松山湖举行电子商务企业集群注册启动仪式，并为首批申请集群注册的12家电子商务企业代表颁发营业执照。8月，东莞立德生物医疗有限公司代表在松山湖一站式服务办事中心领取设立登记营业执照。该业务是松山湖多证联办工作首轮测试启动后的第一笔“十证联办”业务。

2010年，松山湖分局查处各类违法违章案件11宗。2011年，查处各类违法违章案件14宗。2012年，查处各类违法违章案件13宗。2012年，松山湖辖区取得“食品流通许可证”的市场主体数87户，比上年增加112%，其中含现制现售的市场主体3户；新进驻综合性农贸市场2家。2013年，查处各类违法违章案件10宗。2014年，查处各类违法违章案件11宗。

2010年，松山湖分局辖区有广东省著名商标4件，中国驰名商标2件；推荐1家企业申报广东省著名商标。2011年，推荐1家企业申报广东省著名商标。2014年，辖区累计有广东省著名商标9件，中国驰名商标2件。

2010年，松山湖分局被东莞市工商局评为“登记注册工作先进单位”。2011年，被松山湖管委会评为“先进单位”；被东莞市工商局评为“登记注册工作先进单位”；获东莞工商系统首届“创先争优 激扬红盾”辩论大赛优秀组织奖。2012年，被松山湖管委会评为“政风行风评议先进单位”。2013年，被广东省档案局评为“广东省一级档案综合管理单位”，被东莞市工商局评为“先进单位”。2014年，获评共青团广东省委评为“青少年维权岗”；被东莞市工商局评为“先进单位”。2014年，北京大学中国社会科学调查中心课题组受国家工商总局委托，到松山湖调研商事制度改革工作。

松山湖工商分局领导任职情况表

表33

姓　名	职　务	任职时间
黄　毅	分局长	2008.7—
陈洁敏	副分局长	2008.5—
钟向阳	副分局长（借调市工商局工作）	2014.4—

理论研讨

发展广告创意产业　推动东莞品牌经济

2010 年 12 月 31 日

创意产业是未来经济发展的一种主要方式，能否占领这个高地意味着我市经济能否更上一层楼。广告业是创意产业的重要组成部分，广告业不仅能产生巨大经济效益，还可以帮助其他产业带来巨额效益，特别对提高我市自有品牌的附加值和市场掌控力显得尤为重要。目前，国家和省都非常重视广告业的发展，先后出台了一系列扶持政策和措施，而我市在这方面还比较滞后。因此，作为肩负着“指导广告业发展”“实施商标（品牌）战略”职能的工商部门，我们围绕“广告创意产业与东莞品牌经济”这一课题进行了深入了解和调研，提出了有关政策和建议，供市委、市政府参考。

一、发展广告创意产业的重大意义

广告业是文化产业和现代服务业的重要组成部分，是创意经济中的重要产业，具有知识密集、技术密集、人才密集的特点，是提供信息、创意设计和营销服务的高端服务业和高新技术产业。广告业的发展水平不仅是衡量一个地方现代社会经济发达程度的重要标志，也是社会主义精神文明建设的重要载体，是推进文化、体育、影视、媒体、信息、会展、创意、中介服务等相关产业的有效途径。加快发展广告业，对于我市打造企业品牌、优化产业结构、推动转型升级、推广城市形象，都具有重要意义。

（一）创意经济是未来经济发展的战略方向　创意经济不是一个单纯的产业问题，而是对具有高科技含量、高文化附加值的各类创新型产业的高度概括，包括广告、设计、电视广播、数码娱乐、电影与录像、音乐、表演艺术、出版、软件及计算机服务等行业。目前，创意经济逐渐成为经济发展中的最活跃力量。据有关资料显示，全世界创意经济每天创造的产值达 220 亿美元，并以 5% 左右的速度递增。英国的增长速度达 12%，创意经济产值占 GDP 的 5%，超过了任何制造业门类对 GDP 的贡献；美国的增长速度达到 14%，创意经济产值占 GDP 的 5.24%，已超过航空、重工业等传统领域，成为最大的出口产业。创意经济具有耗费资源少、附加值高的特点，有利于提高发展中国家的经济水平。而我国的创意经济刚刚起步，从中央到地方越来越认识到创意经济的重大作用，作为创意经济重要产业的广告业应该得到政府的足够重视。

（二）广告创意是企业做大做强的关键举措　随着信息传播手段的日新月异，广告创意对于企业的品牌定位、市场营销尤为重要，能够帮助企业顺利实现价值转换。一句优秀的广告语往往能够让消费者过目不忘，有时甚至能改变一家企业的命运。大家耳熟能详的广告语“给您一个五星级的家”，使 20 世纪 90 年代初的“碧桂园”摆脱了濒临破产的境地，一跃成为全国知名房地产公司；一句“怕上火，喝王老吉”，因为找准了品牌定位，受到了全国消费者的认可，“王老吉”凉茶成功跳出了华南地区市场，销售额从2003年的6亿元增长到现在的120亿元，短短几年就超越可口可乐成为“中国第一饮料品牌”。由此可见，广告创意对于促进企业实施商标（品牌）战略、占领市场、发展壮大至关重要。

（三）广告创意产业是转型升级的重要途径 广告创意是市场营销的重要表现，市场营销实现企业的品牌价值，是企业占领市场的能力。而商标（品牌）决定企业的经营模式，是企业转型升级的关键。因此，企业要做大做强，除了要练好内功之外，必须要通过市场营销、广告创意进行品牌推广，才能扩大市场份额，提高品牌附加值，掌握市场话语权，从容应对市场竞争的最高层次——品牌竞争，从而带动整个产业链的转型升级。例如，福建泉州的企业就特别注重市场营销环节的投入，充分发挥广告创意、营销的作用，聘请专业创意营销广告公司，找准了品牌定位和传播平台，创意了脍炙人口的广告语，40多个泉州本土品牌扎堆央视，一时间央视五套体育频道被戏称为“泉州台”，成为体育营销的泉州时代。通过市场营销、广告创意，安踏、匹克、361°、乔丹、金莱克、鸿星尔克等众多驰名商标占了全国运动品牌的“半壁江山”；利朗、劲霸、七匹狼、九牧王等服装品牌形成了独具一格在海内外享有盛誉的“闽派”；在2006年的“中国500最具价值品牌”中，13个泉州品牌入选，总标价高达321.88亿元，在全世界五大洲都能看到泉州品牌的身影。他们的企业感慨地说，广告创意使他们初露锋芒，创意比单纯使用科技更有力量。目前，泉州市有驰名商标51件、省著名商标605件，位居全国地级市首位。通过品牌经济，带动了配套行业的发展，延伸了整个产业链，推动了经济的转型升级。从仿样加工到贴牌生产，再到打响自有品牌，泉州成功塑造出“品牌之都”的城市形象，品牌经济已经成为泉州经济发展的主要动力。同样，对于以制造业为主的东莞来讲，发展广告创意产业，解决我市企业目前面临的市场营销、品牌推广的“瓶颈”问题，使企业扩大市场，提高附加值，进一步实施商标（品牌）战略，对于企业转型升级、推动我市品牌经济发展具有重大现实意义。

二、我市广告业发展现状和存在的问题

2002年，工商部门充分发挥职能作用，成立了东莞市广告协会，将广告企业有效地凝聚起来，促进了我市广告业的蓬勃发展。从2002年到2009年，广告经营单位由465家增到1859家，增长了2.99倍；广告经营总额由1.03亿元增到4.19亿元，增长了3.06倍。我市的广告经营单位总数仅次于广州、深圳，比佛山、中山分别多出26%、40%，在全省地级市中居于首位；广告经营总额比佛山、中山分别高出17%、42%，但与广州的104亿元、深圳的65亿元的差距还相当大。广告是一个地区经济发展的“晴雨表”，由此可见，广告业的发展也充分体现了我市的综合经济实力。

这几年来，从我市广告企业积极参

与创建“最佳魅力城市”“国家文明城市”“国家环保模范城市”等一系列公益活动的作品创作中，特别是每年一度由市工商局、精神文明办、广告协会共同举办的东莞市广告作品大赛中，我市广告创作水平得到不断提升，在省广告作品大赛、中国广告节等活动中我市的广告作品都曾获得金奖、银奖。尤其是今年由市纪委与市工商局、广告协会联合举办首届廉政公益平面广告大赛，涌现了一批优秀广告作品，得到了我市各级领导和广大市民的充分肯定，取得了良好的社会效果。因此，目前本土广告企业的创作和发展已具有了一定的基础。但是，我们也要清醒地看到，我市的广告业仍然停留在低层次经营的初级阶段，只是单纯的设计、制作、发布、代理，以广告创意为主的整合营销传播代理更是凤毛麟角。我市的广告企业都以占有户外广告公共资源作为实力，没从广告创意领域去延伸，更谈不上转型升级，致使行业出现恶性竞争、乱贴乱挂、五花八门的户外广告牌设置泛滥，非法医疗广告屡禁不止。我市经济发达，外来人员多、层面广，虚假违法广告给我市的政府和城市形象带来不可估量的负面影响，这不得不引起我们政府的高度重视。同时，我市的自有品牌企业也不重视市场营销、品牌推广的投入，没有充分发挥广告创意、整合营销的作用，导致品牌附加值低，缺乏影响力，失去了市场掌控力，从而大大制约了我市广告创意产业、品牌经济的发展。主要表现如下：

（一）广告企业规模普遍较小，龙头企业缺乏 目前，我市的广告经营单位以小作坊经营为主，专业程度不高，管理模式陈旧，市场竞争能力不强。我市广告个体户有637家，占总数的34.26%；广告从业人员共9253人，平均每家广告经营单位不足5人，而广州平均有12人、深圳8人、中山7人、佛山6人。2009年我市广告业平均经营额仅有22.56万元，虽然比中山略高0.26万元，但比广州、深圳、佛山、珠海都少，也远远低于全国广告业100万元的年平均经营额（见表1）。并且，我市年经营额超过1000万元的广告公司只有寥寥几家，超过1亿元的只有东莞电视台。行业龙头企业的缺乏，导致整个广告业处于群龙无首的境地，整体运作能力较低。

珠三角地区主要城市广告经营单位基本情况表

表1

内容 \ 地区	广州	深圳	佛山	中山	东莞	珠海
广告经营单位（家）	4277	3780	1472	1327	1859	1841
广告从业人员（名）	51564	33000	9438	9414	9253	5421
广告经营额（万元）	1041900	650000	35649	29594	41948	43615
每户平均广告经营额（万元）	243.61	171.95	24.21	22.30	22.56	23.69

注：统计数据截至2009年12月。

（二）广告企业低层次经营，创意产业发展滞后 目前，我市广告企业普遍缺乏创意营销的核心竞争力，只能从事低层次经营。一是企业经营以户外广告业务为主。由于规模小，业务分散，企业主要从事工程制作、户外发布、场景布置等业务，使得户外广告投放超过报纸媒体，成为我市仅次于电视媒体的第二大广告媒介；将近一半以上的广告企业都有户外广告资源，个别广告企业更是完全依靠户外广告业务生存。虽然我市有中国一级广告企业2家、广东一级广告企业7家，但这些企业都是以占有户外广告公共资源作为实力，经营模式基本上是发布户外广告。二是低层次经营导致恶性竞争。目前，我市广告企业竞相压价，排挤竞争对手，有的企业将媒体支付给自己的代理费优惠给广告主，甚至出现了“零代理”现象，恶性价格竞争已经成了广告企业之间竞争的主要手段。三是违法医疗广告与日俱增。由于医疗广告利润高，许多广告企业宁愿冒着违法的风险，通过篡改审批文件、擅自发布以及发布虚假广告等违法行为争夺医疗广告代理业务；这几年卫生部门也放宽了医疗广告的审查，据统计，来我局申请的户外医疗广告登记中，已取得“广东省医疗广告审查证明”的医疗广告从2007年的13个增加到2009年的30个，同比增长53%，而今年前9个月就达到31个。这些医疗广告大多投放到我市的落地灯箱、候车亭和车身等媒介。我市的灯箱广告除了候车亭外，还在各繁华要道两旁每隔50—80米就设置一个长方形落地灯箱，密度大、影响广，而且公共汽车的车身医疗广告在我市主要干道来往穿梭，加上电视、报纸等主要媒体也不甘落后、频频发布，从而形成了我市铺天盖地的医疗广告，把我们历经辛苦创建的“国际花园城市”“国家文明城市”“国家环保模范城市”变成了一个缺乏健康、肝病、性病患者众多的病态城市，严重影响了东莞的城市形象和政府部门的威信。这几年，我市医疗广告平均违法率高达55%，排在全省前列。同时，社会各界对此的反映大，投诉多，政协委员连续多年提交议案，但是违法医疗广告屡禁不止，这不得不引起我们的高度重视。

（三）广告企业外部压力大，难以做大做强 目前，我市广告业的发展面临着税赋、收费等政策上的束缚。与其他行业相比，一是税赋偏重。据统计，广告企业缴纳的地税有营业税（5%）、堤围费（0.1%）、城市维护建设税（0.35%）、教育附加费（0.15%）和文化事业建设费（3%）共6种，合计税率为8.6%；还有国税25%的所得税。与其他行业相比（除娱乐业）多了3%的文化事业建设费。二是收费偏多。在户外广告登记方面，除了工商部门是零收费以外，广告企业在户外广告设置时还要缴纳场地租用费、有关部门的管理费，以及交给地方政府的“临时占地费”或“社会资源费”“设置登记报批费”等。各镇的标准也不统一，有的以户外广告立柱数来征收，每个每年最低的镇3000元，最高的镇达到95000元；有的以每平方米从40元到70元来征收，非常混乱。这种高成本、高负担导致了广告企业的利润微薄，盈利空间狭小，无法扩大经营规模和吸引人才，出现了恶性竞争，这直接限制了广告业的长远发展。三是外资进入。按照CEPA的规定和我国入世时的承诺，分别从2004年、2005年12月起，允许香港和外国的独资广告公司进入。我市毗邻港澳，经济发达，已成为外资广告公司瞄准的主要目标。这些外资广告公司凭借他们雄厚的资金、优秀的创意、先进的管理、专业的服务，与国内的广告企业同场竞技。而我市广告企业还处于低层次经营阶段，更加面临着被市场边缘化的危险，随时可能被外资广告公司并购和收购，广告市场份额将可能被外资和异地的广告公司逐步瓜分和控制。

（四）广告创意人才不足，竞争力不高 广告业是依靠创意的智力型产业，专业性强，知识含量高。推动广告创意产业最关键的是人才，目前人才主要制约了我市广告业的发展。据统计，我市广告从业人员中，大专以上学历仅占49%，其中具有广告专业的人才更是少之又少；72%的广告企业经营者只有5年以下的从业经验，从业10年以上的只有9%。人才普遍出现进难易出、难以留住，主要原因是本地广告企业规模小、层次低、薪酬少，难以吸引策划、公关和设计等方面的广告人才，而具有整合营销能力的高端创意人才更是望尘莫及；企业即使有一些能力较高的人才也极易被广州、深圳的大公司挖走，所以本地广告企业人才极度匮乏。另外，我省广告专业人才库储备少。目前仅有暨南大学、深圳大学等少数几所高校才专门设有广告专业，难以满足需求。因此，我市广告企业面临着经验不足、素质不高、服务水平低等问题，导致本土广告企业无法提供市场研究、创意等整合营销高端服务，本地的广告市场难以占领，更不用说走出东莞。据调查，我市步步高、徐福记、太阳神、马可波罗等驰名商标企业的市场营销、品牌推广基本上是委托东莞以外的广告公司代理；如果选择本土广告公司的，只是以户外广告宣传为主。

（五）广告创意产业不受重视，扶持政策欠缺 目前，广告创意产业已经引起了国家和省政府的高度重视，出台了大量的扶持政策。2008年6月，发改委和国家工商总局颁布了《关于促进广告业发展的指导意见》，提出了促进广告业发展的目标、任务和政策措施。2009年7月，国务院出台《文化产业振兴规划》，已经明确将广告产业列入第一梯队的国家重点文化产业。今年，省政府颁布实施的《广东省现代产业体系建设总体规划》《广东省建设文化强省规划纲要（2011—2020年）》，也明确将广告业列为现代服务业的重要内容和重点培育现代产业500强项目之一，并提出要加快建设广东广告创意基地。今年年初，汪洋书记对“建设广告业重大项目及重要产业基地”也做出了重要批示。虽然我市较早提出了发展创意产业的思路，出台了《关于促进创意产业园发展的实施意见》，其中提到了“广告设计”，但并没有出台相关扶持措施，只侧重产品、技术功能的设计创意；2009年，我市出台了《关于加快发展生产性服务业的实施意见》，其中的“文化创意业”没有将广告业纳入其中；今年，我市在松山湖建立了粤港澳文化创意产业实验园区，是以发展动漫产业为核心；甚至刚刚出炉的《东莞建设文化名城规划纲要（2011—2020）》《东莞市建设文化名城的若干政策》，也没有将广告创意产业纳入文化产业当中，我市广告创意产业的扶持政策无从谈起，一片空白。

（六）自有品牌企业没有发挥广告创意的作用，品牌营销能力低 近年来，市政府为扶持自有品牌企业已经出台了一系列的政策、措施，企业已逐步认识到自有品牌是转型升级的关键。同时，经过30多年的发展，我市企业也基本掌握了降低成本、提高质量、技术创新等管理水平和能力，能够从容应对价格竞争、质量竞争，也想把自己的品牌做大做强。但是，企业普遍缺乏以品牌为依托的市场营销能力，没有充分发挥广告创意的作用，不能够将企业的技术、质量等转化为市场竞争能力，致使企业的品牌价值和品牌影响力难以提升，缺乏市场控制力。这也是我市企业目前发展面临解决的“瓶颈”问题。另外，由于市场营销是一项庞大的系统工程，投入大、时间长、专业性强，我市大多数企业往往缺乏信心、耐心和能力通过市场营销去开拓市场，有的企业不得不继续从事定牌加工生产，很难转型升级。

三、发展广告创意产业的若干建议

针对我市广告业发展过程中存在的问题，结合东莞实际，提出如下建议：

（一）尽快将广告创意产业纳入我市“文化名城”、现代服务业发展规划 广告创意不但可以营销企业，城市的发展、城市的品牌更需要广告创意去推广、宣传，因此，要对广告创意产业给予高度重视。一是将广告创意产业纳入《东莞市建设文化名城的若干政策》中，作为重点项目、重点产业来扶持，并出台和落实相关的扶持政策、措施；发改局、工商局等职能部门要尽快编制广告创意产业发展规划，稳步推进全市的广告创意产业的发展。二是在“文化东莞工程”专项资金里专门设立广告创意产业预算经费，用于培训广告人才、资助参加国内外广告交流活动以及奖励广告科研成果、广告作品、一级广告企业、广告创意示范企业等，为广告创意产业提供保障。三是参照省政府的规定，把广告业列为现代服务业的重要内容，作为现代产业进行重点培育和扶持。四是参考福建、浙江、深圳等省市的做法，将广告企业纳入高新技术企业的认定范围，按有关高新技术企业政策进行扶持；对符合条件的小型微利广告企业，减按20%的税率征收企业所得税。五是建立使用广告公共资源的合理机制，清理整顿不合理的户外广告设置、审批收费，出台全市统一的收费标准，减轻我市广告企业经营压力。

（二）加快建立东莞市广告创意产业园区 一是在我市的松山湖科技产业园区建立广告创意产业园区，由市政府划拨土地，并给予土地税费方面的优惠。二是要逐步增强广告创意产业园区的集聚力和辐射力，依托东莞的高等院校和科研机构，建立具有特色的广告业发展研究和广告创意人才培养基地，重点培养企业创意营销等高端人才，提升广告业服务我市自有品牌的能力，从而提高自有品牌的附加值和影响力；支持我市高等院校、职校开设广告创意、营销专业，创办广告培训教学基地；推动我市自有品牌企业参与有关项目研究，促进产、学、研相结合，从而实现项目带动、资源整合、产业集聚。三是鼓励支持资金、技术、信息以及高层次的广告创意“领军”人才向广告创意产业园区合理流动和优化配置，广泛吸引市内外的优秀广告企业进驻，形成东莞广告创意产业的“总部经济平台”。四是积极支持与广告创意相关的设计、印刷喷绘、广告原材料制作、传媒、影视制作等产业的发展，实现广告产业链的整体性完善，有效延伸广告产业链，形成良好的广告产业集群，降低本土企业的营销成本，产生规模经济。

（三）大力培育大型广告龙头企业 一是推进广告企业改组改制，推动广告企业战略上整合、策略上联盟，跨行业、跨媒体和跨所有制的资产重组，从人才、资源、资金、技术等方面进行横向联合和专业协作，促进广告资源优化配置和集约化经营。二是支持我市实力强、服务优、信誉好的广告企业通过参股、控股、承包、兼并、收购、联盟等方式，组建股份制公司或广告企业集团，培育形成拥有自有品牌、优秀创意、核心竞争力强的广告龙头企业，提高抵御风险、驾驭市场的能力，更好地应对外来广告公司的挑战，并做到“请进来、走出去”，促进我市广告业融入全省、全国和国际的产业链。三是创新广告业发展理念和模式，以本土传统传媒为基础，支持网络广告、手机广告、楼宇广告、公交移动电视、LED显示屏等新兴媒体广告的发展，扩大广告业发展空间。四是促进我市的广告企业转型升级，从低层次经营、以占有社会资源的经营模式向智力型的以创意营销为核心的高端综合服务转变；充分发挥广告协会的作用，组织广告企业参加国内外作品大赛，支持企业申报国家、省一级广告企业和广告专业人员职称评定，提升整个行业的发展水平。

（四）积极搭建广告创意产业与自有品牌对接的平台 目前，我市具有制造业的优势，自有品牌有一定的基础，而创意营销是广告企业发展的趋势，因此，发展广告创意产业、推动我市的品牌经济，将两者结合起来，既可以解决我市广告企业与自有品牌企业面临的“瓶颈”问题，又将是东莞发展新的经济增长点。一是要引导自有品牌企业充分认识市场营销的重要性，政府出台有关政策和措施，重点扶持企业的市场营销环节，帮助企业通过创意营销去占领市场，实现产品、技术的价值转换，提高企业品牌价值和影响力。二是积极组织和参加洽谈会、联谊会、展览会、广告节、商标节等活动，多角度、多渠道为广告企业、自有品牌企业牵线搭桥，让两者联姻结合，引导广告企业从传统的广告设计向全方位的广告创意特别是品牌深加工创意转变，提升我市企业的品牌价值和内涵，从而共同开发市场，形成合作、共生、共赢的良好局面。三是发挥各大媒体和行业协会的作用，在品牌企业特色的基础上，进行资源整合、联合营销，降低成本；同时引导企业向产业文化发展，进一步提高品牌影响力。四是针对我市“一镇一特色”、产业集群发达的实际情况，积极创建区域国际品牌，整合资源，发挥广告创意营销的作用，以统一品牌、统一营销、统一开发市场，抱团发展，使产业集群以区域品牌整体形象对外，形成合力，加快产业集群从产品经营、资产经营向品牌经营过渡，实现产业集群的可持续发展。

（五）加强对广告经营的管理 一是参照杭州等地的做法，建议市政府出台有关规范性文件，严格限制在落地灯箱、候车亭灯箱、公共汽车车身等户外广告媒介上发布医疗广告，或者规定有关部门在签订上述媒介的租用合同时，明确广告经营单位不得利用这些媒介发布医疗广告，从源头上遏制医疗广告铺天盖地发布的现象。二是主管部门要加强对报纸、电视等媒体单位的监督管理，引导媒体加强自律，以身作则，拒绝发布虚假违法广告；同时，媒体要发挥自身优势，支持本土自有品牌企业开展创意营销。三是在现有广告监管联席会议的基础上，建议由市领导作为召集人，充分发挥市工商局、市委宣传部、市公安局、市监察局、市卫生局、市文广新局、市食品药品监管局等成员单位的作用，全面落实整治虚假违法广告联动机制，严厉打击各类违法广告。四是对全市的户外广告进行科学规划、合理布局，尽快清理过于密集的落地灯箱广告；设立新颖美观的落地灯箱，主要用于建设阅报栏、发布公益广告等，大力培育市民文明素养，进一步提升城市文化形象。

关于加强网络市场监管的思考

2011年6月14日

近年来，网络交易市场发展突飞猛进。与此同时，交易中各种欺诈侵权行为、虚假广告和交易纠纷也与日俱增。目前，国家已明确赋予工商部门网络商品交易及有关服务行为的监管职责，这给工商部门的日常监管提出了新的要求。下面，本文从本系统实际出发，就如何加强网络市场监管提出一些浅薄见解。

一、网络市场存在的突出问题

现阶段我国尚未出台国家网络经济发展的总体规划，对于网络市场的发展缺乏统一有效的指导和监管，再加上网络市场存在虚拟性、跨地域性、分散性、隐匿性、易转移性等特点，导致了网络市场监管的缺失以及网络经济违法犯罪行为的猖獗。笔者认为，目前网络市场主要存在以下几方面问题：

（一）经营主体不规范 网络市场的经营主体主要包括：互联网接入服务提供者、互联网信息服务提供者、利用虚拟空间网站或网页从事经营活动的网店开办者。网上交易所涉及的产品种类千奇百怪、五花八门，工业品、农副产品、日常消费用品无所不有，及提供信息服务等，极个别经营者甚至经营国家明令禁止销售的商品，或擅自从事须特许经营的行业等等。这些网上经营者绝大部分既没有办理营业执照，其所使用的经营性的网页（网站）也没有办理网络经营主体资格电子备案。如注册在上海浦东新区的易趣网，该网的网店就达79万家，没有营业执照的卖家达95%以上。

（二）经营行为不规范 部分经营者利用网络交易看不见摸不着的特点，通过在其网页（网站）上发布虚假信息或虚假广告来误导消费者，达到销售质次价高的商品的目的，主要形式包括通过互联网销售假冒伪劣商品、低于成本价销售、虚假宣传与虚假表示、违法提供有奖销售（服务）等违法经营行为。尤其是通过网络进行非法传销活动，其传播速度之迅速、影响范围之广，正引起社会的高度重视。

（三）广告发布不规范 网络广告是一个新兴的广告市场组成形式，传播主体是多元化、虚拟化的。网络广告不但易发布、易修改、易消除，还容易对消费者进行强制接受，比如常见的弹出式、浮游式广告等。这些特性造成了网络广告从发布、收费到内容的无序发展以及不实广告、侵权广告、色情广告等违法行为的屡屡发生。网络广告信息的真实和透明程度不高，也使得消费者的合法权益经常得不到有效保护。

（四）侵权现象极严重 随着网上购物的风生水起，网络侵权借势肆虐，与传统商标侵权行为相比，网购时代的商标侵权更是花样翻新，令人眼花缭乱，防不胜防。据业内人士介绍，网络商标侵权除了网上销售侵权产品，或者选取、使用他人注册商标的图形、图像并入自己的网页这种常见的方式外，还有域名抢注，将他人的注册商标用作自己网页上的链接标志，以及网络搜索提供商将自己的客户搜索放置前置等方式。网购侵权行为的肆虐，不仅让消费者利益受损，也使得商家饱受其害，更阻碍了整个电子商务市场的健康发展。

（五）消费维权极困难 一方面，由于网络交易多涉及异地维权，网站所有者、网店经营者、消费者往往处于不同城市、区域，使得消费纠纷调解难以做到快速、便捷。另一方面，因为网络销售者身份难以确认，当前绝大多数网站中的网店，都是以虚构名称进行经营，市场主体资质没有确定，一旦发生消费争议，难以找到实体上的经营者进行调解和追责，消费者权益得不到有效保护。如：前段时间，我市一名消费者花了800元在网上购买了一个网络游戏账号，却发现该游戏账号不能使用，卖家又联系不上，于是向市消委会提出申诉，但由于申诉人购买的商品是虚拟商品，又不能提供任何实质性的证据，消委会对此也只无能为力。

二、东莞工商网络市场监管现状

面对网络市场存在的众多问题，对网络经营行为实施有效的监管已是刻不容缓。然而，工商部门的网络监管工作起步较晚，存在着观念未能及时转变、人员架构尚未健全、技术手段较为落后、法规滞后缺失等问题，监管实效远落后于监管需求。

（一）思想认识不够到位 长期以来，工商部门监管的是有形市场，对于“无形”的网络市场监管，我们队伍中大部分同志旧观念、旧思维尚未转变，未能对这个“无形”市场监管作深层次的学习研究。

（二）人员架构尚未健全 目前，我局还未建立专门负责网络监管和执法的机构，大多数从事网络监管和执法的同志都是兼职的，平时还要担负大量其他工作，对网络监管只能是零打碎敲，停留在个别案件的查处上。

（三）监管手段较为落后 对于网络市场监管，我局尚未建立具备相应功能的网络监管平台，没有研发相应的监管软件，没有强大的软硬件支撑，网络市场监管工作难以开展。例如，我局没有专门的网络监管平台对网络信息进行备案，无法对网络信息进行过滤，对于网络虚假宣传案件，执法人员通常只能通过群众投诉或收集报张、杂志、传单等宣传资料，再点击上该网站进行确认，方可取证执法，技术手段非常被动和落后。

（四）制度规范滞后缺失 保障互联网商务监管执法行为有力并且规范，必须建立一套符合法律精神又切合实际的工作制度。然而，目前甚少出台互联网商务监管的有关规范性文件，监管范围和职责仍未理清，相关的工作流程也未明确，基层人员很难开展日常网络市场监管。

以厚街分局为例，目前经检股共25人，其中一半以上是干部，共设巡查执法队6个，但没有一个专职负责网络监管的执法队伍，也没有专人负责网络违法案件。由于全系统没有专门的网络监管软件，也无既定的工作流程，分局对日常的网络监管，仅仅停留在“接到群众举报上网看一看，看到报纸传单上网查一查”的阶段，挖掘案源只能通过群众举报或收集宣传资料两种途径（而且较少有专人收集报纸传单等资料）。对于接到的群众举报，分局执法人员首先上所举报的网站进行确认，查找到该网站的经营地址后再上门调查，由于许多网站上面提供的联系地址、电话都是虚假的，案件调查也很难继续开展。2010 年，分局成功查处的网络违法案件仅 5 宗。

三、加强网络市场监管的建议和对策

长期以来工商部门监管的是有形市场，对有形市场的监督管理已形成了一整套完备的管理体系，但这种管理模式显然并不适应网络市场。因此，建立和完善网络市场长效监管机制，创新监控手段，解决执法难题，是我们当前面临的一项长期而艰巨的任务。笔者认为，可以从以下几方面强化对网络市场的监管。

（一）转变队伍观念，提高队伍素质 一方面，须尽快转变队伍的监管观念，提高监管网络市场的主动性。尽快使整个队伍，尤其是基层干部要充分认识到监管好网络市场是工商部门不容推卸的职责，是工商部门当前的一项迫切任务，全员形成“早介入，就主动；后介入，就被动”的思想认识。另一方面，须加强队伍全员素质的提高，普及必要的网络知识。监管网络市场除了要具有较丰富的法规知识、扎实的执法能力外，还应具有较丰富的电脑网络知识和网上应变能力。因此，要对队伍进行必要的网络知识、网络技术、网络执法等各方面的业务知识培训，提高干部的业务素质和工作技能；同时，还要重视对网络技术人才的引进，将一批精通网络技术的高科技人才引进到工商队伍中来，逐步培养建立专业的网络监管队伍，以适应新型市场监管对我们工商部门的要求。

（二）设置监管机构，完善软硬件设备，精心打磨“软”和“硬”两把武器 一方面，尽快设置专门的监管机构。通过定职责、定岗位、定人员，专人、专职负责网络监管工作。例如：可效仿其他地方经验做法，先配备业务骨干组成项目开发组，然后在经检支队专设网络监管大队，建立市局、经检支队、分局的三级监管网络，真正落实监管队伍。另一方面，加大资金投入，配置监管网络市场所需的软硬件设备。俗话说，工欲善其事，必先利其器。首先，我们可以从完善监管设备着手，研究开发网络市场监管软件，实现数据采集、归类、分析、统计的自动化，如可通过对常见违法行为关键字词进行比对（如录入最好、最佳、第一等字眼对使用绝对用语的行为进行监管）、企业商标包装装潢数据库对比等操作，实现搜索且分析网上涉嫌违法经营行为等功能。其次，与公安网监部门、网络运营商等部门建立协作关系，对涉嫌利用网络市场销售伪劣商品、虚假宣传、传销等违法经营行为全面监控，并进一步锁定违法证据，解决网络证据易灭失、易修改、公证成本高的问题，及时、有效地打击违法行为，维护网络市场经营秩序的健康稳定。

（三）实行网络市场经营主体资格的电子备案制度 完善市场经营主体备案制度，把好市场准入关，是工商部门网络市场监管工作的核心和基础。我们要本着“自愿申请”和“分类管理”的原则，通过对网络市场从事经营活动的单位和个人以及以盈利性为目的为电子商务提供基础设施服务的代理商进行真实身份准入备案，确认其网上经营主体资格，强化其“网络经济户口”管理，这是保障网络主体真实性和网络交易安全性的重要有效措施。首先，应对提供交易平台的网站（即为电子商务提供基础设施服务的代理商）实行注册和备案，核发营业执照（性质类似于有形市场的专业市场），通过对该交易平台网站经营资格的确立，督促该交易平台内各经营主体做好电子备案工作，由其对进入该交易平台内的主体的经营资格及经营行为进行审查与监督，保证每个经营主体的合法性和规范性。其次，对一般网络市场经营主体应实行营业执照与电子备案信息一一对应，经营主体应同时进行营业执照登记和电子备案，备案后在其网页上加贴工商电子标识，并可通过点击该标识获取其营业执照基本信息（通过扫描的营业执照电子版或数字证书）和电子备案信息，实行网络市场上的“亮照经营”。再次，加快电子数字证书的推广，有效地解决网络经营行为中市场经营主体身份验证等问题。

（四）建立网络广告筛选锁定制度，规范网络广告发布行为 因网络的开放性，使得网络广告发布变得很随意，广告主、广告发布者、广告经营者三者关系的交叉和混淆，给网络违法广告提供了滋生和泛滥的空间。针对这个状况，应从三个方面进行规范。第一，严格按照《广告法》及相关法律制度来调整和约束广告主体，规范广告发布行为。第二，通过增强与广告行会的协作，加强对广告行业的管理，对网络广告进行管理，工商部门可对其进行指导，提出要求和任务，同时也为实施对网络广告的管理做好准备。第三，对广告的制作形式、涉及内容和最终发布进行电子监管，建立网络违法广告警示制度，利用科技手段规范广告发布行为。比如，可以通过专门监测软件对经营性网站数据库进行分项精细化监测、违法广告及网站搜索引擎锁定、违法广告页面和属性框拷屏，为进一步对违法网站及广告删、关、停等手段打好基础。

（五）加大对网络市场的执法查处力度 严格按照“一支队伍办案”的要求，进一步理顺网络违法经营案件查办工作机制，加强与公安、文化等相关职能部门的共同配合，消除办案人员的疑虑和畏难情绪，通过互通信息，切实加强对网络违法广告、虚假宣传、制售质量不合格商品等违法行为的查处力度。同时，通过人工分类搜索、动态巡查等方法加大网上巡查力度，积极开展实地检查，认真受理网络消费投诉，对企业网络运营违法行为予以查处，依法保护网络市场经营者和消费者的合法权益。如厚街分局，去年查处网络虚假宣传主要有两方面做法：一是通过群众投诉，二是通过巡查人员日常巡查中收集的企业宣传资料，这种做法具有被动性和片面性，不能主动和全面地监管企业的网络宣传行为，全年查处网络虚假宣传案件仅5宗。今年以来，分局加大对网络市场的监管执法力度，在去年基础上，主动出击，加强排查，先从业务系统中排查出较有可能涉嫌网上虚假宣传的企业名单；

然后通过互联网逐一排查，重点查看企业网页上的“企业简介”和“企业荣誉”等部分，查看企业的发展历史、经营规模和主要荣誉以及取得的相关认证证书等，经初步分析后，梳理出涉嫌虚假宣传企业名单，打印涉假网页作为证据，并保留电子版证据；最后，通过实地调查，对企业网络运营违法行为进行确认、查处。今年1月至4月，分局查处网络虚假宣传案件达12宗，明显比去年见效。

（六）开拓网上侵权举报渠道，实行以网管网，遏制网上侵权行为 除在网络监管软件上开发专门针对商标侵权行为的搜索功能外，还应通过在互联网上开通网站，开拓渠道让商标持有人（注册人）对网络市场上的商标侵权行为进行举报，工商部门对该举报迅速进行调查，以网管网，从而加强对网络市场的侵权行为的打击力度。

（七）加强网络市场信用管理，推行“第三方”先行赔付制度，切实保护网络市场消费者的合法权益 通过实行网络市场主体信用分类监管制度，在网络市场经营主体登记备案的基础上对其进行信用监督，对有不良信用记录的进行重点监管，对经营主体的违法经营情况在“备案信息”中记录在案，向广大消费者公开。同时，对存在重大违法行为、严重失信、虚假宣传、欺诈消费者的经营主体采取强制退市措施，对有强制退市记录的经营主体限制其再入市。此外，针对网上交易非“钱货两清”现场消费和跨越区域的特点，应强制对交易平台实行“第三方”先行赔付制度，建立网络消费预警体系。通过规范电子商务售后服务行为，引导网络经营主体建立健全、公开发布并严格执行售后服务和换货退货制度，防范和制止网络市场经营主体逃避售后责任、拖延换货和拒不受理退货等行为，进一步保护消费者的网络消费安全。

（八）建立完善有关管理制度规范 结合我市实际情况，以国家工商总局《网络商品交易及有关服务监管暂行办法》和省局《网络市场监管指导意见》为依据，以网络市场监管综合信息平台为基础，加快制定监管制度和规范，为全市工商系统开展网络市场监管工作奠定制度基础。

培育壮大市场主体　增强经济核心竞争力

——关于东莞市市场主体运行发展状况的调研报告

2012 年 6 月 12 日

市场主体是经济发展的“晴雨表”，其增长或缩减的程度，直观地反映着一个城市经济社会变化发展的情况。为全面了解我市各类市场主体的运行现状和发展趋势，更好地为政府决策提供参考依据，推动我市各类市场主体持续健康发展，近期，市工商局对全市市场主体的运行发展情况进行了深入调查，与周边主要城市市场主体情况进行了比较分析，并提出加快培育壮大我市各类市场主体的对策建议。现将近年来我市市场主体的发展情况分析报告如下：

一、全市市场主体基本情况

（一）结构分布

截至 2011 年底，全市实有各类市场主体 506113 户。其中，内资企业（包括国有企业、集体企业、股份合作企业、公司制企业和其他企业，下同）12820 户，私营企业 104689 户，外商投资企业 11240 户，个体工商户 373265 户，农民专业合作社 52 户，“三来一补”企业 4047 户，分别占总量的 2.53%、20.68%、2.22%、73.75%、0.01%、0.80%。

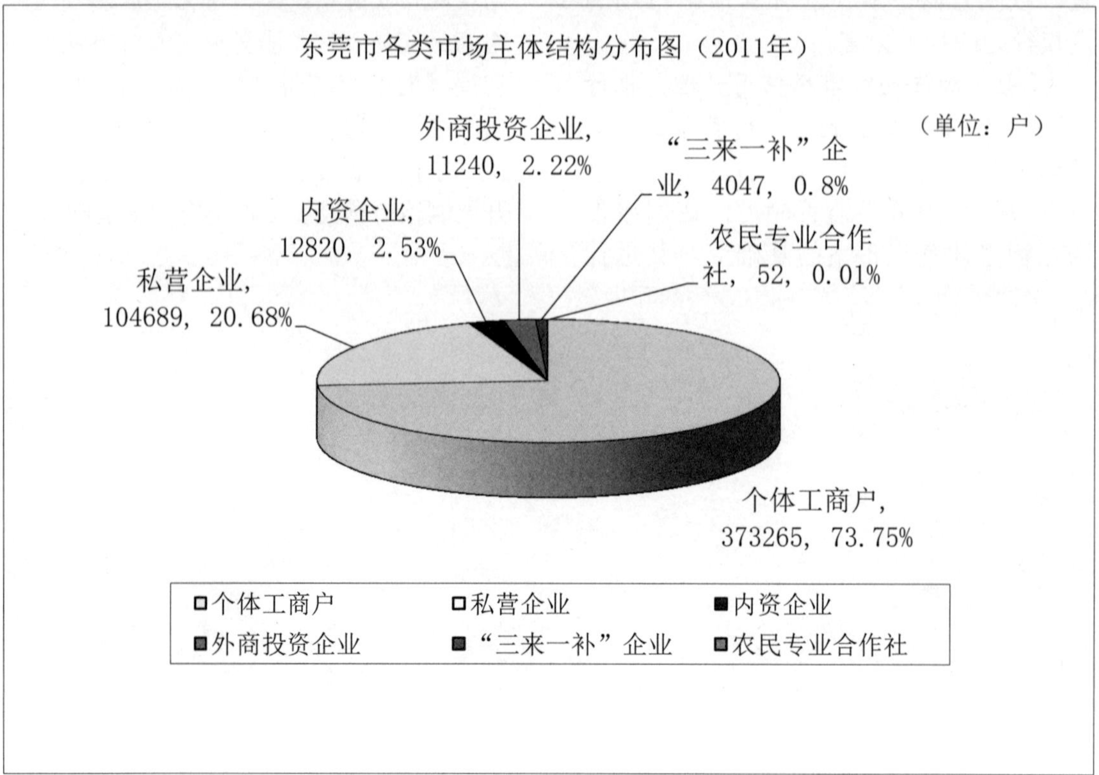

（二）产业分布

截至2011年底，第一产业市场主体891户，占0.18 %；第二产业市场主体119017户，占23.52%；第三产业市场主体386205户，占76.3%。

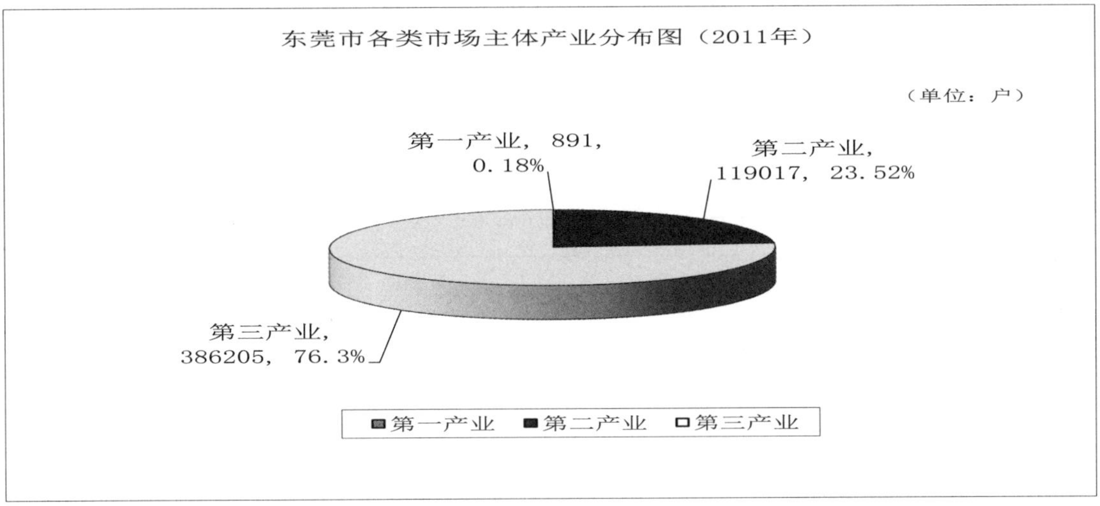

（三）行业分布

从行业分布情况看，市场主体累计数量排在前五位的分别是批发和零售业、制造业、居民服务和其他服务业、住宿和餐饮业、租赁和商务服务业，数量分别为287064户、113277户、33721户、28595户、15576户，分别占总量的56.72%、22.38%、6.66%、5.65%、3.07%。

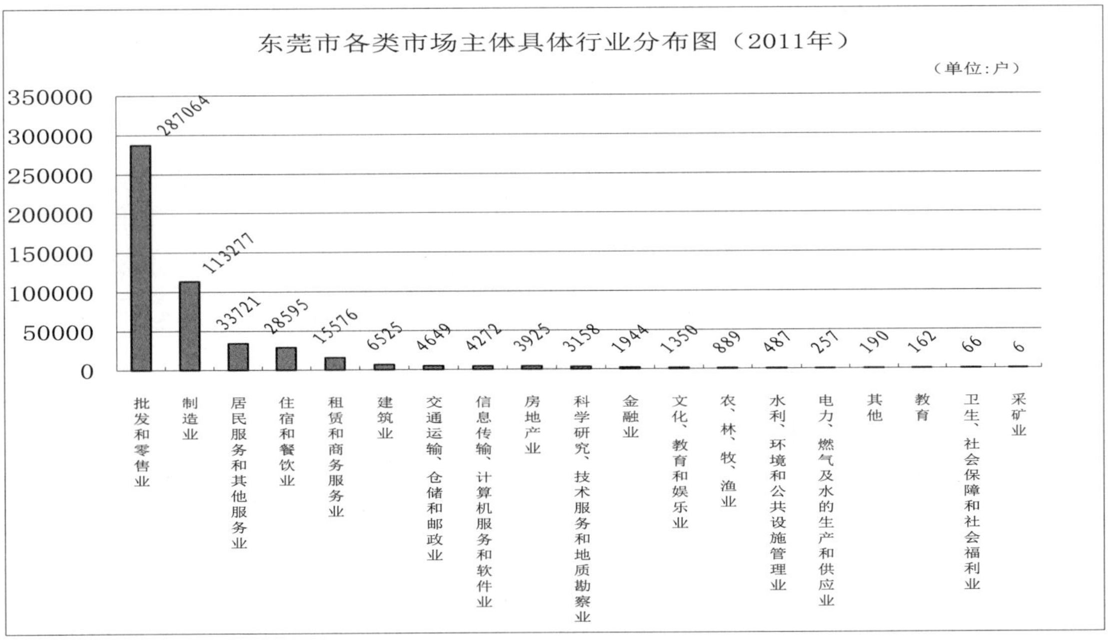

（四）投资规模分布

截至2011年底，注册资本100万元以下企业（不含分支，下同）99475户，占74.88%；100万元—500万元企业（含100万元，下同）19593户，占14.75%；500万元—1000万元企业6051户，占4.55%；1000万元—3000万元企业4685户，占3.53%；3000万元—5000万元企业1154户，占0.87%;5000万元—10000万元企业1069户，占0.80%；1亿元以上企业821户，占0.62%。

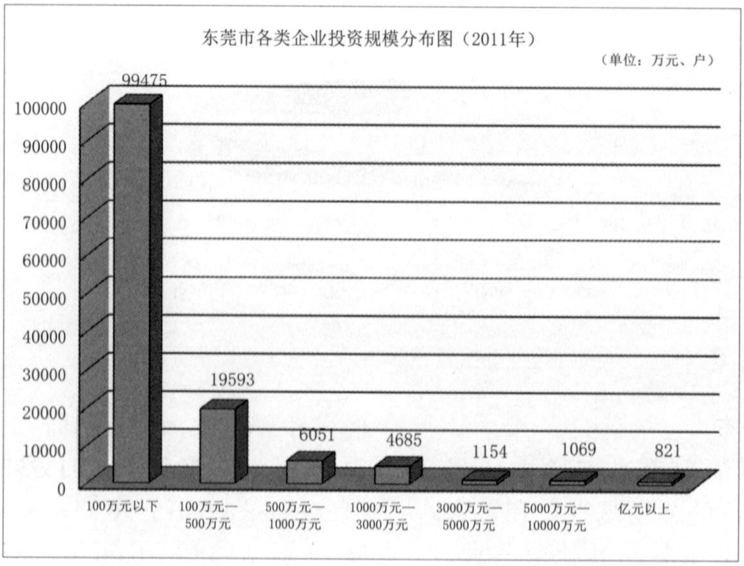

注：个体户只登记资金数额，未纳入投资规模统计范围。

（五）区域分布

我市市场主体分布和各镇街经济发展情况密切相关，整体上呈现不均衡状态。按照各类市场主体的累计数量排序，前五名的镇街分别是长安、虎门、东城、厚街、南城。按照内资企业数量的大小排序，前五名的镇街分别是南城、东城、长安、莞城、虎门。按照私营企业数量的大小排序，前五名的镇街分别是长安、南城、东城、虎门、塘厦。按照外资企业数量的大小排序，前五名的镇街分别是长安、塘厦、虎门、东城、常平。

东莞市实有市场主体区域分布情况一览表（2011年）

表1 （单位：户）

镇街\项目	内资企业	私营企业	外商投资企业	“三来一补”企业	农民专业合作社	个体工商户	市场主体累计数	比重%
合计	12820	104689	11240	4047	52	373265	506113	100%
莞城	687	4172	224	14	1	10998	15925	3.15%
石龙	244	948	118	24	0	7384	8554	1.69%

续表

镇街\项目	内资企业	私营企业	外商投资企业	“三来一补”企业	农民专业合作社	个体工商户	市场主体累计数	比重%
虎门	650	7234	787	192	3	36233	44704	8.83%
东城	1026	8763	606	123	0	23356	33810	6.68%
万江	359	4347	217	30	1	12152	17046	3.37%
南城	1079	9205	489	30	0	14647	25443	5.03%
中堂	298	1449	91	26	2	6716	8499	1.68%
望牛墩	139	622	103	16	1	2329	3211	0.63%
麻涌	201	695	81	19	13	3545	4559	0.90%
石碣	277	2307	221	133	0	10490	13245	2.62%
高埗	207	1138	162	40	0	6178	7638	1.51%
道滘	183	1389	170	35	1	4247	6032	1.19%
洪梅	93	424	77	8	0	1596	2200	0.43%
沙田	293	1398	204	17	6	5674	7508	1.48%
厚街	460	5050	585	155	1	26995	32884	6.50%
长安	721	12009	995	576	1	36339	50564	9.99%
寮步	562	5013	434	109	0	15124	21086	4.17%
大岭山	362	3900	348	71	3	16265	20979	4.15%
大朗	495	3742	421	168	0	15948	20726	4.10%
黄江	319	2801	351	145	1	8563	12205	2.41%
樟木头	320	2817	230	89	1	10175	13665	2.70%
清溪	260	2401	596	235	0	10238	13751	2.72%
塘厦	484	5765	899	371	4	16145	23703	4.68%
凤岗	392	2696	492	435	0	11935	15960	3.15%
谢岗	127	773	215	90	4	3749	4963	0.98%
常平	643	4303	596	263	1	14831	20784	4.11%
桥头	285	1603	328	107	5	6576	8907	1.76%
横沥	290	1977	366	156	1	7898	10689	2.11%
东坑	263	935	153	88	2	4188	5633	1.11%
企石	277	1168	165	73	0	5562	7251	1.43%
石排	301	1581	230	105	0	8451	10675	2.11%
茶山	321	1642	211	104	0	8557	10845	2.14%
松山湖	202	422	75	0	0	181	873	0.17%

二、主要特点与发展趋势

市场主体发展是一个动态过程，和宏观经济环境变化发展息息相关。我们选取了 2007 年至 2011 年为研究周期，对我市市场主体近年来的发展轨迹进行研判。

（一）总体数量发展平稳，私营、外资增长势头迅猛 至 2011 年底，全市实有各类市场主体 506113 户，比 2007 年末增长 0.2%，总量略有增长，各类市场主体呈现增减互见的格局。其中，私营企业发展势头最为迅猛，自 2007 年起年均增长率超过 19.6%，2011 年新增 23513 户，创下了近年来新发照数量的最高纪录，总量达到 104689 户，成为了我市内源型经济发展的中坚力量。外资企业受政府扶持“三来一补”不停产转型的利好政策影响，2008 年起以年均 9% 的速度增长，2011 年新增 1669 户，总量达到 11240 户，新登记及实有数均创历史新高，成为了私营企业之外的又一强劲增长引擎。相比之下，内资企业累计数从 2007 年的 13401 户缩减至 2011 年的 12820 户，缩减率为 4.34%，其中，国有企业、集体企业、股份合作企业分别比 2007 年下降 18.73%、24.64 %、27.78 %，而公司制企业比 2007 年增长了 42.91%，表明内资企业走上了结构优化的良性发展道路。“三来一补”企业累计数从 2007 年的 7414 户缩减至 2011 年的 4047 户，缩减率为 45.41%，呈加速萎缩势头。同样呈减少态势的还有个体工商户，自 2009 年出现负增长以来，连续三年在负值区间徘徊。

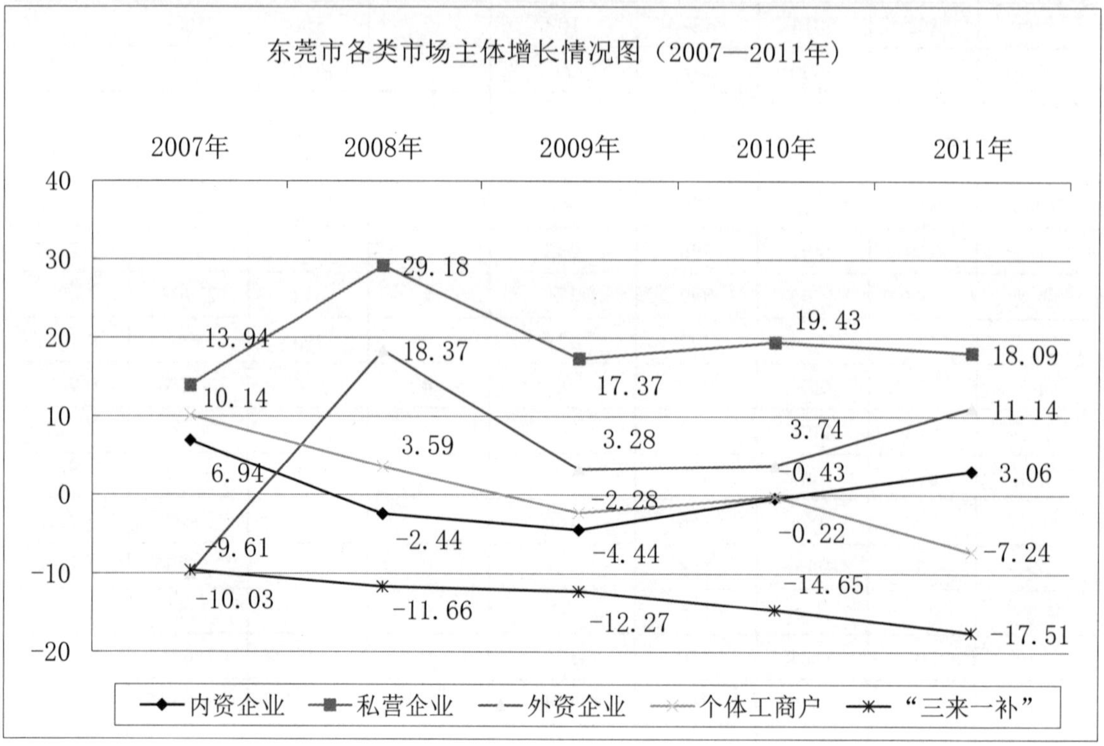

（二）注册资本大幅增加，投资规模不断扩大 从注册资本变化情况来看，近5年来，内资企业、私营企业、外资企业的注册资本总量均有较大幅度增长。其中，内资企业虽然总量下降4.34%，但注册资本总额、户均注册资本分别增长157.93%、169.62%，投资增加、规模扩大的趋势十分明显。私营企业的注册资金总额达1290.89亿元，比2007年增长83.86%，其中，私营企业集团由2007年的44户增加到106户，规模亿元以上的私营企业从152户增加到247户，私营企业经济大户快速增长，呈集团经营、规模发展趋势。外资企业注册资金总额为331.50亿美元，比2007年增长了24.88%，户均注册资本保持在300万美元左右，投资规模呈稳步增长态势。

东莞市各类企业注册资本变化情况一览表（2007—2011年）

表2 （单位：户、万元、万美元）

项目 年份	私营企业			内资企业			外资企业		
	户数	注册资本总量（万元）	户均注册资本（万元）	户数	注册资本总量（万元）	户均注册资本（万元）	户数	注册资本总量（万美元）	户均注册资本（万美元）
2007年	48955	7021077	143.42	13401	2687487.85	200.54	7973	2654582.22	332.95
2008年	63241	8060652.54	127.46	13074	2939094	224.8	9437	2806839.61	297.43
2009年	74229	9356446.54	126.05	12493	3762469.93	301.17	9748	2880427.36	295.49
2010年	88650	10931555.41	123.31	12439	5517924.88	443.6	10113	3026200.81	299.24
2011年	104689	102908860.05	123.31	12820	6931794.5	540.7	11240	3314951.13	294.92

（三）产业分布不断优化，第三产业比重持续加大 从产业分布变化情况来看，近年来我市第一、第二产业数量比重逐渐减少，第三产业数量比重逐步加大，三大产业数量分布比例从2007年的0.24：25.78：73.98调整为2011年的0.18：23.52：76.3，我市产业结构调整取得实质性进展。例如，第三产业的批发和零售业，近5年来市场主体累计数量一直保持行业中第一位，所占市场主体总量的比重从2007年的56.63%上升至2011年的56.98%，上升了0.35%；租赁和商务服务业也呈稳步上升势头，2011年末所占市场主体总量的比重为3.03%，比2007年上升了0.76%。值得一提的是，虽然第二产业整体比例略有下降，但是其中的制造业一直呈稳健发展的态势，所占市场主体总量的比重从2007年的16.22%上升至2011年的22.20%，上升了5.98%，反映了我市仍然保持着制造业的优势。

东莞市产业分布变化情况一览表（2007—2011 年）

表 3　　（单位：户）

项目 年份	第一产业	第二产业	第三产业	三次产业分布比例
2007 年	1190	130237	373676	0.24 ：25.78 ：73.98
2008 年	1036	134294	375347	0.2 ：26.3 ：73.5
2009 年	975	130186	378202	0.19 ：25.56 ：74.25
2010 年	915	128901	391532	0.18 ：24.72 ：75.10
2011 年	891	119017	386205	0.18 ：23.52 ：76.3

（四）投资领域不断拓宽，高端产业迅速突起　随着我市一系列鼓励新兴产业发展政策的支持引导，企业投资领域不断拓宽，逐步走向高端化。2007 年，属我市重点扶持的战略性新兴产业市场主体总量仅为 530 户，经过近 5 年的快速发展，至 2011 年底，全市各类新兴产业市场主体累计达到 9195 户，其中，电子信息企业 297 户，LED 企业 428 户，新能源汽车企业 2 户，生物工程企业 4761 户，新环保和能源研发企业 3707 户。我市新兴产业的稳步发展，有望形成初具规模的战略性新兴产业体系，形成新的经济增长点。与此同时，我市金融投资类企业大幅增长，2007—2011 年，创业投资或股权投资类企业登记量以 2 倍级增长的速度逐年飙升，至 2011 年底攀升至 102 户，是 2007 的 20 倍；投资咨询类企业大幅增长，2011 年累计登记 528 户，比 2007 年增长 79.59%；小额贷款公司和担保企业也快速增长，分别累计达到 15 户、346 户，金融机构聚集度进一步提升，为我市中小企业的快速发展拓宽了融资渠道。

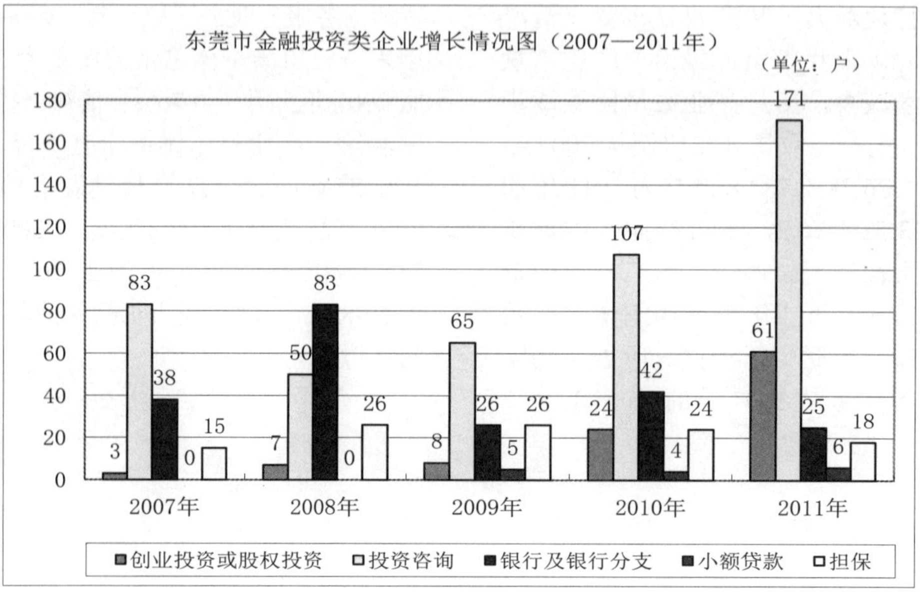

（五）市场主体流动性不大，迁入数量大于迁出数量 从工商部门掌握的市场主体流动变化情况来看，2007—2011 年这 5 年间，由外省、外市迁入到东莞的企业共有 183 户，涉及注册资金 46723.90 万美元；由东莞迁出到外省外市的企业有 108 户，涉及注册资金 122804.14 万美元，市场主体流动数量不大。相比之下，从 2007 年开始，每年迁入东莞的企业都比迁出东莞的企业多，尤其是 2010 年，迁入东莞的企业约为迁出企业的 3 倍。2007 年开始迁入东莞的企业，多数是从深圳迁过来的。而东莞迁出的企业，多数是迁到珠三角以外的省内城市。这说明企业在经营成本不断高涨的今天，已经在双向选择中考虑具有成本吸引力的经营地区。

三、我市与周边主要城市市场主体情况的比较分析

为进一步了解掌握我市市场主体的全面情况，我们还选择了六项基本指标，与广州、深圳、佛山、惠州等周边主要城市展开对比分析：

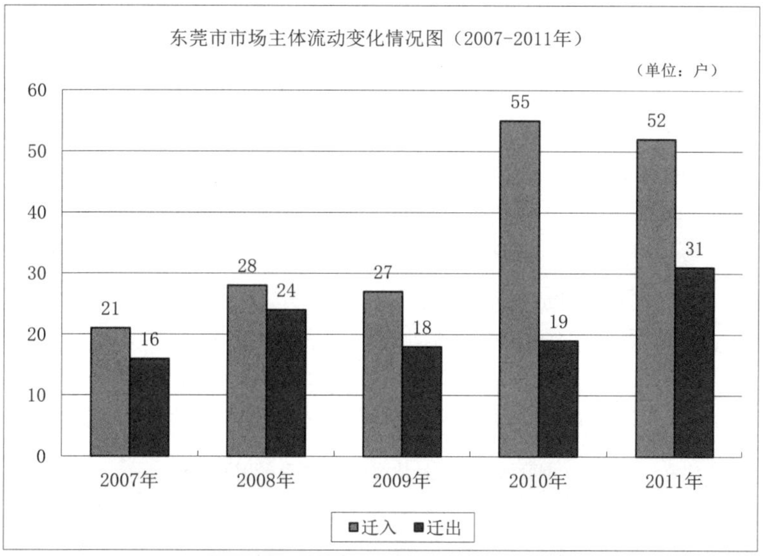

指标一：主体构成

一个城市理想的市场主体结构应在保持一定数量规模的基础上，以企业尤其是以高素质的企业为主，以专业化的个体户为辅。从数量规模来看，截至 2011 年底，全省共有各类市场主体 4875778 户，其中我市实有 506113 户，占全省的 10.38%，仅次于广州、深圳，位居全省第三，数量上远远超过佛山、惠州等地。但从整体构成来看，我市的企业比例为 25.44%，而广、深、佛、惠四地分别为 30.99%、46.33%、33.43%、24.55%。 数据显示，我市企业比例仅略高于惠州，与广、佛两地有一定差距，与深圳相比就更为悬殊。

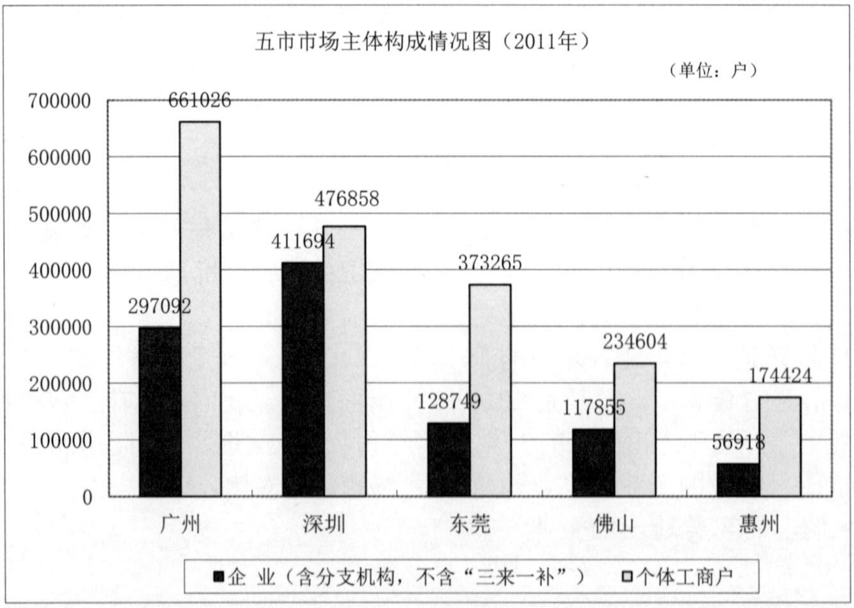

指标二：新增数量

2001年至2007年间，我市市场主体迎来了发展的黄金时期，连续保持两位数的年增长率，其中2007年新增数量达到了12.6万户，更是创下了历史新高，从2008年开始，我市市场主体一直保持在8万—9万户的区间波动，增速明显减缓，总体趋势和佛山、惠州基本一致。而广州、深圳两市市场主体经历了金融危机的洗礼后，迅速企稳回升，年均新增量分别超过17万户、12万户，广州2011年已恢复到危机前的水平，深圳近两年更是呈现加速上扬的态势。数据显示，虽然我市在数量上仍然保持对佛、惠两地的相对优势，但和广、深两地的差距已逐步拉大。

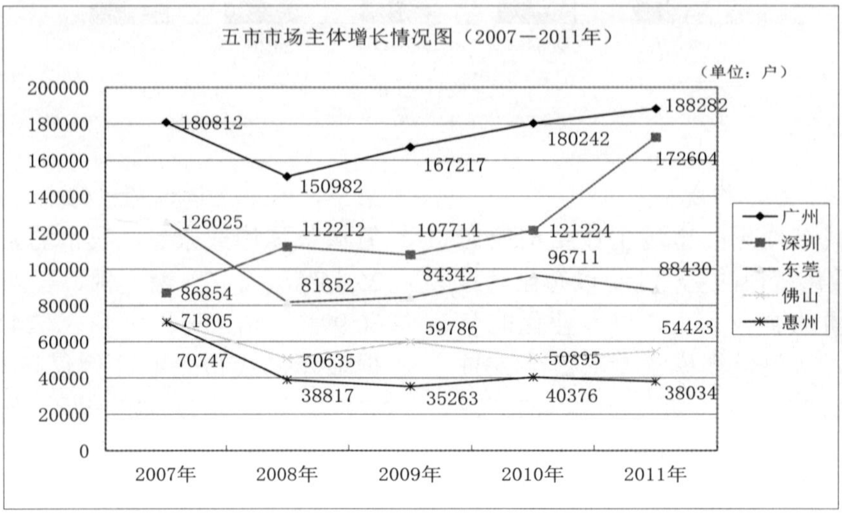

指标三：产业分布

产业分布反映的是各产业市场主体的数量构成及比例关系，也是直接影响区域经济发展程度的重要因素之一。截至 2011 年底，我市三次产业数量分布比例为:0.18 ∶ 23.52 ∶ 76.3，而广、深、佛、惠四市三次产业数量分布比例分别为：0.65 ∶ 11.47 ∶ 87.88，0.12 ∶ 12.08 ∶ 87.80，0.27 ∶ 16.35 ∶ 83.39，1.46 ∶ 19.71 ∶ 78.84。数据对比显示，我市第二产业比例在五市中最高，而第三产业比例在五市中最低，一方面凸显了我市作为制造业大市的根本特色，另一方面也反映了我市第三产业发展水平还相对较低，产业结构调整和经济发展方式转变的任务仍然非常艰巨。

五市产业分布情况一览表（2011 年）

表 4 （单位：户）

项目 / 地区	第一产业	第二产业	第三产业	三次产业分布比例
广州	6217	109947	842517	0.65 ∶ 11.47 ∶ 87.88
深圳	1042	107370	780140	0.12 ∶ 12.08 ∶ 87.80
东莞	891	119017	386205	0.18 ∶ 23.52 ∶ 76.3
佛山	936	57632	293943	0.27 ∶ 16.35 ∶ 83.39
惠州	3374	45688	182759	1.46 ∶ 19.71 ∶ 78.84

指标四：资本吸纳

注册资本是反映企业运营能力的关键指标之一，也是企业自身信誉和核心竞争力的重要体现。我市内资企业户数在五市中位居第三，但注册资本总额和户均注册资本却都倒数第一，总额仅为

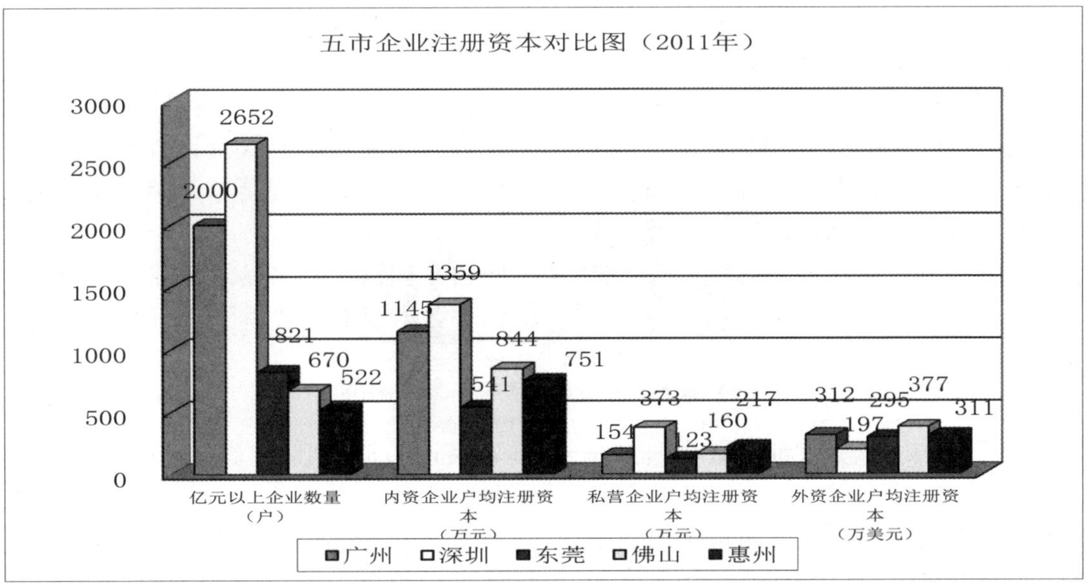

广州的六分之一。外资企业户数位居深圳、广州之后，是惠州的近2倍、佛山的3倍，但户均注册资本却在五市当中倒数第二。作为发展势头最强、占据企业比重最大的私营企业，总量在五市中位居第三，比佛山多出6725户，但注册资本总额却比佛山少278.96亿元，户均注册资本比佛山少36.94万元，在五市当中倒数第一。其中，我市1亿至10亿元的私营企业比佛山少50户，注册资本少165.96亿元；10亿元以上私营企业我市仅为1户，佛山为3户，注册资本差距达43.39亿元。对比显示，我市企业整体投资规模不大，超大规模企业严重不足，与我市庞大的市场主体数量地位不匹配，"满天繁星，不见月亮"的现象非常突出。

三市私营企业户数及注册资本情况一览表（2011年）

表5　（单位：户、亿元）

项目 / 地区	总体户数	注册资本总额	5000万至1亿（含1亿）		1亿至10亿（不含1亿，含10亿）		10亿以上	
			户数	注册资本总额	户数	注册资本总额	户数	注册资本总额
佛山	97964	1569.85	336	225.42	156	354.77	3	53.58
东莞	104689	1290.89	366	241.92	106	188.81	1	10.19
惠州	40512	879.78	257	174.13	67	121.26	2	35.02

指标五：经营周期

经营周期是反映市场主体生存和可持续发展能力一个重要指标，可从工商部门每年的注销、吊销情况一定程度上体现出来。注销是市场主体主动申请退出市场的行为，是市场主体正常的消亡程序。2009年至今，我市年均注销市场主体35927户，从主体类型来看，九成为

五市市场主体注销、吊销情况对比图（2009-2011年）

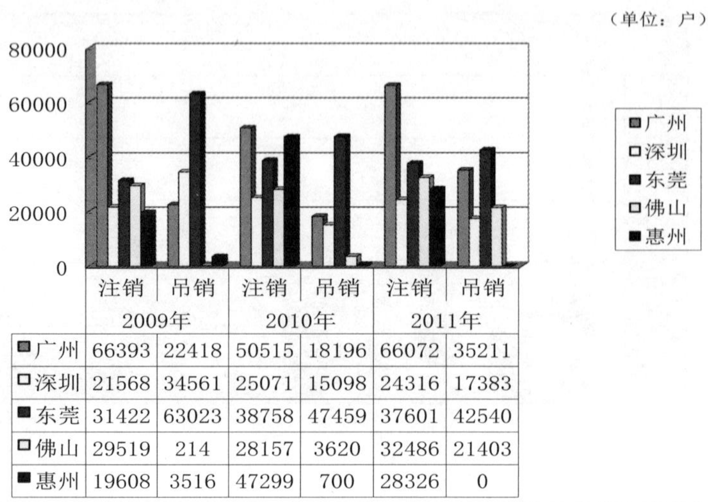

	2009年 注销	2009年 吊销	2010年 注销	2010年 吊销	2011年 注销	2011年 吊销
广州	66393	22418	50515	18196	66072	35211
深圳	21568	34561	25071	15098	24316	17383
东莞	31422	63023	38758	47459	37601	42540
佛山	29519	214	28157	3620	32486	21403
惠州	19608	3516	47299	700	28326	0

经营流动性和灵活性较大的个体工商户；从行业分布来看，主要集中在：批发和零售业（年均 22102 户）、制造业（年均 7827 户）、居民服务和其他服务业（年均 2154 户）、住宿和餐饮业（年均 1468 户），其中制造业近三年的数字分别为：6251 户、8094 户、9137 户。虽然没有外界传言的大规模“倒闭潮”，但注销总量仅略次于广州，高于佛、深、惠等地，且制造业的注销数量呈逐年增长态势，需引起政府及相关部门的重视。吊销是工商部门对违法违规市场主体实施的行政处罚，是市场主体被动退出市场的行为。近三年来，我市吊销各类市场主体年均超过 5 万户，行业分布整体上和注销情况相似，从数量上来看远远高于其他各地市，主要是因为近年来我市工商部门对名存实亡的“死户”进行了大批量的集中吊销。这也从另外一个侧面说明，经过这几年的持续挤压，我市市场主体水分相对较少，比较接近市场主体真实的经营现状。

指标六：自主创新能力

商标（品牌）是企业的载体，是反映企业自主创新能力的重要指标之一。从商标注册情况来看，截至 2011 年底，我市共有注册商标 58789 件，市场主体户均注册商标拥有量为 0.12 件；而广、深、佛、惠四市注册商标数分别为 221820 件、171091 件、89272 件、19465 件，市场主体户均注册商标拥有量分别为 0.23 件、0.19 件、0.25 件、0.08 件，我市户均注册商标拥有量在五市中倒数第二。从驰名、著名商标方面看，我市共有驰名、著名商标 230 件，与佛山的 414 件、深圳的 412 件、广州的 394 件相比，尚有较大的差距。以上数据反映，我市的注册商标量和驰名、著名商标拥有量与庞大的经济总量不相适应，市场主体的商标注册意识还不够强，企业的自主创新能力和品牌管理运用水平仍然有待提高。

五市注册商标情况一览表（2011 年）

表 6　（单位：户、件）

地区 \ 项目	市场主体（户）	注册商标（件）	广东省著名商标（件）	中国驰名商标（件）	户均注册商标拥有量（件）
广 州	958681	221820	338	56	0.23
深 圳	888552	171091	330	82	0.19
东 莞	506113	58789	207	23	0.12
佛 山	352511	89272	349	65	0.25
惠 州	231821	19465	71	8	0.08

四、意见建议

综上所述，我市市场主体整体基数较大，但增长势头有所放缓，数量上的优势并未完全转化为质量上的优势，个体户比重偏高、中小微企业成长动力不足、龙头企业欠缺规模、产业结构有待优化。就如何进一步凝聚政企合力，打造营商环境“加一”、综合成本“减一”的新优势，培育壮大我市市场主体，为我市实现高水平崛起注入强大动力，立足我们工商部门的职能实际，提出如下意见建议：

（一）在制度设计的层面，坚持宽进与严管相结合，积极稳妥推进商事登记制度改革 今年4月以来，我市以大朗镇为试点，铺开商事登记制度试点改革，其中一个最大亮点，就是取消所有前置审批，实现主体资格和经营资格相分离。5月4日至31日，大朗工商分局共核发营业执照761件，同比增长120%，环比增长140%，效果相当明显。但从6月初我们对大朗镇92户需办理后置许可的商事登记经营户的回访情况来看，取得商事登记执照后，已经到相关部门办理并领取许可证的仅19户，已经前往办理但尚未领取许可证的有16户，还没有前往申请办理相关许可的有57户。回访情况显示“宽进”之后，部门的后续许可和监管工作仍需加强。建议处理好“宽进”和“严管”的对接问题，一是在取消所有前置审批的基础上，推动各职能部门大力简化后置审批事项，能取消的取消，能合并的合并，确不能减并的，必须对外公开承诺审批时限，接受公众和社会监督。二是尽快出台与商事登记改革相配套的市场监管方案，按照行业管理分工和一管到底的原则，明确行业主管部门的相关监管职责，确保宽进后能管得好、管得住，防止出现“一松就乱”的情况。三是在全市尚未形成公共信息服务平台之前，现阶段依托市监察局开发的行政审批电子监察系统，开发统一的商事登记信息共享平台，由工商部门上传商事主体的登记信息，相关部门在系统上及时认领并跟进主管行业的后续许可和审批工作。通过加强部门之间对企业登记信息的互联互通，实现登记许可审批的协调同步。在解决好上述问题的基础上，再逐步向全市铺开大朗试点经验，争创我市机制体制方面的新优势。

（二）在服务创新的层面，坚持网上审批和信息公示相结合，加快建设公共信息服务平台 今年3月，国家工商总局出台了《关于支持广东加快转型升级、建设幸福东莞的意见》，明确授予了东莞进行全程电子化网上登记年检的试点任务。放眼周边城市，当前除广州初步实现了无纸化网上年检之外，其他地方尚未有无纸化网上登记的成功案例。这次总局赋予东莞先行先试的权利，较深圳、顺德，乃至珠海横琴都先行一步。如我市能够乘势而上，率先建立类似香港“注册易”的公共服务平台，必然有助于进一步推动我市形成法治化、国际化的营商环境，占领区域竞争的制高点。目前，由市工商局开发的无纸化网上年检平台已于5月底运行，网上登记平台也将于下半年投入开发。建议由市电子政务办牵头，商请各职能部门，加快建设和完善各自的信息服务平台，并实现与工商登记年检系统的平台、许可、档案“三对接”、今后凡能够实行网上审批的，一律实行网上审批，实现登记审批信息的即时交换、比对查询、线上监督，使企业办事从“面对面”到“键对键”，打造更透明、便捷的办事平台，规范部门审批行为。在此基础上，由市政府统筹，将各类业务专网融合成全市综合的公共信息服务平台，并出台配套的企业登记注册公示及信用信息披露制度，整合汇总各相关部门的登记、监管基础信息，供公众查询，将经营者置于社会监督之下，让失信者受到市场和法律的双重惩罚，加快构建市场监管和社会信用体系。

（三）在扩量提质的层面，坚持引进和培育相结合，积极实施“造月”工程 我市有50万市场主体，12万余企业，中小企业多如“满天星星”，却只有寥寥数家百亿级大企业。规模庞大的产业体系中缺少龙头，产业集中度低，严重影响了我市的产业抗风险和免疫力。近期，市委、市政府已经出台了招商引资的一揽子规划，将培育和引进超百亿元项目作为市镇领导“一把手”工程。建议进一步加大全市招商引资工作统筹力度，坚持全市招商引资“一盘棋”策略，加快修订完善全市招商引资产业规划，设定大企业大项目的评定标准，指导各镇街围绕自身资源和现有产业基础，有针对性地进行招商引资，使每个镇街有明确的招商目标和重点，力争做到各具特色、优势互补，实现全市经济错位发展，减少“诸侯经济”对我市全局性的产业协调发展战略的制约，有效优化产业布局，提高资源利用效率。在加大引进力度的同时，要大力培育龙头企业，以我市重点扶持的“五大支柱产业”“四大特色产业”为中心，在政策倾斜、税收优惠、人才支持、企业融资、自主创新、管理服务等方面给予全方位支持，重点扶持一批综合实力强、成长性高、发展前景好的企业，推动其迅速做大做强，并鼓励企业根据自身发展需要，进行资产并购重组，实现上市，使之成为行业内主业突出、带动能力强的龙头企业，充分发挥其示范辐射效应，有效带动相关产业的持续发展。

（四）在政策配套的层面，坚持突出重点和兼顾全面相结合，充分发挥政策的驱动效应 政府的鼓励政策和扶持措施直接影响着企业的发展方向，有助于将市场主体的潜力变成生产力。近年来，我市出台了多个10亿元专项资金，稳定企业扎根发展，取得了明显效果。但我们认为，在当前我市市场主体发展整体放缓、小微企业成长动力不足的现实情况下，公共政策资源的投入，除了扶大扶强之外，也不能忽视全市数以十万计的中小企业群体。例如，经过多年的商标培育工作，我市很多企业通过品牌建设实现了企业做大做强的目标，但相伴而生的是这些知名品牌在市外、省外被侵权现象不断增多，企业维权困难，发展步伐受阻，针对这种情况，能否设立专门的商标维权经费，成立专门的维权机构和维权队伍，帮助企业进行跨区、跨境维权，捍卫企业的合法权益。又如我市的无纸化网上年检平台已经启动，对申办无纸化网上年检数字证书的外资企业，目前由市财政全额补贴数字证书介质费及首年服务费。下来能否结合网上登记年检试点工作的推进进程，对国有、集体、私营企业也给予适当补贴，推动更多的企业主动使用无纸化服务。在积极拓展政策受惠面的同时，要正确处理扶持政策投入与产出的关系。建议制定投入产出评估体系，通过第三方机构独立调查、部门互评等形式，每年对有关政策和措施进行投入产出分析。根据产出效益的大小，及时监督、检讨和优化有关政策和措施。政府的资助资金要结合职能部门的专业优势，切实解决企业的实际困难，防止资助流于形式，杜绝企业将资助资金另作他用，确保政府扶持、投入用在“刀刃”上，发挥“四两拨千斤”的政策效应。

探求东莞电子商务产业发展新路径

2013 年 12 月 10 日

随着电子商务的高速发展，网上购物已成为市民日常消费的新方式。截至 2012 年，中国电子商务交易总额达到 7.85 万亿元人民币，广东省也超过 1.12 万亿元人民币，位居全国第一，电子商务必将迎来新一波发展高潮。东莞网民达 350 万人，网络经营主体 5.4 万户，服务类电商企业 2000 家，主要第三方交易平台 8 个。东莞电商企业普遍采用“电子商务外包”模式，在电子商务产业链中扮演着“供货商”的低端角色，成本大、利润低，大部分利润被外地电商赚取。客观地讲，东莞电子商务产业在与发达城市的竞争中处于弱势地位。如何才能推动东莞电子商务产业由低端向高端发展？经过调查分析，我们提出“三个五”的观点。

一、制约东莞电子商务产业发展的五大瓶颈

（一）第三方交易平台缺少知名度

大型交易平台是地方电商综合实力的标志。目前我市发展较好的第三方交易平台有东莞国际商贸平台、东莞制造、广货商城、易批发、东邮网等。其中唯一的国家级电商平台“东莞国际商贸平台”经过 5 年的发展，虽然有一定的基础，但与国内大型平台相比仍存在明显差距。从访问量看，“东莞国际商贸平台”日均 IP 访问量仅有 2.8 万次。（见图 1）

图1：各交易平台日均IP访问量(万次)

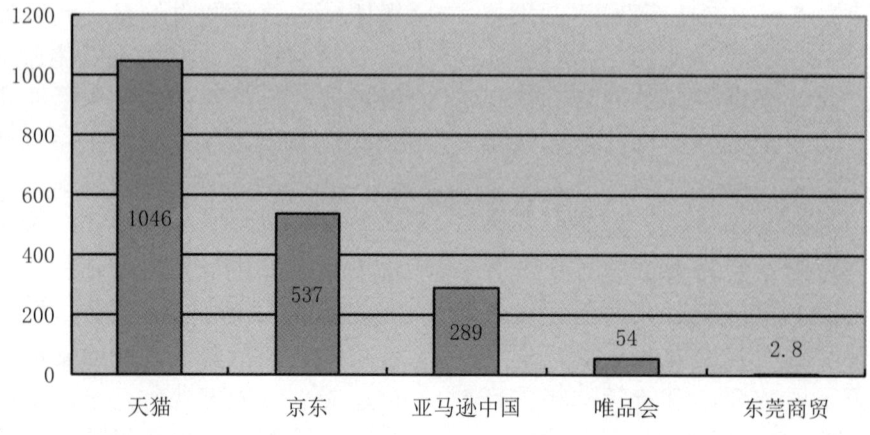

无论与全国最大 B2C 平台 —— 杭州“天猫商城”还是和同期上线运行的广州“唯品会”相比，都存在较大差距。

从会员数看，“东莞国际商贸平台”会员数量都大大少于其他平台。（见图 2）

图2：各交易平台注册会员数(万)

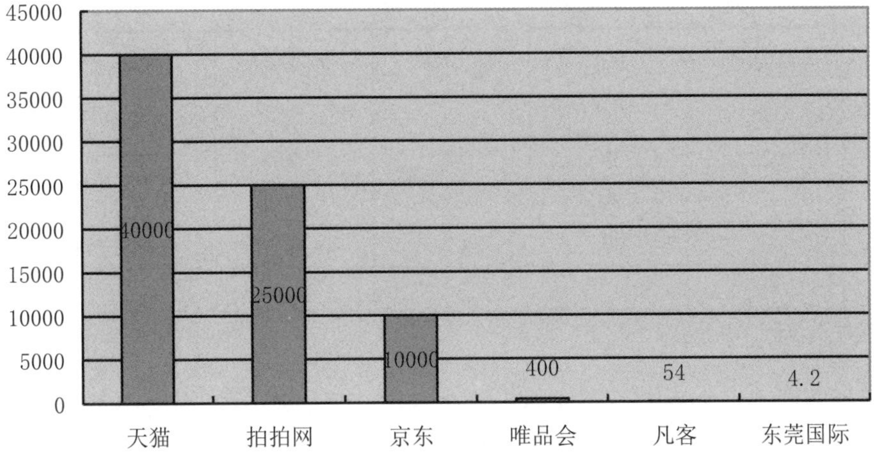

“东莞国际商务平台”的注册会员只有4.2万个，只有最多的“淘宝网”的万分之一，占广东省“唯品会”的百分之一。从交易额看，“东莞国际商务平台”2012年交易额为5亿，约占全国0.1%。

图3：2012年中国B2C市场交易份额

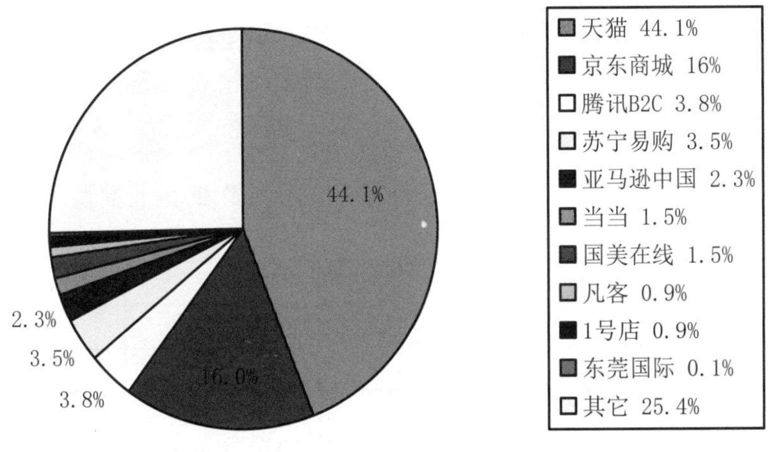

根据上图数据，“东莞国际商务平台”只占“天猫”的千分之二，占“1号店”的十分之一。从所支持的支付平台来看，“东莞国际商务平台”只支持其自行开发的“快发”支付工具，国内常用的支付工具都无法使用。（见表1）

国内主要交易平台所支持的在线支付方式

表 1

	淘宝网	京东	QQ 网购	唯品会	凡客	东莞国际商贸平台
支付宝	●	○	○	○	●	○
财富通	○	●	●	●	●	○
银联支付	○	●	●	●	●	○
快钱	○	●	○	●	●	○
快发	○	○	○	○	○	●

注：●表示支持，○表示不支持

上述数据说明，东莞现有交易平台的运营已远落后于他人。究其原因，交易平台在东莞生存成本要高于其他城市。据本土某知名平台负责人所述，主要体现在：配套设施方面，在东莞使用 10 兆光纤费用为 1 万元 / 月，在其他城市，同样的光纤只需 100 元 / 月。银行收费方面，以招行为例，东莞收取第三方支付平台银行接口手续费为百分之三，而北京只收取万分之一。税收方面，上海采取差额打税的政策，而东莞还没有这种政策。东莞企业只能“寄人篱下”，依附外省市的平台，导致本地电子商务的资金、税收等资源的流失，从而造成“恶性循环”。因此缺少高知名度的第三方交易平台是制约东莞电子商务产业发展的第一个瓶颈。

（二）本土电子商务外包企业缺乏竞争力 东莞现有电子商务外包企业 2000 家，虽有一定数量，但综合实力不强。在近两届的国家“电子商务示范企业”评选中，仅有一家获得过这项殊荣。（见表 2）

国内主要城市获得“电子商务示范企业”的企业数量

表 2

获奖年份	北京	上海	杭州	广州	重庆	深圳	东莞
2011 年	14	10	5	4	3	1	1
2013 年	11	7	6	5	3	5	0

就拿我市国家级企业“盛世商潮”与北京的“兴长信达”相比，简直是“小巫见大巫”。“兴长信达”的业务覆盖广、客户众多，其自主研发的电子商务服务系统获全球众多顶尖公司的信任和青睐，包括 HTC、诺基亚、海尔等著名公司。“盛世商潮”的客户服务范围为我市的中小型企业。这种情况导致本土大客户更加倾向选择外省市的电子商务外包企业。例如，我市著名电子产品连锁销售企业“中域电讯”选择了深圳的电商外包企业“赛五洲”；著名食品企业“徐福记”选择了深圳的“亿依顺”；著名服装企业“以纯”选择了广州的“爱择”。上述情况说明东莞的电子商务市场份额逐步被外地的电子商务外包企业所蚕食，本地电子

商务外包企业竞争力较弱成为制约东莞电子商务发展的第二个瓶颈。

（三）企业运用电子商务意识不够超前 借助电子商务，企业可降低成本、拓宽销售渠道、提高效益，但东莞企业在电子商务运营上存在一定的局限性，主要体现在三方面。一是运用电子商务进行经营的企业偏少。从总数上看，东莞网络经营主体有5.4万户，而广州和深圳的网络经营主体分别达到6.2万户和9.3万户，从总数上相比东莞只占对方的87%和58%。从比例上看，东莞现有市场经营主体54万户，其中参与电子商务经营约有1.7万户，只占总数的百分之三。二是企业电子商务运营投入不够。大多数企业认为只是前期制作企业网站或开设网上专卖店，就能接到订单；有的只是前期投入，就可一劳永逸，后期缺少持续资金投入；有的平时缺乏深入市场进行调研，没有整套的电子商务营销方案，导致电子商务只在“形式”上开展，难以取得实效。三是不主动利用电子商务进行转型。“国美电器”7年前建设网上商城，目前年交易额达到72亿人民币；“苏宁电器”4年前也进军电商领域，年交易额更是达到168亿人民币，两家企业电商销售额占其总销售额约10%。由此可见，电子商务逐渐成为企业新的运营渠道。东莞知名电器零售商“时尚电器城”在1987年已成立，论资质不亚于上述两家电器零售巨头，但至今仍未真正运用电子商务开拓新的销售领域。所以我们认为企业运用电子商务意识薄弱是制约东莞电子商务发展第三个瓶颈。

（四）电子商务产业人才聚集力不强 东莞电商人才不足以支撑本市目前的电子商务发展。一方面电商人才不足。据行业人士估计，东莞电商人才缺口达10万。由于东莞对高级人才缺乏吸引力，企业只有花更高的成本吸引人才。东莞电商企业——钜大电子在本地无法招到适合的电商人才，只能从外地高价招人。东莞智通人才市场的数据显示前来应聘电子商务的人员中，符合条件的不足20%。另一方面现有电商人才外流。在招不到人的同时，东莞企业还面临现有人才外流的困境。据东莞某知名电商负责人所述，他要留住人才，给的待遇必须是广州、深圳的1.5—2倍。东莞国家级电商企业“盛世商潮”发生过这样的事：公司重金招揽了一位曾经担任过上海世博会首席信息官的海归博士，但在为其申请人才奖励时被告之没有产业导向，最终遗憾离开东莞，跳槽到广州的唯品会。长此以往，东莞可能变成电子商务人才的“洼地”，成为制约东莞电子商务发展的第四个瓶颈。

（五）扶持电子商务力度不够 电子商务产业作为一个新兴行业，早期发展需政府的大力扶持。客观来说，东莞扶持电商发展力度仍然偏弱，主要体现在两方面。一是规划制定较迟。深圳4年前已制定互联网产业六年规划，促使深圳电子商务迎来大发展，杭州也在2年前出台了电子商务发展规划，本省的欠发达城市梅州也于今年年初出台了电子商务规划，东莞的电子商务规划一直到今年8月才印发。和国内其他城市相比，错过了电子商务发展的第一次良机。二是政策措施扶持力度偏弱。电子商务发达地区的政府都非常重视政策扶持。例如：深圳和广州每年安排5亿专项资金扶持电子商务发展，在人才培育，税收、融资、用地和租金支持等方面都出台了具体细则。东莞最新下发的文件规定每年投入 1.5 亿，相比广深仍有差距；而且还未形成具体的政策细则。扶持电子商务力度不够成为制约东莞电子商务产业发展的第五个瓶颈。

综上所述，五大瓶颈制约东莞电子商务产业发展，使东莞同国内其他城市甚至省内城市竞争中处于劣势。但是，通过调研，我们发现东莞在电子商务所需的货源、物流、营商环境等方面具有非常明显的特殊优势，具备与先进城市缩窄差距甚至后来居上的战略基础。

二、发展东莞电子商务产业的五项优势

（一）网络经营主体数量庞大 到 2012 年底，我市网络经营主体总量达到 5.4 万户，主体总量占全省 14.7%，在全省 21 个地级市排行第一，比第二名的佛山多 1.9 万户，比最后一名多 5.3 万户，并涌现出一批如东莞国际商贸平台、东莞制造、东邮网、广货商城、易批发等本土第三方网商交易平台，以及一批如龙昌数码、星城国际等自营成功的本土电商经营企业。2012 年，我市电子商务交易额已达 1800 亿人民币。可见，我市电子商务产业在数量和交易规模上都积累了一定基础，具备良好的后发优势。

（二）区域性电子商务集群初现雏形 我市部分镇街借助传统产业发展电子商务的嗅觉非常灵敏，起步较早，全市已形成了多个具有本土特色和地区影响力的区域性电子商务集群。例如，虎门的服装电子商务产业集群优势明显，全镇从事服装电子商务的市场主体已发展到 3000 多个，形成了以黄河时装城等专业市场为中心的聚集带，网络年销售额达 1000 万元以上的服装企业近 100 家；大朗镇的毛织电子商务产业也有一定的气候，全镇有超过六成的毛织类企业参与了电子商务，年销售额达 2 亿元，并且出现了依尚服饰、一狐服装等一批年销售 1000 万以上的电子商务领头羊企业。另外，我市的厚街鞋类、大岭山家私、常平玩具等区域性电子商务产业也有相当基础，有望成为我市电子商务发展的龙头。

（三）网络货源十分丰富 东莞是全国制造业名城，传统的服装鞋帽、纺织塑胶、玩具电子等产业已形成了十分完善的产业链，产品物美价廉，符合网购需求，货源优势全国独一无二。据中国电子商务中心发布的数据显示，服装鞋帽、纺织五金等行业产品排行 2012 年网销货品的前 10 名，占全国网购量的 68.1%。而据业内人士统计，我市企业生产涉及 30 多个行业和 6 万多种产品，货源充足，为全国网络销售提供了近三成的货源，已成为了网货的采购基地。同时，我市拥有驰名著名商标 260 件，名牌产品 169 种，分别排行全省第五和第二，当中不乏以纯、OPPO 等国内外知名品牌，品牌基础扎实。由于产品多，质量好，性价比高，我市的商品已成为网络销售的“香饽饽”。这个优势必将成为我市电子商务产业发展的助推器。

（四）市场流通网络非常发达 我市是市场大市，共有集贸市场 800 多个，专业批发市场 170 多个，覆盖食品、电

子、服装、化工等行业，市场的总量、细分程度和市场辐射能力都排行全省前列。同时，我市集聚了大量物流企业，全市拥有物流或货运企业2800多家（含分支），且配套完善，物流的承载、辐射能力达到了全省一流水平。另外，我市有完善的交通枢纽带作为物流的基础，市内建成了多条高速公路、铁路、轻轨，沿海港口配套亦非常发达，辖区距离广深机场仅一小时车程，初步建立了海、陆、空三线立体式的交通网络，成为了珠三角一小时交通圈的重要组成模块。流通网络发达的优势将为我市发展电子商务产业增添强劲动力。

（五）营商环境具备较强竞争力 去年以来，我市深入开展商事登记改革，开发了网上商事登记平台和电子营业执照平台，发出了全国第一批电子营业执照，并全部免收企业登记注册费，市场准入门槛大幅降低，创造了全国一流的准入环境。同时，我市对行政审批事项进行了大刀阔斧改革，取消了行政审批事项296项，日常管理事项77项，为企业进入市场消除了众多机制性、制度性障碍，最大限度激发了市场活力。此外，各级政府为企业进行大松绑，市政府全面取消个体户和企业治安联防费，减半收取流动人员调配费，为企业减负3.8亿元，海关、检验检疫等口岸单位主动减免收费近2亿，企业发展环境大大改善。应该讲我市的营商环境在全省乃至全国都具有竞争优势，这将为发展电子商务产业提供特殊的软环境。

三、推动东莞电子商务产业发展五条建议

我们通过分析，对东莞电子商务发展的瓶颈和优势有了进一步的认识，东莞现阶段要发展电子商务，须扬长避短，独辟蹊径，走出一条以宜商环境凝聚吸引力，以金融创新提高竞争力，全面营造电子商务的人气和地气的独特道路，促使电子商务产业成为我市产业结构调整和转型升级的新引擎。为此，我们提出以下五条建议：

（一）推动金融创新，吸纳资金流 我市的电商行业仍处于初始状态，无论是交易平台还是电商企业的发展都受到资金的制约，因此，建议以金融创新作为电子商务发展的切入点，迅速聚拢资金，打开局面。一是创办全国首家网商银行。目前，全国还没有专门为网商服务的金融机构，建议市委、市政府发挥政策引导优势，在东莞创办全国首家网商银行，专门为网商企业提供服务。对在网商银行开户并进行交易的企业，通过免交易手续费、按照交易流量进行补贴奖励等优惠，将东莞周边以至全国的电商吸引到东莞开户，以金融优惠集聚网商人气。二是鼓励地方控股银行积极参与我市电子商务。目前，应用各种支付平台交易需扣除手续费，而且存款没有利息，东莞可通过优惠补贴作为亮点，打造一个知名支付平台发展电子商务。建议市政府推动地方控股银行积极参与电子商务，联手打造一个东莞的“支付宝”。市政府根据网商在支付平台的交易流量，给予免交易手续费、存款有利息等优惠补贴，如推广支付1万元，返还100元之类的活动，吸引全市乃至全国的网商平台、企业通过该“支付宝”支付，并帮助他们解决融资、信贷担保问题，

迅速聚集资金流，更快地推动我市电子商务产业发展壮大。三是成立电子商务产业风投公司。知名电商企业的发展都是由风投公司带来资金推动，逐步壮大的。建议市政府尽快推动成立电子商务产业风投公司，吸纳社会上闲散资本投资东莞的电商产业，解决我市创办全国首家网商银行和平台打造初期资金问题，并借助风投公司的专业人才，给我市电商提供资金、运营、人才等方面的支撑，帮助成长型的电商企业做大做强。通过上述三种金融创新带动，借助网商银行、东莞支付宝、风投公司的专业运营，有效盘活资金，以补贴、低息贷款等优惠方式帮助网商解决创业初期和做大做强中遇到的融资难题，既可达到迅速吸引、聚集和扶持企业的效果，又可打破电子商务先发地区的垄断地位，带动全市电子商务产业的高速发展，将东莞打造成为“电子商务金融中心城市”。

（二）打造特色平台，聚拢网商群 知名的电商平台往往是带动城市电子商务业发展的引擎。我市已形成多个具有本土特色和地区影响力的区域性电子商务集群，具有专业、灵活的特点，并且已经有了一定的实体区域知名度。因此，建议市政府既要着力打造全国知名的东莞电商平台，又要同时打造一批特色平台。一方面重点培育龙头平台。我们立足现有基础，对本土的东莞国际商贸城、东莞制造、广货商城等大平台进行资源整合，重点培育一个龙头平台，通过加大资金扶持，统一包装，多渠道地宣传推广，确保平台能长期进入全国著名网站的导航区，扩大知名度和点击率，使消费者第一时间选择到该平台购物，并借助东莞货源充足、物流发达、有自己的支付宝等优势，以质量优势、成本优势、性价比优势吸引本土乃至全国的网商，使其成为全国知名的网商批发配置中心。另一方面着力打造特色平台。虎门黄河服装城走的是特色平台道路，他们充分发挥自身实体商城知名度的影响，借助物流、仓储等优势，打造了一个网上供货平台，将商城内实体店的货物通过这个供货平台批发给全国各地的网商，同时，网上供货平台通过为商户提供专门的网店培训、网上产品销售设计、集中仓储物流等多种途径，简化了网上销售流程，鼓励商户参与电子商务，有效地发展了网商队伍，使供货平台专业化，拓展了网上销售渠道，成功实现实体经营与网上经营的有效契合。我市众多的专业市场可以借鉴这种模式，立足实体的基础，开拓网上供货平台，在一定的基础上还可以将这些特色平台整合到龙头平台，既可提高产品的网络市场份额，又可把企业的网销地留在东莞，留住了资金和税收，从而带动东莞电子商务产业大发展。

（三）造强电子商务外包行业，构建人才链 电子商务外包服务可帮助传统企业有效降低运营成本，快速获取网上商机，拓展电子商务。造强我市的电子商务外包行业，构建电商人才链，将成为我市发展电子商务的一条捷径。我市电子商务外包行业处于起步阶段，专业的电子商务外包团队少，规模小，亟待发展，要迅速打开局面必须从积极引进和主动培育着手。一方面要积极学习引进。浙江余杭区 2011 年已明确提出建设“中国第一个电子商务服务外包基地”，并站在中国电子商务人才培训认证的制高点，建立中国电子商务人才培训认证中心，面向全国授予顶尖知名的、有实战经验的指定培训机构。广州深圳由于电子商务发展比较早，人才聚集效应也已经形成。我们要学习他们成功的经验，同时也要制定优惠政策引进知名电子商务外包企业和招揽电子商务人才。建议市政府制定总体招揽人才规划，重点招揽既懂商务又熟悉信息技术的网络经济人才，包括管理人才、设计人才、营销人才、IT 人才等，并出台更多人才引进政策和优惠措施，从入户、社保、医疗、子女教育等方面提供便利，吸引更多的知名外包企业以及电商人才投身东莞的电商产业，扎根东莞，为我市电子商务外包形成集聚效应。另一方面要主动扶持培育。通过配套优惠扶持政策，从资金补贴、人才招揽等方面给予优惠，加大对本土电子商务外包企业的扶持力度，培育一批本地专业优秀的电子外包服务团队，发动本地企业将电子商务交给他们运营，实现资源共享，相互促进发展。同时，考虑设立全省首家电子商务职业技术学校，聘请高级电商人才进行授课，打造一个电子商务人才培养基地，也可充分发挥本地高校培训基地作用，开设电子商务专业，加强电商产业与本地高校的对接，科学制定电子商务专业人才培养计划，鼓励和引导本市大学生选择电子商务专业，多渠道多层次开展电子商务教育和在职培训工作，将东莞打造成为电子商务人才的高地。通过造强电子商务外包行业，构建电商人才链，既可帮助本土企业发展电子商务，又可实现电子商务人才集聚、电子商务服务外包集聚，进而实现电子商务产业集聚，带动全市电子商务业发展。

（四）创建“电子商务产业示范城市”，营造好机遇 目前全国共有 22 个“国家电子商务示范城市”，其中广东有广州、深圳、汕头三个。创建“国家电子商务示范城市”给这些城市带来了巨大的发展机遇。尤其是深圳，自 2009 年成为国家首个电子商务示范城市后，电子商务经济飞速发展。建议市政府以争创“国家电子商务示范城市”为目标，加快我市电子商务产业发展。一是尽快启动创建工作。市政府要围绕完善电子商务政策环境、健全电子商务支撑体系、加强电子商务基础设施和交易保障设施建设、积极培育电子商务服务、深化电子商务应用等五方面的创建任务，制定全市电子商务发展的近期目标和远期规划，落实方方面面的措施，给广大网商展现一个明晰的发展前景，增强电商和风投公司的投资信心。二是尽快开展“电子商务产业示范镇”试点工作。充分发挥部分镇街区域性电子商务集群已具雏形的特殊优势，选择电子商务业成熟的镇区如虎门、大朗、厚街、常平等地，分别以当地的服装、毛织、鞋业、家具、玩具等特色产业和实体批发市场为基础，扶持一批有影响力的电商平台和企业，使其成为当地电子商务产业发展的样板，吸引镇街周边网商聚集，在全市形成带动与示范效应。三是尽快设置高端电子商务功能区。建议市政府考虑在南城中心商务区和松山湖高新技术产业园区规划建设高端电子商务功能区，统一规划配套产业链，将其打造成为东莞电子商务高端服务聚集区，吸引国内品牌电商企业进驻，聚集高端的电子商务企业、电商外包服务企业，带动我市电子商务产业向高端发展。

（五）落实电子商务发展扶持措施，提升软环境 环境是电子商务发展的重要因素。一是建议市政府从更高层次统筹电子商务发展。由市政府进行统筹，专门成立市级层面的电子商务统筹机构（处级单位）规划管理全市的电子商务发展工作，建立经信、工商、公安、电信等电子商务监管部门的联席会议制度，将电子商务作为产业结构调整和升级转型的战略制高点来通盘考虑。市镇两级政府要充分考虑资金扶持，实行绩效补贴，将资金与企业绩效挂钩，并通过绩效评估公司直接将资金拨给平台建设项目，避免挪用、截留，真正帮助有成长前景的企业。二是建议各职能部门出台扶持措施。各职能部门尤其是财政、金融、经信、工商、税务等职能部门，要从金融税收、市场准入、物流规划、场地租金等方面着手制定一系列扶持政策，例如给予工商登记中含有电商经营项目的企业，给予资金补助、税收减免等优惠，使电子商务企业市场准入“零门槛”，经营过程中融资易、税收低、费用少，大力鼓励全市企业主动进入电商行业。三是充分发挥行业协会桥梁纽带作用。广东省已经成立了网商协会，帮助网商会员开展广告宣传，为企业与知名平台牵线搭桥，对全省电子商务的发展起到了很大的促进作用，建议市政府指导成立东莞市网商分会，以协会指导和优质服务吸纳聚集更多的电子商务产业企业，开展“十、百、千”评优活动，评选优秀电商企业，给予一定的奖励和优惠政策，鼓励他们做大做强。

以全程电子化登记管理为突破口打造改革升级版 营造便捷化、法治化、信息化、国际化的营商环境

2015 年 2 月 4 日

推行全程电子化登记管理，实现工商登记便利化，是营造现代活力营商环境的重要举措。东莞将全程电子化登记管理改革作为突破口，带动系列化改革深入推进，为东莞经济发展营造了便捷化、法治化、信息化、国际化的营商环境。

东莞的全程电子化登记管理，依托数字证书进行身份认证，全流程网上申请、网上审核、网上发照、网上归档办理工商登记注册，无需提交任何纸质材料。从 2011 年在外资企业试点网上年检，到 2013 年在外资企业试点网上登记，再到 2014 年作为广东唯一的全程电子化登记管理试点全面铺开改革，东莞的全程电子化登记不仅定位在制度创新，更成为了系列营商环境改革的牛鼻子推手：

一是实现了对传统登记服务的重大革新 经过商事登记改革，准入门槛降低，登记服务优化，但作为传统登记模式，仍更多地停留在纸质登记。全程电子化登记管理，实现了纸质登记到网上登记、电子化登记的转变，服务从“面对面”到“键对键”转变，极大地方便了企业注册，节省了社会成本，实现了便利登记和红利释放。工商部门率先在政府部门中推行全程电子化登记管理，成为政府信息化服务的领跑者和标兵，促使各部门也主动加快自身电子化进程，网上审批、联办审批进度加快，现在东莞正在推行的“十证联办”，协调税务部门、质监部门探索营业执照、税务登记证、组织机构代码证“三证合一”，都是电子化登记管理在部门服务、政府服务的有益尝试和延伸，通过政府流程再造、数据开放集成与部门协同服务，实现一体化、电子化与精细化的新型政府服务。

二是倒逼了系列改革 以实现全程电子化为目标导向的过程，也是对审批流程重新整合梳理的过程，通过对审批环节瓶颈的突破，破除现有的行政便利化的不合理制约，这为一系列改革创造契机，成为了连串改革的催化剂。一直以来，工商登记便利化面临三大瓶颈：前置审批、注册资本和住所证明。经过前段阶的商事登记改革，前面两大瓶颈已实现突破，余下的住所证明成为了改革的“最后一公里”。全程电子化登记管理的推行，加快了住所改革的进程，东莞结合自身实际，创新推行了两种全新的住所登记模式，一种是住所信息申报制，企业自行申报住所信息即可办理登记，无需提交场地证明文件，另一种是集群注册，多家企业可以以一家集群注册托管公司的住所为住所办理登记，无需实际的经营场所即可从事经营活动，这两种改革的实施，既是全程电子化登记改革的催化结果，也为彻底去纸质化实现全程电子化创造了条件。这种链条式改革也辐

射到其他职能部门，形成了立体化的倒逼机制，各部门配合全程电子化的需要，加快行政审批事项清理、审批流程简化，建设网上办事大厅、共享信息审批，进而推动整个行政审批方式的革新和行政审批效率的提升。

三是促进了政府信息大数据建设 政府信息大数据建设是加强政府管理、建设信用体系的重要抓手。通过全程电子化登记管理，可以实现登记信息的实时上传，并且在越来越多部门实现全程电子化的前提下，通过与部门业务系统进行对接，由政府主导的信息资源共享平台可以对各部门的登记信息、审批信息、监管信息等进行系统全面地整合、归类和管理，进一步加快政府信息共享，使采集和应用政府信息更加便利，为市场主体信用信息公示、为政府信息大数据建设奠定基础。

东莞的实践探索还在进行，但毋庸置疑的是，在实施全程电子化登记管理的带动下，整个城市从行政服务到信息化建设，从政务环境到营商环境，都已经在悄然转变：今年 5 月在大朗镇试点住所申报制以来，大朗新增市场主体 4483 户，同比增长 38.5%，远高于全市同期增幅，市场主体活力有效激发；全市 1916 项服务事项进驻网上办事大厅，实现了市直部门 70% 以上行政审批事项网上办理，60% 以上社会事务服务事项网上办理，政府信息化服务水平在显著提升；全市共压减行政审批事项 296 项，行政审批事项减幅达 68.1%，简化 145 项行政审批事项和 74 项日常管理事项的审批材料，39 个单位大部分事项审批时限压减幅度达 50% 以上，行政审批效能大幅提高。东莞的改革步伐将继续向前，为全程电子化登记管理普及全市做出更大的努力，力争成为企业发展的一方沃土，为全国探索经验。

典型案例

东莞市鸿某包装材料有限公司侵犯商业秘密案

违法事实 2010年5月至2010年8月18日间，东莞市鸿某包装材料有限公司未经权利人允许，聘用权利人的前员工谭某为业务员，在明知的情况下，利用谭某在权利人企业工作时联系的客户名单，为东莞市鸿某包装材料有限公司联系业务。其间，促成的交易客户多家，促成交易的经营额12161.3元，共获取违法所得1216.13元。另查明，东莞市鸿某包装材料有限公司在宣传册子上及其在互联网上设立网页（http://www.dg-honxxx.com），对外宣传“鸿某实业于二零零二年成立，专业生产及销售各类防潮防霉产品的企业”“公司拥有最先进的生产设备及检测仪器，建立了最先进的实验室，已成为中国最大的干燥剂生产厂家之一”“产品不仅畅销国内市场，还先后出口到美国、西班牙、法国、意大利等多个国家和地区”等夸大的虚假内容，于2010年8月18日被我局依法查获。

主要证据 现场检查笔录、现场相片、东莞市鸿某包装材料有限公司及谭某提供的客户名单资料、记录客户名单的U盘，定购单、送货单、宣传册子、网页打印资料，以及营业执照复印件、公司法定代表人身份证复印件等。

案件性质 当事人东莞市鸿某包装材料有限公司利用谭某在原公司掌握的客户名单，为其联系业务的行为，违反了《中华人民共和国反不正当竞争法》第十条第二款“第三人明知或者应知前款所列违法行为，获取、使用或者披露他人的商业秘密，视为侵犯商业秘密”和《关于禁止侵犯商业秘密行为的若干规定》第三条第二款“第三人明知或者应知前款所列违法行为，获取、使用或者披露他人的商业秘密，视为侵犯商业秘密”的规定，构成了侵犯商业秘密的行为。

当事人谭某的上述行为，违反了《中华人民共和国反不正当竞争法》第十条第一款第（三）项“经营者不得采用下列手段侵犯商业秘密……（三）违反约定或者违反权利人有关保守商业秘密的要求，披露、使用或者允许他人使用其所掌握的商业秘密”的规定，构成了侵犯商业秘密的行为。

当事人东莞市鸿某包装材料有限公司在宣传册子上、互联网上发布虚假宣传内容的行为，违反了《中华人民共和国反不正当竞争法》第九条第一款“经营者不得利用广告或者其他方法，对商品的质量、制作成分、性能、用途、生产者、有效期限、产地等作引人误解的虚假宣传”的规定，构成了虚假宣传的不正当竞争行为。

处罚依据 依据《中华人民共和国反不正当竞争法》第二十五条“违反本法第十条规定侵犯商业秘密的，监督检查部门应当责令停止违法行为，可以根据情节处以一万元以上二十万元以下的罚款”和《关于禁止侵犯商业秘密行为的若干规定》第七条“违反本规定第三条的，由工商行政管理机关依照《反不正当竞争法》第二十五条的规定，责令停止违法行为，并可以根据情节处以1万元以上 2 0 万元以下的罚款。工商行政管理机关在依照前款规定予以处罚时，对侵权物品可以作如下处理：(一）责令并监督侵权人将载有商业秘密的图纸、软件及其他有关资料返还权利人”的规定，以及《中华人民共和国反不正当竞争法》第二十四条第一款“经营者利用广告或者其他方法，对商品作引人误解的虚假宣传的，监督检查部门应当责令停止违法行为，消除影响，可以根据情节处以一万元以上二十万元以下的罚款”的规定，处罚如下：

一、责令当事人东莞市鸿某包装材料有限公司和谭某立即停止上述违法行为并消除影响；

二、对当事人东莞市鸿某包装材料有限公司侵犯商业秘密的行为处罚款叁万元整（￥30000)，上缴国库；

三、对当事人谭某侵犯商业秘密的行为处罚款贰万元整（￥20000)，上缴国库；

四、责令并监督当事人东莞市鸿某包装材料有限公司和谭某将载有商业秘密的客户名单资料返还给权利人；

五、对当事人东莞市鸿某包装材料有限公司上述虚假宣传行为处罚款壹万元整（￥10000)，上缴国库。

东莞市大某装饰设计工程有限公司商业贿赂案

案件事实 当事人“东莞市大某装饰设计工程有限公司”作为装修公司，与“光某建材”签订《品牌战略合作协议书》，条款内容包括：当事人“大某装饰”设计师在“光某建材”指定的专场店进行合作成交，由“光某建材”支付推广设计业务费给“大某装饰”设计师；“大某装饰”优先推荐业主采用“光某建材”旗下的产品，“光某建材”对“大某装饰”的所有设计师为“光某建材”促成的商品交易额度年度累积统计，并按照合同约定支付返利给“大某装饰”等内容。由于《合作协议》签订时间较短，双方对此合作模式尚在摸索中，故没有对商品交易额和返利进行统计，“大某装饰”尚未收取“光某建材”给付的相关返利款项。

“大某装饰”设计师在为客户提供室内外装饰设计方案及为客户提供装修工程施工服务时，会为客户选择装饰材料给予一定的建议，其中包括优先推荐到“竞某建材”处购买装饰材料，设计师的建议对客户购买装饰材料有较大影响。由于市场竞争激烈，同一种商品的选择余地很大，“竞某建材”为了争取更多交易机会，促进商品销售、扩大流通、增加利润，比其他同类商品更具竞争力，所以以“返利”名义支付现金款项给设计师，争取设计师向客户（消费者）推荐其商品。

“大某装饰”设计师收取的上述返利，根据公司规定全部上缴给“大某装饰”。据统计，“竞某建材”于2010年底开始通过给付“大某装饰”设计师罗敏等人返利款项合计180914元，因此达成的商品销售额为1553642.86元。当事人表示其通过旗下设计师收取的上述返利，作为公司的营业外收入，无缴纳税款，没有记入公司法定账目，无法提供账目给我局。

主要证据 询问笔录、装饰装修工程施工合同、现场检查笔录及检查相片、自述书、返利申请表、返利款项统计表、出仓单复印件等资料，以及当事人营业执照复印件、相关人员身份证复印件、授权委托书、任职证明等。

案件性质 当事人的上述行为，违反了《中华人民共和国反不正当竞争法》第八条第一款“经营者不得采用财物或者其他手段进行贿赂以销售或者购买商品……”和《关于禁止商业贿赂行为的暂行规定》第二条第一款“经营者不得违反《中华人民共和国反不正当竞争法》第八条规定，采用商业贿赂手段贿赂对方单位或者个人的行为”、第四条“任何单位或者个人在销售或者购买商品时不得收受或者索取贿赂”的规定，构成商业贿赂的不正当竞争行为。

处罚依据 根据《中华人民共和国反不正当竞争法》第二十二条“经营者采用财物或者其他手段进行贿赂或者购买商品，构成犯罪的，依法追究刑事责任；不构成犯罪的，监督检查部门可以根据情节处以一万以上二十万以下的罚款，有违法所得的，予以没收”，以及《关于禁止商业贿赂行为的暂行规定》第九条“经营者违反本规定以行贿手段销售或者购买商品的，由工商行政管理机关依照《反不正当竞争法》第二十二条的规定，根据情节处以一万元以上二十万元以下的罚款，有违法所得的，应当予以没收；构成犯罪的，移交司法机关依法追究刑事责任。有关单位或者个人购买或者销售商品时收受贿赂的，由工商行政管理机关按照前款的规定处罚……”的规定，处罚如下：

一、责令当事人立即改正上述违法行为；

二、没收当事人通过商业贿赂行为取得的违法所得人民币壹拾捌万零玖佰壹拾肆元（￥180914），上缴国库；

三、对当事人商业贿赂的不正当竞争行为处以罚款人民币肆万伍仟贰佰元（￥45200），上缴国库。

东莞市寮步某达冷冻设备厂虚假宣传行为案

案件事实 东莞市寮步某达冷冻设备厂主要生产格力主机储能干燥机，现场检查时，我们发现当事人的经营场所内存放有该厂的宣传画册若干，该宣传画册的背面亦标注该厂的网站主页（http://www.greesmd.com）。经调查发现，当事人自2011年3月12日开始印制宣传画册，其上发布了“2010年我们与格力电器股份有限公司紧密合作，经过格力制冷专家的指导”“格力主机储能干燥机的压缩机、散热器、风扇、马达、毛细管、铜管、蒸发器等配件全部由格力总厂测试后量身定做，技术品质世界一流”等虚假宣传的内容。其间，当事人所创建的网站（http://www.greesmd.com）上亦发布了“东莞某达冷冻机械设备有限公司坐落于广东、东莞市寮步浮竹山工业区，占地面积7000平方米”“公司下设上海、山东、北京、沈阳、成都，黑龙江，福建，安徽，香港等办事处”等虚假宣传的内容；同时，该网站上所列明的“亚玛顿科技股份有限公司”等客户案例及该厂位于河南郑州、厦门、广西、深圳、成都等办事处的内容亦属虚假。另外，当事人自2010年5月19日开始生产干燥机，该干燥机上的显著位置标注了“GREE”“格力”的商标标识，当事人亦将此干燥机命名为“格力主机储能干燥机”对外出售，该产品足以引起消费者、客户的误解，使人误认为该干燥机是格力公司的产品，该虚假宣传行为，于2011年5月13日被我局查获。

主要证据 询问笔录，自述书，现场检查笔录，检查照片，产品标签，当事人经营过程中所使用的宣传画册，网站主页的网页打印件，相关《合同书》《销售协议》及《送货单》，当事人的营业执照复印件、身份证复印件、委托书及有关人员的身份证明文件等资料。

案件性质 当事人在其宣传画册及网站主页上发布虚假信息，并生产“格力主机储能干燥机”的行为，违反了《中华人民共和国反不正当竞争法》第九条第一款“经营者不得利用广告或者其他方法，对商品的质量、制作成分、性能、用途、生产者、有效期限、产地等作引人误解的虚假宣传”的规定，构成了虚假宣传的不正当竞争行为。

处罚依据 根据《中华人民共和国反不正当竞争法》第二十四条第一款“经营者利用广告或者其他方法，对商品作引人误解的虚假宣传的，监督检查部门应当责令停止违法行为，消除影响，可以根据情节处以一万元以上二十万元以下的罚款”的规定，处罚如下：

一、责令当事人停止虚假宣传的违法行为，消除影响；

二、对当事人虚假宣传之不正当竞争行为处罚款人民币叁万元正（￥30000元），上缴国库。

东莞市某诚手套厂侵犯注册商标专用权案

违法事实 当事人于二〇一三年四月五日至二〇一三年十月三十一日期间，未经“ ”（注册号为3032729，国际分类第25类）商标注册人美国欧科蕾公司的许可，擅自在其生产的手套上使用与上述注册商标相同的商标，当事人共生产标有“ ”注册商标的手套1240双（其中军绿色400双，黑色740双，卡其色100双），以人民币23元/双的价格销售了50双（其中军绿色10双，黑色30双，卡其色10双），销售收入人民币1150元，库存1190双（军绿色的390双，黑色的710双，卡其色的90双），库存货值人民币27370元。当事人侵犯注册商标专用权的非法经营额共计人民币28520元。当事人的上述行为，于二○一三年十月三十一日被我局查获。

主要证据 现场照片、现场检查笔录、询问笔录、自述书、授权委托书，“ ”手套、“ ”商标注册材料、投诉书、鉴定书等资料。

案件性质 当事人的上述行为，违反了《中华人民共和国商标法》第五十二条第（一）项的规定：未经商标注册人的许可，在同一种商品或者类似商品上使用与其注册商标相同或者近似的商标的，构成了侵犯注册商标专用权的行为。

处罚依据 根据《中华人民共和国商标法》第五十三条：“有本法第五十二条所列侵犯注册商标专用权行为之一……工商行政管理部门处理时，认定侵权行为成立的，责令立即停止侵权行为，没收、销毁侵权商品和专门用于制造侵权商品、伪造注册商标标识工具，并可处以罚款……”和《中华人民共和国商标法实施条例》第五十二条：“对侵犯注册商标专用权的行为，罚款数额为非法经营额3倍以下；非法经营额无法计算的，罚款数额为10万元以下”的规定，处罚如下：

一、责令当事人立即停止侵犯注册商标专用权的违法行为；

二、对当事人侵犯注册商标专用权的违法行为处以罚款人民币叁万伍仟元（￥35000元），上缴国库；

三、没收当事人生产的标有“ ”注册商标的手套1190双（其中军绿色390双，黑色710双，卡其色90双），作销毁处理。

东莞市某房地产开发有限公司合同违法案

案件事实 当事人东莞市某房地产开发有限公司自2006年5月25日开盘至2014年3月19日被我局查获时止，为了重复使用而预先拟定，并在订立合同时未与业主协商的情况下制定《〈商品房买卖合同〉补充协议》并在售楼大厅公示，用于向业主出售商品房时进一步确定商品房买卖合同双方的权利义务关系，该补充协议中有“八、产权登记……3.因买受人原因或出卖人不能控制的原因，致使出卖人未及时取得房屋所在楼栋权属证明或买受人未及时取得房屋权属证明的，出卖人不承担任何责任……”，及“十一、顺延履行，当出现如下情况时，出卖人可顺延履行交付房屋等义务，直至情况消失：……2. 出卖人必须遵守、配合政府的法规、政策而引致的延误……”等内容，该补充协议没有供业主选择的选项，上述条款属于免除当事人责任的格式条款。从 2006 年 5 月 25 日开盘开始使用至 2014 年 3 月 19 日被我局查获时止，一共使用 2000 份，由于出现上述免责的条款的情形并没有实际发生过，该当事人没有因为使用上述格式条款获得利润，因而没有违法所得。当事人的上述行为于 2014 年 3 月 19 日被我局查获。

主要证据 现场检查笔录、现场取证照片、被委托人吴绮云身份证复印件、对被委托人徐新洲的询问笔录和身份证复印件、《〈商品房买卖合同〉补充协议》复印件、《商品房买卖合同》复印件、广东省东莞市商品房预售许可证复印件、东莞市商品房现售备案证书复印件、《企业法人营业执照》复印件等。

案件性质 当事人制订的格式条款，违反了《合同违法行为监督处理办法》第九条“经营者与消费者采用格式条款订立合同的，经营者不得在格式条款中免除自己的下列责任：……（四）因违约依法应当承担的违约责任；（五）依法应当承担的其他责任”的规定，构成了利用格式条款免除自身的责任。

处罚依据 根据《合同违法行为监督处理办法》第十二条“当事人违反本办法……第九条、第十条、第十一条规定……没有违法所得的，处以一万元以下的罚款”的规定，处罚如下：

一、责令当事人立即停止上述违法行为；

二、对当事人的利用格式条款订立合同，加重消费者责任及免除经营者责任的行为的违法行为处以罚款人民币壹万元整（10000 元），上缴国库。

统计资料

2010年东莞市市场主体发展情况统计表

单位：户、万元（外资企业为万美元）

项目				1—12月	上年同期	增减比率
户数合计				96711户	84342户	14.7%
注册资金合计				2541197.06万元	1603573.5万元	58.5%
新发照户数	内资企业	户数合计		1289户	992户	29.9%
新发照户数	内资企业	注册资金合计		877534万元	449953万元	95.0%
新发照户数	内资企业	国有	户数	37户	53户	-30.2%
新发照户数	内资企业	集体	户数	38户	71户	-46.5%
新发照户数	内资企业	股份	户数	0户	1户	-100.0%
新发照户数	内资企业	公司	户数	1206户	861户	40.1%
新发照户数	内资企业	其他	户数	8户	6户	33.3%
新发照户数	外资企业	户数		1039户	904户	14.9%
新发照户数	外资企业	投资总额		199461.24万美元	134958.04万美元	47.8%
新发照户数	外资企业	注册资本		131169.7万美元	98123.7万美元	33.7%
新发照户数	个体工商业	户数		73166户	66013户	10.8%
新发照户数	个体工商业	从业人数		175805户	159091户	10.5%
新发照户数	个体工商业	资金总额		172378.59万元	138053.25万元	24.9%
新发照户数	私营企业	户数		21197户	16401户	29.2%
新发照户数	私营企业	投资者人数		38754人	28731人	34.9%
新发照户数	私营企业	雇工人数		121207人	91272人	32.8%
新发照户数	农民合作社		新发照数	10户	9户	11.1%
新发照户数	农民合作社		出资总额	37.8万元	609.03万元	-93.8%
新发照户数	“三来一补”		新发照数	10户	23户	-56.5%
户数合计				518544户	505521户	2.6%
注册资金合计				20368953.06万元	16892492.8万元	20.6%
期末实有数	内资企业	户数合计		12439户	12493户	-0.4%
期末实有数	内资企业	注册资金合计		5517924.88万元	3762469.93万元	46.7%
期末实有数	内资企业	国有	户数	1058户	1141户	-7.3%
期末实有数	内资企业	集体	户数	2180户	2899户	-24.8%
期末实有数	内资企业	股份合作	户数	5户	535户	-99.1%
期末实有数	内资企业	公司	户数	9165户	7886户	16.2%
期末实有数	内资企业	其他	户数	31户	32户	-3.1%

续表

<table>
<tr><th colspan="4">数字 时间
项目</th><th>1—12月</th><th>上年
同期</th><th>增减比率</th></tr>
<tr><td rowspan="13">期末实有数</td><td rowspan="3">外资企业</td><td rowspan="3">公司</td><td>户　数</td><td>10113 户</td><td>9748 户</td><td>3.7%</td></tr>
<tr><td>投资总额</td><td>4266552.6 万元</td><td>4008813.18 万元</td><td>6.4%</td></tr>
<tr><td>注册资本</td><td>3026200.81 万元</td><td>2880427.36 万元</td><td>5.1%</td></tr>
<tr><td rowspan="3">个体工商业</td><td colspan="2">户　数</td><td>402405 户</td><td>403284 户</td><td>-0.2%</td></tr>
<tr><td colspan="2">从业人数</td><td>930265 人</td><td>1030413 人</td><td>-9.7%</td></tr>
<tr><td colspan="2">资金总额</td><td>891792.92 万元</td><td>891715.3 万元</td><td>0.0%</td></tr>
<tr><td rowspan="4">私营企业</td><td colspan="2">户　数</td><td>88650 户</td><td>74229 户</td><td>19.4%</td></tr>
<tr><td colspan="2">投资者人数</td><td>163472 人</td><td>135149 人</td><td>21 %</td></tr>
<tr><td colspan="2">雇工人数</td><td>556881 人</td><td>475942 人</td><td>17 %</td></tr>
<tr><td colspan="2">资金总额</td><td>10931555.41 万元</td><td>9356446.54 万元</td><td>16.8%</td></tr>
<tr><td colspan="2" rowspan="2">农民合作社</td><td>期末实有数</td><td>31 户</td><td>19 户</td><td>63.2%</td></tr>
<tr><td>出资总额</td><td>1479.04 万元</td><td>1433.64 万元</td><td>3.2%</td></tr>
<tr><td colspan="2">“三来一补”</td><td>期末实有数</td><td>4906 户</td><td>5748 户</td><td>-14.6%</td></tr>
</table>

2011年东莞市市场主体发展情况统计表

单位：户、万元（外资企业为万美元）

<table>
<tr><th colspan="4">项目 \ 数字 \ 时间</th><th>1—12月</th><th>上年同期</th><th>增减比率</th></tr>
<tr><td colspan="4">户数合计</td><td>88430户</td><td>96711户</td><td>-8.6%</td></tr>
<tr><td colspan="4">注册资金合计</td><td>2454142.85万元</td><td>2541197.06万元</td><td>-3.4%</td></tr>
<tr><td rowspan="20">新发照户数</td><td rowspan="7">内资企业</td><td colspan="2">户数合计</td><td>1282户</td><td>1289户</td><td>-0.5%</td></tr>
<tr><td colspan="2">注册资金合计</td><td>501958万元</td><td>877534万元</td><td>-42.8%</td></tr>
<tr><td>国有</td><td>户数</td><td>18户</td><td>37户</td><td>-51.4%</td></tr>
<tr><td>集体</td><td>户数</td><td>36户</td><td>38户</td><td>-5.3%</td></tr>
<tr><td>股份合作</td><td>户数</td><td>0户</td><td>0户</td><td>—</td></tr>
<tr><td>公司</td><td>户数</td><td>1228户</td><td>1206户</td><td>1.8%</td></tr>
<tr><td>其他</td><td>户数</td><td>0户</td><td>8户</td><td>-100%</td></tr>
<tr><td rowspan="3">外资企业</td><td colspan="2">户数</td><td>1669户</td><td>1039户</td><td>60.6%</td></tr>
<tr><td colspan="2">投资总额</td><td>313155.66万美元</td><td>199461.24万美元</td><td>57.0%</td></tr>
<tr><td colspan="2">注册资本</td><td>202888.95万美元</td><td>131169.7万美元</td><td>54.7%</td></tr>
<tr><td rowspan="3">个体工商业</td><td colspan="2">户数</td><td>61944户</td><td>73166户</td><td>-15.3%</td></tr>
<tr><td colspan="2">从业人数</td><td>144280人</td><td>175805人</td><td>-17.9%</td></tr>
<tr><td colspan="2">资金总额</td><td>159352.46万元</td><td>172378.59万元</td><td>-7.6%</td></tr>
<tr><td rowspan="4">私营企业</td><td colspan="2">户数</td><td>23513户</td><td>21197户</td><td>10.9%</td></tr>
<tr><td colspan="2">投资者人数</td><td>43995人</td><td>38754人</td><td>13.5%</td></tr>
<tr><td colspan="2">雇工人数</td><td>122250人</td><td>121207人</td><td>0.9%</td></tr>
<tr><td colspan="2">资金总额</td><td>1589486.14万元</td><td>1363368.33万元</td><td>16.6%</td></tr>
<tr><td colspan="2" rowspan="2">农民合作社</td><td>新发照数</td><td>21户</td><td>10户</td><td>110.0%</td></tr>
<tr><td>出资总额</td><td>457.3万元</td><td>37.8万元</td><td>1109.8%</td></tr>
<tr><td colspan="2">“三来一补”</td><td>新发照数</td><td>1户</td><td>10户</td><td>-90.0%</td></tr>
<tr><td colspan="4">户数合计</td><td>506113户</td><td>518544户</td><td>-2.4%</td></tr>
<tr><td colspan="4">注册资金合计</td><td>24005746.58万元</td><td>20368953.06万元</td><td>17.9%</td></tr>
<tr><td rowspan="7">期末实有数</td><td rowspan="7">内资企业</td><td colspan="2">户数合计</td><td>12820</td><td>12439</td><td>3.1%</td></tr>
<tr><td colspan="2">注册资金合计</td><td>6931794.5万元</td><td>5517924.88万元</td><td>25.6%</td></tr>
<tr><td>国有</td><td>户数</td><td>1014户</td><td>1058户</td><td>-4.2%</td></tr>
<tr><td>集体</td><td>户数</td><td>1968户</td><td>2180户</td><td>-9.7%</td></tr>
<tr><td>股份合作</td><td>户数</td><td>3户</td><td>5户</td><td>-40.0%</td></tr>
<tr><td>公司</td><td>户数</td><td>9808户</td><td>9165户</td><td>7.0%</td></tr>
<tr><td>其他</td><td>户数</td><td>27户</td><td>31户</td><td>-12.9%</td></tr>
</table>

续表

项目（数字/时间）				1—12月	上年同期	增减比率
期末实有数	外资企业	公司	户　数	11240户	10113户	11.1%
			投资总额	4755408.67万元	4266552.6万元	11.5%
			注册资本	3314951.13万元	3026200.81万元	9.5%
	个体工商业	户　数		373265户	402405户	-7.2%
		从业人数		853589人	930265人	-8.2%
		资金总额		848185.86万元	891792.92万元	-4.9%
	私营企业	户　数		104689户	88650户	18.1%
		投资者人数		196017人	163472人	19.9%
		雇工人数		635206人	556881人	14.1%
		资金总额		12908860.05万元	10931555.41万元	18.1%
	农民合作社		期末实有数	52户	31户	67.7%
			出资总额	1955.04万元	1479.01万元	32.2%
	“三来一补”		期末实有数	4047户	4906户	-17.5%

2012年东莞市市场主体发展情况统计表

单位：户、万元(外资企业为万美元)

<table>
<tr><th colspan="4">数字 时间
项目</th><th>1—12月</th><th>上年同期</th><th>增减比率</th></tr>
<tr><td colspan="4">户数合计</td><td>87454户</td><td>88430户</td><td>-1.1%</td></tr>
<tr><td colspan="4">注册资金合计</td><td>3415701.29万元</td><td>2454142.85万元</td><td>50.3%</td></tr>
<tr><td rowspan="17">新发照户数</td><td rowspan="7">内资企业</td><td colspan="2">户数合计</td><td>1081户</td><td>1282户</td><td>-15.7%</td></tr>
<tr><td colspan="2">注册资金合计</td><td>998201.67万元</td><td>501958万元</td><td>123.9%</td></tr>
<tr><td>国有</td><td>户数</td><td>17户</td><td>18户</td><td>-5.6%</td></tr>
<tr><td>集体</td><td>户数</td><td>28户</td><td>36户</td><td>-22.2%</td></tr>
<tr><td>股份合作</td><td>户数</td><td>0户</td><td>0户</td><td>—</td></tr>
<tr><td>公司</td><td>户数</td><td>1052户</td><td>1228户</td><td>-14.3%</td></tr>
<tr><td>其他</td><td>户数</td><td>0户</td><td>0户</td><td>—</td></tr>
<tr><td rowspan="3">外资企业</td><td colspan="2">户数</td><td>867户</td><td>1669户</td><td>-48.1%</td></tr>
<tr><td colspan="2">投资总额</td><td>198055.69万美元</td><td>313155.66万美元</td><td>325.6%</td></tr>
<tr><td colspan="2">注册资本</td><td>122450.22万美元</td><td>202888.95万美元</td><td>290.94%</td></tr>
<tr><td rowspan="2">个体工商业</td><td colspan="2">户数</td><td>63334户</td><td>61944户</td><td>2.24%</td></tr>
<tr><td colspan="2">资金总额</td><td>178073.88万元</td><td>159352.46万元</td><td>20.4%</td></tr>
<tr><td rowspan="2">私营企业</td><td colspan="2">户数</td><td>22095户</td><td>23513户</td><td>-6%</td></tr>
<tr><td colspan="2">资金总额</td><td>1495055.43万元</td><td>1589486.14万元</td><td>-0.7%</td></tr>
<tr><td colspan="2" rowspan="2">农民合作社</td><td>新发照数</td><td>15户</td><td>21户</td><td>-23.8%</td></tr>
<tr><td>出资总额</td><td>1024.1万元</td><td>457.3万元</td><td>123.9%</td></tr>
<tr><td colspan="2">“三来一补”</td><td>新发照数</td><td>0户</td><td>1户</td><td>-100.0%</td></tr>
<tr><td colspan="4">户数合计</td><td>541321户</td><td>506113户</td><td>7%</td></tr>
<tr><td colspan="4">注册资金合计</td><td>46600595.4万元</td><td>24005746.58万元</td><td>107.9%</td></tr>
<tr><td rowspan="10">期末实有数</td><td rowspan="7">内资企业</td><td colspan="2">户数合计</td><td>13264户</td><td>12820户</td><td>3.5%</td></tr>
<tr><td colspan="2">注册资金合计</td><td>8674929.62万元</td><td>6931794.5万元</td><td>25.1%</td></tr>
<tr><td>国有</td><td>户数</td><td>1005户</td><td>1014户</td><td>-0.9%</td></tr>
<tr><td>集体</td><td>户数</td><td>1846户</td><td>1968户</td><td>-6.2%</td></tr>
<tr><td>股份合作</td><td>户数</td><td>3户</td><td>3户</td><td>0.0%</td></tr>
<tr><td>公司</td><td>户数</td><td>10371户</td><td>9808户</td><td>5.7%</td></tr>
<tr><td>其他</td><td>户数</td><td>39户</td><td>27户</td><td>44.4%</td></tr>
<tr><td rowspan="3">外资企业</td><td rowspan="3">公司</td><td>户数</td><td>11974户</td><td>11240户</td><td>6.5%</td></tr>
<tr><td>投资总额</td><td>5185392.25万美元</td><td>4755408.67万美元</td><td>663.3%</td></tr>
<tr><td>注册资本</td><td>3581444.97万美元</td><td>3314951.13万美元</td><td>656.3%</td></tr>
</table>

续表

项目 数字 时间			1—12月	上年同期	增减比率
期末实有数	个体工商业	户　数	388932户	373265户	4.2%
		资金总额	910822.73万元	848185.86万元	7.4%
	私营企业	户　数	122703户	104689户	17.2%
		资金总额	15269266.70万元	12908860.05万元	18.1%
	农民合作社	期末实有数	67户	52户	30.8%
		出资总额	4056.44万元	1955.04万元	107.5%
	"三来一补"	期末实有数	3231户	4047户	-20.2%

2013年东莞市市场主体发展情况统计表

单位：户、万元(外资企业为万美元)

项目（数字／时间）			1—12月新发照户数			12月期末实有数		
			1—12月	上年同期	增减比率	12月	上年同期	增减比率
户数合计			106205户	87454户	21.44%	567209户	541321户	4.78%
其中：企业			32225户	24043户	34.03%	173073户	151172户	14.49%
注册资金合计			3904142.95万元	3415701.29万元	14.29%	53452768.46万元	46600595.4万元	14.70%
其中：企业			3661670.86万元	3236603.41万元	13.13%	52455561.12万元	45685716.15万元	14.82%
内资企业	户数合计		1482户	1081户	37.10%	14050户	13264户	5.93%
	注册资金合计		842995万元	998201.67万元	-15.55%	11520447.82万元	8674929.62万元	32.80%
	国有	户数	20户	17户	17.65%	925户	1005户	-7.96%
	集体	户数	18户	28户	-35.71%	1706户	1846户	-7.58%
	股份合作	户数	0户	0户	—	0户	3户	-100.00%
	公司	户数	1444户	1052户	37.26%	11400户	10371户	9.92%
	其他	户数	0户	0户	—	19户	39户	-51.28%
外资企业(单位：万美元)	户数		770户	867户	-11.19%	11867户	11974户	-0.89%
	投资总额		182655.52万美元	198055.69万美元	-7.78%	5463237.67万美元	5185392.25万美元	5.36%
	注册资本		101008.45万美元	122450.22万美元	-17.51%	3714572.39万美元	3581444.97万美元	3.72%
	外方认缴		98182.26万美元	121154.91万美元	-18.96%	3533643.26万美元	3422923.3万美元	3.23%
个体工商户	户数		73875户	63334户	16.64%	392901户	388932户	1.02%
	资金总额		237306.78万元	178073.88万元	33.26%	988045.59万元	910822.73万元	8.48%
私营企业	户数		29973户	22095户	35.66%	144794户	122703户	18.00%
	资金总额		2205493.96万元	1495055.43万元	47.52%	18385430.15万元	15269266.70万元	20.41%
农民合作社	户数		54户	15户	260.00%	119户	67户	77.61%
	出资总额		5165.31万元	1024万元	404.42%	9161.75万元	4056.44万元	125.86%
"三来一补"	户数		0户	0户	—	2362户	3231户	-26.90%
常驻代表机构	户数		51户	62户	-17.74%	1105户	1139户	-2.99%
外国企业在中国境内从事经营活动	户数		0户	0户	—	11户	11户	0.00%

注：1. 企业包含内资、外资、私营和"三来一补"企业；
2. 本期美元折算汇率为6.0706。

2014年东莞市市场主体发展情况统计表

单位：户、万元（外资企业为万美元）

项目（数字/时间）			1—12月新发照户数			12月期末实有数		
			1—12月	上年同期	增减比率	12月	上年同期	增减比率
户数合计			114278户	106205户	7.60%	629333户	567209户	10.95%
其中：企业			45633户	32225户	41.61%	208900户	173073户	20.70%
注册资金合计			9711791.47万元	3904143.95万元	148.76%	70496724.47万元	53452768.46万元	31.89%
其中：企业			9478405.47万元	3661670.86万元	158.85%	69369870.84万元	52455561.12万元	32.25%
内资企业	户数合计		1832户	1482户	23.62%	14424户	14050户	2.66%
	注册资金合计		1076352.23万元	842995万元	27.68%	15400465.43万元	11520447.82万元	33.68%
	国有	户数	18户	20户	-10.00%	890户	925户	-3.78%
	集体	户数	31户	18户	72.22%	1549户	1706户	-9.20%
	公司	户数	1781户	1444户	23.34%	11968户	11400户	4.98%
	其他	户数	2户	0户	—	17户	19户	-10.53%
外资企业（单位：万美元）	户数		661户	770户	-14.16%	11932户	11867户	0.55%
	投资总额		215875.29万美元	182655.52万美元	18.19%	5939163.07万美元	5463237.67万美元	8.71%
	注册资本		124402.81万美元	101008.45万美元	23.16%	3947170.95万美元	3714572.39万美元	6.26%
	外方认缴		123198.72万美元	98182.26万美元	25.48%	3744059.94万美元	3533643.26万美元	5.95%
个体工商户	户数		68572户	73875户	-7.18%	419584户	392901户	6.79%
	资金总额		232348.15万元	237306.78万元	-2.09%	1098675.03万元	988045.59万元	11.20%
私营企业	户数		43140户	29973户	43.93%	180829户	144794户	24.89%
	资金总额		7595462.74	2205494.96	244.39%	28377133.12	18385430.15	54.35%
农民合作社	户数		30户	54户	-44.44%	146户	119户	22.69%
	出资总额		1037.85万元	5165.31万元	-79.91%	28178.60万元	9161.75万元	207.57%
“三来一补”	户数		0户	0户	—	1715户	2362户	-27.39%
常驻代表机构	户数		42户	51户	-17.65%	691户	1105户	-37.47%
外国企业在中国境内从事经营活动	户数		1户	0户	—	12户	11户	9.09%

注：1. 企业包含内资、外资、私营和“三来一补”企业；

2. 本期美元折算汇率为6.4837。

2010 年东莞市工商局执法办案情况统计表

单位：宗

项目		1—12 月（宗）	去年同期（宗）	增减实数（宗）	增减比率
案件总数		17288	22011	-4723	-21%
其中	公平交易	1376	1917	-541	-28%
	传销	19	430	-411	-96%
	侵害消费者权益	13	403	-390	-97%
	查处假冒伪劣商品	405	399	6	2%
	无照经营	9456	13488	-4032	-30%
	违反登记管理法规	5042	4435	607	14%
	商品交易市场违法违章	32	105	-73	-70%
	农资市场监督管理	5	16	-11	-69%
	一般商标违法	98	64	34	53%
	商标侵权假冒	482	508	-26	-5%
	广告违法	209	180	29	16%
	其他	151	66	85	129%

2011 年东莞市工商局执法办案情况统计表

单位：宗

项目		1—12 月（宗）	上年同期（宗）	增减实数（宗）	增减比率
案件总数		9633	16883	-7250	-43%
其中	公平交易	1616	1376	240	17%
	传销	13	19	-6	-32%
	侵害消费者权益	4	13	-9	-69%
	无照经营	6097	9456	-3359	-36%
	违反登记管理法规	1140	5042	-3902	-77%
	商品交易市场违法违章	49	32	17	53%
	农资市场监督管理	19	5	14	280%
	一般商标违法	73	98	-25	-26%
	商标侵权假冒	479	482	-3	-1%
	广告违法	136	209	-73	-35%
	其他	7	151	-144	-95%

2012年东莞市工商局执法办案情况统计表

单位：宗

项目		1—12月（宗）	上年同期（宗）	增减实数（宗）	增减比率
案件总数		14677	10337	4340	42%
其中	公平交易	2465	1616	849	52.54%
	传销	5	13	-8	-61.54%
	侵害消费者权益	6	4	2	50.00%
	查处假冒伪劣商品	1694	328	1366	416.46%
	食品安全	1367	120	1247	1039.17%
	无照经营	5140	6097	-957	-15.70%
	违反登记管理法规	1141	1140	1	-0.09%
	商品交易市场违法违章	333	49	284	579.59%
	农资市场监督管理	14	19	-5	-26.32%
	成品油、汽车案件	6	2	4	200.00%
	一般商标违法	124	73	51	69.86%
	商标侵权假冒	1552	479	1073	224.01%
	查处侵犯港澳台和外国商标注册人权益	544	261	283	108.43%
	广告违法	286	136	150	110.29%
吊销总数		20076	18391	1685	9.16%

2013年东莞市工商局执法办案情况统计表

单位：宗

项目		1—12月（宗）	上年同期（宗）	增减实数（宗）	增减比率
案件总数		5835	8765	-2930	-33%
其中	市场主体准入监管	0	—	0	—
	竞争执法	533	395	138	34.94%
	直销监管	9	5	4	80.00%
	消费者权益保护	109	6	103	1716.67%
	食品安全监管	843	1367	-524	-38.33%
	无照经营	2966	5140	-2174	-42.30%
	市场监管	436	14	422	3014.29%
	合同监管	128	—	128	—
	广告监管	226	286	-60	-20.98%
	商标监管	585	1552	-967	-62.31%

2014年东莞市工商局执法办案情况统计表

单位：宗

项目		1—12月（宗）	上年同期（宗）	增减实数（宗）	增减比率
案件总数		6725	5835	890	15.25%
其中	市场主体准入监管	0	0	0	—
	竞争执法	489	533	-44	-8.26%
	直销监管	5	9	-4	-44.44%
	消费者权益保护	110	109	1	0.92%
	食品安全监管	258	843	-585	-69.40%
	无照经营	4591	2966	1625	54.79%
	市场监管	269	436	-167	-38.30%
	合同监管	106	128	-22	-17.19%
	广告监管	222	226	-4	-1.77%
	商标监管	675	585	90	15.38%

媒体视角

广东省东莞市消委会依托社会力量构建多元化消费投诉解决机制

——三方联动共解疑难消费纠纷

记者：黄劼　2010 年 1 月 13 日刊载于《中国消费者报》

法院的法官为东莞市消委会工作人员进行法律知识培训

伴随着商品和服务消费领域的不断拓展，汽车、房地产、家装等领域专业性强、责任判断有难度且金额较大的投诉逐渐增多。为切实维护消费者的合法权益，广东省东莞市消费者委员会多渠道、宽领域地与具代表性、专业性和知识性的机构联动维权，依托社会专业力量化解疑难纠纷，构建起多元化消费投诉解决机制，取得了较好的效果。2009 年，东莞市消委会共接待咨询约 2.18 万人次，受理消费者投诉 2427 件，成功调解 2133 件，为消费者挽回经济损失 309 万元。

与法律顾问单位联动
——获得专业指导意见

据东莞市消委会秘书长邓国平介绍，在维权过程中，消委会经常接触到法律问题，能否得到专业的法律指导，对维权成败至关重要。2008 年 6 月 11 日，东莞市消委会增聘了广东尚宽律师事务所为常年法律顾问单位，连同广东赋诚律师事务所共两个律师所，免费为当地消费者维权提供法律服务支持。从 2008 年 7 月起，每周三，两家律师事务所轮流派一名有经验、热心消费维权的律师到东莞市消委会办公，一方面，现场解答消费者来访、来电咨询和投诉中涉及的法律问题；另一方面，对消委会维权工作中遇到的法律疑难问题，提出指导意见，参与调解工作。

在消费投诉调解过程中，法律顾问从提供法律依据、责任定性、赔偿标准等方面给予专业指导意见，使消委会对涉及房地产、人身伤害、预付定金等消费纠纷的调解成功率明显提高。2009 年 9 月，消费者张小姐因个人原因中途取消婚纱摄影服务合同，店方拒绝退回 3000 元定金，张小姐投诉至东莞市消委会。法律顾问根据最高人民法院《关于适用〈担保法〉若干问题的解释》第一百二十一条“当事人约定的定金数额超过主合同标的额 20% 的，超过的部分，人民法院不予支持”的规定，提出调解意见。参照该意见，经东莞市消委会调解，店方同意退回张小姐 2000 元。

法律顾问还支持消费者起诉。2008 年至今，东莞市消委会支持消费者诉讼的两起案件，均由法律顾问单位派出律师免费代理，从起草法律文书、搜集证据、递交起诉书到开庭审判等全过程，给予消费者有力支持。结果，这两起诉讼消费者均获得胜诉。

与法院联动
——公正高效解决纠纷

2009年7月，东莞市消委会与东莞市第一人民法院达成了《关于处理涉及消费者权益纠纷的联动工作意见》（以下简称《意见》），确立了有关建立互动交流平台、法官现场指导调解纠纷、调解协议司法确认、建立消费者诉讼"绿色通道"等联动项目。

记者了解到，根据《意见》，双方各自指定专人负责，加强互动沟通交流，通过协调和沟通，促使消委会调解消费纠纷的依据、尺度、结果等与法院调解或裁判保持一致，增强社会公信力，让消费者更愿意、经营者更接纳通过低成本的调解途径解决纠纷。法院在审理涉及消费者权益的案件或消委会支持诉讼的案件过程中，根据案情需要，可借助消委会与行业协会的合作平台，协助调查取证；同时，法院可邀请消委会对涉及消费者权益的疑难案件提供参考处理意见。消委会受理消费纠纷中，遇到法律依据、责任认定、赔偿标准等相关疑难问题时，法院可以提供指导意见，定期派出具有相关业务知识和工作经验的法官进行维权业务指导，增强消委会的调解能力。

另外，经消委会调解成功的消费纠纷，双方同意进行司法确认的，由消委会将司法确认申请书交由争议方填写，告知双方当事人可直接到法院（或派出人民法庭）进行司法确认。法院受理后，经审查协议不具有无效、可撤销情形的，依法作出确认，并当即制作民事调解书送达双方当事人。

对于消委会支持消费者进行诉讼的案件，法院建立诉讼"绿色通道"，及时给予举证及法律程序指引，实现案件的快立、快审、快执。对于消费纠纷案件，法院在立案前，可引导当事人选择消委会先行调解，原告当事人如同意，法院可暂缓立案，并将原告签字确认的《消委会调解建议书》副本交付消委会，由消委会对上述纠纷及时调解，并将调解结果反馈给法院。

与行业协会联动
——借助专业力量维权

"行业协会对行业内企业经营行为、组织架构具有较专业的了解，借助行业协会的组织资源，可充分发挥消委会的社会监督职能，促进消费维权及行业自律。"东莞市消委会秘书长邓国平告诉记者，东莞市消委会主动与该市燃气、汽车维修、房地产中介、通信等十多个行业协会建立常态化沟通联系渠道，充分发挥行业协会的专业作用和自律作用，为解决疑难投诉提供更权威、更专业的支持。2007年6月，针对房地产中介不公平格式条款，东莞市消委会联合市房地产中介行业协会，征询行业专家和法律界的意见，修改霸王条款，推出了《房地产买卖、租赁中介服务》格式合同示范文本，在行业内逐步推行。同时，通过该市房地产中介行业协会的示范作用，推动各行业协会主动修改各自的不公平格式条款。

记者了解到，2008年3月，针对当

地大型商场投诉较多尤其是其出租柜台售后服务问题较多的情况，东莞市消委会及时向该市零售行业协会进行沟通，并提出了有关建议。东莞市零售行业协会采纳了消委会的意见，督促大型商场、卖场加强对外租柜台经营行为和租赁合同的管理，防范经营风险和损害消费者权益的事件发生。

为了有效解决汽车维修纠纷责任认定难的问题，2009年1月，东莞市消委会与该市机动车维修行业协会达成了《建立汽车消费投诉快速反应机制的合作协议》，一方面，机动车维修行业协会协助消委会调解汽车维修纠纷，由其专家组进行检测，作出责任判断参考意见；另一方面，消委会对机动车维修行业协会的维权工作提供指导意见。在消委会的指导下，机动车维修行业协会积极介入汽车维修消费争议的调解，截至目前，共解答咨询153件，处理投诉15件，鉴定维修质量纠纷8件。

商标战略再升级　品牌绽放新精彩

——我市大力推进商标（品牌）战略工作纪实

记者：李文洁　2011 年 4 月 26 日刊载于《东莞日报》

对于东莞市商标（品牌）发展而言，2010 年是一个特殊的年份。这一年，东莞又新增 1 件中国驰名商标、25 件省著名商标；这一年，东莞又查处商标案件 580 宗；更重要的是，这一年，市政府颁发了《关于大力推进商标 (品牌) 战略的工作意见》，这是继 2001 年确立“品牌立市”指导思想以来，我市实施商标（品牌）战略进程中的又一重要里程碑。

战略的升级，既是我市商标管理工作多年来努力和积淀的结果，更为东莞的产业转型升级注入了新的血液和动力。

新战略　商标（品牌）战略大升级

“今年驰名、著名商标的宣传，全部由市政府安排专项经费。”近日，市工商局商标广告管理科负责人向今年获得驰名、著名的企业负责人传达了这个令人鼓舞和振奋的好消息。

令人为之鼓舞和振奋的，绝不仅仅是经费本身，而是其中所传递出来的重大信息——2010 年 5 月，为深入贯彻《珠江三角洲地区改革发展规划纲要》，加大商标（品牌）战略实施力度，加快转变经济发展方式，促进我市经济转型升级，东莞以市政府名义颁布实施《关于大力推进商标 (品牌) 战略的工作意见》（下简称《意见》）。

《意见》从十个方面对我市未来的商标（品牌）战略工作提出了纲领性意见。其核心内容包括：一是各镇街要加强对商标（品牌）战略工作的领导，成立商标（品牌）战略工作协调机构，制订实施方案，建立长期发展的机制；二是有关部门在开展名牌产品、政府质量奖和高新技术企业、工业商贸龙头企业、民营 50 强企业、上市后备企业、总部企业等与财政资金扶持有关的推荐或评定工作时，必须以该企业拥有自主商标权为前提条件，并征求工商部门的意见，使商标成为企业资源投入、技术创新、无形资产等积累的载体；三是设立市一级的商标（品牌）战略工作经费，主要用于建立商标预警保护体系，提供政府公共服务平台，帮助企业维权和应对商标竞争威胁；四是各镇（街）要安排商标（品牌）战略预算工作经费，对培育发展自有品牌进行有针对性的鼓励和扶持，为商标宣传、人才培训、品牌建设、商标维权和驰名著名商标奖励提供坚实的财政保障。

纵观整个《意见》，传递的最核心的思想是，商标管理工作不再是某一个局或部门的工作，而是以促进全市产业结构调整升级为目的，需要全市各镇街、有关职能部门共同参与的全局性战略。

这一战略升级，是继 2001 年确立“品牌立市”指导思想以来，东莞市政府对商标（品牌）工作所做出的又一重大部署，必将对加快经济发展方式转变，引领企业转型升级产生重大和深远的影响。

鲜为人知的是，这一重要战略的颁布实施的背后，是市工商局不遗余力地大力促成。近几年来，市工商局向市委、市政府提交了多份专题报告，全面、深入地阐述商标（品牌）战略在推动经济转型升级中的作用，得到了市领导的高度认同和大力支持。在初稿完成后，市工商局又征求了市财政、经信、质监、科技等部门的意见，几易其稿，并经市长办公会议研究同意，得以正式颁布。

新精彩　新增26个驰名著名商标

去年底，我市商标工作再次传来喜讯：全市新增中国驰名商标1件，广东省著名商标25件。截至2010年，驰名著名商标总数分别达到21件、191件，继续位居全省前列；新增注册商标10843件，注册总数达45313件，比上年增加31%。

“去年看了电视上、报纸上对获得驰名著名商标的企业进行大力宣传，我们也萌生了申请著名商标的念头。”一位新晋著名商标的企业负责人告诉记者。

的确，随着全社会品牌意识的增强，一个地方驰名著名商标的拥有量，在很大程度上代表了地方经济发展的核心竞争力。帮助和指导企业争创驰名著名商标，是工商部门服务企业、服务经济社会发展的直接体现。为此，市工商局从实际出发，从宣传入手，采取多种措施，引导企业走自主创新、品牌经营之路。该局不断加大对争创驰名著名商标企业的培育力度，提高企业创建自主品牌的主动性和积极性。

“我们去年开展了以‘自有品牌 引领升级’为主题系列宣传活动，在宣传形式上进行了大胆创新，首次以企业负责人访谈形式制作驰名著名商标公益宣传片，连续数月在东莞电视台、电台以及各镇街广电站进行滚动播放。通过企业负责人现身说法，讲述商标（品牌）战略的内涵和作用，使得宣传更直接，更真实，更有说服力。”据市工商局商广科负责人告诉记者，为了在全社会营造良好的商标（品牌）氛围，去年，市工商局还联合东莞电视台、东莞日报对2009年度31家驰名著名商标企业进行逐一采访，连续十多日进行专题报道，详细介绍企业通过商标战略实现转型升级的做法和经验。与东莞日报社继续合作举办“集商标 赏品牌”读者互动活动，近千名读者积极参与，比上年增加了一倍，受到了全社会的广泛关注。媒体的商标宣传活动也受到了各级领导的充分肯定，特别是市委宣传部对商标宣传主题予以高度表扬。

除了全方位的宣传外，驰名著名商标的培育，还需要扎扎实实的工作。为此，工商部门派出工作人员深入基层、深入企业，走访100多家重点企业，对企业进行点对点、面对面的指导、诊断，不断提高企业商标创造、运用、保护和管理的能力和水平。组织召开了著名商标培育会，对申报2010年著名商标的43家企业进行了重点培训，指导企业做好申报材料。同时，不断加强与税务、质监等部门的沟通，提前解决企业申报过程中遇到的问题和困难，为企业争创著名商标打好基础。积极协助省局对申报企业进行现场实地检查，跟踪做好著名商标认定工作。

功夫不负有心人。去年，全市新增中国驰名商标1件，广东省著名商标25件，驰名著名商标总数分别达到21件、191件，继续位居全省前列。不仅如此，在新增的26件驰名著名商标中，除了2件商标所有权属于集体、5件商标所有权属于外资企业外，其余19件商标所有权属于民营企业，占新认定总数的73%，涵盖了食品、五金制造、设备装备、服装、家具等多个行业。

对此，东莞市工商局相关负责人表示："这充分说明了我市民营企业在不断发展壮大的同时，已经逐步建立起商标（品牌）战略意识。"

新力度　打击商标侵权不手软

随着品牌的力量越来越强大，一些"傍名牌"的、"搭便车"的也越来越多。在培育品牌的同时，我市商标管理部门不忘通过各种方式，加强对商标专用权的保护。

在打击商标侵权方面，市工商局首先抓住了商标印制监管这个"牛鼻子"。针对我市商标印制企业众多，容易出现商标侵权的情况，市工商局去年在全市范围内开展商标印制单位专项整治行动，全系统共出动执法人员2493人次、检查商标印制单位4512户次，对257户企业进行了行政指导，查处商标印制违法行为87宗，比上年同期增加74%，清理商标侵权源头成效显著。

在亚运会、世博会期间，重点加强了对特殊标志的保护。其中，开展亚运标志专有权保护行动，出动执法人员近2000人次，检查企业14000多户次，为亚运会的成功举办营造了良好的社会环境；在世博会标志保护方面，出动执法人员568人次、253车次，检查集贸商场85家次、店铺869间次，严防出现侵犯世博会标志专有权的情况。

另外，由于涉外商标的保护直接关系到东莞投资环境的国际形象，去年，工商部门加大了对涉外商标的保护力度。先后查处侵犯惠普、诺基亚、三星等涉外商标案件144宗，受到了企业的好评。

针对东莞展会众多，展会上对知识产权问题时有涉及，市工商局积极参与制定了《东莞市展会知识产权保护指引》，有效规范展会知识产权保护；加强对展会的现场监管，按照小展会巡查，大展会驻点的原则，在广东外商投资企业产品（内销）博览会、国际名家具（东莞）展览会、中国（大朗）国际毛织产品交易会、模具制造机械展览会等重点展会上设立商标知识产权投诉点，实时监控展会上的商标使用情况，确保了会展业健康发展。

在市局的指导下，各分局积极转变执法办案工作思路，克服查办商标案件的畏难情绪，多渠道建立商标案件线索网络，想方设法提高执法办案水平，使得2010年的商标执法工作取得了跨越式发展。

十项改革为企业“接生”

记者：程玮坚 2012 年 4 月 20 日刊载于《东莞日报》

昨天上午，大朗召开推进企业登记注册行政审批改革试点全镇动员大会。作为全市唯一的试点镇，近日，大朗按照“解放思想、宽进严管、总体设计、先行先试、稳步推进”的基本原则，紧张而有序地推进试点方案，计划用三个月时间先行先试，为东莞乃至全省、全国探索企业注册审批改革经验。

记者昨日从大朗试点工作动员会上获悉，针对“放开政府对市场配置资源的制约”“全面扫清登记注册各种环节不合理因素”“构建与市场经济相适应的信用体系”三大目标，大朗出台了“最大限度压缩前置审批事项”“精简后置审批项目”等 10 项措施，为市场主体更快诞生创造条件。

最大限度压缩审批事项

改革企业注册审批，第一个关键词是“快”。记者获悉，大朗将从 10 个方面为企业注册审批“提速”。其中，减少审批环节是审批体制改革的重要内容之一，由原来的“一审多核”全面转为“一审一核”。

10 项改革措施中，大朗头两项措施剑锋直指“行政审批”。一方面，大朗将最大限度压缩前置审批事项，另一方面，后置审批项目也计划进一步精简。

大朗镇党委书记胡浩举表示，对本次改革从前置审批改为后置审批的事项，将请市政府争取省政府支持，分门别类，按照“减并、变通”的原则进行精简，不影响国家安全、社会公益的予以取消，涉及多个部门、多项审批的归并为单个部门、单项审批，不能取消或归并的以备案等形式予以变通。

“目前，我镇正联合市工商局对前置审批事项目录进行梳理，梳理后大约还剩 80 项前置审批事项，这些事项将尽最大可能争取改为后置。”胡浩举说，我市企业注册审批原有项目 180 多项，在大朗试点审批项目有望减少到 80 项。

“半个月变 7 天，7 天变 5 天，现在的工作都是在‘快’字上下工夫。”大朗镇相关负责人告诉记者，不需前置审批的事项，由法定的 15—20 个工作日压缩到 7 个工作日，下一步将争取在 5 个工作日内完成，名称预先核准登记在 2 个工作日内完成，股权出质登记在 1 个工作日内完成。

可免予提交场地产权证明

下周起，大朗试点将正式对外受理企业注册审批工作，今后注册资本（注册资金）1000 万元以下（不含 1000 万元）内资企业法人要进行登记注册和证照登记，在大朗就可以进行。此外，市工商局还将外商投资企业的登记审批权委托下放给大朗工商分局。

不仅如此，大朗镇还在企业注册的经营场所方面开绿灯。“免予提交企业登记的住所产权证明，实事求是解决历史遗留问题。”胡浩举表示，在大朗试点，凡经镇政府、村（居）委会出具证明同意该场所从事经营活动的，房东和经营者提交承诺书，分别承诺对该场所承担房屋安全和消防安全责任，可免予提交场地产权证明。

此外，大朗企业今后还将在网上办理行政审批业务。本月下旬，大朗将试运行网上年检系统，而备受关注的企业网上登记系统也有望在7月上线，届时，企业只需在网上传输材料，由相关部门在网上审核，再通过网上缴费和邮政快递便可足不出户完成审批事项。

宽进严管　引导企业守信经营

借鉴香港的做法，大朗试点还将同时推进“严管”。胡浩举说，大朗将通过信息公开、信息对称、信息共享来实现严管。要通过在线监测、第三方验收、评级、年审、抽查等手段，对市场主体的经营活动进行综合研判，判断一个企业是守信企业还是不守信企业，是40分企业还是60分企业，让守信的企业获得最大的实惠、最大的便利，让失信的企业、违法违规的企业付出最大的代价，不能够再次进入市场。

胡浩举说，大朗将按照“先易后难”的原则，重点加快四项工作：第一，在制定前置审批目录并经市政府确认之前，首先选取消防、环保等审批事项作为切入点，率先铺开前置审批事项改革。第二，镇外经贸局要积极协调市外经贸局，尽快形成工作方案，加快推进外商投资企业审批制度改革，争取部分项目将审批改备案。第三，正式启动企业住所登记改革，取消企业登记的住所产权证明，进一步放宽对企业经营条件要求。第四，近期镇工商部门要认真做好人员培训工作，提高业务素质，为试点工作的开展提供坚实保障。

10条主要措施

一是最大限度压缩前置审批事项，实施法人资格和经营资格相分离。除法律、行政法规或者国务院决定的规定外，以其他方式设定的行政审批或行政许可事项，一律不再作为企业登记的前置性行政审批或许可事项。

二是精简后置审批项目，破除市场主体准入壁垒。

三是探索改革外商投资企业审批制度，争取将部分项目由审批改为备案。

四是免予提交企业登记的住所产权证明，实事求是解决历史遗留问题。凡经大朗镇政府及各社区（村）出具证明同意该场所从事经营活动的，房东和经营者在提交房屋安全和消防安全承诺书后，免予提交场地产权证明。

五是降低小微企业市场准入门槛。

六是改革登记注册方式，推行全程电子化网上登记年检。

七是加快电子化审批建设，实施并

联审批。

八是全面推进简政放权，提升行政审批效能。

九是打造政府公共信用信息平台，促进企业信用体系建设。由市政府统筹市各部门建设开放共享的政府公共信用信息平台，建立完整、准确、动态的企业信用信息和基础信息数据库，向社会公众开放，促进社会信用体系建设。

十是明确部门许可监管职责，建立宽进严管的市场监管体系。

美国驻广州总领事馆向东莞市工商局发感谢信 感谢保护知识产权

记者：苏婵　通讯员：刘艺　2012年6月29日刊载于东莞阳光网

日前，东莞市工商局分别收到来自美国驻广州总领事馆总领事高来恩先生和卡骆驰公司亚洲区域法律部总监 Sara Hoverstock 先生的签名感谢信，盛赞该局在保护美国公司知识产权方面所做的努力，对其发挥职能作用、切实保护企业知识产权表示衷心感谢。

连查3起假冒“crocs”鞋案件

据悉，今年4月，东莞市工商局根据群众投诉线索，在东莞市万江区成功查获一个生产假冒知名商标“crocs”品牌鞋的工厂，现场查获印有“crocs”商标的鞋垫、鞋跟19634只、制鞋模具25个。

4月中旬，市工商局又在南城查获了假冒卡骆驰公司注册商标专用权的成品鞋825双、假冒鞋材配件超过15000件及标签和包装物150000件。

5月24日，市工商局根据群众投诉线索，联合公安部门在茶山镇成功查获一个生产假冒知名商标“crocs”休闲鞋的大型窝点，在生产窝点和万江的仓库内共查扣涉嫌侵犯“crocs”商标的成品鞋120762双、半成品鞋31441双、“crocs”商标标牌15000个、“crocs”品牌鞋袋15000个、电脑主机3台、鞋模19个，涉案货值约为人民币5000万元。

由于上述案件均达到移送标准，市工商局迅速把案件移送公安部门处理，通过法律手段追究当事人的刑事责任，有效保护了商标权人的合法权益。

将严厉打击违法印制商标标识

东莞市工商局表示，此次美国驻广州总领事馆和卡骆驰公司的来信是对其工作的极大鼓励，接下来，该局将进一步加大对侵犯知识产权违法行为的打击力度，依法惩治制假售假分子，维护企业的合法权益，为知识产权市场的健康有序发展营造良好氛围。

一方面强化执法监管，加强硬性防护。以“三打”工作为契机，把商标印制企业列为执法重点，对全市的商标印制企业进行抽查，重点检查商标标识印制主体是否建立商标标识审查、业务登记、标识出入库、废次商标销毁等制度，严厉打击违法印制商标标识的行为。同时，加快商标印制电子监管系统（简称“商印通”）的推广应用，推动商标印制单位自觉上线应用“商印通”系统，主动利用信息化平台建立电子台账，上传相关资料、图片，实现对商标印制行为的动态监管，从源头上防止商标侵权行为的发生。

另一方面提高保护意识，加大软性

防护。利用日常巡查，对经营户进行宣传，让经营户明确哪种商品可以销售、哪种商品涉嫌侵权，自觉抵制销售侵权商品。同时，借助广播电视台、报章等新闻媒体，全面宣传知识产权相关法律法规，对典型商标侵权案例予以曝光，强化警示教育，营造保护商标专用权的良好社会氛围。

把商改推向深入　为全省全国探索经验

记者：殷昌盛　2012年12月5日刊载于《东莞日报》

九成窗口等候不超一小时，营业执照一个工作日搞掂。这是自11月26日全市工商系统登记注册窗口开始试运行商事登记一周以来所取得的成效。

在我市商事登记改革全面启动后的第二天，昨日，徐建华、袁宝成、李毓全、姚康、黄双福、梁国英等市领导分成六个组，分别带队到东城、凤岗、虎门、长安、大岭山、黄江、茶山、常平、中堂、麻涌等镇街及市工商局进行商事登记窗口现场检查并听取情况汇报。

从检查和汇报情况看，登记窗口秩序井然，办事效率大幅提升，全市商事登记改革取得明显的效果。

本报讯　“我很欣慰，全市商事登记改革铺开后进展很顺利，取得了良好开局。”昨日下午，市委书记、市人大常委会主任徐建华率队到东城工商分局和市工商局进行商事登记窗口现场检查，充分肯定全市商事登记改革工作进展情况。

徐建华强调，开展商事登记制度改革，对于东莞营造法治化国际化营商环境、进一步提升综合竞争力，具有十分重要的意义，各部门各镇街要科学做好人员调配、细致开展业务培训、着力优化后置审批、切实加强后续监管、不断加大宣传力度，把商事登记制度改革推向深入，努力争创体制机制新优势，为全省乃至全国开展商事登记改革探索更多先进经验。市领导王检养、张科、何嘉琪陪同检查。

市民主动向书记“晒”商改成果

“你等了多长时间了？”“你知道商事登记改革吗？”“你对商事登记改革有什么意见或建议吗？”在东城工商分局，见不少市民正在办理业务，徐建华一行简单听取情况汇报后，便主动与市民攀谈起来。

一位小伙子一手拿着旧式营业执照和排队号码，准备换领新式营业执照。徐建华与他并肩坐下来，关切地询问业务办理情况，并鼓励他大胆提出对商事登记改革的意见和建议。

正在8号窗口办理业务的一位市民拿着刚刚拿到的营业执照，高兴地向徐建华一行展示。她说：“商事登记改革让我们老百姓越来越有信心了，一天就搞定了。”

9号窗口是专门为下岗工人、大学生创业等提供便捷渠道的绿色通道。与其他窗口的忙碌相比，9号窗口显得有些“冷清”。工作人员告诉徐建华，由于商事登记改革后，办事效率大大提升，其他一般窗口就已“消化”了大量业务，一般不需要来到绿色通道窗口，徐建华听了十分高兴。

东城工商分局的负责人介绍说，全市商事登记改革全面启动后，到东城工商分局办理注册业务基本不用排队，等候不超过一个小时，绝大部分营业执照可在一个工作日内发出。

改革一周市场主体增加11%

在市工商局，徐建华认真听取全市商事登记改革推进情况汇报，并观看商事登记改革后的流程演示。市工商局的一位负责人说，全市工商系统的窗口已按照商事登记改革的要求配置完成，相比其他地方，我市商事登记改革在制度设计上有特色，更具有可操作性，更加注重群众满意度和办事体验。

据介绍，从11月26日开始，全市工商系统登记注册窗口开始试运行商事登记，一周来，全市工商系统登记窗口共发出营业执照3125个，比改革前一周增加了11%。

通过降低准入门槛、下放登记权限、简化审批环节、增加资源配置、优化流程设计等措施，全市90%以上的登记窗口达到了“群众排队不超过5分钟、等候不超过1小时、按商事登记新设立的营业执照一个工作日内发出”的要求。

履行监管职能依法查处违法经营行为

在随后召开的商事登记制度改革现场检查点评会上，徐建华听取了市工商局、经信局、文广新局和市电子政务办的工作汇报，并发表重要讲话。

在充分肯定全市商事登记改革工作进展情况后，徐建华说，开展商事登记制度改革，对于东莞营造法治化国际化营商环境、进一步提升综合竞争力，具有十分重要的意义，从检查的情况看，登记窗口秩序井然，办事效率大幅提升，全市商事登记改革取得明显成效。

对接下来的工作，徐建华强调，要把商事登记制度改革推向深入，努力争创体制机制新优势，为全省乃至全国开展商事登记改革探索更多先进经验。在推进商事登记改革中要克服过去重审批轻监管的观念，调整资源分配，将精力从审批转移到监管上。要进一步明确职责，按照行业管理的原则，履行依法监管职能，对主管行业承担起一管到底的监管责任，依法查处违法经营行为。

力争服务最优环节最少效率最高

采写：段思午　陈志强　方镇彬　郝金朋　丘想明　卢真伟　王宁　吴少敏　黄少宏　郭杨阳　龚名扬等　2012年12月5日刊载于《南方日报》

南方日报 东莞观察 A01

严格按量取水 超额三成将停水

省重点项目进度 东莞居全省第六

港镇统筹发展 大部制整合在即

新商事登记制度全市启动，徐建华对后置审批提出要求——

力争服务最优环节最少效率最高

持续寒冷

近日轻微交通事故增加15%

多云

市长给工商户颁证

10月下旬，全市商事登记制度改革动员大会确定，自12月3日在全市启动改革。

11月26日，工商部门开始试运行。通过降低准入门槛、下放登记权限、简化审批环节、增加资源配置、优化流程设计等措施，全市90%以上的登记窗口实现“群众排队不超过5分钟、等候不超过1小时、按商事登记新设立的营业执照一个工作日内发出”。

通过改革，窗口办事服务也得到大幅改善，电子政务办牵头建设了政务信息资源共享平台。工商部门办理的商事业务信息当晚即上传至平台，其他相关部门可以随时查询商事主体情况，开展相应后续监管。

试运行一周以来，工商系统登记窗口共发出营业执照3125个，比改革前一周增加了11%，改革所激发的市场活力已初步显现。

南方日报讯　“以前办执照要跑很多趟，现在跑一次就可以了。”昨天下午，正在东城工商分局办理营业执照的杜小姐如此表达了对新的商事登记制度的感受。

自12月3日起，东莞市在全市全面启动新的商事登记制度，从登记注册到后续监管，均采用新的配套机制和平台。

昨天，市委书记徐建华、市长袁宝成等市领导分为六组，现场检查12个镇街工商分局的改革情况。

东莞市商事登记制度改革是“六个东莞”建设中“效率东莞”的重要组成部分。今年以来，东莞着力开展“六个东莞”建设，营造法治化国际化营商环境，将其作为贯彻落实省党代会精神的主抓手，力争在营造法治化国际化营商环境方面走在全省前列。

“建华贸易”名字已被使用

昨天，徐建华检查了东城工商分局和市工商局的现场情况。

在东城工商分局，徐建华坐在正在等候办理业务的温耀溪身边，询问他对商事登记改革的意见。温耀溪说，他想开个水果店，今天来办执照觉得很方便。他的水果店打算取名“鲜果鲜”，专营水果批发店，还有个备选名字叫“优尚果”。

徐建华打趣说：“店里取名字和给孩子取名一样仔细吧？”

他说，现在办理速度快了，预祝温耀溪的店能在元旦前开张营业。

在工作人员介绍名称核准自助查询系统时，徐建华说，想查询一下“建华贸易”这个名字能不能用。工作人员搜索出189个带有“建华”字样的商事主体名称，其中还真有“建华贸易公司”。

徐建华称赞这个系统很方便

在肯定商事登记制度改革措施的同时，徐建华也提出，现在群众查询办理进度等还是要到工商部门大厅，未来能否实现网上查询，最好让群众在家里就能上网办理进度查询等业务。

让改革真正便民利民

在点评会上，徐建华说，商事登记改革已开好头、起好步，为未来工作打下坚实基础。各有关部门和镇街要坚定信心，抢抓机遇，确保改革有条不紊地进行。

徐建华说，改革后市场主体有一个爆炸增长期，窗口业务负荷明显加大。各有关镇街和部门在资源和岗位、人员配置上要优先向基层倾斜，向窗口倾斜。同时要有针对性地加强人员培训，提高窗口一线的业务水平。

他强调，要着力优化后置审批，加快清理后置审批事项。哪些审批可以精简，哪些流程可以优化，哪些权限可以下放，哪些时限必须作出承诺，力争做到服务最优、环节最少、效率最高，让广大群众切实感受到改革带来的快捷和便利。同时，要切实加强后续监管，依法查处违法经营行为。

徐建华说，要把商事登记制度改革推向深入，努力增创东莞体制机制新优势，为全省乃至全国的改革探索更多先进经验。

东莞全面铺开商事登记改革

见习记者：龚名扬　记者：李书龙　2012 年 12 月 10 日刊载于《南方日报》

南方日报 东莞观察 A01

铁锅叫停下的违建治理困局

警务改革 百项业务下放基层

城乡环卫经费将实现市镇统筹

驾驶员不担责车辆不能年检

以“宽进”激发市场活力，以“严管”凸显东莞特色

东莞全面铺开商事登记改革

网上搜索“国安票务”竟然显示携程网链接

东莞国安票务状告携程网商标侵权

近日，国家工商总局正式批复广东省工商局，原则同意广东省扩大商事登记改革试点地区，在东莞市、深圳市、珠海市、佛山市顺德区开展商事登记改革试点。

由此，东莞成为省内首个在全市铺开商事登记改革的地级市。

这是继今年 6 月份省政府批复同意东莞市开展商事登记制度改革试点工作之后，东莞获得的又一重大政策利好支持。批复同时抄送各省、自治区、直辖市工商局，这确保了东莞市商事登记执照在异地也将得到认同，为维护东莞市企业的合法权益提供了重要保障。

东莞市工商局有关负责人表示，将以东莞纳入全国商事登记改革试点为契机，以“效率有否提升、群众是否满意”为检验标准，进一步加强服务窗口的标准化、规范化建设，为广大市民营造更高效便捷的办事环境。

作为全省首个在全市全面启动商事登记制度改革的地区，东莞市商事登记改革方案共出台了八条主要措施，体现了“宽进”精神。

商事登记与传统登记的最大区别是，传统登记是主体资格的登记和经营资格的登记相统一，申请人在办理营业执照前必须到相关部门办理相关前置许可审批文件；商事登记仅是对主体资格的登记，除一些特殊主体的设立须经批准外，申请人办理营业执照无需再提交相关部门的前置许可审批文件。

在商事登记形式下，经营范围核定分为“许可经营项目”与“一般经营项目”。从事一般经营项目的，由经营者按照《国民经济行业分类》规范中的“门类”“大类”“中类”或“小类”自主选择表述，登记机关在营业执照上载明。从事许可经营项目的，由经营者参照《国民经济行业分类》规范用语或有关许可规定表述，并在经营范围后面加注“取得许可后方可经营”字样。

统计数据显示，11 月 26 日到 11 月 30 日，市工商局开展商事登记压力测试期间，共发出营业执照 3125 个（其中商事登记执照 2857 个），比改革前一周增加了 11%。

作为改革开放的先行地区之一，东莞市市场大、经营主体多，截至今年 11 月底，全市有各类市场主体 535825 户，仅次于广州、深圳，居全省第三。这次将商事登记范围从大朗镇扩展到全市，市场主体将迎来新一轮增长态势。

据了解，东莞市已出台《东莞市商事登记改革后续市场监管工作方案》，按照重点监管、责任明晰、协同监管、整合资源、依法有效的基本原则，明确商事登记改革后全市市场监管的职能和事项，重点突出明确各部门对改革后前置改后置审批事项的监管职责，确保从事许可经营项目的商事主体纳入监管视野，防止因改革而出现监管缺位和监管力度减弱。

此外，由市电子政务办牵头，开发市场监管信息共享服务平台，工商部门负责录入商事登记数据，各职能部门在此基础上建立管理目录，将许可信息、监管信息、审批时限等及时上传系统，部门之间可以查询、下载及传送许可监管信息，实现信息的实时录入、实时共享、实时监管、实时反馈，着力破解“信息孤岛”，架起“宽进”与“严管”的桥梁。

张茅三语评东莞商改

记者：高志全　2013年4月12日刊载于《东莞日报》

上午9时许，张茅一行冒雨来到市工商局，实地调研商事登记改革推进情况，随后与市政府及相关部门一同座谈。

“东莞是我到国家工商总局后到基层调研的第一站。”听取东莞方面汇报后，张茅作总结讲话时指出，广东是国家改革开放的排头兵，东莞是改革开放发展的一个缩影。在新形势下，推进商改工作有利于转型升级，为今后发展注入新的动力。

对于东莞近一年的商改工作，他用三句话给予高度评价：东莞市委、市政府高度重视工商管理工作，商改决心大，力度强，方案完善，目前已经取得了良好开局和显著成效，接下来要为全国商改创造更多经验。

评价1　商改方案考虑周全

张茅说，东莞商事登记改革注重综合协调，市委、市政府专门成立商改办，这是一条重要经验。因为商改不是工商部门一家的事。

“现在都讲‘顶层设计’，但顶层设计的方案来自哪里，就来自于基层的创造和实践。”张茅说，东莞商改方案考虑周全，非常有特点，有利于市场经济体制的完善。

评价2　全力以赴把商改做好

“工商登记改革是政府改革的重要内容。”张茅表示，要以改革促发展，进一步激发社会和市场活力，这是当前以及今后一段时期政府工商管理的一项重要工作。

他说，当前，经济社会发展处于一个重要时期，需要进一步调动市场活力，划清市场与政府的边界，把政府管不了、也管不好的事情，要交给市场，东莞要全力以赴把商改做好，大胆尝试。

评价3　为全国提供更多更好借鉴

“虽然东莞商改在全国起步早，见效快，但还需要进一步深入探索。”张茅希望，东莞商改在良好开局基础上，要扩大视野，继续大胆探索，完善体制机制，特别是加强监管，这是改革亟须探索的难点。

张茅表示，东莞不是特区，没有地方立法权，却在改革的路上率先迈出步伐，对于全国很多城市来讲具有借鉴意义，希望东莞创造更多经验，为全国提供更好借鉴。

探索可复制的商改“东莞模式”

记者：段思午　2013年4月12日刊载于《南方日报》

南方日报 东莞观察 A01

节水设施不合格 不予竣工验收

“托举哥”鲍良伟 获“见义勇为好市民”称号

两搬运工 合力擒嫌犯

孤岛不孤独

商事登记制度改革4个月，市场主体增四成

探索可复制的商改“东莞模式”

十八届二中全会提出，改革工商登记制度。昨天，国家工商总局将在广东调研的第一站选在东莞。

记者在调研座谈会上获悉，去年12月到今年3月，全市共新增市场主体30595户，同比增长40.88%。改革综合效应已经得到显现：今年1—2月，全市合同利用和实际利用外资金额、协议利用内资金额、税收总额、来源于东莞的财政收入均得到明显增长。特别是固定资产投资同比增长33.6%，增速比上年同期提高15.7个百分点，其中工业投资21.93亿元，增长29.8%。

商改“东莞模式”的核心是“宽进严管”，既最大限度降低市场准入门槛，给审批做“减法”，又注重登记后的多部门协同监管责任，给监管做“乘法”。尤为值得一提的是，“东莞模式”是“微创手术式渐进式改革”。所谓“微创”，是指东莞商改没有突破现有的法律框架，最大程度保留了现有的一些模式，没有“伤筋动骨”。“渐进式”是指东莞商改从去年5月试点到12月全市铺开，至今一直在不断完善中，小步快跑前进。这使得“东莞模式”对于其他地级市的商改具有相当的可复制性，是探索深化“东莞模式”最重要的意义所在。这一点昨天也得到总局主要领导的高度肯定。

“宽进”　一个相关审批最少的地级市

东莞市目前共有各类市场主体546618户，其中，个体工商户387978户、私营企业128610户、内资企业13477户、外资企业12055户、“三来一补”3017户，农民专业合作社67户，市场主体数量在全省地级市中排名第一。

有人形容过去的工商登记注册就像个“喇叭口”，口窄肚大。“先办证后发照”的模式将不少市场主体挡在门外。而登记注册后，某些有前置审批职能的部门工作人员以审代管，对入了门的市场主体监管不及时、不到位。这些都与市场经济发展的要求不相适应，也成为群众反映强烈的问题。

去年12月，东莞在大朗镇试点基础上，在全市开展商事登记制度改革，成为全国首个全市范围商事登记制度改革的地级市。“工商登记与经营项目审批相分离”成为改革的基础和关键。这是为了解决“喇叭口窄”的问题。

东莞将涉及市场主体资格和经营项目的相关审批事项，从改革前的188项压减到改革后的109项，减幅达42%。前置审批仅保留28项涉及主体资格的审批，涉及经营项目的81项审批全部改为后置。群众开办市场主体登记注册从“先办证后发照”变为“先发照后办证”。东莞也成为全国涉及市场主体和经营资格审批事项最少的地级市。

此外，东莞还实行注册资本认缴制、放宽经营场所限制等措施，降低市场准入门槛。在尚保留的审批事项中，东莞减少审批事项，优化审批流程。目前，各部门审批时限缩减幅度超过20%的部门占部门总数的59%。

目前，全市基本实现了排队取号不超过5分钟，等候不超过1小时，执照一般在1个工作日内发出，最长不超过5个工作日。

在大朗镇，去年5月4日至今年4月9日，累计受理业务36864宗，日均（工作日，下同）受理165宗，最多一天达到420宗。同期发出营业执照5285个，日均发照24个，比增70.5%，增幅全市第一。该镇近70%的部门审批时限比法定时限缩短50%以上。

此外，东莞还积极实施商事主体年检验照备案制、全程电子化网上登记年检等措施。去年5月，东莞推出全程电子化网上年检系统，1351户外资企业成为首批上线用户。今年已有1562户企业新申领数字证书并进行网上年检。预计到今年底，将有6000户外资企业实现全程电子化网上年检。今年3月，东莞正式启动网上登记平台，初步实现了工商登记从8小时向24小时服务转变。

“严管” 一个平台管住54万市场主体

对于地方发展而言，“放得开”固然重要，“管得好”也不可或缺。

市商改办负责人说，过去主体资格和经营项目只需要工商“一个路条”。现在工商发了主体资格“路条”，涉及经营项目监管的30多个部门还需要各自发放“路条”。一方面要严控市场主体只拿工商“路条”就开门营业的风险，另一方面后续监管部门也需要从“等人敲门”转变为“出门找人”，还需要找得快、找得准、找得全。

这就需要“严管”。东莞正在摸索在现有制度框架内适合东莞实际的“严管”模式。

营业执照是市场主体开展活动的合法凭证，也是部门监管的依据。与其他商改城市不同，东莞基本没有改变营业执照原有式样，保留了原有执照上的经营范围和注册资本等内容。对许可经营项目，作出“取得许可后方可经营”的执照标注，对市场主体作出警示。执照上采用国民经济行业分类的规范用语，统一经营范围的表述，方便后续监管部门的识别预判与重点跟进。这成为后续监管的基础。

东莞以工商登记数据为基础，建立

了全市统一的政务信息资源共享平台。工商部门将每天登记变更数据发送至平台，经后台处理后将需办理经营项目许可的市场主体信息即时发布给后续监管部门，大大增强了部门监管的时效性与指向性。同时，各部门数据还可以进行交叉对比，能及时发现应办未办相关经营项目许可，甚至未办注册登记的市场主体。每个监管部门的审批、检查数据，都可以为相关部门提供追查、监管的提示，实现部门监控能力的倍增。

比如，在烟草专卖领域，监管部门可以通过共享平台及时掌握每天烟草零售市场主体情况，监管指向性非常强。

又如，过去开展行业专项整治往往需要多部门组成联合执法队，采取大水漫顶式检查。通过共享平台，各部门能发现和掌握涉及本部门监管职责内的市场主体情况，开展有针对性的执法，效率大大提高，使有限的监管资源发挥最大效能。

各监管部门对市场主体作出的处罚结果或催办提示须限期上传到政务信息资源共享平台，形成“黑名单”，相关监管部门根据其违规或失信行为的关联性，对相应业务进行重点监管，提高市场主体的违规成本。

截至 2013 年 3 月底，市政务信息资源共享平台已完成 56 个部门 442 类目录 1182 万条数据的录入。工商登记信息实时上传至平台，部门依此实施许可和监管，60% 的部门承诺提取信息后 5 个工作日内开展监管。相比目前全市 54 万个市场主体，平均一个主体有相对应的数据 20 多条。在海量、动态、关联数据下的监管，实现了商改的“放而不乱”。

商改 一项推动改革的改革

“宽进严管”是东莞商改的核心，也是最可供其他没有立法权城市学习借鉴的经验。但商改的意义不仅在于此，商改还推动了整个监管机制的重构，并成为东莞行政审批制度改革的最重要推动因素。

在微观上，共享平台的数据不仅有利于政府部门管住市场主体，也能成为管住监管部门的基础。在共享平台上，每条新登记的市场主体数据都必须做出回应，由相关科室、分局实施相应的监管；每次监管活动都必然留下纪录，形成相应数据；每条监管数据都要纳入考核评价，形成工作反馈。这样就形成了一条闭环运行的责任链。各后续监管部门信息处理响应速度、现场核查跟进情况和交叉比对复核情况都能一目了然。

如大朗镇共享平台上可以查询到，去年 5 月 4 日至今年 4 月 10 日，当地发出的 5000 多个执照中，有 27 个主体需要办理消防登记许可，已经办理了 26 家，消防部门监督检查 26 次。在此期间，消防部门共登录了 108 次。如果有某个部门出现明显懈怠，监管不力的情况，在平台上能得到实时体现。

在宏观上，一批审批项目的取消或者前置改后置，意味着政府监管机制和行政流程的再造。某些习惯了“以审代管”“等人敲门”的部门工作人员会发现面临着较大的挑战。这样倒逼政府部门必须从自身实现职能改革、审批改革，逐步下放权限，简化程序，明晰监管职能。

工商部门是“倒逼”的典型代表。工商部门窗口服务上从商改前的“以我为主”转变为现在的“以群众为主”，从咨询领表、排队等候、受理审批、发放执照等各个环节进行综合考虑，并且对窗口进行全流程的标准化改造，服务质量明显提高。去年12月份以来，全系统服务窗口的作风投诉下降九成，在全市行政审批电子监察绩效测评中，工商连续4个月名列第一。市局窗口商改后达到了作风“零”投诉。

在行政审批上，东莞以商改为示范，推动行政审批事项的清理。目前已出台第一批审改目录，共压减行政审批事项296项，其中取消239项，减幅达41.3%。

期待　一个可以复制的“东莞模式”

正如经济发展的“东莞模式”正在转型升级“爬坡越坎”一样，商改“东莞模式”同样也面临一些需要更高层级解决的问题。

在昨天调研会上，东莞建议上级支持东莞保留商事登记营业执照的现有样式。同时，在国家层面明确电子营业执照的法律效力及促进其在相关领域的广泛应用。在商改中出现了一些新问题，如准入前端放开了，后续监管法条如何衔接等。地方性上解决这些问题。商改是对现行登记、审批、监管制度的重构，必须有相应重构的法律框架支撑。东莞建议国家层面加快重构与商事登记改革相配套的法律法规体系。

东莞还提出，希望省有关社会法人守信激励与失信惩戒的政策尽快实行，同时协调中央、省有关部门下放审批、监管和执法权力，实现审批提速。目前东莞保留的81项后置审批中，超过40%涉及中央和省审批，有照无证市场主体在审批环节的滞留，影响了商改效果。东莞将根据实际提出建议国家和省下放审批的事项，或推动推动相关部门制定压减审批时限的措施，从源头上减少后续监管的压力。目前，东莞15个部门已向大朗下放涉及市场准入的相关审批权80项。

“东莞模式”证明，在没有地方立法保驾护航、没有实施大部门制改革的大环境下，在当前企业自律、诚信基础和市场监管仍然比较薄弱的基础上，循序渐进、分步推行是实施商改的现实选择。在实施商改过程中，必须坚持便捷登记、审批提速和协同监管的环环相扣。对现有法律法规和监管体制的冲击较小，并同步实施了协同监管，成为“东莞模式”可供复制的鲜明特点。

品牌魅力彰显开放强市风采

记者：沈勇青　2013年4月26日刊载于《东莞日报》

“东莞制造”早不是OEM（贴牌代工）的代名词，但从来没有像现在这么底气十足：2012年新增10件中国驰名商标，30件广东省著名商标，足以看出工业强市的品牌实力。

品牌是城市软实力的重要组成部分。在代工的黄金年代，订单如云，机床轰隆，商标（品牌）似乎是可有可无的标签。随着上世纪90年代全球产业转移的浪潮，外需市场变幻的频繁，让“东莞制造”逐渐意识到不能纯粹地沉迷于订单。

对商标（品牌）的重视，“有形的手”反应得更快。2001年，东莞提出“品牌立市”，第一次把品牌摆上议事日程确定下来。2002年，东莞新增驰名著名商标11件；2003年，18件；2004年，19件……2012年，40件。商标（品牌）数量的迅速增长，也从一个侧面印证，来自政府的积极引导和推动，必然有助于一个领域的规范和发展。

事实也的确如此。2001年以前，东莞全市注册商标总量仅8253件；而2012年，一年新增的注册商标就达12355件。而今，母子品牌几十个的企业比比皆是。正如2012年才获得广东省著名商标的一名家具企业负责人所言，过去是以产品占市场，现在以品牌占市场更为划算，消费者认可你的品牌的时候，产品也就不愁销路了。“你没有品牌，根本行不通”。

东莞多年大力推进的商标（品牌）战略，从根本上改变了昔日产业对商标的冷漠，不管是外销抑或内销企业，它们都深切感受到了商标（品牌）对企业转型升级的巨大作用。

商标（品牌）战略不能一蹴而就。除了大力培育商标，还要有对商标的保护机制和措施。东莞工商系统从积极帮助企业维权，到全省率先启动商标预警保护系统，再到筹备成立商标品牌发展保护促进会，无一不体现一个城市对品牌发展的决心。

新增驰名著名商标数量创历史最高水平，2012年商标战略的辉煌并非偶然。逐一分析产业的分布和企业的性质，很容易发现过往以“三资”企业为主的名标排行榜，已让身于那些代工的民营企业。外需市场的多变，不甘代工的雄心，让民营企业在新一轮竞争更加重视品牌战略。民营企业的崛起，必然壮大莞商品牌，让城市名片更加熠熠生辉。

如雨后春笋般涌现出来的东莞品牌，犹如一滴滴助燃剂，加快东莞产业环境、产品质量整体实力的提升。若说“三重”是东莞抢占高水平崛起的制高点，那么商标（品牌）就是高水平崛起的助推器。正是这些品牌的崛起，充分彰显了这座城市的开放和创新，让外界对东莞城市软实力有了更为具体的认识。

“微创式改革”或成全国样本

记者：刘熠　实习生：旷洁　2013年5月24日刊载于《南方日报》

A06

把握三个定位、实现两个率先

降低准入门槛、压减审批项目，东莞商事登记改革形成“三位一体”新格局

“微创式改革”或成全国样本

两天拿执照，每月省400万

六成职能部门提速20%

大数据实现监管“乘数效应”

以商改推动审批全面提速

2012年5月，东莞市大朗镇启动了商事登记改革试点工作。时隔一年，如今商事登记改革已如火如荼地在东莞全面铺开。

不同于深圳、珠海因有特区立法权而形成的特区模式，东莞商事登记改革是在现有体制框架下进行的“微创式”改革；作为国家工商总局批准的全国首个全市范围开展商事登记改革的地级市，东莞市场主体数量在全省地级市中排名第一，在没有立法权的基础上推广商事登记改革，从大朗镇试点到全市推广中积累了丰富经验，对国内其他地级市而言，东莞的商改模式无疑更具可复制的指导意义。

通过降低准入门槛、压减审批项目、出台部门监管办法等措施，目前，东莞已形成便捷登记、审批提速与协同监管“三位一体”的商改工作格局。

便捷登记　两天拿执照，每月省400万

“按以往的办照流程算下来，像我们这样的大型酒店，一个月的损失至少达到300万到400万元。”

“这简直就是天上掉馅饼！”说起大朗镇去年开始的商事登记改革，陈淑兰的言语中有掩饰不住的兴奋。

陈淑兰是东莞市大朗镇卡尼顿酒店的董事会助理。去年6月，已经办好酒店名称核准登记的她第一时间收到消息：大朗开始实行新的企业登记制度。这个名为商事登记的新制度带给她的直观印象是，原先至少需要一年时间才能筹办起来的酒店，在新的登记制度下居然两天就拿到了营业执照。

“太不可思议了！”如今跟记者谈起东莞的商改，陈淑兰仍不住地啧啧称赞。

2012年6月7日，作为东莞第一批“吃螃蟹”的人，陈淑兰来到大朗镇工商分局咨询办照相关业务。导办员立刻热情地询问她具体办理的业务内容，同时引导她填写相关申请表。拿到业务办理流水号，在大厅等了不到1小时，她就顺利将导办员指引下填好的表格准确无误地交到了柜台工作人员手中。两天后，她拿到了卡尼顿酒店的营业执照，这意味着，酒店顺利获得从事经营活动的主体资格。

“之后，工作人员提醒我们要去办理经营酒店相关的许可证，比如消防许可、食品卫生许可等，办完这些才有经营资格。而这些许可证以前都是必须先拿到才能到工商局来办理营业执照的。”陈淑兰说。

拿到执照几天后，几个消防部门的工作人员就带着资料出现在还未装修的酒店门口。“他们看了看酒店的构造，比对了装修图纸，让我们根据要求直接在图纸上进行修改，之后，卫生部门也派人上门来指导酒店的布局。”陈淑兰表示，这些部门的主动介入，既免去了以往办照必须在许可部门间跑来跑去的奔波之苦，也节省了装修好再验收一旦不合格又得重新整改的时间和资金成本，为企业带来的便利显而易见。

陈淑兰向记者算了一笔账，如果按照过去的工商登记制度，要等酒店完成全部装修，并且酒店工作人员全部到位之后才能申请相关许可证，审批全部通过才能拿到营业执照开业。那么，在这期间，企业将遭受“双重损失”：既有开业前不断支付的员工工资、房租等成本损失，又有不能营业带来的损失。“按以往的办照流程算下来，像我们这样的大型酒店，一个月的损失至少达到300万到400万元。”

正是由于商改降低了市场准入门槛，便利了企业登记，截至2012年12月，东莞新增市场主体10429户，同比增长43.7%；2013年第一季度共新增市场主体20166户，同比增长33.5%。大朗镇2012年全年新增市场主体5020户，同比增长38%；2013年第一季度新增877户，同比增长31%。目前，东莞各类市场主体共54.7万户。

审批提速　六成职能部门提速20%

目前东莞60%的职能部门压缩了20%的审批时限，过去需要10天完成的工作现在要求必须8天就完成。

“我是深有感触啊，之前去中山开分店，办理工商登记至少耗了一个月，最近在东莞几天就拿到了营业执照。”东莞市嘉荣超市有限公司总经理袁国平向南方日报记者感叹道。

在对东莞企业的走访中记者发现，受益于商事登记制度改革的类似企业不胜枚举。除了降低准入门槛，东莞进行商事登记改革后，办理工商登记的时间也大大缩短。对此，东莞还出台了严格的规定：工商部门必须在1个工作日内办照，2个工作日内将相关数据上传到政府信息资源共享平台，各个职能部门必须在5个工作日内完成材料的后续审批，8天之内必须把证发下来，最后还要实现零投诉。

8天之内要完成营业执照和许可证的发放，且工商部门1天之内就要把营业执照办下来，除了对工商管理部门来讲是巨大挑战，对以往以审代管的各职能部门而言，同样也要求其主动转变行政理念。用东莞市委副秘书长邓涛的话说，就是要通过工商部门1家的力量来撬动市内30家相关行政监管职能部门进行改革提速。

据了解，目前东莞60%的职能部门压缩了20%的审批时限，过去需要10天完成的工作现在要求必须8天就完成，过去的串联审批也变为并联，所有职能部门在规定时限内从政府信息资源共享平台上认领归属自己审批的企业，所有部门可以同时进行审批监管。

“过去所有审批都要等消防审批完成之后，才能进行其他审批。消防批不下来，其他部门也不会来。”在袁国平的回忆中，过去的企业登记制度耗时耗力。正是了解到商事登记制度的便利，当东莞市盟大塑化科技有限公司行政人事部经理尹国海前往工商局办理公司经营范围变更时，毅然选择了重新进行商事登记。

“审批提速其实就是做减法。”东莞市工商局副局长陈玺表示，商改要求简化审批流程，下放审批权限，目前东莞全面推行“一审一核”制，大部分业务，科员一级就可完成，一个环节就可办妥，改革后基本实现了登记办照排队取号不超过5分钟，等候不超过1小时，执照一般在1个工作日内发出，最长不超过5个工作日。

目前，东莞将涉及市场主体资格和经营项目的相关审批事项，从改革前的188项压减到改革后的109项，减幅达42%。前置审批仅保留28项涉及主体资格的审批，涉及经营项目的81项审批全部改为后置。群众开办市场主体登记注册从“先办证后发照”变为“先发照后办证”，东莞也成为全国涉及市场主体和经营资格审批事项最少的地级市。

“审批提速还有进一步的提速空间，目前40%的审批权仍然在省里，省里的审批速度没有提升，整体进展就会拖慢。”邓涛表示，东莞保留的81项后置审批中，超过40%涉及中央和省审批，仅不足60%为东莞市级审批，造成审批提速不尽如人意。如果将省一级的审批权下放到市一级，审批速度还将提高。

协同监管　大数据实现监管“乘数效应”

截至4月24日，东莞市政府信息资源共享平台上已经收录了500多万条企业信息。该平台将每个部门紧密联系在一起，形成了一张严密的监管网。

有人将商事登记改革比喻成“喇叭口”，喇叭口的前端就是工商部门，后端是30个审批监管部门。如果只是工商部门打开喇叭口，那将会形成“口小肚大”的情形，最坏的结果是使得一些商事主体处于有照无证的“灰色地带”。一旦商事登记改革的闸门打开，无数商事主体就会像潮水般涌进市场。如何规避“领了照不来办证”的风险呢？邓涛认为，除了给审批做减法，还要给监管做乘法。

在东莞市政府信息资源共享平台上，连通了工商部门和各个后续审批监管部门。工商部门会在当天晚上11点前将当日的企业登记注册信息上传到平台的数据库，构建信息上传推送、提取、分发、现场核查、检查信息反馈、交叉比对的数据链。通过这一数据链的汇集推送，需办理经营项目许可的市场主体信息将及时发布给相关的后续监管部门，为其主动“出门找人”提供了很大便利，从技术上保障了找得全、找得及时。

记者随机点击了一个位于大朗镇的餐饮企业，页面上显示该企业已经办理了营业执照，获得了主体资格，但还未办理相关许可证，这意味消防、卫生、食药监等部门将在随后的5天里对该企业主动进行后续审批监管。

截至4月24日，东莞市政府信息资源共享平台上已经收录了500多万条企业信息。该平台将每个部门紧密联系在一起，形成了一张严密的监管网。假如经营者在某个部门违规了，那么通过这个平台，其他部门都可了解到相关信息并加强对该经营者的监管。

据介绍，前端工商部门和后端监管部门的工作衔接，是协同监管的一大主要措施。企业取得商事登记主体资格的同时，工商部门将逐一告知其办照后还应办理的经营许可及不办理的罚则，并在上传数据时作出标注，提示后续监管部门重点关注。通过部门数据的交叉比对，对于应办而未办相应经营项目许可，甚至未办注册登记的市场主体，相关部门都能及时发现。

“比如，在烟草专卖领域，监管部门可以通过共享平台中其他部门的检查情况，及时掌握每天烟草零售市场主体情况，监管指向性非常强。又比如，过去开展行业专项整治往往需要多部门组成联合执法队，采取大水漫顶式的检查。通过共享平台，各部门能发现和掌握涉及本部门监管职责内的市场主体情况，开展有针对性的执法，效率大大提高，使有限的监管资源发挥最大效能。”

邓涛表示，在监管方面，东莞已经初步形成了一个以政府信息资源共享平台为核心的监管网，每个监管部门的审批、检查数据，都可以为相关部门提供追查、监管的提示，从而实现部门监控能力的“乘数效应”。

“下一步，就是要建立各部门的考核办法和问责机制，我们将督促各部门、各镇街及时修订完善适应改革新形势的市场监管办法、操作细则及配套措施，建立健全部门工作机制和跨部门协同机制，同时大力实施部门责任白皮书、行政效能评估、责任追究等制度，进一步完善监管体系。”邓涛说。

记者观察 以商改推动 审批全面提速

目前，广东在全国率先试行的商事登记制度改革分为以深圳、珠海为代表的“特区模式”，和以东莞、顺德为代表的“非特区模式”。从实践层面看，“非特区模式”由于更多地考虑了改革前后政策体系与部门运作的衔接性、稳定性，兼顾企业的现实需求，对广东乃至全国而言更具可复制性。而东莞市场主体数量在全省地级市中排名第一，又在从大朗镇向全市推广的过程中积累了丰富经验，经过一年多的探索，“东莞模式”或许最有可能成为商事登记改革的全国样本。

在没有特区立法权的条件下，东莞的商事登记改革是在现有的法律框架下进行的“微创式改革”，带有鲜明的东莞色彩，这种相比之下对现有框架冲击最小的改革制度，也吸引了上海、天津等地的工商部门纷纷来东莞学习取经。

商事登记改革的“东莞模式”，在对登记表格、营业执照、业务系统尽量不做大调整的前提下，最大限度地保留了现有的一些模式，尤其是保留注册资本和经营范围项目，以此作为税务、社保、消防、安监等后续管理部门从事管理的重要凭据。这些做法在达到改革目的同时对现有法律法规和监管体制冲击较小，容易得到各方面的接受，也使改革能够更顺利向更大范围铺开。

更为重要的是，东莞将商事登记改革提高到战略性工程的重要位置，以商事登记改革为突破口，全面启动行政审批制度改革。据了解，已出台的第一批审改目录共清理75个部门716项行政审批事项，共压减行政审批事项296项，其中取消239项，减幅达41.3%，转移57项；另有152项不属市的权限，作为第二批目录已按程序报省审批，如获全部同意，东莞行政审批事项将压减62.6%。各部门同样也进行了大刀阔斧的改革，减少审批事项，优化审批流程。据称，各部门审批时限缩减幅度超过20%的部门占部门总数的59%，60%的部门承诺提取信息后5个工作日内开展监管，实现监管和审批“双提速”。

如此，以商改为突破口，推动整个行政审批制度改革，将带动东莞社会管理创新，最终或可率先打造高效率的服务型政府。

东莞发出全国首张电子营业执照（电视画面）

2013 年 6 月 18 日刊播于广东卫视　时长为 22 秒

东莞颁发全国首批电子营业执照

记者：于长洹　2013年6月19日刊载于《东莞日报》

昨日下午，东莞市电子营业执照应用平台启动仪式在松山湖举行，并率先发出了全国首批电子营业执照，这标志着我市电子政务建设迈向了新的阶段，商事登记制度改革又取得了新的突破。市委副书记、市长袁宝成，广东省工商局副局长钱永成，市政府秘书长邓浩全出席仪式。

据了解，东莞市电子营业执照应用平台将首先在松山湖进行试点，时机成熟后，将在全市进行推广。昨日，首批申请电子营业执照的10家企业获颁纪念证书。

全国首批10张电子营业执照发出

在昨日的启动仪式上，市工商局相关负责人介绍了电子营业执照应用平台的主要情况。东莞市电子营业执照应用平台是企业申领电子营业执照，并将电子营业执照应用于电子政务及电子商务的综合性应用服务平台。它以工商登记注册数据库为基础，企业登记注册后，凭第三方认证的数字证书即可申请开通电子营业执照，平台将根据申请生成企业的电子营业执照信息。

据介绍，电子营业执照应用平台主要包含九大功能，其中包括企业身份证明、网上亮照、年检验照、档案查询、信用信息、电子商务、电子合同、综合应用和网络监管。

据工商局相关负责人介绍，该平台已完成第一期建设，初步具备了身份证明、网上亮照、信息查询及网络监管等功能，并首先在松山湖高新区试点发放电子营业执照。接下来，还将不断完善平台建设，拓展系统功能，逐步实现与其他职能部门业务系统对接和数字证书互通，在条件成熟时向全市推广。

合泰半导体（中国）有限公司是首家申请电子营业执照的企业，在昨日的启动仪式上，袁宝成为该企业颁发了电子营业执照纪念证书。同时，松山湖首批申请电子营业执照的另外9家企业也获颁纪念证书，这也是全国首批获得电子营业执照的企业。

电子应用平台将加强联动监管

钱永成在仪式上指出，东莞市电子营业执照应用平台的启动，是工商登记服务方式的创新，也是商改的一次重要成果，东莞在此方面走在了全国的前列。

袁宝成在讲话中指出，电子营业执照应用平台的启动，对东莞商事登记制度改革而言是一个具有里程碑意义的举措，全国第一批电子营业执照发出，东莞在这方面做了改革的排头兵。

袁宝成指出，今天看起来，这可能

是一项不大的改革，但可能就是东莞未来一系列改革的“牛鼻子”，等到这个平台完全联网，东莞的云计算技术达到要求，东莞商事登记会发生巨大变化，现在，改革正在一步步向前推进。

袁宝成表示，随着东莞商事登记制度改革的推进，东莞商事登记将实现无纸化办公和监管，这将转变政府履行职能方式，行政审批改革也可以全面带动起来。“今天电子营业执照应用平台启动这一小步，就是未来改革的一大步。”

同时，袁宝成也对该平台建设提出建议，他指出，电子应用平台上线后，如何保证电子营业执照的合法性，实现联动监管，还需要去探索和努力。“松山湖在试点过程中，要多发现问题，然后我们一起解决问题，时机成熟后在全市推广。”

"四龙"合一　玖龙成百亿企业

记者：李文洁　2013年6月20日刊载于《东莞日报》

给玖龙纸业供货，要签四份供货合同，很让供应商抓狂，这样的情况将不再出现。昨日下午，东莞市工商局大厅，东莞玖龙纸业有限公司总经理林新阳接过市工商局副局长陈玺颁发的新《企业法人营业执照》，标志着东莞玖龙纸业正式完成对东莞海龙纸业、东莞地龙纸业和东莞天龙纸业三家子公司的吸收合并。

值得注意的是，合并后的东莞玖龙纸业有限公司注册资金8.33181亿美元，总投资额近21亿美元，产值超过人民币150亿元。这意味着，东莞玖龙纸业正式迈入百亿企业行列，并成为我市水乡片首个超过百亿元的大型现代企业。

合并实现供货、采购一体化

从1995年投资兴建至今，作为玖龙纸业四大全国性战略生产基地之首的东莞玖龙纸业，已经成为全球最大的单一造纸生产基地。此外，玖龙纸业在东莞还有三家控股公司，分别是东莞海龙纸业、东莞地龙纸业和东莞天龙纸业。它们合称"四条龙"。

响当当的"四条龙"也有烦恼。原来，这四家企业在采购、销售、物流和财务上都是相对独立。"同一个原料供货商向玖龙供货，往往需要签订四份合同，分四次收款。采购商前来采购，也是要签四份合同，分四次收货。"东莞玖龙纸业总经理林新阳告诉记者。

据介绍，此次玖龙纸业是吸收合并其他三家公司后，三家公司法人主体资格丧失，由接纳方玖龙纸业到工商机关申请变更登记。

吸收合并后的新玖龙纸业，将保留原来四家企业的生产业务，但是在内部管理、业务流程上将进行整合升级。"对外将由一个法人主体开展各种业务，效率会提高很多。"林新阳说，对内管理也是一样，有些功能相同的部分将进行整合。据其介绍，玖龙设有三个月的过渡期，即7月、8月、9月，用于新旧业务的对接。

"希望通过此次吸收合并整合内部资源，充分发挥企业的规模效应，进一步完善公司产业链条，实现一体化战略。"林新阳说。

百亿企业可享更多政策优惠

除了公司业务整合的需要外，希望迈入百亿企业行列、享受更多的优待政策，也是玖龙纸业此次调整另一初衷。

玖龙纸业新领的《企业法人营业执照》写着以下内容：名称：东莞玖龙纸业有限公司；法人代表：张茵；注册资本:8.33181亿美元；实收资本:8.33181亿美元；公司类型：有限责任公司(台港澳与境内合资)；经营范围：生产和销售高档纸和纸板（新闻纸除外），在境内组织收购生产所需废纸作为原料自用。

合并后的东莞玖龙纸业，投资总额近21亿美元（合120多亿元）。此外，合并前四公司2012年的产值超过人民币150亿元，这意味着，合并后东莞玖龙纸业正式迈入百亿企业行列，也是东莞水乡片首个超过百亿元的大型现代企业。

“广东省政府、东莞市政府都提出了要支持打造‘百亿企业’，相关的政策将逐步出台，我们对此充满期待。”玖龙纸业（控股）有限公司集团公关部经理杨月霜说。

企业跑审批的酸甜苦辣

记者：杜海涛　2013 年 6 月 24 日刊载于《人民日报》

人民日报　经济周刊

聚焦行政审批改革②

备齐工商注册资料，至少要和七八个部门打交道，办理十几项审批

企业跑审批的酸甜苦辣

本报记者　杜海涛

经济热点

消防证、公共卫生证、环保证……一些行政审批手续烦琐，过程漫长，是难啃的"硬骨头"

销售香烟、白酒、食盐、药品，必须拿到审批许可，每增加一项许可，必须办理一次"经营范围"变更

如今，东莞新企业登记注册，最快可在 1 小时内拿到工商牌照

6 月 18 日下午，广东东莞松山湖高新技术产业开发区，东莞市工商部门为 10 家企业颁发了全国首批电子营业执照，标志着东莞商事登记制度改革又取得了新突破。

在推行商事登记制度改革前，注册难、更名难、年检难……行政审批手续烦琐、效率低，困扰着企业。近日，记者在东莞采访了当地的一家大型连锁超市，公司专门负责企业登记、年检等工商手续的外事部负责人胡经理，向记者讲述了改革前他为公司新开门店办照时遭遇的种种困难，以及改革后感受到的便利。

消防证、公共卫生证、环保证
—— 一些行政审批手续烦琐，过程漫长，是难啃的“硬骨头”

2011 年，胡经理奉命为公司在东莞某新建小区的一家新开门店办理营业执照。在 2010 年底，公司就和业主谈妥租赁协议。2011 年初，一拿到钥匙，胡经

理就去工商部门提出办照申请。很快，公司新门店通过了工商部门的名称核准，他开始着手准备注册材料。

胡经理说，在商事登记制度改革前，作为一家商业零售企业，备齐工商注册资料，至少要和卫生、质检、食药监、公安、税务等七八个部门打交道，办理十几个审批流程。消防证、公共卫生许可证、环保证……许多审批手续烦琐，过程漫长，都是难啃的“硬骨头”。

开超市，首先要申办消防合格证。胡经理说，由于超市地处闹市，人流密集，消防部门审得紧，这是应该的，但办证过程实在太复杂。

为拿到消防证，公司要先后向消防部门提供三份材料，申请三份文件，即《消防设计审核意见书》《消防验收意见书》和《开业安全检查意见书》。有了《消防设计审核意见书》，门店装修才能开工。“可能是因为消防部门人手紧张吧，申办消防证，前后花了3个多月。”

终于，消防许可证拿到了，本该松口气的胡经理，却又惊出了一身冷汗：一对比消防许可证和房屋租赁合同，小胡吃惊地发现，两份文件上的地址不一致，这是公司注册登记绝对不允许的。

原来，公司与业主签房屋租赁合同时，楼盘还未交付，合同上使用的是施工期间的临时地址；等办完了消防证，楼盘早已交付，临时地址也就变成了市政部门批准的正式地址。正式地址不可能修改，只有修改租赁合同。胡经理赶紧和业主协商，好在业主很痛快，很快重签了合同。“如果业主不肯重签合同，一时半会儿改不了地址，新门店注册，不知会拖到什么时候。”

“注册难”的故事还有不少。

胡经理说，今年1月，他为公司在东莞之外另一个城市的一家门店办理营业执照，由于当地没有推行商事登记制度改革，前后经历了将近6个月，前几天才拿到营业执照。“这次，最大的‘麻烦’是公共卫生许可证。”

他告诉记者，办理公共卫生许可证，要等门店装修、布局等完成后，再向卫生部门提出申请，5到10个工作日后，工作人员上门审批。按往常，这项审批一般很顺利。然而，这次意外出现了：问题出在新门店安装的中央空调上。

当时，检测人员出具的报告说，中央空调排放的气体有害物质含量超标！这可是胡经理从来没遇到的情况。不合格就得重装。胡经理赶紧找人联系厂家，更换零件，重新安装调试。这一切完成后，再向审批部门提出申请。又等了十几天，检测人员才来。这次检测合格后，又等了十几个工作日，公共卫生许可证终于拿到了。

为了这个证，小胡花了将近两个月。

销售香烟、白酒、食盐、药品，必须拿到审批许可，每增加一项许可，必须办理一次“经营范围”变更

注册登记很难办，变更经营范围更让胡经理头疼。

他告诉记者，拿到营业执照，超市门店就能开门营业了，但不是每一种商品都可以销售。超市经营的商品林林总总，香烟、白酒、食盐、药品等，这些普通日用

消费品，不是超市想卖就能卖的。经营这些商品，必须拿到烟草、白酒、食盐、药品等管理部门的审批许可。而这些审批，只能在超市拿到工商部门颁发的执照后进行。每增加一项经营许可，就要到工商部门办理一次“经营范围”变更。

“能不能先把烟、酒、盐、药等‘特殊商品’的经营许可办下来，再办理注册登记，以免除频频变更‘经营范围’之苦？”

面对记者的提问，胡经理苦笑着说：“这根本不可能！”

他向记者解释：“烟草、白酒、食盐、药品等经营许可审批部门的对象是有市场主体资格的法人，在取得工商营业执照前，超市门店尚不具备这个资“变更经营范围，需要准备的材料很多。”胡经理说，除了相关部门颁发的许可证，他还要向工商部门提供公司住所地址、年检记录等相关材料，此外，还要提供有全部董事签字的董事会决议，少一个人都不行。由于公司有多名董事，有时有的董事出国学习，有的在国内其他城市考察，凑齐全部董事的签字，不是件容易的事。

更让胡经理困惑的是，2009 年之前，超市卖食盐不必专门审批，而2009 年之后，却变为必须由相关机构批准。以前，超市出售生鲜食品，由工商部门一家批准就行，后来，却需要工商、食药监、质检三家同时批准。审批项目越来越多，企业的负担越来越重。

当然，胡经理要做的事远不止这些。他告诉记者，在这些送审、更改等烦琐的工作之外，还有一项工作更加烦琐，那就是企业年检。

在东莞商事登记制度改革前，按照规定，企业年检集中在 3—6 月进行。胡经理所在的连锁超市已有 20 多年历史，开了 70 多家门店，而负责办理年检的外事部只有 5 名人员。东莞全市有 50 多万家市场主体，在三四个月内集中年检，压力之大可想而知。每次年检，都是一场疲劳战。小胡和他的同事们跑上跑下、进进出出，每个休息日都要准备材料。到了工作日，不到 7 点就要去工商机关的办事大厅排队。

如今，东莞新企业登记注册，最快可在 1 小时内拿到工商牌照

企业登记注册速度是一个地方行政效率的晴雨表。破解发展难题，提升“东莞速度”，改革企业注册登记制度，已迫在眉睫。

去年 5 月，作为广东首批企业注册审批改革试点城市，东莞开始在大朗镇试点商事登记制度改革，12 月在全市推开。按照“宽进严管”的思路，他们出台了压缩前置审批事项、精简后置审批项目等具体措施。通过工商登记和经营项目审批相分离，允许企业先拿执照，再办理其他审批项目。今年 6 月，电子营业执照的推出，更是具备电子身份证明、信息查询及网络监管等功能，进一步为企业松了绑。如今，东莞新企业登记注册，最快可在 1 小时内拿到工商牌照。企业年检，也能在一年中“滚动”进行。

“商事登记制度改革，推动了其他相关领域的改革。”东莞市工商局副局长陈玺说，改革前，营业执照实际上被赋予

了企业“主体资格”和“经营资格”的双重证明功能，企业登记过程存在大量前置审批项目，他们相互交叉、相互渗透，造成企业准入过程中关卡重重，程序繁琐。这种“重准入、轻监管”的管理模式，也容易产生各部门间职责不清，以及监管缺位、错位等问题。

“而商事登记制度改革，打破了‘凭许可才发执照’的管理思维，是一种根本上的登记制度调整。”陈玺说，“原先企业注册登记过程承载的相关部门‘监管职能’，被分散到企业实际运营的过程当中，强化了对企业生产经营活动的后续监管。企业的诚信、自律意识也大大增强了。”

商事登记制度改革后，企业减少了包袱，提高了效率。胡经理介绍说，现在再为新门店办理营业执照，至少能节省 40% 的审批时间，开业成本降低了 20% 左右。

广东东莞推行商事登记制度改革　倒逼行政审批大大提速

记者：陈冀　2013年10月14日刊载于《新华网》

作为全国首个全面开展商事登记制度改革的地级市，广东省东莞市从2012年4月开始，在现有体制框架下进行“微创式”改革。经过一年的探索实践，形成了便捷登记、审批提速与协同监管“三位一体”的格局。这项新举措激活了市场活力，成为倒逼行政审批改革的突破口。

审批做减法，激活市场活力

近日，东莞人叶丽梅要去当地工商局办理营业执照。作为即将成立的新公司——东莞中汽宏远汽车有限公司的办公室主管，这已不是她第一次办理执照了。“办理执照要求准备的资料繁多，手续繁琐，最快也要7天才能拿到证照。”

因为担心像过去一样排长队，10月11日，叶丽梅一大早就赶到东莞市工商局营业大厅。一走入大厅，她便感到与以往不同：大厅里办事的人没有排长队，导办台的工作人员笑脸相迎，主动询问需要办理什么业务，需要什么帮助。

在工作人员指引下，叶丽梅取了等候号。从进门到入座受理窗口等候，不到两分钟时间。十几分钟后，就轮到叶丽梅办理了。

由于此前做足了功课，叶丽梅把一叠厚厚的企业资料交给了受理窗口的工作人员。“我已提前上网下载了注册登记所需的全部资料。填写表格网上有样板，就连企业名称查重服务都可以事先在网上完成。而以前这些事情必须在现场办理，时间长，排队等候苦不堪言，而且还会由于材料有错漏多次辗转办证机关，不胜其烦。”

工作人员认真审核叶丽梅递交的材料后，告诉她：“资料齐备，执照将在一个工作日后发出，可以来营业厅领取，若没有时间，也可快递上门。”按照过去的审核程序，证照核发必须层层上报审批，现在是一个科员负责，一审一核，速度大大提升。

由于公司有一个较大的合作意向需要争取时间，叶丽梅向工作人员说明了情况。办证工作人员考虑到企业的特殊要求，再次认真审核后，当场发照。从进门办证到证照到手，仅用了两个多小时。

东莞市工商局登记科科长张志云介绍：“在流程设计方面我们从‘以我为主’转变为‘以群众为主’。我们作出承诺：群众排队不超过5分钟，等候不超过1小时，营业执照一般在1个工作日内发出，最长不超过5个工作日。”

东莞市工商局局长范燕彬介绍：“商改的核心就是通过给审批做减法，降低登记准入门槛，实现‘宽进严管’。东莞工商局全面推行‘一审一核’制，大部分业务科员一级就可完成，一个环节就可办妥，所以审批效率大大提高。”

工商登记与经营项目审批相分离，则是重要基础和关键之一。东莞将涉及市场主体资格和经营项目的相关审批事项，从188项压减到109项。前置审批仅保留28项涉及主体资格的审批，涉及经营项目的81项审批全部改为后置。这就意味着公安、消防、环保、卫生等部门经营资格许可不再作为商事主体登记的前置条件，如此，开办市场主体登记注册从“先办证后发照”变为“先发照后办证”。

监管用乘法，防范市场乱象

“放得开”固然好，“管得住”更为重要。东莞市市长袁宝成告诉记者：“如果将商改比成‘喇叭口’，喇叭口的前端是工商部门，后端是30个审批监管部门。如果只是打开喇叭口，让大量商事主体涌进市场，而监管不及时到位，就会出现社会普遍担忧的失控的市场乱象。”

给审批做减法，更为重要的是给监管做乘法。东莞市现有各类市场主体近56万户，在全省地级市中排名第一。商改后，市场主体快速增加，监管任务更为艰巨。

袁宝成说，东莞正着力建设“企业自律、部门监管、社会监督”三位一体的后续监管体系，实现监管的“乘数效应”。

记者在东莞市政府信息资源共享平台上看到，这里连通了工商部门和各个后续审批监管部门。只要点击鼠标，企业信息及相关部门审批发证等监管情况就会一目了然。工商部门每晚11时前会将当日企业登记注册信息上传到平台的数据库，将需办理经营项目许可的市场主体信息及时发布给后续监管部门。

对于平台推送的市场主体信息，各监管部门必须作出回应，及时实施监管，而每次监管活动都要留下记录，形成相应数据并纳入考核评价。各监管部门对市场主体作出的处罚结果会限期上传到平台上，形成“黑名单”，相关监管部门根据其违规或失信行为的关联性，对相应业务进行重点监管，使有限的监管资源发挥最大效能，也使不法企业“一处违法处处受限”。

据最新统计，已有56个部门442类目录1262万条数据录入平台，全市近56万个市场主体，平均1个主体有对应数据20多条。

改革在提速，效能有提高

东莞市委书记徐建华提到，商改就是要通过工商部门1家的力量来撬动市内30家监管职能部门进行改革提速。以商改突破口，全面启动行政审批制度改革，倒逼社会监管方式的重构和政府行政职能的转变。

在商改的倒逼压力下，东莞相关职能部门通过压减审批项目、优化审批流程、审批时限公开承诺等措施，实现了59%的部门审批时限缩减幅度超过20%，60%的部门承诺提取信息后5个工作日内开展监管。过去的串联审批变为并联，所有部门可以同时进行审批监管，实现监管和审批“双提速”。

东莞还以商改为契机，大力推动行政审批事项的清理。据了解，已出台的第一批审改目录共清理75个部门716项行政审批事项，共压减行政审批事项296项，其中取消239项，减幅达41.3%，转移57项；另有152项不属市的权限，作为第二批目录已按程序报省审批，如获全部同意，东莞行政审批事项将压减62.6%。

东莞 商事登记改革活力四溢

记者：李刚 成慧 2013年10月16日刊载于《人民日报》

人民日报
RENMIN RIBAO
2013年10月 16 星期三
新一代劳动者正成长为素质更高、视野更广、技能更强的专业人才
人才集聚驱动经济转型
纪念习仲勋同志诞辰100周年座谈会在京举行
习近平参加座谈会 张德江出席
东莞 商事登记改革活力四溢
改革发展新景象

10月12日下午，记者走进广东省东莞市工商局办事大厅，看到商事登记受理窗口一直没闲着，但排队等候的时间并不长。“公司准备在大岭山增开一家店铺，昨天下午提交了材料，今天就通知我来领取执照，这速度，真快！”不到半小时，一家企业的店务主任赵尹光拿到了工商执照。

赵尹光说，过去开个店，“前置审批”很麻烦。比如，在工商登记前，先要通过消防、卫生等部门验收，这样一来，店面装修、备货等环节，需要股东先期垫资，谁出多谁出少很容易发生矛盾。由于工商登记没出来，股东权益在法律上没明确，这样的矛盾往往不好解决。“现在东莞搞商事登记改革试点，取消了那些繁琐的‘前置审批’，允许‘零门槛’开公司。以前，几个月都申请不到营业执照，如今一天就能搞定！”

前来办理企业“冠省名”业务的周本江也感受到改革后的便捷高效。他原以为要到省城跑不少部门，经咨询，发现比想象的容易得多：现在企业“冠省名”可以在市工商局申请。市工商局将公司申请通过网络提交给省工商局后，一般2—3个工作日省局就会核准。

东莞市工商局登记注册科负责人说，“改革后，全系统的登记窗口都兑现了‘5115承诺’，即排队取号不超过5分钟，等候不超过1小时，执照一般在1个工作日内发出，最长不超过5个工作日。”

东莞市工商局局长范燕彬说，在商事登记改革中，东莞实行工商登记和经营资格许可审批相分离，全市涉及主体资格和经营项目的相关审批事项，从改革前的188项压减到改革后的109项，并将其中81项从前置改为后置，仅保留金融、保险等28项国家法律法规规定必须经过批准才能设立的事项。“自去年12月东莞实施商事登记改革以来，至今年9月底，全市新登记市场主体8.41万户，同比增长20.04%。”

东莞是国家工商总局批准在广东进行商事登记改革的4个试点地市之一。从新登记市场主体数量来看，东莞和其他3个试点地区深圳、珠海、顺德的增长幅度远高于广东其他地区。

商事登记改革，正催生活力四溢的发展新景象。

广东东莞试点工商登记制度改革
企业办证超轻松（电视画面）

2013 年 12 月 29 日刊播于中央电视台新闻频道《新闻直播间》栏目　时长为 4 分 45 秒

打造后续监管“东莞模式”

记者：高志全　实习生：庚钰均　2013年11月19日刊载于《东莞日报》

昨日，市委副书记、市长袁宝成专题调研我市商事登记改革制度时强调，十八届三中全会提出，要发挥市场在资源配置中的决定性作用，推进工商注册制度便利化，改革市场监管体系。东莞要在三中全会大的制度设计背景下，发挥地方改革的主动性和首创精神，打造后续监管的“东莞模式”，建立公平开放透明的市场规则，继续创造改革红利。

副市长吴道闻、市政府秘书长邓浩全陪同调研。

“不要让市民跑两趟，要一次性告知”

我市去年12月开始推广的商事登记改革成效如何？如何把这项改革推向纵深？这是袁宝成调研十分关心的问题。

昨日一早，袁宝成一走进市工商局办事大厅，就随机与六名前来办理业务的市民交谈，了解商改后的服务效率、服务态度等情况。

刚刚办完业务的湖南妹子梅小姐说，“感觉现在的服务好了很多，服务态度很好，不让我们跑第二趟。”

听到这一评价后，袁宝成表示，工商登记制度改革中的一个主要目的就是要让市民办理业务时少跑部门，提高为市民、企业办事服务的效率。随后，他嘱咐工商部门说：“不要让市民跑两趟，要一次性告知，这样办证人员轻松，办理人员也轻松。”

前10个月新增市场主体87129户

随后，袁宝成一行听取市工商局局长范燕彬有关商事登记改革情况汇报。据了解，我市商事登记制度改革自去年12月份在全市推广以来，已经取得显著成效。我市逐渐摸索出一条具有东莞特色的改革路径，形成了便捷登记、审批提速和协同监管“三位一体”的商改体系，充分激发了市场主体活力。

今年1—10月，全市新增市场主体87129户，同比增长17.3%。其中，新登记企业26319户，同比增长26%，新增企业注册资本292.3亿元，同比增长26.3%，企业增长速度近年来第一次明显超过了个体工商户。

在新增的企业中，私营企业的增长势头最为迅猛，今年以来新增24426户，同比增长27.4%，新增注册资本160.3亿元，同比增长35.7%，民营投资热情高涨，市场主体结构进一步优化。截至10月底，全市实有市场主体560517户，比改革前增长8.6%，市场主体总量在全省地级市中排名第一。

“改革先行一步，让东莞提早享受红利”

听取汇报后，袁宝成点评道，商事登记改革是一场“自我革命”，东莞先行一步，也让全市提早享受到了改革红利。

袁宝成高度肯定了商事登记改革工作，指出工商部门在商改中主动作为，努力作为，以自我革命的改革勇气，打造出商事登记改革中的“东莞模式”，这项改革不但为东莞争了光，也为全国商改提供了一个借鉴。

打造后续市场监管的“东莞模式”

对于我市商改今后的改革方向、改革重点，袁宝成做出总体要求：要认真贯彻落实十八届三中全会精神，发挥东莞在改革开放先行先试做法，继续创造改革红利。

袁宝成强调，三中全会公报提出，经济体制改革是全面深化改革的重点，核心问题是处理好政府与市场的关系，使市场在资源配置中起决定性作用和更好地发挥政府作用。东莞要在三中全会大的制度设计背景下，发挥地方改革的主动性和首创精神。

袁宝成表示，作为市场监管主体之一的工商部门，在全面深化改革上大有文章可做，要用登记改革抢占崭新领域的制高点，建立公平开放透明具有竞争力的市场规则。

通过制度设计　倒逼部门主动作为

“要继续加大商事登记改革的力度，同时打造后续监管的‘东莞模式’”。袁宝成强调，改革不能停顿，只能推向纵深。要用商事登记改革倒逼审批制度改革，从政府、群众、社会的角度出发，研究工商部门要管什么、怎么管，明确各有关部门在后续市场监管中的职责和要求。

站在政府角度，要探索制定“负面清单”，让各类市场主体可依法平等进入清单之外领域，推行统一的市场准入制度，同样要防止违法乱纪行为的发生。

站在人民群众角度，要建立监管更透明、更有序、更公开的制度体系，让群众在透明公开的制度下自觉自愿接受监管、服从监管、配合监管。

站在社会角度，在制度设计层面，要对后续监管每个环节设定严格时限，要通过制度设计倒逼部门主动作为，“自我革命”，打造后续监管的“东莞模式”。

创新监管方式　拓展工商工作新领域

“要进一步创新市场监管方式，拓展工商行政工作的新领域。”袁宝成强调，要增强推进改革的信心和勇气，要有自我革新的勇气和胸怀，工商部门的监管模式、监管对象、执法方式要与时俱进，管的范围、管的手段、管的重点要不断创新，把工商业务不断拓展开来。

同时还要进一步加大信息化建设力

度，加强工商各领域信息化改革。重点支持平台建设，全市层面会支持拥有市场主体管理建设的平台。

"用商改倒逼其他领域改革"

记者：高志全　实习生：庾钰均　2013年11月19日刊载于《东莞日报》

为全面报道全国商改先行区的改革措施和积极成效，及地方深入贯彻党的十八届三中全会精神进一步深化改革思路，国家工商总局昨日组织中央媒体采访团来到我市，围绕商事登记制度改革主题，进行实地调研采访。

市委副书记、市长袁宝成应邀接受人民日报、新华社、中央电视台等媒体的集中采访。他回顾了东莞商事登记改革的制度设计、决策历程，妙论改革为东莞缔造的制度红利，全面介绍了东莞营商新环境、新思考，并畅谈了在三中全会精神指引下，"莞版商改"下一步方向、重点。

约1个小时采访，让中央级媒体全面了解了"莞版商改"的特点和要点，普遍认为东莞通过商事登记改革不仅激发市场主体活力，改善了营商环境，也成功打造了一个全国商改样板。

【论商改】　"莞版商改"激发了市场活力

"莞版商改"发端于去年4月。鲜为人知的是，东莞城市决策层曾为这项改革连夜开会，斟酌改革重点，妥善处理改革发展与稳定的关系。一个月后，试点方案出炉，大朗先行，年底便在全市范围内推开这项改革。

如今谈起这段看似"顺风顺水"的改革历程，袁宝成语气平和，从容淡定。事实上，那时对于一座没有地方立法权的城市来说，商事登记改革必须要正视政府部门"前置审批"的监管惯性和面对"宽进严管"的思维定式。

袁宝成把"商改"对市场的影响做了一个形象的比喻。他说，过去，我们对市场的监管模式像是一本育儿经。注重"严进宽管"，则只管孩子生前检查，而缺少对孩子后天培养；"宽进严管"则恰恰相反，"让孩子顺利出生后，再不断加强对市场主体的培育"。

一番精准比喻后，袁宝成总结说，宽进严管，事实上就是解放生产力、激发市场活力。

"前置变后置"，让市场主体以最快时间拿到了"准生证"。压缩行政审批，则是"莞版商改"的第二个亮点。

工商部门统计显示，全市涉及主体资格和经营项目的相关审批事项，从改革前的188项压减到改革后的109项，并且将其中81项从前置改为后置，仅仅保留金融、保险等28项国家法律法规规定必须经过批准才能设立的事项。

【谈红利】　盘点"莞版商改"创造新的制度红利

"莞版商改"到底为东莞带来了哪些红利？这是中央媒体关注的焦点。

袁宝成说，"商改"之后，最令人高兴的是东莞私营企业数字增长了20%以上，注册资金达260多亿元，这个几何数字的增长表明了私营企业主切身感觉到了东莞环境在改善。

两个数据的激增，代表的不只是经济的增长，还有银行存贷款增加、就业和税收提升。

前置审批变后置审批之后，再压缩审批，后置监管是否会因此减弱？这是改革前的一种担忧。袁宝成接受采访时回应了这个问题。他举例说，"商改"之后，东莞安全生产事故并没有增加，这足以表明"只有管得少、才能管得好"的道理。

商改之后，东莞收获另一个"惊喜"，即无证无照行为大幅减少。袁宝成剖析现象背后的原因：存在无证无照企业，一个重要原因是办证难、办证成本高。

"如果制度束缚了生产力，制约了生产力，那就通过改革解放生产力、释放活力。"袁宝成总结道，商改就是让压制的市场活力释放出来，建立公开、透明、公平的市场规则，企业也会自觉接受监管、配合监管。

【谈改革】 通过商改倒逼其他领域改革

袁宝成经常强调发展要注重"比较优势"，采访时他主动谈到了"莞版商改"与其他地方商改侧重点的不同。

他说，东莞商事登记制度的设计是既尊重法律精神，又充分考虑到企业登记注册的困难，因此东莞商改是一场既解放生产力又相对稳健的改革，可称之为"渐进式改革"。

"东莞商改"第一波之后，将走向何处？袁宝成强调，十八届三中全会提出，经济体制改革是全面深化改革的重点，核心问题是处理好政府和市场的关系。东莞要在全会精神指引下，发挥地方改革的主动性和首创精神，打造后续监管的"东莞模式"

袁宝成表示，东莞要通过商事登记改革，倒逼其他领域的改革，要重点发展网上办事大厅，把各个部门信息通过平台搭建起来，把"东莞人工办事大厅结束之日就是东莞网上办事大厅成功之时"列为网上办事大厅的最高目标。

"按十八届三中全会精神，要通过改革，让东莞成为全国营商环境最好的城市之一。"袁宝成表示，东莞要根据企业群众的意愿，努力打造法治化、国际化营商环境。

【对话】 "改革就是要改变原来的制度环境"

央媒：对于现阶段的改革成果有什么评价？

袁宝成：我们通过实地调研了解到，通过这次改革，群众普遍感觉办证效率提高了，服务态度好了，但同样还有需要改进的地方。不过，我们高度肯定工商部门，他们以自我革命的改革勇气，打造出商事登记改革中的"东莞模式"。

央媒：前置变后置后，会出现部门之间、部门内部存在保护自身利益的行为，那么政府如何协调这种关系？

袁宝成：改革就是要改变原来的制度环境、人力资源配置和行政管理模式。作为地方政府，要有首创精神，对于商改存在的难题，我们通过强力推动解决，让商事登记改革后的运作模式成为部门工作的一种习惯。

【相关链接】 东莞市场主体 全省地级市第一

据透露，今年1—10月，全市新登记市场主体87129户，增长17.3%。其中，新登记企业26319户，同比增长26%，新增企业注册资本292.3亿元，同比增长26.3%，企业增长速度近年来第一次超过个体工商户。在新增的企业中，私营企业增长势头最为迅猛，今年以来新增24426户，同比增长27.4%，新增注册资本160.3亿元，同比增长35.7%，市场主体结构进一步优化。截至10月底，全市各类市场主体达560517户，总量居广东省地级市第一，比改革前增长8.6%。

牵住改革的“牛鼻子”

——东莞工商登记制度改革综述

记者：李晶　2013年12月17日刊载于《中国工商报》

登录广东一一五科技有限公司网站，通过申请可以注册成为“115资讯圈”的“圈友”。在这个注册会员近5000人、访问量超600万人次的网络信息平台上，一条消息获得了1639人的浏览点击，题目是《广东一一五科技有限公司获颁全国首批电子营业执照》。面对众多关注，该公司董事长赖霖枫并不意外。在他眼中，电子营业执照是高新科技企业发展的推进器，更是东莞工商登记制度改革带来的最大红利。

对此，东莞市委副书记、市长袁宝成评价道：“电子营业执照应用平台的启动，对东莞工商登记制度改革而言具有里程碑意义，是未来一系列改革的‘牛鼻子’。”

“牛鼻子”因何而生？

谈起“牛鼻子”的由来，要追溯到东莞工商登记制度改革启动初期。

2012年3月，《南方日报》报道了一家企业在东莞历时一年都没能注册成功，在东莞社会各界引发了如何从根本上改善营商环境的讨论和思考。同年4月，大朗镇被确定为东莞市企业登记注册行政审批改革试点地。

2012年5月中旬，大朗镇启动第二轮改革，试点名称变更为商事登记制度改革，并出台配套措施，取消了企业登记注册涉及经营许可的前置审批事项，申办营业执照免予提交经营场所产权证明，实现“零首付”开公司。同年10月24日，经过半年多的制度设计与政策实践，东莞市正式宣布在全市推开工商登记制度改革。

东莞市工商局局长范燕彬说：“相对深圳立法先行的特区改革模式，东莞作为没有立法权的地级市，在改革实践中更多考虑了政策体系与部门运作的衔接性和稳定性，兼顾企业的现实需求，在现有法律框架内进行制度创新。”

在降低市场准入门槛方面，东莞市借鉴了香港及内地先进地区的经验，将审批事项从188项压缩到109项，实行注册资本“零首付”，放宽企业住所限制，并着力推进全程电子化网上登记、年检。

在“宽进严管”方面，东莞市努力实现前端“放开”与后端“管好”的有效衔接，设计了以工商数据为中心，进行实时监管、全程监管、协同监管的市场监管体系，通过政务信息资源共享平台，搭建登记注册与后续监管的桥梁，确立了“谁许可、谁监管”的工作格局。

在促进窗口标准化服务方面，东莞市以“企业登记所需时间缩短，群众的满意程度提高”作为衡量改革成效的标准，下放审批权限，简化办事程序，强调窗口细节管理，让群众真正感受到改革带来的便利和实惠。

随着工商登记制度改革的深入，一些问题随之出现。降低企业注册门槛后，如何更高效地梳理应用大量企业登记注册信息？怎样在“宽进”后有效强化后续监管？如何促进企业信用体系的建立？能否解决好这些问题，决定着改革的走向与前景。

对此，东莞市工商局以前瞻性的眼光审视未来改革的路径，研发了电子营业执照应用平台，并由市政府牵头于今年6月18日举行了启动仪式，在松山湖高新区试点运行，率先发出首批10张电子营业执照。目前，该市已有249家企业申领了电子营业执照。

“牛鼻子”为何重要？

“要理解电子营业执照对工商登记制度改革的重要性，就要明白什么叫电子营业执照，它应用在哪些领域，会对改革起什么影响。”东莞市工商局登记注册科科长张志云说。

张志云介绍，目前全国很多地区将电子营业执照的概念定位为IC卡或移动U盘等移动介质，将企业信息下载到移动介质中办事使用。“在电子时代，我们的思路应该更宽些。”张志云说。

东莞市工商局根据工商登记制度改革的实际需求，把电子营业执照的概念从“形”转移到了“用”上，即更注重电子营业执照平台的作用。

按照这一设想，电子营业执照和纸质营业执照一样，是企业从事经营活动的合法凭证。企业完成登记注册后，电子营业执照平台将自动生成电子营业执照信息。企业凭数字证书进行身份认证后，即可在平台上申领、开通、使用电子营业执照的相关功能。

赖霖枫认为，电子营业执照将使企业在登记注册、年检审批方面省去很多麻烦，同时对电子商务行业的发展也有着重要的作用。“通过网上亮照，消费者可以直接在网上了解企业的合法性。电子营业执照平台还可提供电子签名和电子签章等功能，使企业通过网络签订合同。”赖霖枫说。

“对于企业来说，最重要的是时间成本和资金成本，工商登记制度改革极大降低了这两项成本。”环球石材有限公司总裁助理何友光说，“电子营业执照平台可以为企业提供网上登记、网上年检等服务，通过平台与审批许可部门共享信息后，还能大大加快后置审批许可项目的办理速度，进一步为企业节约时间、节省人力。”

目前，东莞市工商局根据国务院推进公司注册资本登记制度改革的总体部署，综合该市工商登记制度改革后续监管的定位，重新规划了电子营业执照平台的各项功能模块，包括电子执照、诚信管理、企业信息公示、电子政务、电子商务、投诉举报、管理中心、帮助中心等，进一步发挥了电子营业执照及其平台的作用。

范燕彬表示，今后通过电子营业执照及其平台的应用，企业可以申领电子营业执照，开通网上亮照，办理网上登记、网上年检等工商业务；政府部门可以进行企业信用信息公示，发布经营异常名录，促进后续协同监管；公众可以实时查询企业信用信息，甄别企业诚信情况，推动企业自律。这些将确保改革在规范统一、便捷高效、宽进严管的原则下深入推进。

“牛鼻子”牵向何方？

改革伊始，东莞市工商局就承担了制度设计的重任。如今，加快电子营业执照及其平台的建设，成为工商部门进一步推进工商登记制度改革的重点任务。为此，该局确立了工商主导、科学规划、分步实施、注重应用、加速推进的工作思路，牢牢牵住改革的“牛鼻子”。

东莞市工商局积极争取政府支持，将电子营业执照平台的建设上升为政府战略。目前，东莞市委、市政府已准备将推动电子营业执照平台工作写入市政府1号文件，作为2014年全市重点工作加以推进。市政府领导要求各部门全力配合工商部门，共同推进这项系统工程。市长袁宝成向媒体表示，电子营业执照将作为下一步打造工商登记制度改革后续监管“东莞模式”的主要工作来抓，市财政在经费上将予以支持。同时，市政府电子政务办也就电子营业执照应用相关功能与工商部门对接，为各部门数据对接和交互应用做好准备。

在此基础上，东莞市工商局将建设电子营业执照平台作为工商部门一项核心工作来推进。该局成立了电子营业执照应用平台工作领导小组及办公室，拟订了开发计划，制定工作制度，完善工作机制。目前，该局已经对平台建设制定了“三步走”规划，今年年底巩固完善平台基础功能，尽可能增加试点应用的企业数量；明年上半年，整个平台开发完成；下半年全市推广使用。

该局还按照分步实施、先易后难的原则，在松山湖高新区推动电子营业执照的应用。市局与松山湖管委会成立了工作小组，建立了例会制度，共同推进试点工作，并在平台基本功能应用的基础上，与企业进行了良好的交流互动，对企业应用电子营业执照平台的情况进行了跟踪，并根据企业用户体验进一步完善了各项功能。

当前，随着工商登记制度改革的深入开展，越来越多的企业开始关注电子营业执照。东莞市工商部门正以此为契机，加快电子营业执照平台的建设步伐，为东莞市建设“企业自律、部门监管、社会监督”三位一体的市场监管体系提供信息化支撑。

每天绽放新精彩

——商事登记制度改革在东莞

刊载于 2013 年 12 月下　第 24 期《工商行政管理》

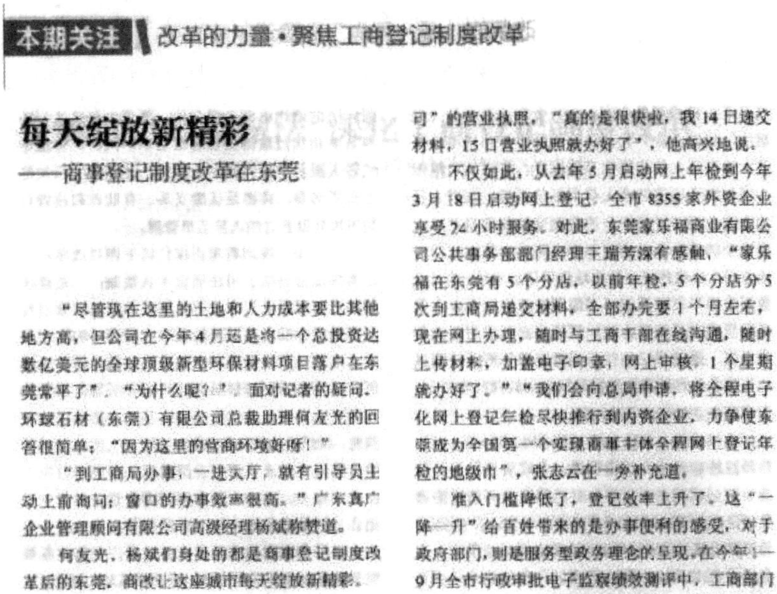

本期关注 改革的力量·聚焦工商登记制度改革

每天绽放新精彩

——商事登记制度改革在东莞

“尽管现在这里的土地和人力成本要比其他地方高，但公司在今年4月还是将一个总投资达数亿美元的全球顶级新型环保材料项目落户在东莞常平了”，“为什么呢？”，面对记者的疑问，环球石材（东莞）有限公司总裁助理何友光的回答很简单：“因为这里的营商环境好呀！”

“到工商局办事，一进大厅，就有引导员主动上前询问；窗口的办事效率很高。”广东真广企业管理顾问有限公司高级经理杨斌称赞道。

何友光、杨斌们身处的都是商事登记制度改革后的东莞，商改让这座城市每天绽放新精彩。

司”的营业执照，“真的是很快啦，我14日递交材料，15日营业执照就办好了”，他高兴地说。

不仅如此，从去年5月启动网上年检到今年3月18日启动网上登记，全市8355家外资企业享受24小时服务。对此，东莞家乐福商业有限公司公共事务部部门经理王瑞芳深有感触，“家乐福在东莞有5个分店，以前年检，5个分店分5次到工商局递交材料，全部办完要1个月左右，现在网上办理，随时与工商干部在线沟通，随时上传材料，加盖电子印章，网上审核，1个星期就办好了。”“我们会向总局申请，将全程电子化网上登记年检尽快推行到内资企业，力争使东莞成为全国第一个实现商事主体全程网上登记年检的地级市”，张志云在一旁补充道。

准入门槛降低了，登记效率上升了。这“一降一升”给百姓带来的是办事便利的感受，对于政府部门，则是服务型政务理念的呈现。在今年1—9月全市行政审批电子监察绩效测评中，工商部门

“尽管现在这里的土地和人力成本要比其他地方高，但公司在今年 4 月还是将一个总投资达数亿美元的全球顶级新型环保材料项目落户在东莞常平了”“为什么呢？”面对记者的疑问，环球石材(东莞)有限公司总裁助理何友光的回答很简单：“因为这里的营商环境好呀！”

“到工商局办事，一进大厅，就有引导员主动上前询问；窗口的办事效率很高。”广东真广企业管理顾问有限公司高级经理杨斌称赞道。

何友光、杨斌们身处的都是商事登记制度革后的东莞，商改让这座城市每天绽放新精彩。

门槛降低与效率提升

“作为没有立法权的地级市，我们在现有法律框架下进行制度创新，最大限度地降低了市场准入门槛”，东莞市工商局党组书记、局长范燕彬介绍道，东莞将审批事项从 188 项压减到 109 项。其中，81 项和经营项目相关的许可审批事项，比如公安、消防、环保、卫生等，全部从前置变为后置。东莞还规定，注册资本 50 万元以下的公司首期可以“零出资”，不用验资就能先把执照办下来，大大降低了小微企业和创新型企业的创业成本。放宽企业住所证明限制，无须提交产权证，只要凭村委会出具的场地证明就可以办理营业执照。

东莞市工商局登记科科长张志云介绍，今年 1—10 月，全市新增市场主体 87129 户，同比增长 17.3%。在登记注册大厅，记者并没有看到人头攒动、大排

长龙的景象。张志云说："现在全系统 34 个登记窗口全面实现'5115 承诺'，即排队取号不超过 5 分钟，等候不超过 1 小时，执照一般在 1 个工作日内发出，最长不超过 5 个工作日。"

正在张志云介绍的时候，一位先生正从工商干部手中领取"东莞市豪斯特热冲压技术有限公司"的营业执照，"真的是很快啦，我 14 日递交材料，15 日营业执照就办好了。"他高兴地说。

不仅如此，从去年 5 月启动网上年检到今年 3 月 18 日启动网上登记，全市 8355 家外资企业享受 24 小时服务。对此，东莞家乐福商业有限公司公共事务部部门经理王瑞芳深有感触，"家乐福在东莞有 5 个分店，以前年检，5 个分店分 5 次到工商局递交材料，全部办完要 1 个月左右，现在网上办理，随时与工商干部在线沟通，随时上传材料，加盖电子印章，网上审核，1 个星期就办好了。""我们会向总局申请，将全程电子化网上登记年检尽快推行到内资企业，力争使东莞成为全国第一个实现商事主体全程网上登记年检的地级市。"张志云在一旁补充道。

准入门槛降低了，登记效率上升了。这"一降一升"给百姓带来的是办事便利的感受，对于政府部门，则是服务型政务理念的呈现。在今年 1—9 月全市行政审批电子监察绩效测评中，工商部门连续 9 个月在 41 个部门中名列第一。这对其他后续审批部门来说，无疑是一种压力，更是一种激励，由此推动行政许可的数量压减和效能提升。范燕彬介绍："商改以来，全市先后出台了两批审改目录，共压减全市行政审批事项的 55.1%；另有 152 项不属市的权限，目前已按程序报省审批，如获全部同意，行政审批事项将压减 62.6%。在审批效能方面，审批时限缩减幅度超过 20% 的部门占所有部门的 59%。"

营商环境的改善大大激发了市场活力。从 2012 年 4 月在大朗镇试点到 2012 年 12 月 3 日全市铺开，再到今年 10 月底，东莞实有市场主体 560517 户，比改革前增长 8.6% 市场主体总量在全省地级市中排名第一。今年 1—9 月，东莞实现生产总值 3889.53 亿元，同比增长 9.6%，是近三年来最高增速。东莞新签、增资和实际到资超千万美元的项目 115 宗，同比增加 10 宗；全市引进内资 6 亿元以上重大项目 26 宗，增长 225%。

前端放开与后端管好

"改革后，会不会出现企业只拿工商执照，不去办理相应的审批许可的情况呢？""在改革设计的时候，我们就考虑了这个问题，我们以工商数据为中心，进行实时监管、全程监管、协同监管，有效消除监管'真空'和'盲点'，确保放而不乱"，范燕彬介绍："市政府出台了《东莞市商事登记制度改革后续市场监管工作方案》等规范性文件，按照行业管理的原则，重新梳理和明晰了 30 个部门的职责分工，明确各许可部门对主管行业承担 一管到底'的监管责任。工商部门编制了一本《商事登记须知》小册子，随同营业执照发到经营者手中，对于需要办理经营许可的项目，由窗口人员履行告知义务。另外，工商部门每天通过市电子政务办开发的政务信息资源共享平台，将新登记的数据信息定时上传平台。各职能部门登录平台并提取信息后，必须在工作时限内开展审批、监管工作，并及时将审批结果、监管记录等信息上传至政务信息资源共享平台，实现了监管工作的环环相扣、无缝对接。”

“我们是全国首批领取电子营业执照的企业。”说这话的是广东一一五科技有限公司董事长赖霖枫，这位2005年创立雨林木风、2007年初建立114啦网址导航、2009年推出115网盘、7年内创立两家估值数亿元的网络公司的80后创业新锐人物，是松山湖国家高新产业园企业中的一员。今年6月18日起，电子营业执照应用平台在松山湖试点，率先发出全国首批10张电子营业执照。截至目前，松山湖已有159家企业开通应用了电子营业执照。“这是总局交给我们的一项任务，我们从今年上半年开始首期开发。电子营业执照应用平台意义重大，为商改后续监管和社会信用体系建设提供了信息化的支撑。”范燕彬说。

张志云打开电脑，一边指着网页上的电子营业执照，一边向记者介绍：“我们的电子营业执照是一个应用平台，目前已实现身份证明、网上亮照、信息查询、网上年检等基本功能，并和工商登记业务系统对接。企业获得登记注册后，在发放纸质营业执照的同时，在电子营业执照应用平台自动生成电子营业执照，企业凭数字证书即可开通应用。”“明年上半年，我们将对松山湖的试点进行全面评估，力争下半年向全市推广。这个平台对每个部门都开放了端口，就是一个后续监管的集成，以后我们的电子政务环境会更好。”范燕彬的话语里充满了信心与期待。

打造商事登记制度改革“东莞模式”

——访东莞市委副书记、市长袁宝成

刊载于 2013 年 12 月下　第 24 期《工商行政管理》

改革的力量·聚焦工商登记制度改革　本期关注

打造商事登记制度改革“东莞模式”

——访东莞市委副书记、市长袁宝成

11月18日一早，东莞市工商局。东莞市委副书记、市长袁宝成专题调研商事登记改革制度，了解商改后的情况。19日下午，东莞市政府。袁宝成市长向记者畅谈东莞商事登记制度改革历程。与其说是凑巧，不如说，商事登记制度改革在东莞的受重视和受关注程度超乎以往任何时候。

本刊记者问（以下简称“问”）：袁市长，据说东莞等地的商事登记制度改革是由媒体的一篇报道引发的，是这样吗？

袁宝成市长答（以下简称“答”）：这篇报道应该说是东莞启动商事登记制度改革的一个契机。去年3月28日，《南方日报》报道东莞市“一家外企注册一年未成功”，中共中央政治局委员、时任广东省委书记汪洋在报道上作出批示，要求改革，看谁敢第一个吃‘螃蟹’。当时，徐建华书记和我正在北京，我们当即就决定借助这个契机，推动酝酿已久的商事登记制度改革。

11 月 18 日一早，东莞市工商局。东莞市委副书记、市长袁宝成专题调研商事登记改革制度，了解商改后的情况。19 日下午，东莞市政府。袁宝成市长向记者畅谈东莞商事登记制度改革历程。与其说是凑巧，不如说，商事登记制度改革在东莞的受重视和受关注程度超乎以往任何时候。

本刊记者问（以下简称“问”）：袁市长，据说东莞等地的商事登记制度改革是由媒体的一篇报道引发的，是这样吗？

袁宝成市长答（以下简称“答”）：这篇报道应该说是东莞启动商事登记制度改革的一个契机。去年 3 月 28 日，《南方日报》报道东莞市“一家外企注册一年未成功”，中共中央政治局委员、时任广东省委书记汪洋在报道上作出批示，要求改革，看谁敢第一个吃“螃蟹”。当时，徐建华书记和我正在北京，我们当即就决定借助这个契机，推动酝酿已久的商事登记制度改革。

我是从西南政法大学法学硕士毕业的。来东莞任职之前，我在深圳工作了 19 年，其间，我一直持续研究和推动商事登记制度改革，2011 年 9 月 26 日带队赴国家工商总局汇报深圳商事登记制度改革课题情况。到任东莞，我结合当地情况，尤其是没有地方立法权的现实，对于东莞的商改进行更多思考。有了这些基础，去年 4 月的报道刊出后不久，就着手在大朗镇试点，6 月底，大朗镇发出商改后的营业执照 591 户。6 月 30 日，汪洋同志视察时，肯定“开了个好头”。12 月 3 日，《东莞日报》全文刊登《关于进一步深化商事登记制度改革完善市场监管体系的若干规定》和《东莞市商事登记制度改革实施方案》。由此，东莞商改在全市范围推行。

问：与深圳相比，有人说，东莞是在做“微创手术”，或者说是推行一场“渐进式改革”，对此，您怎么看，或者说东莞商改模式的价值何在？

答：不要小看“微创手术”，这也是具有革命性的突破。东莞的商改难就难在没有地方立法权，但好也好在这里，这样就无需较长时间的立法过程，可以用最快的速度推进改革。我们力求在最大程度借鉴国际经验的同时，又力争最小程度地对现有法律框架形成突破。因此，我们更加注重找准依法行政与改革创新的最佳结合点，遵循“宽进严管”“积极稳妥”的总体思路，实施工商登记与经营项目审批相分离、注册资本认缴制、放宽经营场所限制、商事主体年检验照备案制等8条改革措施。可以说，东莞的制度设计是折中的，实现了新旧两种制度的无缝对接，是现阶段稳妥推进改革的做法。

目前，深圳、珠海、东莞、佛山顺德四地均推行了商改，深圳、珠海称为“特区商改模式”，东莞、顺德称为“非特区商改模式”。从实践看，后一模式更多考虑了改革前后政策体系与部门运作的衔接性、稳定性，兼顾企业的现实需求，对全省乃至全国来讲更具示范性和可复制性。

问：与深圳商改后的新版营业执照相比，东莞新版营业执照保留了“注册资本”和“经营范围”等现有执照基本项目，这是出于什么样的考虑？

答：商事登记制度改革是一项“牵一发而动全身”的变革，涉及多个部门和多项职能。为了确保新旧政策体系的有效衔接，东莞在对登记表格、营业执照、业务系统尽量不做大调整的前提下，最大限度地保留了现有的操作模式。

与深圳变化比较大的新版营业执照不同，东莞的新营业执照保留了现有营业执照的基本事项，尤其是保留了“注册资本”和“经营范围”项目，以此作为税务、社保、消防、安监等后续管理部门从事管理的重要凭据。这既是政务信息资源共享平台进行数据梳理和分类推送的关键依据，更是相关职能部门按照行业管理原则实施市场监管的可靠依据。

可以说，新的营业执照基本事项是东莞整个市场监管体系建立的前提和基础，从而便于后续监管的落实。此外，我们对注册资本50万元以下的公司实行“零首期”出资，但要求商事主体必须限期内缴足，满足现行法律体系对实缴资本的要求等等。这些做法在达到改革目的同时，有效减轻了对现行制度体系和工作格局的冲击。

问：有人说，工商部门放宽登记准入，没有权力了，有被边缘化的危险，作为地方政府领导，您怎么看这种观点？您怎样评价工商部门在整个商改过程中所起的作用？

答：工商部门最大限度降低了市场准入的门槛，是一场自我革命，看似放掉所谓的“权力”，实际上是对工商部门的一种解放，可以将更多的精力放在后续监管上。东莞工商888人，全国工商40多万人，这是一支庞大的强有力的队伍，改革后的工商部门的作用不是削弱了，而是更加强了。东莞工商通过改革，进一步提升了履职能力，实现了工商行政管理的转型升级。比如，从原来依靠工商部门登记注册前置审批把关转变为部门按照行业管理的原则承担起一管到底的责任，实现了监管体系的重构；比如，工商登记数据是进行统计和社会管理的基础，商改后续监管体系以此为基础搭建，工商登记数据的重要价值得到了充分体现；比如，借助改革的东风，市、镇两级在人财物资源上给予了工商部门前所未有的支持；比如，通过改革，工商系统窗口建设实现“从我为主”到“以群众为主”的重大转变，营造了便捷高效的政务环境，社会满意度高达98%。今年8月，市政府进一步优化了商改工作机制，统筹商改后续市场监管工作和“两建”市场监管体系建设工作，并将市场监管专责小组改由市市场监管办(设在市工商局)牵头负责。可以说，工商部门承担着前端先导放开、后端牵头严管的双重角色。

问：我们看到这样一组数据，截至今年10月底，东莞累计登记市场主体560517户，总量居广东省地级市第一，比改革前增长8.6%。亮眼的数据背后，您看到的最令人欣喜的变化是什么？

答：长期以来，尽管东莞的市场主体总量不小，但是“星星多月亮少”，个体工商户所占比例大大高于企业。商改后，今年1—10月，全市新增市场主体87129户，同比增长17.3%；新增企业注册资本金292.3亿元，同比增长26.3%，企业增长速度近年来第一次明显超过个体工商户。新增企业中，私营企业的增长势头最为迅猛,今年以来新增24426户，同比增长27.4%，新增注册资本160.3亿元，同比增长35.7%，民间投资创业的热情大大激发。今年上半年，东莞GDP增速达9.2%,分别高出全省和全国0.7和1.6个百分点。上半年税收总额526.02亿元，同比增长13.8%。这些数据所反映的市场主体结构变化及经济指标成长令人欣喜。

更令人欣喜的是，商改对于推进政府职能转变、推动改革纵深发展的重要意义。市委徐建华书记说过，商改就是要通过工商部门1家的力量来撬动30家监管职能部门的改革提速，全面启动行政审批制度改革，倒逼社会监管方式重构和政府行政职能转变。因此，我们明确了“谁许可，谁监管”，按照行业管理原则，重新明确了30个部门的职责分工，要求各部门对主管行业一管到底。各部门均以本部门名义印发监管实施办法，明确本单位监管措施和时限。商改后，涉及后置许可的部门加快优化审批流程，全市审批时限缩减幅度超过20%的部门占部门总数的59%。

问：“严管”是商改成功的关键。东莞是如何落实后续监管的？

答：如果将商改比成“喇叭口”，喇叭口的前端是工商部门，后端是30个审批监管部门。如果只是打开喇叭口，让大量商事主体涌进市场，而监管不及时到位，就会出现失控的市场乱象。

针对商改后可能带来的“监管空档期”，我们从三方面着手做好与各后续监管部门的衔接。第一，做好数据共享。市政府以工商登记数据为基础，搭建了全市统一的政务信息资源共享平台。工商部门通过信息传送接口，每天晚上11点前，将新登记的商事主体信息打包并及时上传至平台，确保许可部门尽快在平台上认领信息。截至目前，平台录入数据1262万条，其中工商部门上传530万条。第二，实行一次性告知制。工商登记窗口向每一个商事主体发照时，一并派发《商事登记须知》《商事登记相关须知》《后续监管部门联系方式一览表》等，指引经营者办理相关手续。第三，采用国民经济行业分类的规范用语，统一执照经营范围的表述，方便后续监管部门进行识别预判。对许可经营项目，作出“取得许可后方可经营”的执照标注，对市场主体作出警示。这类执照，同时会在上传数据到信息共享平台时作出标注，提示各后续监管部门重点关注。

问：十八届三中全会通过的《中共中央关于全面深化改革若干重大问题的决定》明确写入了推进工商登记制度改革、加强市场监管等改革任务，接下来，东莞在商事登记制度改革方面还将有哪些动作？

答：接下来，我们将以“宽进严管”为核心，以“争做全国商事登记制度改革后续监管最好地级市之一”为目标，根据国家、省商改工作部署和我市商改工作实际，适时出台东莞市商事登记改革暂行办法。大力推进网上商事登记，加快建设电子证照应用平台。完善政务信息资源共享平台，开发平台自动推送、信息警示、报表统计、效能监察四大功能。通过整合市场监管机制、强化前后端衔接、探索监管网格化、完善投诉举报处理流程等手段，继续强化商改后续监管。东莞将继续努力，继续探索，力争创造新的经验，为全国探路。

首创电商集群注册模式

记者：刘慕华　段思午　2014 年 1 月 6 日刊载于《南方日报》

首创电商集群注册模式

今后，在东莞注册电子商务企业，不仅在异地进行全程网上无纸化登记注册，还可省去场地等相关创业成本。东莞市政府“1号文”中提出，要以电子商务企业集群注册和跨境贸易电子商务为抓手，促进电子商务业集聚发展。这标志着东莞在全国范围内依托电子营业执照应用平台，率先启动电子商务企业集群注册。

东莞市工商局局长范燕彬表示，这既是东莞市贯彻十八届三中全会精神，进一步深化改革，营造法治化国际化营商环境的重要举措，也是工商部门深化商事登记制度改革，大力推进工商注册制度便利化，激发新的改革红利的积极探索。

全国率先推出这一注册模式

近年来电商企业发展迅猛，目前全国各地都在积极探索吸引电商企业集聚发展的优惠政策。据了解，北京、上海、深圳、宁波、杭州等地均出台了扶持措施，不同程度地对电子商务总部企业、第三方交易平台、电子商务应用企业等给予奖励。

为推动全市电子商务实现跨越式发展，近年来，东莞市委、市政府也推出了一系列鼓励电子商务发展的举措。2013 年 7 月，市政府出台的《关于加快推动东莞电子商务发展的实施意见》中，明确提出要围绕商事登记制度改革和市场监管体系建设，创新登记注册服务方式，进一步放宽电子商务企业经营场所等市场准入限制，以企业信用平台为窗口，大力推动东莞电子商务发展。

袁宝成市长也多次强调，要深化电子营业执照和网上企业登记的探索，吸引电商企业在莞集聚发展。东莞市工商局积极贯彻落实市委、市政府有关工作部署，充分利用东莞在全国范围内率先启动电子营业执照应用平台的先行优势，在松山湖高新区试点推行电子商务企业集群注册，这次东莞是在全国首次提出电子商务企业集群注册的概念。

那么，电子商务企业集群注册到底是什么？市工商局副调研员张志云说，就是以企业作为集群注册托管公司（下称“托管公司”），允许多家电子商务企业（下称“集群企业”，含个体工商户）将地址登记为该托管公司的住所，组成企业集群，并通过电子营业执照应用平台的相关功能实现网上登记注册和登记注册信息公示的新型注册登记模式。

力争下月松山湖启动试点工作

“突破了电子商务企业必须依托固定经营场所登记的障碍。”张志云解释称，集群企业办理工商登记时所需提交的住所证明以托管证明代替，无需办公或经营场所即可开展经营活动。托管公司主要负责为集群企业提供住所代理和其他商务代理服务，如送达法律文书、代理记账、代理申报工商登记年检、代理报税、互联网金融支持、第三方信用担保等，并配合政府部门进行监督管理。

目前，市工商局已起草了注册登记操作办法，明确了托管企业、集群企业登记注册的条件和要求。另外，正在开发完善集群企业全程无纸化网上登记功能。日后集群企业可通过电子营业执照应用平台进行网上登记，在这一功能开发应用前，由托管企业代理集群企业在实体窗口进行登记。

“目前各项准备工作已基本就绪，力争在今年2月开始正式启动。”张志云说，充分利用松山湖高新科技企业比较集中的特点，在松山湖率先启动电子商务企业集群注册登记。

■名词解释

何为电子商务企业集群注册？

电子商务企业集群注册，是以企业作为集群注册托管公司，允许多家电子商务企业（含个体工商户）将地址登记为该托管公司的住所，组成企业集群，并通过电子营业执照应用平台的相关功能实现网上登记注册和登记注册信息公示的新型注册登记模式。

■焦点问题

1焦点　东莞发展电商产业优势何在？

目前，全国各地均在大力发展电商产业，东莞有怎样的优势来吸引各大电商聚集？

据市工商局方面透露，一是东莞的网络经营主体众多。据广东省工商局网络市场监管综合信息平台的统计数据显示，到2013年底，东莞网络经营户总量约为5.4万户，占全省总量的14.6%，排名居全省前列。东莞的本土第三方网商交易平台起步较早，2008年建成了全市第一家国家级电商平台——“东莞国际商贸平台”，目前，全市已经有东莞国际商贸平台、东莞制造、东邮网、广货商城、易批发等多个网商交易平台。

二是区域性电子商务集群初现雏形。据不完全统计，全镇从事服装电子商务的市场主体已发展到3000多个，形成了以黄河时装城等专业市场为中心的聚集带。大朗镇的毛织电子商务产业也有一定的气候，全镇有超过六成的毛织类企业参与了电子商务。另外，厚街鞋类、大岭山家私、常平玩具等区域性电子商务产业也有相当基础，有望成为东莞电子商务发展的龙头。

三是网络货源十分丰富。东莞是全国制造业名城，传统的服装鞋帽、纺织塑胶、玩具电子等产业已形成了十分完善的产业链，产品物美价廉，符合网购需求，货源优势全国独一无二。据中国电子商务中心发布的数据显示，服装鞋帽、纺织五金等行业产品排行2012年网销货品的前10名。由于东莞产品多，质量好，性价比高，已成为了网络销售的“香饽饽”。

四是市场流通网络非常发达。东莞是市场大市，共有集贸市场800多个，专业批发市场170多个，覆盖食品、电子、服装、化工等行业，市场的总量、细分程度和市场辐射能力都排行全省前列。同时，东莞集聚了大量物流企业，全市拥有物流或货运企业3400多家（含分支），且配套完善，物流的承载、辐射能力达到了全省一流水平。另外，东莞有完善的交通枢纽带作为物流的基础，成为了珠三角一小时交通圈的重要组成模块。

2焦点　吸引电商到莞注册优势在哪？

从目前电商行业的现状来看，开网店并未规定必须要注册。如果进行集群注册后，是不是会增加这类商家的经营成本？

“在东莞进行网上集群注册，能够大大降低电商企业的注册成本。”市工商局局长范燕彬说，集群注册就是突破了电子商务企业必须依托固定经营场所登记的障碍，为创业者省去了这一大成本，每年只要交给相关的托管公司一定费用。投入成本不多，但带给消费者的认可度就完全不一样。

他解释称，根据国家有关法律法规，凡是经营主体都要亮照经营，但如果没有平台支撑怎么亮照经营？而电商企业在东莞进行集群注册后，不仅可以省去一大笔创业成本，还会拥有电子营业执照，能够在自身的网络经营场所亮照经营。

3焦点　集群注册后电商企业有何好处？

范燕彬说，东莞与其他城市的最大不同在于，东莞拥有全国领先的电子营业执照应用平台。该平台是集电子营业执照网上申请、网上应用、企业信息公示、电子政务、电子商务等功能于一体的综合性管理平台。

他说，通过电子营业执照平台的网上登记功能，并通过数字证书认证，集群企业在互联网上就可轻松完成从提交资料到领取执照的所有手续，足不出户就可以享受执照办理的全天候服务。“比如人在香港也可以网上在莞注册企业，突破时间和空间的限制。”

集群企业获得登记注册后，在电子营业执照应用平台上自动生成电子营业执照，企业开通应用后，在网络经营场所进行亮照经营，有利于满足合法企业确认其网络主体身份真实性的迫切要求，提升企业在消费者心目中的信用度，还可以提供在线签订电子合同等增值服务，还可以实现证照信息部门共享。

除以上四大作用外，还可依托电子营业执照平台，对集群企业登记注册信息进行公示，加强日常监管，促进社会监督，保障其规范经营。

4 焦点　集群注册实施后会带来怎样的改革红利?

范燕彬认为，东莞集群注册这一模式实施后，通过这个平台，使东莞企业与全国电商展开深度合作，有利于进一步拓展东莞的产业配套优势。

其二，创业成本低，集群注册只需缴纳一定的托管费用，可以吸引更多的创业团队、创业精英来莞创业。

此外，随着东莞一系列优惠政策的落地，东莞的知名度和综合竞争力将会进一步提高。

商事登记改革的“东莞模式”

撰文：李书龙 2014年1月20日刊载于《南方日报》

专题 A14

商事登记改革的“东莞模式”

东莞商事登记改革在最近受到了全国性的关注。3个月前，国务院总理李克强主持召开国务院常务会议，部署推进公司注册资本登记制度改革。东莞作为全国唯一地级市代表参与了全国改革制度设计的研讨工作，国家的改革方案，也充分借鉴了东莞商改的实践成果。

作为地级市，东莞在没有立法权的情况下，通过体制内创新，逐渐摸索出一条具有东莞特色的改革路径，确立了便捷登记、审批提速和协同监管“三位一体”的商改体系。这种“微创式”的改革具备可复制的指导意义，既为全国地级市确立了改革的范式，也对全国的改革起到了引领作用。

接下来，东莞将建设“企业自律、部门监管、社会监督”三位一体的市场监管体系，打造商事登记改革后续监管的“东莞模式”，做好全国商事登记制度改革的先行点，继续为全国探路。

“东莞速度”破解企业注册难

2013年10月16日，《人民日报》头版头条刊发《东莞商事登记改革活力四溢》，以一家企业在东莞工商局不到半小时办证的案例为切入点，报道了东莞商事登记改革的做法和成效。

一个小时内办好营业执照，这曾是广受赞扬的“香港速度”，如今在东莞也可享受到这种高效服务。对于这种转变，东莞商人叶永强颇有感触，他在东莞注册过两家公司，两次的经历差别巨大。

2011年，叶永强第一次在东莞注册公司。他在某镇工商分局东走西问，光为备齐材料就跑了好几趟，而来一次排队就要等上半小时。筹办齐所有前置审批材料，他等了将近一个月才拿到执照。

一年后，东莞商事登记改革在东莞市大朗镇试点之时，恰好叶永强又要注册新的公司。这一回，他特地跑到大朗镇办理企业注册，只花了1个小时就拿到了营业执照，办理速度之快，令他分外吃惊。

作为广东省首批企业注册审批改革试点城市，东莞在2012年4月开始试点商事登记制度改革，按照“宽进严管”

的核心思路，所有涉及经营项目的审批一律从前置改为后置，实行注册资本认缴制，实现“零首付”开公司，彻底打开市场之门。

大朗镇某科技公司负责人陈德民对这场改革给予颇多赞赏。他的公司注册于2012年8月，注册资本“实收”竟然为零，这正是得益于商改新政策。而在改革之前，有限公司实行资本实缴制度，首次出资不得低于注册资本的20%；改革之后，实行注册资本认缴制，可以“零首付”开公司，只需在登记时提交全体股东签名的认缴出资证明和承诺书。

事实上，东莞商事登记改革的涉及范围十分广泛。东莞将工商登记前置审批事项从188项压减到109项，并且将其中81项经营项目审批从前置改为后置，仅仅保留金融、保险等28项国家法律法规规定须经批准才能设立的涉及市场主体资格审批的事项；放宽企业住所证明的限制，企业无须提交产权证，只要凭村委会出具的场地证明就可以办理营业执照；对外资企业试点网上年检，企业年检整个过程全部网上完成，免交任何纸质材料。

令叶永强感触颇深的还有工商部门服务细节的改善，他说，“一进门就有导办服务的工作人员带着笑脸为你进行业务指引，有什么疑问很快就能解决，服务窗口也更加细化，以前的排队长龙也不见了。”东莞市工商局副调研员张志云介绍，目前，全市工商系统34个登记窗口均基本实现了“5115”的服务标准，即群众排队取号不超过5分钟，等候不超过1小时，执照一般在1个工作日内发出，最长不超过5个工作日。

东莞市委书记徐建华指出，衡量商改成效，要以“企业登记所需时间是否缩短，群众企业的满意程度是否提高”为标准。

2012年12月，经过8个月的试点，东莞在全市铺开商事登记改革，改革红利在次年得到充分释放。2013年，东莞新增市场主体10.6万户，增长21.4%，市场主体总量在全省地级市中排名第一。其中，新登记企业3.2万户，增长34%，企业增速近年来首次明显超过个体工商户，市场结构明显优化。

东莞市工商局局长范燕彬认为，在没有地方立法权、没有实施大部门制改革的环境下，东莞能够做到既“放得开”又“管得住”，主要是更多地考虑了改革前后政策体系与部门运作的衔接性、稳定性，注意找准“宽进”和“严管”的平衡点，实现前端放开和后端管制的有效对接。

建“三位一体”市场监管体系

中山大学教授、东莞市特约研究员林江认为，东莞在启动商事登记改革之后并未停步，而是朝着更复杂的“协同监管”“审批提速”“精简审批”“简政放权”迈进，足以显示东莞增创制度红利的决心。

东莞市现有各类市场主体近56.7万户。商改后，东莞市场主体快速增加，监管任务十分艰巨。对此，东莞市长袁宝成曾形象地阐述，“如果将商改比成‘喇叭口’，喇叭口的前端是工商部门，后端是30个审批监管部门。如果只是打开喇叭口，让大量商事主体涌进市场，而监管不及时到位，就会出现社会普遍担忧的失控的市场乱象。”

关于后续监管的工作规划，东莞提出，要建设“企业自律、部门监管、社会监督”三位一体的市场监管体系，打造商事登记改革后续监管的“东莞模式”。通过以部门监管为核心，引入企业诚信自律管理和社会监督机制，建立立体化的监管模式，进一步强化后续监管效能。

范燕彬解释说，后续监管是一个复杂的系统工程，对于后续监管是否到位不能完全依靠部门监管，把所有责任放在部门头上，而应以企业自律为基础，部门监管为核心，社会监督为保障，建立一个系统化、网络化、多方参与的市场监管体系，来推动和深化市场监管工作。

为了统筹协调全市的商改工作，东莞专门设立了商事登记改革办公室，由市政府办公室牵头运作，同时成立包括市场监管专责小组在内的4个专责工作小组，同步推进登记注册、行政许可、信息平台和市场监管四大领域专项工作。这其中，完善政务信息资源共享平台、开发协同监管信息化系统是目前的首要任务，该平台系统具备智能推送、信息警示、报表统计、效能监察等四大功能。

如今，在东莞市工商局，工作人员每天将新登记的市场主体数据信息定时上传到共享平台，经后台处理后传送给相关审批主管部门。审批部门接收信息后，在5个工作日内启动跟踪管理，引导市场主体及时办理许可审批，并将许可审批结果、监管记录等信息反馈平台。

为了搭建商改后续监管和社会信用体系建设的信息化支撑，东莞还创造性地提出了电子营业执照应用平台的理念。通过该平台，企业可以申领电子营业执照，办理网上登记、年检等业务；政府部门可以进行企业信用信息公示，发布经营异常名录，促进商改后续协同监管；公众可以实时查询企业信用信息，甄别企业诚信情况，推动企业自律。

国务院注册资本登记制度改革方案中已经明确，推行电子营业执照，与纸质营业执照具有同等法律效力。在此方面，东莞再次走在了全国前面。

从确立商事登记制度到打造“三位一体”的市场监管体系，东莞的“微创式”改革，已经具备了在全国范围内可复制性的模式价值。

2013年4月11日，国家工商总局局长张茅一行赴粤调研，首站即选东莞，他指出，东莞不是特区，没有地方立法权，却在商改的路上率先迈出步伐，能为国内其他地级市创造更多经验，具有更实际的指导意义。两个月后，国家工商总局副局长刘玉亭莅莞调研时也评价说，东莞的商改方向正确、思路清晰、组织有力、成效显著，为全国提供了经验。

按照十八届三中全会精神，全国范围内的工商登记制度改革即将启动。作为全国商事登记制度改革的先行点，东莞将以推行电子营业执照作为突破口，继续推进商事登记制度和注册资本登记制度的改革工作，继续争做全国改革的排头兵。

商改模式・释题

党的十八届三中全会将推进工商登记制度改革、加强市场监管等改革任务明确写入了《中共中央关于全面深化改革若干重大问题的决定》，标志着全国范围内的工商登记制度改革即将启动。

作为全国最早在全市铺开商事登记改革的地级市，东莞的改革力求在最大程度与市场准入国际惯例接轨的同时，又力争最小程度地对现有法律框架形成突破，形成了便捷登记、审批提速和协同监管“三位一体”的商改体系，摸索出一条具有东莞特色的改革路径。这种具备可复制性的“微创式”改革，为全国地级市确立了改革范式。“东莞商改能为国内其他地级市创造更多经验，具有更实际的指导意义。”国家工商总局局长张茅如是评价。

东莞全国首创　电商企业集群注册

记者：段思午　刘慕华　2014 年 4 月 2 日刊载于《南方日报》

东莞全国首创
电商企业集群注册

昨日下午，东莞理工学院创业学院学生李静很开心，她的创业梦成为了现实。李静担任法人代表的东莞市集晖电子商务有限公司，在东莞电子商务企业集群注册启动仪式上正式领取了营业执照。

电子商务企业集群注册是东莞继工商登记制度改革中发出全国首张电子营业执照后，又一项全国首创的改革措施，实现了电商企业办照零门槛和一站式服务。

目前，作为试点的东莞松山湖国家高新技术产业园区已有 119 家企业申请办理集群注册，其中 55 家已正式登记成立。

电子商务企业集群注册，是以企业作为集群注册托管公司（下称“托管公司”），允许多家电子商务企业（下称“集群企业”，含个体户）将地址登记为该托管公司的住所，以托管公司出具的托管证明代替住所证明办理工商登记，营业执照住所一栏加注“集群注册地址”字样，组成企业集群，并通过电子营业执照应用平台的相关功能，实现网上登记注册和登记注册信息公示的新型注册登记模式。

托管公司为集群企业提供住所代理和送达法律文书、代理记账、代理申报工商登记年报、代理报税、互联网金融支持、第三方信用担保等商务代理服务，建设集群注册托管信息网站，公示自己及集群企业名单及其登记注册信息、电子营业执照标识，并配合政府部门进行监督管理。

电子商务企业集群注册突破了企业必须依托固定经营场所登记的障碍，电商企业无需办公或经营场所即可开展经营活动。同时，实现了全程电子化办理营业执照，未来还将逐步实现营业执照、国地税税务登记证、组织机构代码证等“四证”统一办理，具有传统登记模式无法比拟的优势。

当前，全国各地都在积极探索吸引电商企业集聚发展的优惠政策。如北京、上海、深圳、宁波、杭州等地均出台了扶持措施，不同程度地对电子商务总部企业、第三方交易平台、电子商务应用企业等给予奖励。今年，东莞市政府 1 号文《关于进一步扶持实体经济发展的若干意见》提出，要以电子商务企业集群注册和跨境贸易电子商务为抓手，促进电子商务业集聚发展。这次东莞在全国首次提出电子商务企业集群注册的概念，突破了电子商务企业必须依托固定经营场所登记的障碍，有利于进一步降低电商企业的登记注册和日常经营成本，打造电子商务企业的登记注册绿洲，形成集聚效应。

东莞市市长袁宝成在启动仪式上表示，只要符合条件，东莞欢迎全省、全国乃至全球电商企业来东莞集群注册，为企业发展创造良好环境。他说，希望东莞未来也能诞生“马化腾”“马云”这样的人物。

以企业自律为基础　以部门监管为核心　以社会监督为保障

东莞建立三位一体市场监管体系

海吉　大雄　2014年4月26日刊载于《中国工商报》

4月15日，广东省东莞市政府印发由市工商局起草的《关于深化商事登记制度改革加强市场监管的实施意见》，明确了商事登记制度改革后续监管的任务、目标和具体时间节点。由此，东莞致力于建立“企业自律、部门监管、社会监督”市场监管体系的路线图清晰明了。

自2012年12月东莞市全面推行商事登记制度改革以来，东莞市工商局不断探索创新，逐渐形成便捷登记、审批提速和协同监管的制度体系。工商登记注册窗口基本实现“5115承诺”（排队取号不超过5分钟，等候不超过1小时，执照一般在1个工作日内发出，最长不超过5个工作日）。改革之初至2014年3月，东莞市新增各类市场主体13.9万户，市场主体活力得到充分激发，企业投资信心极大增强。

在简政放权的同时，如何做到有效监管？作为牵头单位，东莞市工商局采取多项有力措施，全面构建以企业自律为基础，以部门监管为核心，以社会监督为保障，系统化、网络化、多方参与的市场监管体系，率先形成系统化、可操作、有特色的“东莞模式”。

在企业自律方面，“东莞模式”核心亮点在于建设电子营业执照平台，开展企业信用信息公示，完善信用约束管理，促使企业诚信守法经营。

去年6月18日，东莞市在松山湖启动上线电子营业执照应用平台，并率先发出首批10张电子营业执照。东莞市工商局把该平台作为全市构建“三位一体”后续监管体系的重要支撑，将其打造为集网上亮照、信用公示、电子政务、电子商务等功能于一体的综合性管理平台，并在上面开设企业信用信息公示模块，归集各方资源，形成以工商数据为基础的跨部门信息共享平台。依托该平台，企业可以申领电子营业执照，实现网上亮照经营，可以办理网上登记、网上年报等工商业务；政府部门可以开展商事登记制度改革后续监管，进行企业信息公示，发布经营异常名录；公众可以通过平台查询企业信用信息，甄别企业诚信情况，使企业的信用状况置于公众监督之下，倒逼企业诚信守法经营。目前，全市企业信用信息目录初稿已形成，梳理了全市 56 个部门 316 条企业信用信息目录。

在部门监管方面，“东莞模式”突出亮点在于利用信息化手段实现部门信息无障碍互通，将基层监管力量纳入后续监管，推动部门强化监管。

东莞市出台了一系列规范性文件，重新梳理和明晰了 30 个部门的职责分工和监管责任，在制度层面上确立了“谁许可、谁监管”的工作格局，做到“放而不乱”。根据协同监管的需求，东莞市工商局在政务信息资源共享平台上开设后续监管模块，形成与各许可部门一一对应的经营范围关键词目录，并在今年 1 月份正式上线应用该模块，实现了工商登记信息智能化推送、基本的部门信息反馈和报表统计功能。与此同时，该局建设了商事登记改革协同监管信息化系统，把信息互通纵向拓展至各镇街，及时掌握各个部门和镇街的监管情况；探索将镇街政府的协管员引入后续监管，建设基层综合监管网络，利用基层协管员对辖区内市场主体进行综合检查；建立后续监管督查考核机制，利用定期通报、定期会商、重点督导、量化考核等手段，督促部门落实各自职责。

在社会监督方面，“东莞模式”重点从完善投诉举报处理机制、引入社会中介组织监管着手，搭建起立体的社会监督网络，倒逼后续监管。

东莞市工商局对全市现有的各类非紧急类服务热线进行优化整合，建立集政府业务咨询、消费维权投诉、经济违法举报、行政效能投诉于一体的 12345 政府服务热线，有效畅通群众监督渠道。同时，该局将社会中介组织引入后续监管，加快培育和发展社会中介组织，发挥行业协会作用，推动行业规范经营。

东莞市各部门正全力以赴抓好各项工作的落实，使改革举措“落地生根”，催生发展新动力，争当改革的“排头兵”和“试验田”。

关注工商登记制度改革：自行申报住所　注册门槛再降
（电视画面）

2014 年 6 月 18 日刊播于中央电视台新闻频道《新闻直播间》栏目　时长为 2 分 36 秒

东莞首创电子商务企业集群注册（电视画面）

2014 年 6 月 18 日刊播于中央电视台新闻频道《新闻直播间》栏目　时长为 3 分 11 秒

广东工商改革促就业　东莞开创电商集群注册（电视画面）

记者：张慧　童虎　2014 年 9 月 24 日刊播于凤凰卫视　时长为 2 分钟

商事制度改革破解发展难题（电视画面）

2014 年 11 月 27 日刊播于《广东卫视》 时长为 3 分 35 秒

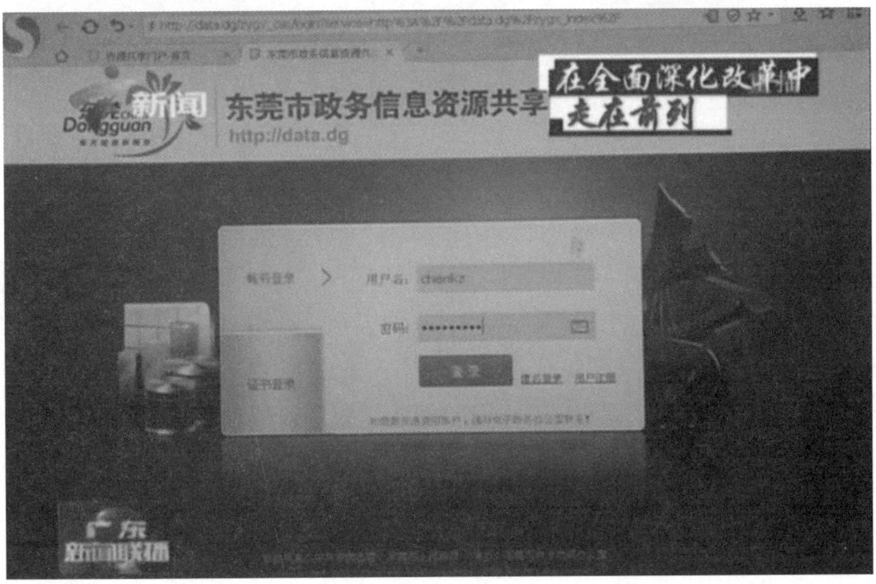

大事记

东莞市工商局 2010 年大事记

1 月 7 日，东莞市召开预防职务犯罪工作会议暨总结表彰大会，表彰“规范行政执法，预防职务犯罪——东莞市第四届预防职务犯罪理论研讨会”的优秀论文作者和单位。东莞市工商局获“优秀组织奖”，并有 3 篇论文获三等奖，1 篇论文获优秀奖。

1 月 12 日，东莞市召开 2009 年度市总工会总结表彰大会。东莞市工商局获“2009 年度市总工会先进单位”一等奖。

1 月 28 日，东莞市工商局启动市局机关公务卡改革实质性操作。

1 月 30 日，国家工商总局个体司、中央港澳工作协调小组办公室、国务院港澳办来莞调研。东莞市工商局分管领导和相关科室负责人参加调研汇报会。

2 月 1 日，东莞市召开 2009 年食品安全工作总结表彰会议。东莞市工商局获评“东莞市 2009 年度食品安全先进单位”称号，另有 3 人获评“2009 年度市食品安全工作先进个人”，1 人获评“2009 年度市食品安全工作优秀信息联络员”。

2 月 8 日，东莞市工商行政管理工作者协会召开第二届会员代表大会，选举协会新一届理事会成员以及会长、副会长、秘书长。

2 月上旬，东莞市工商局紧急部署对全市果蔬类批发市场和农贸市场销售的海南豇豆开展全面清查行动。行动中，全系统共出动执法人员 1800 人次，检查果蔬类批发市场和农贸市场 500 个，查获、销毁农药超标豇豆 120 公斤。

3 月 9 日，东莞市人民政府召开十件实事总结表彰大会暨动员工作会议。东莞市工商局获 2009 年十件实事工作先进单位表彰，副局长陈仕全在会上作先进典型发言，介绍创建食品安全样板市场工作经验。

3 月 12 日，东莞市召开创建食品安全样板市场总结表彰暨动员大会，总结和部署全市创建食品安全样板市场工作，并对获得 2009 年度食品安全先进及达标样板市场的 38 家市场进行表彰。

3 月 16 日，东莞市工商局针对部分“三来一补”企业在转型为“三资”企业过程中，取得筹建“三资”企业执照后，来料加工企业因多种因素未能及时办理注销，导致筹建期间无法经营，形成“真空期”的问题，与市外经贸部门反复论证，形成两点会议纪要。

3 月中旬，东莞市工商部门联合经贸、农业等部门，对农药、化肥、种子、饲料等农资经营户证照是否齐全、有无销售假冒伪劣农资商品、是否销售国家明令禁止的农药、是否按规定建立台账等情况开展集中检查。

3 月，东莞市工商局对全系统 33 个工商分局登记窗口的服务质量进行综合评价，实施行政审批电子监察测评。

4 月 1 日，深圳、惠州、东莞三市消委会在东莞市召开三市消费维权合作第三次工作会议，探讨和部署联合发布《消费指南》、联合开展比较试验、跨地区交流合作等事宜。

4 月 8 日，东莞市工商局与东莞市外经贸局就“三来一补”企业转型升级登记问题达成会议纪要，明确“三来一补”企业转型升级为“三资”企业，凡不涉及前置许可文件的，可直接核发正式营业执照。

4月9—11日，国家工商总局食品流通监管司调研组在广东省工商局食品流通监管处领导陪同下，到东莞市工商局调研流通领域食品安全监管工作。

4月14日，青海省玉树藏族自治州玉树县发生7.1级地震。19日，东莞市工商局组织为玉树地震灾区捐款活动，市局领导、市局机关及直属单位中层干部、各分局正副职、市局机关干部职工共捐款50015.50元。

4月20日，东莞市工商局首次向全系统通报基层分局行政审批电子监察测评情况。

4月21日，东莞市个体劳动者协会四届、私营企业协会二届六次理事（扩大）会议在东莞市工商局召开。会议审议通过个体劳动者协会副会长、私营企业协会理事、私营企业协会常务理事及副会长的决议。

4月26日，东莞市召开名牌带动战略工作暨表彰会议，为2009年度获得名牌名标的企业颁发奖金。2009年新增的10家驰名商标企业、22家著名商标企业分别获得100万元、30万元奖励。

4月29日，东莞市二手车市场专项整治工作会议在东莞市工商局召开。会议讨论《东莞市二手车市场专项整治工作方案》，并明确自5月起，在全市开展为期3个月的二手车市场专项整治工作。

4月，东莞市私营企业协会获评“2009年度广东省先进雇主组织”称号。

4月，东莞市工商局完成全系统中层领导后备干部选拔调整工作；完成麻涌、常平、洪梅、督察队等单位负责人调整工作。

4月，根据广东省工商局将基层规范化建设作为中心和重点工作的部署，东莞市工商局制定《东莞市工商行政管理局基层分局规范化建设实施方案》，规范基层分局业务建设、队伍建设及基本设施建设等情况，促进提升基层监管执法规范化水平。

4—6月，东莞市工商局先后开展整治手机淫秽色情和低俗信息、违法医疗药品广告、违法固定形式印刷品广告、“紫砂锅”广告等专项行动。截至6月底，累计查处各类违法广告案件47宗。

5月7日，东莞市工商局向东莞骏林包装制品厂（普通合伙）执行事务合伙人林子强颁发外商投资合伙企业营业执照。该企业是广东省第一家外商投资合伙企业。

5月13日，东莞市工商局召开防范和打击“黄赌毒”工作动员大会，就全市工商系统贯彻落实市政府防范和打击“黄赌毒”工作会议精神，加强全市沐足、美容美发无照经营和超范围经营整治等工作进行部署。

5月26日，由东莞市工商局起草的《关于大力推进商标(品牌)战略的工作意见》，经东莞市人民政府批准，印发各镇街、市府直属各单位贯彻执行。

6月2日，国家工商总局办公厅调研组在广东省工商局信息中心领导陪同下，到东莞市工商局调研统计工作。

6月中旬，东莞市个体私营企业协会、中国银行东莞分行、东莞市粤融担保有限公司在虎门镇联合举办“银、协、担、企”

融资座谈会，推动银行、企业、担保三方合作，解决协会会员企业生产经营所需资金问题。

6月18—21日，第二届广东外商投资企业产品（内销）博览会在厚街镇举办。东莞市工商局在现场设置一站式服务中心，即时受理商标侵权投诉，为参展商和客商提供商标等咨询服务。

6月24日，厚街工商分局办理全市首宗企业数字证书应用业务。

6月，东莞市工商局组织开展《东莞市工商局基层分局业务工作指引》编写工作。

7月7日，东莞市工商局以市打击传销和变相传销领导小组办公室名义，组织多个成员单位及镇街负责人前往深圳宝安学习打击传销经验。

8月4—5日，广东省工商局检查组一行6人到东莞，就党风廉政建设工作开展情况进行综合检查。检查组对东莞市工商局注重创新工作方式方法，利用动漫短片开展警示教育、利用信息化加强效能监察、突出重点开展执法监察等工作给予肯定。

8月13日，东莞市工商局协助广东省工商局在莞召开市县工商系统机构改革调研座谈会。

8月14—19日，东莞市个私协联合东莞市政协组成考察团赴甘肃参观考察。其间，东莞市个私协向舟曲地震灾区捐赠善款50万元。

8月18日，东莞市工商局撰写的论文《关于防范市场监管风险的调研报告》在中国监察学会工商分会组织的评审活动中被评为优秀论文。

8月，东莞市工商局联合市委宣传部，在《东莞日报》、东莞阳光网等主要媒体上公告东莞十大典型虚假违法广告。

9月2日，东莞市消委会与时尚电器、华康电器、国美电器、苏宁电器、嘉荣商场、海雅百货、天虹商场、百佳超市、沃尔玛和家乐福10家商业企业签订《关于构建消费投诉处理对接机制的协议》。

9月19日，东莞市第14次市场办公会议通过由东莞市工商局和东莞市经信局拟写的《东莞市农贸市场升级改造实施办法》，明确农贸市场参与升级改造的申报程序、改造标准、补贴措施和验收程序等问题。

9月28日起，东莞市工商局在全市范围内开展为期一个月的医疗、药品、保健食品广告整治专项行动。

9月，东莞市工商局根据广东省工商局部署，开展地级市工商系统事业单位岗位设置工作。

10月8日，东莞市工商局介绍的《基层工商绩效管理》被编入国家总局行政学院首轮网络培训教材，成为总局实施新一轮基层领导干部大轮训的选修课程。东莞市工商局是全国入选该次系列培训教程的4个市（县）级单位之一，是广东省工商系统唯一一个入选单位。

10月9日，东莞市工商局与公安部门联合出台《联合打击传销违法犯罪活动工作规定》，加大对传销活动的刑事打击力度。

10月30日，第九届中国（大朗）国际毛织产品交易会在大朗毛织贸易中心开幕。大朗工商分局派出工作人员进驻交易会现场，设立商标知识产权投诉点，接受现场咨询150人次，派发《商标法》《展览会商标知识产权投诉及处理指南》等宣传资料200多份，开展商标巡查50多户次。

11月16日，深圳、惠州、东莞三地工商局（市场监管局）共同签署《深圳市、惠州市、东莞市公平竞争监管执法协作协议》，就反垄断、反不正当竞争、打击传销、监管直销、打击走私贩私等工作加强三地协作达成一致意见。

11月22—23日，国家工商总局消保局检查组在广东省工商局食品处领导陪同下，对东莞市工商局流通环节食品安全专项整治、“家电下乡”专项整治和保护知识产权等工作进行检查及督查。

11月23日，广东省纪委检查组在广东省工商局党组书记、局长卢炳辉陪同下，到东莞市工商局开展2010年党风廉政建设责任制专项抽查。同日，广东省工商局党组书记、局长卢炳辉到东莞市工商局调研，对依靠技术手段进一步提高基层工作效率及改革工作方式方法等问题提出要求。

12月17日，东莞市消委会召开义务监督员座谈会，通报市消委会与行业协会、企业构建消费投诉和解对接机制、点评行业潜规则、与深惠消委会建立“一体化”消费维权机制等维权举措。

12月21日，东莞市工商行政管理学会召开第二届会员代表大会，表彰“转型东莞与工商使命”获奖征文作者，选举第二届东莞市工商行政管理学会会长及秘书长。

12月22日，东莞市召开依法治市工作先进单位和先进个人表彰大会。东莞市工商局获先进单位称号。

12月27日，东莞市2010年度总结表彰大会在市体育馆举行。东莞市工商局获评“2010年度中央和省驻莞机关先进单位”，连续第八年高票获得该项荣誉。

是年，东莞市新增中国驰名商标1件，新增广东省著名商标25件。

东莞市工商局2011年大事记

1月6日，东莞市预防职务犯罪工作会议暨总结表彰大会在市社保局召开。东莞市工商局获评“先进集体”并有1人获评“先进个人”。同日，东莞市人民政府召开全市2010年度食品安全暨亚运会食品保障工作总结表彰会议。东莞市工商局获市政府颁发的食品安全工作先进集体、东莞市食品安全委员会颁发的食品安全工作先进集体和亚运会食品保障工作荣誉单位三项荣誉；另有25个科室及分局被东莞市食品安全委员会评为食品安全工作先进集体，13人被评为食品安全工作先进个人，1人被评为食品安全工作优秀信息员。

1月10日，东莞市工商局代表队在广东省工商系统“服务加快转变经济发展方式”基础知识竞赛决赛中获得二等奖。

1月，东莞市工商局创作的廉政小品《现场办公进行曲》在广东省工商系统廉政小品评审活动中获三等奖。

1月，东莞市工商局完成市局机关三名副科级领导干部选拔任用工作。

1—3月，东莞市工商局在全市开展打击侵犯知识产权和制售假冒伪劣商品专项行动，检查经营主体8846户，检查批发零售市场、集贸市场等各类市场1263个次，立案查处各类商标侵权和制售假冒伪劣商品案件129宗，向公安机关移送涉嫌犯罪的商标侵权案件2宗。其间，望牛墩工商分局查处的假冒宝洁公司注册商标案入选国家工商总局“打击侵犯知识产权和制售假冒伪劣商品专项行动十大典型案例”。

2月1日，东莞市工商局根据财政部、国家发展改革委《关于取消部分涉企行政事业性收费的通知》精神，取消涉及工商部门的十个收费项目。

2月23—24日，广东省工商系统召开红盾护农暨市场监管工作会议。东莞市工商局在会上作经验发言，介绍东莞市文明诚信市场创建活动措施和成效。

2月25日，东莞市工商局启用用友NC财务软件新系统。

2月28日，东莞市工商局召开2010年度企业年检工作会议，对国务院《外国企业常驻代表机构登记管理条例》的实施以及2010年年检验照事宜进行布置。

2月，东莞市工商局上线应用任务管理系统。

3月3日，全国工商系统第九期全国各地工商系统副厅级以上领导干部培训班学员一行19人，在国家工商总局行政学院培训部领导及广东省工商局领导陪同下，到东莞市工商局参观交流。

3月9日，东莞市工商局发挥市清理无证照经营工作领导小组办公室作用，牵头召开全市表彰大会，对“清理无证照经营”成绩突出的集体和个人进行表彰。同日，东莞市个私协会成立“中国共产党东莞市个体私营企业协会支部委员会”。

3月15日，东莞市消委会消费维权网（网址：http://www.gddg315.gov.cn/Index.html）上线运行。

4月12日和19日，东莞市工商局分两期参与广东省工商系统“民声热线”上线直播，围绕消费维权、“双打”行动等群众关心的热点问题接受听众咨询投诉。

4月27—29日，广东省工商系统基层规范化建设现场会在肇庆市召开。东莞市工商局在会上作经验介绍。

4月，东莞市工商局组织开展机关和基层分局岗位职责及工作指引编写工作。

4月，东莞市工商局结合市纪委“一岗一预防”活动安排，以及市局机关和基层两个规范化建设工作，建立科学的岗位廉政风险防控体系。

5月16日，东莞市工商局、市消委会在东莞时尚电器莞城店、东城市场挂牌建立消费维权联络站，在市汽车维修行业协会挂牌建立消费维权工作站，这标志着东莞市消费维权“一会两站”试点运作。

5月20—21日，国家工商总局副局长付双建一行在广东省工商局副局长姜海平等的陪同下，到东莞督查指导东莞市工商局开展打击侵犯知识产权和制售假冒伪劣商品专项行动工作。

6月9日，东莞市工商局首次向媒体开放局长办公会议。南方都市报、《东莞日报》、东莞电视台等多家媒体记者旁听会议。会议就东莞市食品批发市场、商场超市食品安全监管等工作进行商讨和审议。

6月16日，东莞市召开纪检监察系统纪念建党90周年暨先进表彰大会。东莞市工商局纪检组获得全市纪检监察系统先进集体表彰。同日，东莞市工商局与东莞市第一人民法院签署《关于加强合作共同打击商标知识产权侵权行为的备忘录》，建立东莞市在商标知识产权保护领域的司法行政合作长效机制。

6月29日，东莞市食品批发市场食品安全工作会议在市行政办事中心召开。会议印发《东莞市食品批发市场专项整治工作方案》；东莞市信立农副产品批发中心等3家农批市场代表在会上与所在地工商分局签订食品安全承诺书。

6月，东莞市工商局开展2011年第一次岗位资格认证考试。

7月1日，东莞市工商局市局机关党委召开纪念中国共产党成立90周年大会，对8名50年以上党龄的老党员进行嘉奖，对2个先进党支部及18名优秀党员进行表彰。同日，东莞市工商局企登支部被东莞市直工委评为先进基层党组织。

7月，东莞市工商局获得全国工商系统“双打”专项行动先进集体称号。

7月，为纪念中国共产党建党90周年，广东省委决定对党龄50年以上的老同志授予“南粤七一奖章”。东莞工商系统21名老党员被授予该奖章。

8月18日，东莞市工商局邀请市人大代表、市政协委员、特邀监察员、民主党派人士、基层服务对象共20人参加，举办以加强行风建设、打造“阳光工商”为主题的“行政三公开”开放日活动。

8月31日，东莞市工商局根据广东省工商局部署，举办领导干部大接访活动。

8月，东莞市工商局完成1名机关正科级领导及1名基层工商分局局长选拔任用工作。

9月1日，东莞市工商局启用工商业务信息系统政府信息收费业务模块。通过该模块，以系统对接的方式将工商部门收费业务统一纳入省级非税收入系统管理。

9月6—7日，广东省工商行政管理系统召开深入应用案件业务信息系统现场会暨全省工商系统“双十佳”表彰大会。东莞市工商局副局长范燕彬在会上作案件业务信息系统应用经验介绍；1名执法人员获全省“十佳办案能手”称号。

9月23日，东莞市召开2011年民主评议政风行风工作测评会议。东莞市工商局在十个参评部门中名列第一。

9月，东莞市工商局完成机构编制实名制系统信息采集工作并启动机构编制实名制管理工作。

9月，东莞市工商局经国家工商总局审批同意，开展外资企业全程电子化网上登记注册及年检改革试点，逐步实现登记注册和年检网上申报、核准的全程电子化。

10月1日，东莞市工商局在全市34个登记注册大厅实施股东现场签名制度。

10月14—15日，国家工商总局联合最高人民法院在东莞市长安镇召开调研座谈会，听取各省、市法院及工商部门对《最高人民法院关于审理公司登记行政案件若干问题的座谈会纪要》（讨论稿）意见。东莞市工商局副局长陈玺出席会议。

10月25日，以“创先争优•激扬红盾”为主题的东莞工商系统首届辩论大赛拉开帷幕。比赛中途因故暂停。2012年3月13日结束。经过四轮21场角逐，清溪、塘厦分局分获冠、亚军，南城分局、常平分局获得季军；两支代表队获得优胜奖；6个分局获得优秀组织奖；1名选手获评“最佳辩手”；9名选手获评“优秀辩手”。

11月15日，东莞市工商局根据东莞市委宣传部部署，作为首个接受采访的垂直部门，在三楼局务会议室召开媒体见面会，就市工商局2007—2011年10月的工作亮点和主要成效与市直媒体、部分驻莞媒体记者进行面对面交流。

11月23日，国家工商总局党组成员、副局长王东峰一行在广东省工商局局长卢炳辉陪同下，到东莞督查流通环节食品安全专项整治工作。

11月，东莞市工商局开展2011年第二次岗位资格认证考试。

12月22—29日，东莞市工商局和东莞市经信局牵头组织对全市37个食品安全样板市场进行检查验收。经过逐一检查，37个样板市场全部通过验收。

12月28日，国务院流通工作调研座谈会在东莞召开，东莞市工商局副局长陈仕全出席座谈。同日，东莞市工商局召开市局机关党员大会，进行机关党委委员公推直选换届选举。选举黎自力、曹景良等7人为新一届机关党委委员。

12月，东莞市工商局完成全系统竞争性选拔副科级领导干部工作。

是年，东莞市工商局联合公安部门继续发挥“尖刀”“铁拳”作用，首次对传销分子判处组织、领导传销组织罪。

是年，东莞市工商局获评“2011年度中央和省驻莞机关先进单位”，连续第九年以高票获得该项荣誉。同年，东莞市新增中国驰名商标4件，新增广东省著名商标26件。

东莞市工商局2012年大事记

1月2日，陈涛任东莞市工商局党组成员、纪检组长，陈仕全不再兼任纪检组长职务。

1月11日，东莞市召开2011年度总结表彰大会，东莞市工商局获评2011年度中央和省驻莞机关先进单位，连续第九年高票获得该项荣誉。

1月20日，曹景良任东莞市工商局党组成员，杨玉马任东莞市工商局调研员，郑润南任东莞市工商局副调研员。

2月6日，国家工商总局调研组一行3人在广东省工商局信息中心领导陪同下，到东莞调研信息化工作。东莞市工商局副局长王争光及相关科室负责人与调研组进行座谈。

2月8—9日，国家工商总局检查组在广东省工商局副局长凌锋等人陪同下，到东莞市工商局开展执法工作检查。

2月9日，国家工商总局调研组在广东省工商局广告处领导陪同下，到东莞开展互联网广告监管问题调研，并就《互联网广告监管办法（课题组草案稿）》召开专题座谈会。东莞市工商局副局长陈仕全及有关科室人员参加座谈。

2月14日，东莞市工商局根据广东省工商局“三打两建”工作动员视频会议精神，部署开展“三打两建”工作。

2月24日，东莞市工商局经检支队联合东莞市公安经侦支队在塘厦镇查获两宗涉嫌刑事犯罪的商标侵权案件。该案件是广东省工商局召开“三打两建”工作动员视频会议后，市工商局首次查获并移送公安机关处理的“三打”案件。

3月1日，东莞市召开2012年东莞市预防职务犯罪工作会议，东莞市工商局被市委、市政府评为2011年度预防职务犯罪工作先进集体；1人获评先进个人。

3月7日，东莞市召开2011年打击走私工作总结表彰会议。东莞市工商局经济检查科获评2010—2011年度东莞市打击走私工作先进集体。

3月30日，东莞市工商局出台《关于充分发挥工商职能作用服务东莞加快转型升级的若干意见》，提出“积极开展招引大项目调研”“建立重大项目落户快速反应机制”“实施重大项目登记注册规划服务”“开设重大项目办事直通车服务”等举措。

3月，东莞市治理“小金库”工作领导小组对全市在“小金库”专项治理工作中表现突出的单位及个人进行通报表扬。东莞市个私协会获评先进单位。

4月1日，广东省工商局局长卢炳辉、副局长郑勇明及有关处室负责人一行9人到东莞市工商局，就市场主体登记注册有关情况进行调研指导。

4月12日，东莞市工商局联合市消委会在市美容美发行业协会挂牌建立“消费维权工作站”。

4月16日，东莞市委召开东莞市创建全国文明城市工作表彰暨动员会议。东莞市工商局被评为东莞市2009—2011年全国文明城市创建工作先进单位。

4月18日，东莞市委书记、市人大常委会主任徐建华，市委常委、秘书长王检养，市政府副市长成洪波一行到大朗工商分局，检查企业注册审批改革试点进展情况。

4月19日，东莞市工商局与东莞市中级人民法院、东莞市对外贸易经济合作局等单位在松山湖学术交流中心联合举办“大力实施商标品牌战略 加快建立创新型经济强市”论坛，企业代表、新闻媒体等近400人出席论坛。

4月，东莞市工商局在全系统开展清理涉企和镇村收费工作。

4月，东莞市工商局与市纪委、市检察院等单位联合举办“东莞市打击商业贿赂展览”。

4月，东莞市工商局组织开展重复信访专项执法监察。

5月4日，东莞市商事制度改革以大朗镇为试点正式启动。

5月11日，东莞市人民政府召开商

事制度改革试点工作会议，研究部署东莞市商事制度改革试点工作。

5月16日，东莞市工商局拟定的《东莞市商事登记制度改革试点工作实施方案》获东莞市人民政府批复同意。

5月24日，东莞市工商局查获一宗生产假冒知名商标“crocs”休闲鞋的大型窝点，查扣涉案物品按市场同类产品售价估算，货值约为5000万元。

5月29日，东莞市工商局下发通知进一步规范全系统业务系统数据应用工作，对业务系统批量导出企业登记数据实行审批制，堵塞资料泄露漏洞。

5月31日，国家工商总局调研组在广东省工商局副局长钱永成等人陪同下，到东莞市工商局调研指导消费者权益保护工作。

5月，东莞市工商局联合东莞市消委会，召集移动、电信、联通三大运营商，以及沃尔玛等11家大型连锁零售行业企业代表进行座谈，反馈消费投诉热点，对企业经营行为进行警示并提出建议。

6月1日，东莞市委副书记、市长袁宝成赴大朗镇调研“三打两建”和商事制度改革试点工作。市工商局局长袁志强等陪同调研。

6月5日，国家工商总局考察组率总局消保局和总局行政学院培训部学员共62人，到虎门考察“信誉通”食品备案信息系统。

6月13日，广东省委政研室领导一行到大朗工商分局调研商事制度改革试点工作。

6月15日，东莞市工商局拟定的《东莞市商事登记制度改革试点工作实施方案》获广东省人民政府批复同意。

6月18日，东莞市工商局配合东莞市食品安全宣传周活动，开展“12315开放日”活动。

6月20日，广东省委书记汪洋在省委常委、秘书长林木声，省工商局局长卢炳辉，东莞市委书记徐建华等人陪同下，到东莞市调研大朗镇商事制度改革试点工作。同日，美国驻广州总领事馆总领事分别向东莞市工商行政管理局万江和南城分局发出签名感谢信，对两个分局在保护“卡骆驰”公司合法权益方面做出的努力表达谢意。

6月29日，东莞市委召开东莞市创先争优活动总结表彰暨先进事迹报告会。东莞市工商行政管理局厚街分局党支部和道滘分局党支部获评创先争优先进基层党组织。

7月5日，广东省人大常委会调研组一行6人到大朗工商分局调研商事制度改革试点工作。

7月16日，东莞市人民政府副市长张科到大朗工商分局调研商事制度改革试点工作。

7月26日，东莞市委书记、市人大常委会主任徐建华率队到大朗工商分局考察商事制度改革试点工作。

7月，佛山电器照明股份有限公司分别向东莞市工商局12个基层分局赠送锦旗，感谢工商部门维护企业商标权益所做的工作。

7月，东莞市工商局完成竞争性差额选拔2名正科级领导干部的任职工作。

8月5日，国家工商总局调研组到东莞市工商局调研外商投资企业全程电子化网上登记和年检、外商投资企业登记审批等试点工作。

8月17日，东莞市工商局在九楼会议室召开全系统廉政教育专题会议。会上，市局领导班子成员签订《东莞市工商局拒绝收送“红包”承诺书》。

8月28日，国家工商总局调研组在广东省工商局监察室领导陪同下，到东莞市工商局调研廉政风险防控工作。

8—9月，东莞市工商局根据广东省工商局部署，完成公务员信息管理系统建库工作，录入全系统在职公务员个人信息。

9月13日，东莞市政协工作组一行14人，到大朗工商分局视察商事制度改革试点工作。

9月19—20日，国家工商总局检查组在广东省工商局纪检组领导陪同下，到东莞市工商局督查效能建设情况并赴大朗工商分局视察商事制度改革试点工作。

9月27日，广东省工商局召开全省工商系统纪律教育学习月总结视频大会，为全省工商系统“加强思想道德建设、保持党的纯洁性”主题演讲比赛成绩优秀的选手和单位颁奖。东莞市工商局获二等奖。

9月29日，袁志强任广东省工商局副巡视员。同日，邓建忠任东莞市工商局调研员。

9月，东莞市工商局出台《东莞市工商局深化廉政风险和监管执法风险防控规范“三打两建”工作实施意见（试行）》，针对执法过程中存在的风险点提出防控措施。

9月，东莞市工商局根据广东省工商局部署，协助组织全国工商行政管理系统第一期基层工商机关公务员消费者权益保护专题网络培训班。

10月24日，东莞市人民政府召开全市行政审批制度改革暨商事制度改革动员大会，下发《东莞市商事登记制度改革实施方案》，部署全市商事制度改革工作。

10月25日，东莞市工商局印发《关于进一步加强全市工商系统行政执法监察工作意见》，建立健全业务规范、指导有方、监督到位的工作机制。

10月26日，东莞市工商局成立市工商局商事制度改革工作领导小组。

11月4日，国家工商总局副局长滕佳材一行在广东省工商局局长卢炳辉等人陪同下，到东莞市工商局调研队伍建设及竞争执法工作。

11月9日，东莞市工商局在完成改革操作层面相关设计基础上，举办商事登记业务培训，为改革进入实质性阶段做好准备。

11月上旬，东莞市工商局自行开发的岗位履职及风险防范管理系统上线运行。该系统为实现岗位职责规范到人提供保障。

11月19日，东莞市工商局在凤岗分局先行开展商事登记窗口压力测试，为全市铺开改革进行实战演练。是日，凤岗分局窗口受理登记业务67宗，办结51宗，其中40宗申请人领取营业执照，最快的一宗业务从递交申请到领照只需45分钟。

11月23日，国家工商总局批复广东省工商局，同意在深圳市、珠海市、东莞市、佛山市顺德区开展商事制度改革试点，扩大广东省商事制度改革试点地区。该文件标志着东莞市商事制度改革工作得到国家层面认可。国家工商总局批复文件同时抄送全国各地工商部门，保证东莞市商事登记执照获得异地认可，解决莞企异地投资发展的后顾之忧。

11月26日，东莞市工商局召开传达贯彻十八大精神专题学习会，集中学习十八大报告。市局机关、直属单位副科以上领导干部参加会议。同日，东莞市工商局在全系统登记窗口启动商事登记试运行工作。

11月，东莞市人民政府发布市工商局草拟的《关于进一步深化商事登记制度改革完善市场监管体系的若干规定》。

12月3日，东莞市工商局34个登记注册窗口同步核发商事登记营业执照。该事件标志着东莞市商事制度改革启动。

12月4日，东莞市委书记徐建华、市长袁宝成等市领导率领六个检查组，分赴东莞市工商局及东城等10个基层分局视察。各检查组肯定工商部门在商事制度改革中发挥的主力军作用，认为工商部门为全市商事制度改革推进带好头。

12月14日，香港食物环境卫生署总行政主任郑区凤珍一行25人，在东莞市港澳事务局领导陪同下，到东莞市工商局考察农贸市场食品安全监管工作。

12月24日，范燕彬任东莞市工商局局长、党组书记，周锦辉任东莞市工商局副局长、党组成员，袁志强不再担任东莞市工商局局长、党组书记职务。

12月28日，东莞市委、市政府召开2012年度总结表彰大会。东莞市工商局获评2012年度中央和省驻莞机关先进单位，连续第十年高票获得该项荣誉。

是年，东莞市新增中国驰名商标11件，新增广东省著名商标30件。

东莞市工商局2013年大事记

1月17日，东莞市消委会组织市区各大商场、超市召开企业节前消费维权工作座谈会，向企业发出消费预警，防范节日消费纠纷。

1月25日，东莞市人民政府副市长张科率队拜会省工商局领导班子。省工商局局长卢炳辉及其他在家的局领导接待副市长张科一行。市工商局范燕彬、黎自力、陈玺、王争光、陈仕全、陈涛、曹景良、周锦辉等班子成员陪同。同日，东莞市工商局印发《东莞市工商行政管理系统兼职纪检监察员管理办法》。

1月28日，东莞市工商局为机关34名离退休同志举行新春茶话会，范燕彬局长代表党组为老同志送上节日问候和祝福。

1月30日，东莞市工商局印发《东莞市工商行政管理系统兼职纪检监察员管理办法》。

1月31日，国家工商总局调研组一行6人，在广东省工商局副局长郑勇明等人陪同下，到东莞调研商事制度改革工作。

1月，东莞市行政审批电子监察绩效测评结果公布，东莞市工商局在41个窗口部门中高分名列第一。

2月6日，广东省召开“三打”专项工作总结电视电话会议。会后，东莞市召开“三打”专项工作总结会议，通报各镇街“三打”专项行动情况，表彰“三打”专项行动先进集体和个人。东莞市工商局有14个单位被评为全市“三打”专项行动先进集体，4人被评为全省“三打”专项行动先进个人，20人被评为全市“三打”专项行动先进个人。

2月10日，东莞市工商局范燕彬局长带领办公室、人教科负责人前往4名离退休老同志及在职干部职工代表家中进行春节座谈慰问。

2月27日，东莞市工商局邀请东莞市对外贸易经济合作局举行座谈会，就网上商事登记工作进行沟通协调和研究部署。会上，双方就以外商投资企业为突破口，加快搭建全程无纸化的网上商事登记平台问题达成多项共识。

2月，东莞市委书记徐建华、市长袁宝成在东莞市工商局呈报的《关于我局全面推进十项创新工作的情况报告》上作出肯定批示。

3月5日，东莞市工商局印发《东莞市工商行政管理局案件审议委员会工作制度》。

3月6日，东莞市工商局印发《东莞市工商行政管理系统岗位履职及风险防控管理办法（试行）》，进一步规范全系统干部职工履职行为，提高风险防控能力。

3月8日，广东省副省长招玉芳一行到大朗工商分局视察登记窗口，了解分局商事制度改革推进情况。

3月11日，东莞市市委书记徐建华、副市长张科率队拜访国家工商总局。总局副局长刘玉亭接见徐书记一行。刘玉亭表示，总局将一如既往支持东莞在改革模式和营业执照版式等方面继续先行先试，希望东莞在后续监管方面能拿出具有全国意义的模式，为全国的改革起到更多的保障。

3月18日，东莞市人民政府在东莞市工商局举行东莞市网上商事登记启动仪式暨新闻发布会，并现场发出全国首批2张外资企业网上商事登记营业执照。同日，由东莞市工商局起草的《东莞市网上商事登记工作试点实施方案》以市府办文件印发实施。

3月20日，国家工商总局调研组一行5人，在广东省工商局外资处领导等人陪同下，到东莞市工商局调研商事制度改革工作。同日，广东省经济和信息化委员会工作组到东莞市工商局视察商事制度改革工作。

3月21日，国家工商总局调研组一行2人，在广东省工商局企管处领导等人陪同下，到东莞市工商局调研商事登记后续监管工作情况。

3月22日，东莞市工商局联合市消委会印发《东莞市工商行政管理系统2013年推进消费维权服务站建设工作方案》，全面开展消费维权服务站建设工作。

3月25—26日，广东省工商局局长卢炳辉率相关处室负责人到东莞市工商局调研基层工商工作，并就商事制度改革、食品安全监管等基层普遍关注的热点难点问题和基层干部进行探讨交流。

4月2日，东莞市工商局召开驰名著名商标企业座谈会暨商标预警保护系统启动仪式。

4月10日，东莞市工商局下发《东莞市工商行政管理机关法制组工作制度》，在分局建立法制组工作制度。

4月10—11日，国家工商总局局长张茅率队到东莞调研商事制度改革及政府职能转变工作。广东省副省长许瑞生，以及广东省工商局、东莞市委、市政府有关领导陪同调研。总局局长张茅一行视察东莞市工商局和大朗工商分局登记注册大厅，并在市工商局局务会议室举行座谈会。

4月14日，东莞市工商局修订《岗位过错责任追究办法》，将追究内容从31项增加到93项。

4月19日，东莞市工商局修订并印发新的《东莞市工商行政管理系统执法案件申请人民法院强制执行工作规则》。

4月26日，东莞市东城区“三鸟”批发市场其中1个鸡样品被初步诊断为疑似H7亚型禽流感病毒感染阳性。事发后，东莞市工商局联合农业、卫生等部门对东城“三鸟”批发市场实施休市并全面消毒，加强监管执法，保持活禽市场交易秩序稳定。该样品于5月底经广东省专家组评估合格。市场符合复市条件，重新开放经营。

4月，东莞市工商局获批成为国家工商总局政务信息直报点。

5月6—8日，东莞市工商局组织市局机关全体干部职工为四川雅安地震灾区人民进行爱心捐款。

5月10日，东莞市工商局开展“五四”青年活动，组织青年干部职工到东莞市福利院看望慰问孤残儿童。

5月15日，东莞市工商局在市局三楼多功能会议室召开2011—2012年度“十佳案件”评审会，评选出优秀案件10宗，优秀办案能手10人。

5月21日，中科院法学研究所调研组一行8人到东莞市工商局参观调研，了解依法行政和商事制度改革情况。

5月28日，东莞市工商局印发《东莞市工商行政管理系统案件查办权限及审批程序规定》。

5月，东莞市工商局与检察院、公安局、反渎职局等部门在市工商局召开“两法衔接”工作联席会议，就案件移送问题展开探讨，进一步理顺行政执法与刑事司法衔接工作机制。

5月，东莞市禽流感疫情工作督导组分批次前往各镇街检查禽流感卫生防护工作。市工商局作为成员单位参加检查。

6月4—5日，国家工商总局副局长刘玉亭率队到东莞市调研工商登记制度改革工作。广东省副省长许瑞生、广东省工商局局长卢炳辉等陪同调研。

6月5日，东莞市工商局范燕彬局长率部分科室负责人到清溪镇调研，并与清溪镇委、镇政府领导进行交流。

6月6日，东莞市工商局在三楼局务会议室召开整治虚假违法医药广告专项行动媒介单位动员会。东莞广播电视台、《东莞日报》、《东莞时报》、东莞广电网络、东莞阳光网、东莞时间网等本地主要媒介单位相关负责人参加会议。

6月17日，东莞市工商局党组黎自力副书记率人教科及常平分局负责人到常平镇黄泥塘村进行新一轮扶贫开发工作对接和调研。

6月18日，东莞市人民政府在松山湖国家高新技术产业开发区举行东莞市电子营业执照应用平台启动仪式，并率先发出全国首批10家企业电子营业执照。

6月19日，东莞市工商局协助东莞玖龙纸业有限公司完成对东莞海龙纸业、东莞地龙纸业和东莞天龙纸业的吸收合并变更登记。玖龙纸业成为东莞市水乡片区首个超百亿的大型现代企业。

6月21日，东莞市工商局举办“和谐同心筑，关怀相伴行”为主题的工商文化系列讲座，邀请同济光华医院崔雅珍教授讲授脑血管病健康知识。

6月25日，广东省工商局副局长郑勇明率商事制度改革绩效评估工作领导小组一行11人到东莞市调研商改工作。

6月，东莞市工商局召开会议部署政风行风评议工作。

6月，东莞市个私协会获评广东省委办公厅、广东省人民政府办公厅联合评选的“广东省扶贫开发‘规划到户、责任到人’工作优秀单位”。

截至6月底，东莞市市场主体累计突破55万户，达到552780户。

7月2日，以“红盾诗韵”为主题的广东省工商系统诗歌朗诵大赛在省工商局举行。东莞市工商局获一等奖。

7月3日，东莞市工商局范燕彬局长带领市局领导及各科室、常平分局负责人一行30人，赴常平镇黄泥塘村开展“双驻”（驻村驻户）及扶贫慰问活动。

8月14日，东莞市工商局印发《东莞市工商行政管理系统基层行政执法人员向市场主体和服务对象代表述职述廉工作实施意见》，并在石龙等11个分局开展基层“双述”工作。

8月22日，东莞市个体劳动者第五次、私营企业第三次代表大会在市工商局局九楼会议室召开。市局范燕彬局长、周锦辉副局长出席会议。全市个体劳动者、私营企业代表共183人参加会议。

8月27日，东莞市政协主席李毓全一行6人，到东莞市工商局调研政府职能转变工作，了解商改后工商部门登记窗口改造和行政效能提升情况。

8月29日，东莞市工商局与东莞市对外贸易经济合作局在东莞东城大麦客商贸有限公司联合举办“加工贸易企业创建品牌辅导会”。全市近百家加工贸易企业代表参加辅导会。

8月，东莞市消委会联合市司法局，探索人民调解与消委会调解联动机制，创建消费领域人民调解委员会，在市消委会长安分会（设在长安工商分局）挂牌成立东莞市首个消费领域人民调解委员会。

9月9日，东莞市工商局市局登记注册窗口启动通过邮政快递营业执照服务。该项服务于12月23日在全市各工商分局登记注册窗口全面推开。

9月10日，根据东莞市民主评议政风行风工作部署，市政府纠风办到东莞市工商局办事大厅开展群众满意度现场测评活动，现场派发测评表邀请办事群众填写并进行投票。东莞市工商局在现场测评中满意度为100%。

9月24日，广东省工商局参加“广东民声热线”节目上线直播。市局范燕彬局长率办公室等单位相关负责人通过直播间的“会易通”系统在市局同步上线直播。同日，东莞市工商局为市局机关八十岁以上的离退休老同志举行集体生日会，黎自力副书记到场向老寿星们祝贺并送花。

9月26日，东莞市工商局邀请市纪委常委邓炳华，在九楼会议室为全体人员作“三纪”教育专题讲座。

9月，东莞市市直工委开展“转变工作作风善做群众工作”活动评选。东莞市工商局登记科获评全市市直机关20个优秀典型之一。

10月9日，东莞市工商局局长范燕彬专程探望慰问部分患病老同志，代表市局党组送上组织关怀和问候。

10月16日，《人民日报》头版刊发题为《东莞商事登记改革活力四溢》的报道，对东莞商事制度改革的做法和成效给予肯定。

10月18日，东莞市商改办赴大朗镇调研并召开座谈会，研究从基层入手强化市场监管相关问题，探讨将协管员、治安员力量引入商改协同监管、实现网格化监管的具体方案。市工商局副局长周锦辉参加座谈。

10月24—30日，东莞市工商局推动东莞市“两建”办协调成立11个工作考核组，完成对全市33个镇街“两建”工作实地考核。

10月25日，东莞市工商局局长范燕彬应邀参加莞商学院精英班之“高水平崛起的政策扶持与营商环境打造”模块课程，现场为全市250名莞商企业代表作《释放工商改革红利，激发企业发展活力》专题讲座。

10月28日，广东省副省长林少春率调研组一行8人，到莞城工商分局调研少数民族群众创业工作。同日，东莞市工商系统第四场基层分局分片座谈会在市局三楼局务会议室举行。市工商局局长范燕彬、副局长王争光分别出席分局领导及股室负责人座谈会。

10月31日，国家工商总局副局长马正其一行5人到东莞调研，考察广东易事特电源股份有限公司和家乐福商业有限公司鸿福店消费维权服务站，视察大朗工商分局登记注册大厅，了解商事制度改革推进情况。

11月8日，东莞市商标品牌发展保护促进会成立大会在市会议大厦举行。会议表决通过《东莞市商标品牌发展保护促进会章程》等文件，选举产生第一届理事会、会长、副会长和秘书长。东莞市工商局局长范燕彬担任名誉会长，副局长陈仕全当选为会长。

11月18日，东莞市市长袁宝成、副市长吴道闻等一行6人到东莞市工商局调研，了解商事制度改革推进情况，并观看电子营业执照应用平台演示。

11月19—21日，国家工商总局组织中央电视台、《人民日报》、新华社等9家中央媒体到东莞采访商事制度改革工作。东莞市市长袁宝成接受媒体团的专访，对东莞工商部门的工作给予肯定。

11月26日，黎自力任东莞市工商局调研员，不再担任市局党组副书记职务；张志云、邓国平、杨钜滔、陈沛高任东莞市工商局副调研员。

11月27日，东莞市人大组织全市的全国和省人大代表到东莞市工商局考察商事制度改革工作。

12月3日，广东省委常委、省纪委书记黄先耀等一行，在东莞市委书记徐建华等陪同下，到东莞市工商局调研指导工作。黄先耀书记一行参观市工商局登记注册大厅，对工商部门窗口工作人员的纪律作风及业务水平给予好评。

12月10日，东莞市消委会联合市汽车配件用品行业协会在东莞市润德汽车用品中心广场举办新《消费者权益保护法》知识培训。

12月23日，东莞市工商局推行营业执照单向快递业务。

12月26日，东莞市工商局召开档案管理达标升级工作会议，宣布2013年基层分局试点单位档案综合管理升级评审结果。其中，麻涌、洪梅、企石工商分局获评“省特级档案综合管理单位”，横沥、松山湖工商分局获评“省一级档案综合管理单位”；凤岗工商分局通过“省一级档案综合管理单位”复查。

是年，东莞市工商局首次以最高票当选2013年度“中央和省驻莞单位年度工作优秀单位”，连续第11年高票获得该项荣誉。

是年，东莞市新增中国驰名商标18件，新增广东省著名商标60件。

东莞市工商局2014年大事记

1月20日，东莞市工商局为30多位机关离退休干部举行新春茶话会，范燕彬局长参加茶话会，并向在座的老同志介绍全系统情况。

1月23日，东莞市工商局印发《关于全市工商行政管理系统2013年度基层工作情况的通报》，表彰2013年度先进单位和基层分局10件创新工作。同日，范燕彬局长率领人教科相关人员，前往离退休同志及在职干部职工家中开展“送温暖”慰问活动。

1月26日，东莞市商事制度改革后续监管模块上线应用。

1月29日，松山湖工商分局窗口颁发全市首家企业集群注册托管公司“东莞市清研联华集群注册托管有限公司”营业执照。该事件标志着东莞在全国范围内探索电子商务企业集群注册模式迈出实质性步伐。

1月31日，东莞市工商局范燕彬局长开展春节走访慰问退休老干部活动。

1月，东莞市工商局完成5个正科级领导职位的竞争性差额选拔工作。

1月，大朗工商分局获评“全国工商行政管理系统先进集体”，东城工商分局获评“全国工商行政管理系统先进工商所”，张志云获评“全国工商行政管理系统优秀工商行政管理人员”。

1月，东莞市工商局在东莞市纪委、监察局联合发布的《东莞市2013年12月份行政审批电子监察工作情况通报》中，名列全市41个部门第一。自2013年1月起，市工商局在全市行政审批电子监察绩效测评中，连续12个月高分排名第一。

1月，东莞市工商局结合食品监管职

能交接、企业年检制度废除等工商职能的变化，全面梳理现有的行政审批项目，废除行政审批项目8项。

2月13日，东莞市工商局召开商标质押融资交流座谈会。

2月上旬，东莞市工商局获评“全国工商系统2012—2013年度诚信市场创建活动工作突出单位”。

2月15日，东莞市工商局参加东莞广播电视台“阳光热线”节目上线直播。市工商局局长范燕彬、副调研员张志云率办公室等科室负责人参加节目。

2月25日，东莞市市长袁宝成在东莞市工商局呈报的《关于我局推进十项改革措施的情况报告》上作出“请市工商局再接再厉，争当全国工商行政改革排头兵”的批示。

2月26日，东莞市工商局召开党的群众路线教育实践活动动员大会。

2月，广东都市丽人实业有限公司向东莞市工商局赠送锦旗，并向东莞市委、市政府发去感谢信，感谢市工商局提供优质高效服务，帮助其做好上市准备的工作。

3月1日，全国注册资本登记制度改革、全省商事制度改革全面启动。东莞当日发出新版电子营业执照30张。

3月3日，东莞市工商局在工商登记制度改革的首个工作日，发放新版营业执照30个。同日，东莞市工商局与市商标品牌发展保护促进会联合举行企业商标战略交流活动。

3月10日，东莞市工商局副局长陈玺率登记科、企管科相关负责人作客阳光网在线访谈节目《阳光会客厅》，对3月1日铺开的工商登记制度改革进行解读。同日，东莞市消委会召开2014年“3•15”活动新闻发布会，解答记者提出关于新版《消费者权益保护法》的“惩罚性赔偿、服务站维权效力、‘霸王条款’点评”等问题。

3月11日，东莞市工商局印发《东莞市工商行政管理局面向市局机关竞争性差额选拔副科级领导干部实施方案》和《东莞市工商行政管理局面向基层竞争性选拔副科级领导干部实施方案》，开展副科级领导干部选拔工作。

3月16日，东莞市消委会、南城工商分局参加东莞广播电视台举办的“完美大舞台”活动，现场宣传新《消法》。

3月18日，东莞市工商局局长范燕彬、支队长曹景良率市工商局实践办、常平分局负责人一行9人到市工商局对口帮扶点常平镇黄泥塘村，开展走访帮扶活动。

3月，全国注册资本登记制度改革实施首月，东莞新登记各类企业4539户，比上年增长70.51%；认缴注册资本477915.05万元，增长214.37%，双双创下历史新高。

3月，东莞市消委会获评“2012—2013年全国消协组织商品服务监督先进集体”。

4月1日，东莞市人民政府在松山湖国家高新技术产业开发区举行电子商务企业集群注册启动仪式，并为首批申请集群注册的电子商务企业代表颁发营业执照。

4月8日，国家工商总局、中宣部、工信部、国家互联网信息办公室等八部门联合召开电视电话会议，部署开展互联网重点领域广告专项整治行动。东莞市工商局设分会场，市委宣传部、市经信局等20多个单位负责人参加会议。

4月9日，东莞市工商局印发《东莞市工商行政管理局局长办公会议制度》。

4月11日，东莞市工商局局长范燕彬到厚街鸿运外贸鞋城调研，与鞋城管理方进行座谈交流，探索开展行业监管长效机制。同日，出台《东莞市工商行政管理系统加强廉政文化建设实施意见》。

4月14日，东莞市工商局印发《东莞市工商行政管理系统岗位过错责任追究办法》，重新梳理岗位风险点，细化责任条款，明确责任追究范围、责任承担、责任认定等问题，为岗位过错责任追究提供明确指引。同日，东莞市工商局寮步分局向湖北籍创业者李松松颁发东莞市松禺实业有限公司的营业执照。这是国务院实行注册资本登记制度改革之后，东莞市诞生的首家"1元公司"。

4月15日，东莞市人民政府印发《关于深化商事制度改革加强市场监管的实施意见》，提出15项工作措施。该文件标志着东莞市确立建设"企业自律、部门监管、社会监督"三位一体市场监管体系的制度框架。

4月16日，曹景良任东莞市工商局副局长，不再担任东莞市工商局经检支队支队长（副处级）职务。

4月17日，东莞市工商局与东莞市中级人民法院联合东莞市商标品牌发展保护促进会、市法官协会、市博士创业促进会在市会议大厦举办东莞市商标品牌行政及司法保护论坛。

4月18日，东莞市市长袁宝成一行到东莞市工商局视察集群注册"四证联办"工作。

4月23日，东莞市工商局与东莞市中级人民法院联合举办《加强司法行政协作 共建商标保护机制合作备忘录》签字仪式。

4月26日，《中国工商报》头版头条刊发《以企业自律为基础 以部门监管为核心 以社会监督为保障——东莞建立三位一体市场监管体系》一文，专题报道东莞后续监管工作经验做法。

4月28日，张弢任东莞市工商局党组成员、经济检查支队支队长（副处级）。

4月29日，东莞市工商局下发《东莞市工商局案件排行榜制度》。

4月，东莞市工商局完成竞争性选拔副科级领导干部工作，选拔20名副科级领导干部。

5月4日，广东省人民政府在广州召开珠三角九市工商登记制度改革工作座谈会。东莞市市长袁宝成在会上介绍东莞工商登记制度改革进展情况。

5月19日，广东省人民政府召开全面推开工商登记制度改革工作动员大会电视电话会议。会后，东莞市副市长鲁修禄对东莞市工商登记制度改革工作进行部署。

5月20日，东莞市工商局志愿服务队在三楼多功能会议室召开工作培训会议，市局机关各科室、直属各单位共60多名志愿者参加会议。

5月21日，陈仕全不再担任东莞市工商局副局长、党组成员职务，退休。

5月21日，东莞市在大朗镇召开商事登记基层综合监管试点改革工作动员大会，启动企业登记注册住所信息申报制，并在当天向"东莞市大朗元元面包店"颁发实施住所信息申报制后的首张营业执照。同日，何丹莉任东莞市工商局副调研员；印发《东莞市工商行政管理系统行政执法涉案物品处理办法》。

5月26日，全省全面推行“先照后证”改革，以东莞经验为蓝本，出台《广东省工商登记前置审批事项目录》和《广东省工商登记前置改后置审批事项目录》，东莞工商登记前置审批从28项进一步压缩为13项。

5月27日，中国工商学会副秘书长王磊一行3人，到大朗工商分局调研商改后续监管工作。

5月28日，东莞市工商局志愿服务队到道滘镇敬老院慰问老人。

5月30日，东莞市工商局组织消费维权知识竞赛。全系统共有165位选手参加竞赛。

5月，东莞市工商局率先在集群企业中推动实现营业执照、国地税税务登记证、组织机构代码证“四证联办”，为市政府深化实施“多证联办”奠定基础。

5月，东莞市工商局完成竞争性差额选拔科级领导干部工作，选拔2名正科级和1名副科级领导干部。

5月，根据东莞市民政局、东莞市社会组织管理局有关管理规定，东莞市个私协会指导镇区个私协分会合并组建成具有独立法人资格的协会。

6月6日，东莞市工商局在三楼局务会议室组织召开广告联席会议成员及媒体座谈会。市委宣传部、市监察局（纠风办）、市文广新局以及东莞广播电视台、东莞日报社、东莞时报社领导和相关负责人参加座谈。

6月18日，中央电视台第13套节目《新闻直播间》专题报道东莞工商登记制度改革动态，重点介绍东莞首创电子商务企业集群注册、住所试点申报制等改革措施。同日，东莞市消委会联合市工商局在九楼会议室举办新《消法》知识培训班，邀请省工商局干部素质教育中心高级讲师潘力仁来莞授课。

6月19日，东莞市工商局牵头开展的“守合同重信用”企业公示活动，首次被纳入东莞市社会信用建设“红黑榜”向全社会发布。

6月24日，东莞市工商局纪检组长陈涛到茶山分局调研廉政文化建设工作。

6月，东莞市工商局参加广东省工商局监察室牵头开展的《广东商事登记改革下的廉政风险防控》一书编写工作。

7月11日，东莞市工商局牵头组织沙田镇地税、国税和财政等部门，在沙田工商分局召开麻涌新沙南港区企业监管协调会，理顺麻涌新沙南港区企业的工商、税务等部门监管衔接问题，并就如何规范虎门港区企业登记监管工作达成一致意见。同日，东莞市工商局党组召开党的群众路线教育实践活动专题民主生活会。

7月16日，东莞市工商局在茶山分局召开廉政文化建设工作座谈会。市工商局局长范燕彬、纪检组长陈涛出席会议，市局监察室等单位有关负责人和工作人员共30多人参加座谈。

7月25日，东莞市工商局召开东莞市工商行政管理工作者协会第三届会员代表大会，审议通过第二届理事会工作报告，选举产生第三届理事会理事。

7月29日，东莞市工商局局长范燕彬一行9人，到茶山镇调研食品企业名牌名标、电子商务平台建设情况。

7月30日，东莞市工商局制定下发《东莞市工商行政管理局关于对异常和违法企业实施登记限制的管理办法（试行）》《东莞市工商行政管理局关于对异常和违法企业实施登记限制的指导意见（试行）》，并以东城、大朗分局为试点单位，试行违法企业受限制度。

7月底，东莞市累计登记各类市场主体601030户，历史上首次突破60万关口。

8月8日，黄江个体私营企业协会举行合并成立暨揭牌仪式，标志着东莞市个私协会“民间组织民办”理念的贯彻实施拉开序幕。

8月12日，东莞市在大朗镇召开深化商事制度改革加强市场监管工作现场会。东莞市市长袁宝成、副市长鲁修禄，以及各镇街政府和36个后续监管部门主要领导、业务负责人参加会议。市长袁宝成要求全市全面推广大朗、东城试点经验，继续为全省全国创造更多、更好的经验。

8月20日，广东省工商局举行全省工商系统“红盾清廉”廉政文化原创作品征集活动颁奖仪式。东莞市工商局获评“单位优秀组织奖”；选送的微电影《误会》等3个作品获得一等奖，另有4个作品获得二等奖，19个作品获得三等奖。

8月28日，香港文汇报记者一行3人，到东莞市工商局专题采访商事制度改革及商标品牌建设工作。

8月，东莞市“多证联办”工作启动首轮测试。“东莞立德生物医疗有限公司”在松山湖一站式服务办事中心领取登记营业执照，从提交资料到审批发照，整个过程用时不到一小时，率先享受“一站受理、十证联办”服务带来的便利。

9月2日，东莞市人民政府印发《东莞市商标专用权质押融资资助暂行办法》。该文件标志着东莞市在全省率先实施商标专用权质押融资的全方位资助。

9月4日，东莞市工商局举办全市工商系统“三纪”教育培训班。局长范燕彬作动员讲话，陈涛纪检组长为全体人员作“三纪”教育专题讲座。

9月19日，东莞市工商局组织机关离退休干部举办八十岁集体生日会。

9月22日，国务院新闻办组织中外媒体到东莞实地采访商事制度改革工作。《人民日报》海外版、新华社、中国国际广播电台、凤凰卫视、新加坡《联合早报》、《大公报》等13家中外媒体共20名记者参加采访活动。市工商局局长范燕彬率队接受集中采访。

9月23日，东莞市工商局召开实施企业年度报告及信息公示制度新闻发布会，解读《企业信息公示暂行条例》及国家工商总局五个配套规章主要内容并现场回答记者提问。

9月25日，广东省副省长许瑞生在广东省工商局领导陪同下，到东莞市工商局调研指导《企业信息公示暂行条例》实施工作。

10月15日，东莞市工商局召开党的群众路线教育实践活动总结大会。

10月21日，东莞市中级人民法院在东莞中学松山湖学校公开审理东莞市奥普特自动化科技有限公司不服东莞市工商局行政处罚上诉案。市工商局副局长王争光代表东莞市工商局出庭应诉。经过审理，法院当场驳回上诉人上诉请求。

10月，东莞市工商局根据国家工商总局文件精神，推行个体工商户网上申报备案制度，并争取广东省工商局支持，试点个体工商户网上申报年度报告不公示工作，引导个体工商户实施网上申报备案，提高年报信息化程度和年报申报效能。

10月底，东莞市实有企业201298户，突破20万大关。

11月6日，东莞市工商局牵头召开商标专用权质押融资银企对接会，组织有融资意向的24家驰名商标企业，与20多家金融机构进行现场对接，推动商标质押融资资助办法落地等。

11月7日，东莞市工商局党组中心组召开专题学习会，传达贯彻党的十八届四中全会精神，市局领导、市局机关各科室和直属各单位负责人参加会议。

11月12日，东莞市人民政府在东莞市工商局举行外商投资“多证联办”全面实施启动仪式暨新闻发布会。

11月14日，受国家工商总局委托，北京大学中国社会科学调查中心课题组一行6人，到东莞市工商局专题调研商事制度改革工作。

11月17日，东莞市工商局召开商品交易市场规范管理业务研讨会。

11月25日，广东省工商局主要领导率广东省人民政府商改调研组一行11人，到东莞市调研商事制度改革工作。调研组现场视察东莞市集群注册、住所申报制以及大朗基层综合监管试点等工作。东莞市市长袁宝成会见调研组一行。

11月27日，东莞市工商局成立东莞工商历史展览馆建设工作领导小组，启动东莞工商历史汇编展示工作。

11月29日，东莞市工商局机关党员志愿服务队一行10人，在副调研员何丹莉带领下，赴松山湖创意生活城开展党员志愿服务活动。

12月3日，东莞市工商局局长范燕彬、副调研员何丹莉等一行5人赴塘厦探访慰问建国后东莞工商机构第一任领导邝耀水同志，并就东莞工商发展历史情况对邝耀水同志进行专访。同日，东莞市消委会约谈全市一汽大众销售企业相关负责人，了解全市大众速腾汽车销售情况和商讨消费维权工作。

12月29日，东莞市工商局召开档案管理工作会议，宣布基层分局档案综合管理升级评审结果。虎门、东城、望牛墩、沙田、厚街、长安、大朗、黄江、常平、桥头、东坑和石排12个分局获评“省特级档案综合管理单位”。

12月30日，东莞市工商局邀请广东外语外贸大学教授及具有丰富从业经验的律师等法律专家，市工商局研讨《东莞市市场主体住所（经营场所）登记管理试行办法》[下称《办法（讨论稿）》]等规范性文件的制定。

12月31日，广东省人民政府召开全省推进商事制度改革电视电话会议，东莞市设分会场。会上，东莞市市长袁宝成代表东莞市作经验发言。

是年，东莞市工商局连续两年以最高票当选2014年度“中央和省驻莞单位年度工作优秀单位”，连续第12年高票获得该项荣誉。同年，东莞市新增中国驰名商标10件，新增广东省著名商标39件。

附录

2010—2014年东莞市工商系统获表彰情况统计表（集体）

序号	获表彰集体	表彰名称	表彰单位	表彰依据	表彰时间
1	东莞市工商局	全国工商行政管理系统法制工作先进集体	国家工商总局	—	2010.09
2	东莞市工商局	全国工商行政管理系统打击侵犯知识产权和假冒伪劣商品专项行动先进集体	国家工商总局	工商标字〔2011〕155号	2011.7.27
3	东莞市工商局	全国工商系统整治利用合同格式条款侵害消费者合法权益专项行动基层先进单位	国家工商总局	工商市字〔2012〕211号	2012.12.10
4	东莞市工商局	全国工商系统2011年度诚信市场创建活动先进单位	国家工商总局	工商市字〔2012〕114号	2012.6.21
5	东莞市工商局	全国工商系统2012—2013年度诚信市场创建活动工作突出单位	国家工商总局	工商市字〔2013〕194号	2013.12.11
6	东莞市工商局大朗分局	全国工商行政管理系统先进集体	人力资源和社会保障部、国家工商总局	人社部发〔2013〕98号	2013.12.20
7	东莞市工商局东城分局	全国工商行政管理系统先进工商所	国家工商总局	工商人字〔2013〕201号	2013.12.20
8	东莞市工商局道滘分局登记注册大厅	全国“巾帼文明岗”	全国妇女联合会	工商人字〔2013〕48号	2013.03.11
9	东莞市消费者委员会	2012—2013年全国消协组织商品服务监督先进集体	中国消费者协会	中消协〔2013〕第67号	2014.01
10	东莞市工商局莞城分局登记股	广东省工人先锋号	广东省总工会	—	2010.06.02
11	东莞市工商局	《红盾诗韵》省工商系统诗歌朗诵大赛一等奖	广东省工商局	粤工商监字〔2013〕451号	2013.07.01
12	东莞市工商局清溪分局	广东省青年文明号	共青团广东省委员会	牌匾、团粤发〔2013〕2号	2013.01.31
13	寮步分局登记注册大厅	广东省巾帼文明岗	广东省妇女联合会	牌匾	2013.03.01
14	东莞市工商局麻涌分局	省特级档案综合管理单位	广东省档案局	牌匾	2013.12.26
15	东莞市工商局洪梅分局	省特级档案综合管理单位	广东省档案局	牌匾	2013.12.26
16	东莞市工商局企石分局	省特级档案综合管理单位	广东省档案局	牌匾	2013.12.26
17	东莞市工商局横沥分局	省一级档案综合管理单位	广东省档案局	牌匾	2013.12.26
18	东莞市工商局松山湖分局	省一级档案综合管理单位	广东省档案局	牌匾	2013.12.26
19	东莞市工商局	省工商系统“红盾清廉”廉政文化原创作品征集活动优秀组织奖	广东省工商局	粤工商监字〔2014〕412号	2014.08
20	东莞市工商局大朗分局	广东省人民满意的公务员集体	广东省人民政府	牌匾	2014.03

续表

序号	获表彰集体	表彰名称	表彰单位	表彰依据	表彰时间
21	东莞市工商局虎门分局	省特级档案综合管理单位	广东省档案局	东档〔2014〕59号	2014.11
22	东莞市工商局石排分局	省特级档案综合管理单位	广东省档案局	东档〔2014〕59号	2014.11
23	东莞市工商局大朗分局	省特级档案综合管理单位	广东省档案局	东档〔2014〕59号	2014.11
24	东莞市工商局黄江分局	省特级档案综合管理单位	广东省档案局	东档〔2014〕59号	2014.11
25	东莞市工商局桥头分局	省特级档案综合管理单位	广东省档案局	东档〔2014〕59号	2014.11
26	东莞市工商局东坑分局	省特级档案综合管理单位	广东省档案局	东档〔2014〕59号	2014.11
27	东莞市工商局望牛墩分局	省特级档案综合管理单位	广东省档案局	东档〔2014〕59号	2014.11
28	东莞市工商局常平分局	省特级档案综合管理单位	广东省档案局	东档〔2014〕59号	2014.11
29	东莞市工商局长安分局	省特级档案综合管理单位	广东省档案局	东档〔2014〕59号	2014.11
30	东莞市工商局沙田分局	省特级档案综合管理单位	广东省档案局	东档〔2014〕59号	2014.11
31	东莞市工商局东城分局	省特级档案综合管理单位	广东省档案局	东档〔2014〕59号	2014.11
32	东莞市工商局厚街分局	省特级档案综合管理单位	广东省档案局	东档〔2014〕59号	2014.11
33	东莞市工商局松山湖分局	省青少年维权岗	共青团广东省委员会	团粤发〔2014〕18号	2014.12
34	东莞市工商局	2010年度中央和省驻莞单位年度工作优秀单位	东莞市委、市政府	会议通报	2010.12.30
35	东莞市工商局	2010年全市政务信息公开先进单位	东莞市委、市政府	东府〔2011〕6号	2011.02.18
36	东莞市工商局	2010年度综合治理工作先进单位	东莞市人民政府	—	2010.12.01
37	东莞市工商局	2010年度食品安全工作先进单位	东莞市人民政府	—	2010.12.31
38	东莞市工商局	2010年度综合治理工作先进单位	东莞市人民政府	—	2010.12
39	东莞市工商局	2011年度中央和省驻莞单位年度工作优秀单位	东莞市委、市政府	会议通报	2011.12.30
40	东莞市工商局	2011年度人口和计划生育综合治理工作先进单位	东莞市人民政府	东府〔2011〕103号	2011.11.1
41	东莞市工商局	东莞市2009—2011年全国文明城市创建工作先进单位	东莞市委、市政府	有文件无文号	2012.4.16
42	东莞市工商局	东莞市2011年度食品安全工作先进单位	东莞市人民政府	东府〔2012〕64号	2012.5.21
43	道滘分局党支部	2010—2012年创先争优先进基层党组织	东莞市委	有文件无文号	2012.6.29

续表

序号	获表彰集体	表彰名称	表彰单位	表彰依据	表彰时间
44	厚街分局党支部	2010—2012 年创先争优先进基层党组织	东莞市委	有文件无文号	2012.6.29
45	东莞市工商局	2012 年度中央和省驻莞单位年度工作优秀单位	东莞市委、市政府	会议通报	2012.12.30
46	东莞市工商局	2013 年度中央和省驻莞单位年度工作优秀单位	东莞市委、市政府	会议通报	2013.12.30
47	东莞市工商局	2014 年度中央和省驻莞单位年度工作优秀单位	东莞市委、市政府	会议通报	2014.12.30

2010—2014 年东莞市工商系统获表彰情况统计表（个人）

序号	姓名	单位及职务	表彰名称	表彰单位	表彰时间
1	林青平	东莞市工商局市场合同科科长	全国工商系统合同监管工作先进个人	国家工商总局	2011.07
2	陈仕全	东莞市工商局党组成员、副局长、纪检组长	全国工商行政管理系统打击侵犯知识产权和假冒伪劣商品专项行动先进个人	国家工商总局	2011.07
3	张志云	东莞市工商局副调研员	全国工商行政管理系统优秀工商行政管理人员	国家工商总局	2013.12.20
4	黄陈炳	东莞市工商局主任科员兼市个私协会秘书长	全国个私协系统先进工作者	中国个私协会	2013.11.27
5	舒克文	东莞市工商局办公室科员	2013 年度工商行政管理理论成果宣传普及先进个人	中国工商行政管理学会	2013.07.01
6	游思壁	东莞市工商局桥头分局科员	打击“傍名牌”有奖征文一等奖	中国工商报社	2013.05
7	冯庆才	东莞市工商局办公室科员	2014 年度全国工商行政管理系统政务信息工作先进个人	国家工商总局办公厅	2015.02
8	曾行三	东莞市工商局法规科科长	全省集中清理执行积案活动先进个人	广东省政法委、广东省高级人民法院	2010.08
9	曾令群	东莞市工商局登记科科员	2010 年全省工商系统服务加快转变经济发展方式基础知识竞赛优秀个人奖	广东省工商局	2010.12
10	吴　迪	东莞市工商局南城分局科员	广东省工商系统读书演讲比赛一等奖	广东省工商局	2010.10
11	邓国平	东莞市消委会秘书长	2006—2010 年全省法制宣传教育先进工作者	广东省普及法律常识领导小组	2011.08
12	卢静娜	东莞市工商局商广科科长	全省打击侵犯知识产权和假冒伪劣商品专项行动先进工作者	省打击侵犯知识产权和假冒伪劣商品专项行动领导小组	2011.08

续表

序号	姓名	单位及职务	表彰名称	表彰单位	表彰时间
13	史帅峰	东莞市工商局经检科科长	省“三打”行动先进个人	广东省“三打”领导小组	2013.02.07
14	卢宇光	东莞市工商局茶山分局局长	省“三打”行动先进个人	广东省“三打”领导小组	2013.02.07
15	游思壁	东莞市工商局桥头分局科员	“红盾清廉”廉政文化原创作品征集活动影视作品类一等奖	广东省工商局	2014.08.15
16	陈圳煜	东莞市工商局东城分局副股长	“红盾清廉”廉政文化原创作品征集活动影视作品类一等奖	广东省工商局	2014.08.15
17	唐国梅	东莞市工商局监察室科员	“红盾清廉”廉政文化原创作品征集活动影视作品类一等奖	广东省工商局	2014.08.15
18	陈顺平	东莞市工商局茶山分局科员	“红盾清廉”廉政文化原创作品征集活动影视作品类一等奖	广东省工商局	2014.08.15
19	李晓恩	东莞市工商局办公室科员	“红盾清廉”廉政文化原创作品征集活动影视作品类一等奖	广东省工商局	2014.08.15
20	黄志伟	东莞市工商局道滘分局副主任	“红盾清廉”廉政文化原创作品征集活动影视作品类一等奖	广东省工商局	2014.08.15
21	冯湘华	东莞市工商局 12315 中心科员	“红盾清廉”廉政文化原创作品征集活动影视作品类一等奖	广东省工商局	2014.08.15
22	张丹丹	东莞市工商局黄江分局科员	“红盾清廉”廉政文化原创作品征集活动影视作品类一等奖	广东省工商局	2014.08.15
23	关广发	东莞市工商局塘厦分局主任	“红盾清廉”廉政文化原创作品征集活动影视作品类一等奖	广东省工商局	2014.08.15
24	刘　艺	东莞市工商局办公室科员	“红盾清廉”廉政文化原创作品征集活动影视作品类一等奖	广东省工商局	2014.08.15
25	卢晓东	东莞市工商局监察室科员	“红盾清廉”廉政文化原创作品征集活动影视作品类一等奖	广东省工商局	2014.08.15
26	潘育玫	东莞市工商局厚街分局科员	“红盾清廉”廉政文化原创作品征集活动影视作品类一等奖	广东省工商局	2014.08.15
27	叶伟坚	东莞市工商局经检科科员	“红盾清廉”廉政文化原创作品征集活动影视作品类一等奖	广东省工商局	2014.08.15
28	邵宜晶	东莞市工商局财务科科员	“红盾清廉”廉政文化原创作品征集活动影视作品类一等奖	广东省工商局	2014.08.15

续表

序号	姓名	单位及职务	表彰名称	表彰单位	表彰时间
29	詹腾辉	东莞市工商局机关党办科员	“红盾清廉”廉政文化原创作品征集活动影视作品类一等奖	广东省工商局	2014.08.15
30	苏婉琳	东莞市工商局塘厦分局科员	“红盾清廉”廉政文化原创作品征集活动影视作品类一等奖	广东省工商局	2014.08.15
31	叶春霞	东莞市工商局大朗分局协管员	“红盾清廉”廉政文化原创作品征集活动影视作品类一等奖	广东省工商局	2014.08.15
32	衡　霞	东莞市工商局望牛墩分局协管员	“红盾清廉”廉政文化原创作品征集活动影视作品类二等奖	广东省工商局	2014.08.15
33	胡雯娟	东莞市工商局塘厦分局科员	“红盾清廉”廉政文化原创作品征集活动影视作品类二等奖	广东省工商局	2014.08.15
34	游兆锋	东莞市工商局茶山分局科员	“红盾清廉”廉政文化原创作品征集活动影视作品类二等奖	广东省工商局	2014.08.15
35	章耿珊	东莞市工商局东坑分局科员	“红盾清廉”廉政文化原创作品征集活动影视作品类二等奖	广东省工商局	2014.08.15
36	关广发	东莞市工商局塘厦分局主任	“红盾清廉”廉政文化原创作品征集活动影视作品类三等奖	广东省工商局	2014.08.15
37	詹腾辉	东莞市工商局机关党办科员	“红盾清廉”廉政文化原创作品征集活动影视作品类三等奖	广东省工商局	2014.08.15
38	陈顺平	东莞市工商局茶山分局科员	“红盾清廉”廉政文化原创作品征集活动影视作品类三等奖	广东省工商局	2014.08.15
39	赖　彬	东莞市工商局南城分局副局长	“红盾清廉”廉政文化原创作品征集活动影视作品类三等奖	广东省工商局	2014.08.15
40	游兆锋	东莞市工商局茶山分局科员	“红盾清廉”廉政文化原创作品征集活动影视作品类三等奖	广东省工商局	2014.08.15
41	游思壁	东莞市工商局桥头分局科员	“红盾清廉”廉政文化原创作品征集活动歌曲类三等奖	广东省工商局	2014.08.15
42	卜　磊	东莞市工商局常平分局科员	“红盾清廉”廉政文化原创作品征集活动歌曲类三等奖	广东省工商局	2014.08.15
43	单仲明	东莞市工商局沙田分局协管员	“红盾清廉”廉政文化原创作品征集活动漫画类一等奖	广东省工商局	2014.08.15

续表

序号	姓名	单位及职务	表彰名称	表彰单位	表彰时间
44	王海量	东莞市工商局沙田分局副局长	“红盾清廉”廉政文化原创作品征集活动漫画类一等奖	广东省工商局	2014.08.15
45	游思壁	东莞市工商局桥头分局科员	“红盾清廉”廉政文化原创作品征集活动漫画类一等奖	广东省工商局	2014.08.15
46	李晓彤	东莞市工商局长安分局科员	“红盾清廉”廉政文化原创作品征集活动漫画类一等奖	广东省工商局	2014.08.15
47	周宇婷	东莞市工商局松山湖分局协管员	“红盾清廉”廉政文化原创作品征集活动漫画类二等奖	广东省工商局	2014.08.15
48	刘　畅	东莞市工商局桥头分局科员	“红盾清廉”廉政文化原创作品征集活动漫画类三等奖	广东省工商局	2014.08.15
49	黎庆标	东莞市工商局洪梅分局主任	“红盾清廉”廉政文化原创作品征集活动漫画类三等奖	广东省工商局	2014.08.15
50	尚　冉	东莞市工商局沙田分局协管员	“红盾清廉”廉政文化原创作品征集活动漫画类三等奖	广东省工商局	2014.08.15
51	廖丽娴	东莞市工商局道滘分局协管员	“红盾清廉”廉政文化原创作品征集活动漫画类三等奖	广东省工商局	2014.08.15
52	邝　玮	东莞市工商局石碣分局副主任	“红盾清廉”廉政文化原创作品征集活动漫画类三等奖	广东省工商局	2014.08.15
53	叶润康	东莞市工商局莞城分局科员	“红盾清廉”廉政文化原创作品征集活动漫画类三等奖	广东省工商局	2014.08.15
54	张　雷	东莞市工商局莞城分局科员	“红盾清廉”廉政文化原创作品征集活动漫画类三等奖	广东省工商局	2014.08.15
55	梁玉萍	东莞市工商局虎门分局科员	“红盾清廉”廉政文化原创作品征集活动剪纸书画类三等奖	广东省工商局	2014.08.15
56	万小连	东莞市工商局虎门分局协管员	“红盾清廉”廉政文化原创作品征集活动剪纸书画类三等奖	广东省工商局	2014.08.15
57	文倩怡	东莞市工商局虎门分局协管员	“红盾清廉”廉政文化原创作品征集活动剪纸书画类三等奖	广东省工商局	2014.08.15
58	王婉敏	东莞市工商局虎门分局主任	“红盾清廉”廉政文化原创作品征集活动剪纸书画类三等奖	广东省工商局	2014.08.15

续表

序号	姓名	单位及职务	表彰名称	表彰单位	表彰时间
59	陈　萍	东莞市工商局清溪分局科员	“红盾清廉”廉政文化原创作品征集活动剪纸书画类三等奖	广东省工商局	2014.08.15
60	王育新	东莞市工商局虎门分局股长	“红盾清廉”廉政文化原创作品征集活动剪纸书画类三等奖	广东省工商局	2014.08.15
61	游思壁	东莞市工商局桥头分局科员	“中国梦•我的梦”诗词创作邀请赛新诗组一等奖	中共广东省直工委 广东省作家协会	2014.12.10
62	吴　威	东莞市工商局塘厦分局科员	“中国梦•我的梦”诗词创作邀请赛传统诗文组二等奖	中共广东省直工委 广东省作家协会	2014.12.10
63	林青平	东莞市工商局市场合同科科长	东莞市 2008—2011 年创建食品安全样板市场先进个人	东莞市人民政府	2012.5.10
64	谢卫宁	东莞市工商局市场合同科副科长	东莞市 2008—2011 年创建食品安全样板市场先进个人	东莞市人民政府	2012.5.10
65	温国辉	东莞市工商局市场合同科科员	东莞市 2008—2011 年创建食品安全样板市场先进个人	东莞市人民政府	2012.5.10
66	袁沛锋	东莞市工商局中堂分局股长	东莞市 2008—2011 年创建食品安全样板市场先进个人	东莞市人民政府	2012.5.10
67	王　剑	东莞市工商局黄江分局副股长	东莞市 2008—2011 年创建食品安全样板市场先进个人	东莞市人民政府	2012.5.10
68	黄茂芳	东莞市工商局桥头分局股长	东莞市 2008—2011 年创建食品安全样板市场先进个人	东莞市人民政府	2012.5.10
69	钟少平	东莞市工商局洪梅分局局长	2010—2012 年创先争优先进基层党组织和优秀共产党员	中共东莞市委	2012.6.29

2010—2014 年东莞市工商局主要文件简表

文件号	文件名	发文单位
东工商〔2010〕54 号	关于印发《东莞市工商局亚运会期间流通环节食品安全事故应急预案》的通知	东莞市工商局办公室
东工商〔2010〕56 号	关于建立东莞市工商局广州亚运会期间应急维稳值班制度的通知	东莞市工商局办公室
东工商〔2011〕17 号	关于印发《东莞市工商行政管理系统整治流通领域手机行业违法违规经营行为专项行动工作方案》的通知	东莞市工商局办公室
东工商〔2011〕18 号	关于印发《东莞市工商行政管理系统整治登记中介机构专项行动工作方案》的通知	东莞市工商局办公室

续表

文件号	文件名	发文单位
东工商〔2011〕19号	关于印发《东莞市工商行政管理系统整治“三虚一抽”行为专项行动工作方案》的通知	东莞市工商局办公室
东工商〔2011〕21号	关于印发《东莞市工商局打击食品非法添加和滥用食品添加剂专项整治工作方案》的通知	东莞市工商局办公室
东工商〔2011〕28号	关于印发《东莞市工商行政管理局流通环节食品添加剂整治工作指导意见》的通知	东莞市工商局办公室
东工商〔2011〕32号	关于印发《2011年东莞市工商行政管理系统民主评议政风行风工作实施方案》的通知	东莞市工商局办公室
东工商〔2011〕37号	关于印发《行政处罚自由裁量标准》的通知	东莞市工商局办公室
东工商〔2012〕5号	关于印发《东莞市工商行政管理系统“三打”专项行动方案》的通知	东莞市工商局办公室
东工商〔2012〕11号	关于印发《东莞市打击箱包、皮具制假售假专项行动工作方案》的通知	东莞市工商局办公室
东工商〔2012〕12号	关于印发《东莞市打击汽车配件制假售假专项行动方案》的通知	东莞市工商局办公室
东工商〔2012〕21号	关于东莞市企业登记注册行政审批试点改革明确行政许可审批权限的通知	东莞市工商局办公室
东工商〔2012〕35号	关于印发《东莞市工商局开展道德领域突出问题专项教育和治理活动工作方案》的通知	东莞市工商局办公室
东工商〔2012〕66号	关于正式实施商事登记的通知	东莞市工商局办公室
东工商〔2012〕67号	东莞市商事主体登记施行细则	东莞市工商局办公室
东工商〔2012〕68号	关于明确登记审批权限和程序的通知	东莞市工商局办公室
东工商〔2012〕69号	关于印发《东莞市工商行政管理局食品安全举报奖励办法实施细则》的通知	东莞市工商局办公室
东工商〔2012〕73号	关于印发《东莞市工商行政管理局食品流通许可证核发管理规范》的通知	东莞市工商局办公室
东工商〔2013〕7号	关于印发《2013年十项创新工作目标任务分解表》和《2013年十项基础工作目标任务分解表》的通知	东莞市工商局办公室
东工商〔2013〕17号	关于印发《东莞市工商行政管理局案件审议委员会工作制度》的通知	东莞市工商局办公室
东工商〔2013〕29号	关于印发《东莞市工商行政管理局贯彻落实中共中央关于改进工作作风、密切联系群众“八项规定”的实施意见》的通知	东莞市工商局办公室
东工商〔2013〕33号	关于印发《东莞市工商行政管理局梳理规范性文件工作方案》的通知	东莞市工商局办公室
东工商〔2013〕35号	关于印发《东莞市工商行政管理局商事登记改革沐足行业后续监管实施办法（试行）》的通知	东莞市工商局办公室
东工商〔2013〕37号	关于印发《东莞市工商行政管理系统执法案件申请人民法院强制执行工作规则》的通知	东莞市工商局办公室
东工商〔2013〕41号	东莞市工商行政管理系统防控禽流感应急预案	东莞市工商局办公室
东工商〔2013〕42号	东莞市工商局防控H7N9高致病性禽流感工作方案	东莞市工商局办公室
东工商〔2013〕57号	关于印发《东莞市工商行政管理局关于加强安全生产工作的实施意见》的通知	东莞市工商局办公室

续表

文件号	文件名	发文单位
东工商〔2014〕14号	关于印发《2014年十项改革措施目标任务分解表》和《2014年五项工作机制目标任务分解表》的通知	东莞市工商局办公室
东工商〔2014〕23号	关于印发《东莞市电子商务企业集群注册试点登记办法》的通知	东莞市工商局办公室
东工商〔2014〕29号	关于印发《东莞市工商行政管理局岗位过错责任追究办法》的通知	东莞市工商局办公室
东工商〔2014〕30号	关于印发《东莞市工商行政管理系统加强廉政文化建设实施意见》的通知	东莞市工商局办公室
东工商〔2014〕39号	关于印发《东莞市工商行政管理系统行政执法涉案物品处理办法》的通知	东莞市工商局办公室

跋

2014年10月，根据东莞市工商局党组决定，《东莞市工商行政管理年鉴》（创刊号•2011—2015）编纂工作全面启动。为此，市工商局成立《东莞市工商行政管理年鉴》编纂委员会，由党组书记、局长范燕彬担任编委会主任，党组成员，副局长陈玺、副局长王争光、纪检组长陈涛、副局长曹景良、副局长周锦辉、经济检查支队支队长张弢，调研员邓建忠、黎自力和副调研员张志云、何丹莉任编委会副主任，各工商分局、市局机关各科室、直属各单位负责人任编委会委员。编委会下设编纂办公室，主任兼主编何丹莉、叶伟雄，副主任兼副主编陈浩平、邵雄锋、李灿光、舒克文。编纂办公室由陈圳煜、游思壁、欧阳青、齐文力、曹佳黎等人组成。从设立年鉴编纂办公室至2015年夏，《东莞市工商行政管理年鉴》（创刊号•2011—2015）经过多方努力，汇编成书，收集了东莞工商2010—2014年跨五年的历史，是一部具备“存史、育人、资政”功能的资料性工具书。

在编写《东莞市工商行政管理年鉴》（创刊号•2011—2015）的过程中，编写组得到了市方志办、各工商分局、市局机关各科室和直属各单位的支持帮助。尤其是市局机关各科室，在工商部门管理体制改革正式铺开、商事制度改革持续深化、年检改年报工作全面启动、党的群众路线教育实践和“三严三实”专题教育深入开展等各项任务非常繁重的情况下，既团结一致，统筹安排；又自觉加班，争分夺秒，出色圆满地完成了稿件的文字修改、数据补充等工作，体现了机关恪尽职守、爱岗敬业；勤政有为、干事创业的良好风气。借此书发行出版之际，谨向为编书工作付出努力的全体同志表示衷心的感谢！

由于时间紧迫，工作浩繁，在编印中出现的粗疏、错漏之处，敬请批评指正。

《东莞市工商行政管理年鉴》编纂委员会

2015年6月